Gigantes do futebol brasileiro

João Máximo e Marcos de Castro

Edição revista e atualizada

CIVILIZAÇÃO BRASILEIRA

2011

CIP-BRASIL. CATALOGAÇÃO-NA-FONTE
SINDICATO NACIONAL DOS EDITORES DE LIVROS, RJ

M419g

Máximo, João, 1935-
Gigantes do futebol brasileiro / João Máximo e Marcos de Castro. – Rio de Janeiro: Civilização Brasileira, 2011.

ISBN 978-85-200-0972-7

1. Futebol – Brasil – História. 2. Jogadores de futebol – Brasil. I. Castro, Marcos de. II. Título.

09-5824 CDD: 796.334
CDU: 796.332

Projeto gráfico: Leonardo Iaccarino

Este livro foi revisado segundo o novo Acordo Ortográfico da Língua Portuguesa.

Direitos exclusivos desta edição reservados pela
EDITORA CIVILIZAÇÃO BRASILEIRA
Um selo da
EDITORA JOSÉ OLYMPIO LTDA.
Rua Argentina, 171 – 20921-380 – Rio de Janeiro, RJ – Tel.: 2585-2000

EDITORA AFILIADA

Impresso no Brasil
2011

PATROCÍNIO:

Sumário

Eles são personagens das nossas vidas. Os que vimos jogar foram nossos heróis. Os que não vimos jogar fazem parte de uma história compartilhada, de um passado comum a toda a irmandade do futebol, não importa a idade. De um jeito ou de outro, são personagens. E a grande sacada deste livro é tratá-los como personagens. Você não verá aqui apenas a carreira desses gigantes, com estatísticas e datas. Lerá as histórias das quais eles são personagens, escritas com acuidade e sensibilidade literária. Mais do que as biografias de cada um, as histórias são retratos das suas épocas, uma sequência de flagrantes de um Brasil em transformação, e da nossa relação com o futebol ao longo dos anos. Como diz o grande Paulo Mendes Campos no prefácio da sua primeira edição, nós também somos personagens deste livro.

Aqui está o quase mitológico mulato Friedenreich, impondo-se ao preconceito e à discriminação com seu gênio. Aqui está Leônidas, o Diamante Negro, inventor da bicicleta, a primeira celebridade do nosso futebol a se tornar celebridade fora do campo. Aqui está Domingos da Guia, durante muitos anos um parâmetro de elegância e sabedoria, mandando nos seus domínios, a grande área, como um rei-filósofo. Aqui está Heleno, o galã trágico, personagem de uma história dramática (e cinematográfica) como poucas. Aqui está a geração de grandes jogadores marcados, mas não diminuídos, pela derrota na Copa de 50. E a geração do renascimento e da largada para o penta, as Copas de 58 e 62: Nilton Santos, Didi, Garrincha, Pelé. E os da Copa de 70: Gerson, Rivelino, Tostão. E mais Zico, e Falcão, e Romário, e Ronaldo... Cada um uma história. Cada um parte da nossa história.

O futebol mudou muito desde os tempos do Friedenreich. O que pouco mudou foi a relação do torcedor com o futebol. Continua sendo uma coisa meio irracional e misteriosa: amamos uma camiseta, um nome, um escudo. Amamos, no fim, uma abstração. Mas o que realmente nos leva ao estádio, e nos envolve e reforça nossa devoção, é nada mais concreto do que o grande jogador. Vi o Maracanã encher para ver o Pelé jogar pelo Santos contra times do exterior. Poucos no estádio eram santistas, menos ainda torciam pelo outro time. Estávamos lá em reverência ao talento. Estávamos lá para ver o gigante.

LUIS FERNANDO VERISSIMO

Prefácio da Primeira Edição

UMA PALAVRA

Tinha cinco dias de prazo para ler este livro. Sentei-me na poltrona nas primeiras horas da tarde do primeiro dia: empilhei as laudas de prova no braço esquerdo da poltrona, passando-as, à medida que lia, para o braço direito. Depois do jantar, Daniel, de 11 anos, sabendo de que se tratava, pediu um pedaço do livro: dei-lhe uma parte do capítulo final, sobre Pelé. Quando o menino me pediu mais um pedaço, recusei: "Você tem colégio amanhã cedo." Ele fez uma crítica personalista sobre a técnica narrativa: "Se fosse eu, começava diferente: Era uma vez um garotinho pobre que nasceu na pequena cidade de Três Corações..." Mero espanto ante o deslocamento cronológico, sua restrição não atuava sobre o gosto da leitura: pediu-me para ler "todo o livro quando publicado".

Eu, que estava apreciando igualmente a técnica narrativa, continuei a leitura: quinze minutos antes da meia-noite, chegava ao fim; a única vantagem de ser adulto é não ter colégio amanhã cedo.

Este livro é bom, benfeito, honesto, bem documentado. Pode ter erros e omissões, mas revela por parte de seus autores um raro equilíbrio de profissionalismo jornalístico. É essa medida que garante o interesse constante da narrativa, sem prolixidade, sem teorizações excessivas, sem vulgaridade, sem a preocupação monótona e pueril da documentação-acima-de-tudo. O futebol é uma série de fatos concretos, mas é também uma pequena mitologia brasileira, uma aura de sonhos e possibilidades em torno de cada jogador que o torcedor recorda, cada gol, cada lance. Racionalizar o futebol em teorias ou reduzi-lo aos fatos é observar a primeira realidade e omitir a segunda, isto é, aquela aura, misteriosamente enérgica, com que o brasileiro cria, à imagem de suas íntimas fantasias, a memória do esporte que o fascina.

Futebol no Brasil é uma função da alma, uma função que se enreda em todos os outros ramos da grande árvore psíquica: o amor, o ódio, o medo, a bravura, a solidariedade, a piedade, o sadismo, o senso estético, o sentimento da solidão e da morte... Não me peçam para explicar racionalmente a relação entre o futebol e o sentimento da morte. Mas a relação existe.

Este mesmo livro talvez mostre ao leitor que essa relação existe. A mim, o mostrou. E não pela primeira vez.

Pela primeira vez este livro me fez pensar em outra coisa: há uma história do Brasil e há uma história do brasileiro — a sua, a minha, a nossa história. O futebol faz parte da história particular de cada brasileiro da nossa época. Nós também somos os personagens de um livro como este. É o seu grande encanto. Eu, eu por simples necessidade de exemplo, não participei da Revolução de 1930 ou da renúncia de Jânio Quadros; mas participei, indelevelmente, da glória de Friedenreich, da ascensão e da queda de Fausto, das bicicletas de Leônidas, das fintas de Tim, da elegância de Danilo, do temperamento de Heleno, da arte de Pelé, da magia de Garrincha... E não só participei, participo ainda, espero continuar participando até o fim dos meus dias.

Jamais renunciarei ao direito e ao prazer de sonhar o futebol: por fidelidade à infância e por fidelidade ao orgulho inexplicável de ser brasileiro.

Este livro aclarou ainda mais meu caminho. Quando quis saber o motivo pelo qual sua leitura me dava tanto prazer, descobri essa coisa espantosa: Marcos de Castro e João Máximo escreveram um livro sobre mim. Ou sobre você, leitor.

PAULO MENDES CAMPOS

(1922-1991)

iQUE

//Friedenreich

... El Tigre encontrou a eternidade que tanto procurava nos gols mágicos de Pelé, nos dribles geniais de Garrincha, nas bicicletas inacreditáveis de Leônidas e nos doces sonhos dos moleques de rua que correm atrás de uma bola de meia.

GERALDO LUNARDELLI

Quando nos falam dos primeiros tempos do futebol brasileiro, logo imaginamos dois times, onze jogadores de cada lado, todos eles posudos, engomados, cabelos repartidos ao meio, bigodes retorcidos nas pontas, calções a bater nos joelhos, camisas de seda e botins lustrosos, correndo atrás de uma bola de atacar num campo esburacado e sem grama. Não se trata apenas de imaginação, pois as fotografias da época provam que os nossos primeiros craques podiam ter tudo, menos pinta de craque. É preciso lembrar, porém, que Charles Miller, um paulista do Brás, filho de ingleses, jeito de inglês, hábitos de inglês e até sotaque de inglês, foi o introdutor do futebol entre nós. Por volta de 1884, segundo reportagem há muito publicada no *Times of Brazil*, Charles Miller ingressou na Banister Court School, em Southampton, e em seguida cursou vários colégios do Condado de Hampshire, onde aprendeu a jogar futebol e ganhou duas bolas de couro. De volta a São Paulo, dez anos depois, trouxe consigo uniforme completo e as duas bolas, com as quais ele próprio organizou alguns treinos na Várzea do Carmo e as primeiras partidas na chácara do americano Charles Dulley, no bairro do Bom Retiro. Foram seus companheiros, nesses primeiros bate-bolas em terra brasileira, os ingleses, os filhos de ingleses e os paulistanos grã-finos que frequentavam o São Paulo Athletic Club. Depois, o novo esporte transformou-se no passatempo preferido da aristocracia paulistana, ganhando nos alemães do Germânia, nos estrangeiros das grandes firmas de São Paulo, nos meninos ricos do Mackenzie College e em toda a rapaziada da elite novos e entusiasmados adeptos. Em pouco tempo, ninguém mais pensava no sonolento cricket ou no violento rugby, ao mesmo tempo em que o homem do povo, incluindo negros e mulatos, modestamente, quase em segredo, ia imitando ricaços e criando os primeiros times da várzea.

O futebol brasileiro, portanto, começou dividido em dois grupos, os filhos de "boa família" de um lado e os varzeanos humildes do outro. É claro que aqueles, pertencendo a clubes organizados, podendo importar material da Europa e contando com o apoio dos jornais, conseguiram firmar-se primeiro: promoviam torneios, programavam amistosos com as equipes que surgiam no Rio, instituíam taças e faziam seus primeiros ídolos. Charles Miller foi um deles, criador de uma jogada que, em sua homenagem, ganhou o nome de charlie (dobrar a perna em ângulo reto para tocar a bola com a face externa do pé). O que importa dizer, sem risco de erro, é que aquela divisão retardou o aparecimento do que já se pode chamar de estilo brasileiro de jogo. Se não tivessem os pioneiros grã-finos rompido os preconceitos e aberto as portas do nosso futebol ao homem do povo, sobretudo os negros, decerto não seríamos hoje pentacampeões do mundo. E como essas portas custaram a ser abertas, Arthur Friedenreich teve que se camuflar e entrar pela janela.

Friedenreich foi contemporâneo de Charles Miller e de todos aqueles rapazes endinheirados que bateram bola na chácara de Dulley. Logo, se fosse cem por cento varzeano, cem por cento do povo, cem por cento pobre e cem por cento negro, jamais teria passado de obscuro jogador de pelada, sem poder ser sócio do Germânia ou aluno do Mackenzie College. Se fosse, por outro lado, cem por cento da elite, cem por cento rico e cem por cento branco, filho de europeus como os outros, talvez não tivesse sido mais do que um daqueles craques sem pinta que as velhas fotografias registram. Mas ele foi 50 por cento em tudo isso, espécie de meio-termo a ter acesso à turma de cima sem deixar de ser fiel à turma de baixo. Era filho de alemão remediado com paulista pobre, de pele escura; viveu quase toda a infância entre os meninos de rua e estudou nos melhores colégios de São Paulo, inclusive no Mackenzie; veio ao mundo no nada aristocrático bairro da Luz e muito cedo entrou para o Germânia, clube da colônia alemã. Embora magro, era alto e forte como todo bom atacante de área de estilo britânico, mas tinha o jogo fino, ágil, escorregadio dos negros da várzea. Mulato claro, cujos olhos verdes chamavam mais atenção do que a pele morena ou o cabelo crespo, foi o introdutor da finta curta, do drible manhoso, do passe improvisado, da ginga e dos floreios barrocos de que fala Gilberto Freire, num futebol até então cópia piorada do ortodoxo jogo inglês.

Mas é preciso notar que Friedenreich não foi grande por ser apenas exceção, isto é, por possuir gotas de sangue negro em suas veias de craque, ou por haver crescido entre os que amam a bola com um sentimento primitivo, qualidades que, entre os tais pioneiros sem pinta, forçosamente se acentuariam. Ele seria — como de fato foi — grande em qualquer circunstância, jogando na várzea ou nos estádios, em São Paulo ou no Rio de Janeiro, no Brasil ou no exterior, nos tempos distantes do amadorismo ou já em plena época do jogador profissional. Sua carreira representa nada menos de 26 anos de atividade, compreendendo, portanto, várias fases do futebol brasileiro. E, nesses 26 anos, foi sempre o mesmo, excepcional, único, como se toda a sua vida fosse um incessante entrar pela janela, aqui e ali, atrás de glórias que a poucos caberia conquistar. Certo é que, se há imortais no futebol, Friedenreich é um deles.

★★★★★★

Com a libertação dos escravos em 1888, a maior parte das fazendas do Sul atravessou uma crise que acabaria resultando na queda do Império e na proclamação da República. Oscar Friedenreich, embora não fosse fazendeiro, teve seus negócios muito afetados pelos problemas que esvaziaram as algibeiras dos donos de terra em Blumenau, Santa Catarina, onde tinha sido comerciante próspero. Assim, naquele mesmo ano, antes que as coisas piorassem, tratou de juntar as economias, fez as malas e foi tentar a vida em São Paulo. Graças aos alemães e descendentes de alemães, que formavam uma colônia mais ou menos fechada, mas que sabiam ajudar os amigos que vinham de fora, Oscar pôde estabelecer-se outra vez no comércio e ganhar dinheiro bastante para viver com relativo conforto. Em pouco tempo, estava casado com Matilde — ex-escrava cuja beleza bem valia a quebra de um preconceito — e morando com ela numa casa de uma porta e três janelas, na Rua Vitória, 8, em frente ao velho lampião de querosene que havia na esquina da Rua do Triunfo.

Foi naquela casa que Artur Friedenreich nasceu, em 18 de julho de 1892, meio claro, meio escuro, mas paulistano dos pés à cabeça. Ali mesmo, no bairro da Luz, aprendeu a jogar bola, a fazer bola de meia, a correr atrás de uma bola de couro, a ter na bola uma presença constante em sua infância agitada. Aos 12 anos, no meio de gente grande, já atuava pelo primeiro time do São Paulo, que nada tinha a ver com o antigo São Paulo Athletic Club e muito menos com o atual tricolor do Morumbi. Tratava-se de um timinho independente, fundado pela rapaziada do bairro do Bexiga. Às vezes, se não era dia de jogo do São Paulo, Friedenreich sumia. Assustava os pais andando de esquina em esquina à procura de um bate-bola. Num desses sumiços, foi parar perto do Cemitério da Consolação, onde soube haver uma pelada de gente boa, todos maiores do que ele. Foi então que passou o primeiro grande susto de sua vida: ao correr atrás de uma bola, não viu um carro que passava e quase foi atropelado. O pior é que se tratava de um carro fúnebre.

Achando que já era tempo de sossegar o filho — e também de transformá-lo num jogador de verdade — Oscar fez com que ele entrasse para sócio do Germânia, onde o então famoso Hermann Friese, que os alemães chamavam de "atleta perfeito" e os brasileiros diziam ser o próprio inventor da marreta (recurso violento, porém lícito, de usar o ombro nas disputas de corpo a corpo), ia registrando seus últimos feitos ou distribuindo suas últimas ombradas. Coisa que o moço Friedenreich não compreendia — ainda que lhe dissessem, à guisa de conselho, que um bom tranco valia tanto quanto um bom drible — era a fama de Hermann Friese. Mas, se ali, naquele clube, achavam que a força bruta se equivalia ao futebol de astúcia, o remédio era tentar uma adaptação ao ritmo europeu daquela equipe quase toda europeia. Durante uma temporada inteira, Friedenreich fez força para ser um ponta-esquerda entrão, um médio-esquerdo estrompa, um centroavante troncudo, um jogador de peito largo, exatamente como os alemães gostavam. Acontece que ele era fino, no futebol e no corpo, e tudo aquilo lhe parecia inútil. Para que adaptar-se a um estilo que ele próprio condenava?

Um dia, ainda atrás de uma resposta, procurou o pai e disse-lhe que pretendia mudar de clube. Oscar, naturalmente, estranhou, lembrando que o filho era uma espécie de mascote do Germânia.

— Eu gosto do Germânia, pai, mas acho que outro clube me fará bem.

— Que outro clube?

— O Ipiranga, por exemplo.

O Ipiranga, sem ter a mesma projeção do Germânia, era agora um clube da Primeira Divisão, pois conseguira vencer o Savoia, o Votorantim e o Vila Buarque num torneio de classificação organizado pela Liga Paulista de Futebol. Formado na maioria por gente da terra, talvez fosse ambiente melhor para o moço que se criara entre brasileiros, jogando bola no bairro da Luz, na várzea, nos terrenos da municipalidade, e que se sentia deslocado entre os louros atletas do Germânia. Toda oposição que Oscar poderia ter feito ao filho, naquele começo de 1910, haveria de ser vencida com o tempo, pois o Ipiranga foi de fato o início da carreira que estava destinada a Friedenreich. Em breve — e Oscar ia deixando de aparecer no Germânia só para ver o filho crescer em outro clube — aquele rapaz muito magro, alto, moreno, com qualquer coisa que lembrava um cigano, os olhos claros e vivos, as pernas finas, o andar aparentemente preguiçoso, o tipo indefinido e ao mesmo tempo diferente de todos os outros, seria o ídolo da torcida do Ipiranga. Passou a ser conhecido por Fried, simplesmente Fried, e os próprios jornais da época, perdendo a austeridade e não mais antepondo o respeitoso senhor ao nome de cada jogador, começavam a falar de Fried com carinhosa intimidade.

Definitivamente adaptado à posição que escolhera e o tornaria famoso — o centro do ataque — e já se sentindo à vontade para desenvolver o próprio estilo, Fried cresceu mais rapidamente do que Oscar imaginara: em 1912, foi pela primeira vez artilheiro do Campeonato Paulista e convocado para o combinado que o Paulistano organizou para enfrentar a já temida e até então invicta seleção da Argentina.

Tanto o combinado como a seleção não escondiam sua origem britânica. A própria escalação das equipes era bem sugestiva, a visitante com um Russ, um Suzan, um Hayes e nada menos de três Brown, enquanto a local tinha um Ashbury e um Stewart, titulares do São Paulo Athletic Club. Friedenreich, sendo uma espécie de convidado do Paulistano, nem se incomodou quando o deslocaram para a ponta-esquerda, a fim de que não fosse desfeito o trio atacante formado por Ribeiro, Décio e Mariano. O que importava era entrar em campo e ganhar a partida, o que de fato aconteceu: os argentinos terminaram o primeiro tempo vencendo por 3 a 0, mas não conseguiram impedir a reação dos paulistas e uma derrota por 4 a 3, cabendo a Friedenreich marcar um dos gols. O capitão daquele combinado chamava-se Rubens Sales, um dos primeiros grandes jogadores do futebol brasileiro, centromédio do Paulistano e objeto da admiração do ponta-esquerda improvisado que os argentinos conheceram naquela tarde no campo do Velódromo.

******

Rubens Sales era moço fino, culto, de família conceituada, integrante do grupo de jogadores que se opunham à democratização do futebol paulista. Por aquela época, o Ipiranga já vinha admitindo empregados do comércio em seu time e outros clubes também haviam descoberto a mina da várzea. O Corinthians, antecipando-se ao grande clube popular que se ergue hoje no Parque São Jorge, já recebia com prazer qualquer rapaz bom de bola, ainda que pobre, na equipe que começava a se fazer forte. Foi aquela "mistura descabida e perigosa", segundo jornal de 1913, que provocou a primeira cisão no futebol de São Paulo: de um lado, os que defendiam a tal mistura ficaram com a Liga Paulista de Futebol; do outro, Rubens Sales e seus amigos, querendo ver longe os varzeanos, fundaram a Associação Paulista de Esportes Atléticos (Apea). No início, Friedenreich e o Ipiranga bateram-se pelo princípio da igualdade, disputando o Campeonato da Liga. Depois, porém, a Liga começou a decair, a perder prestígio, a ser dominada pela rival, a viver sob a ameaça de ter as portas fechadas. Os jornais, ao mesmo tempo em que não falavam ou falavam pouco dos jogadores e dos times da Liga, abriam generosamente suas páginas às notícias sobre as partidas, os torneios, os campeonatos organizados pela Associação. Até as colunas destinadas aos registros sociais comentavam, num estilo bem próprio da época, "os interessantes *matches* realizados nos *fields* paulistanos, na presença dos mais altos próceres de nossa sociedade". O incentivo era outro, incentivo de uma entidade de cofres cheios, poderosa junto à imprensa, prestigiada pelas damas e senhorinhas bem vestidas, perfumadas, bonitas que dava gosto ver. Principalmente as mulheres, que nunca iam aos campos onde atuava um Ipiranga, um Corinthians, um Americano. Enfim, o apoio da gente graúda era indispensável. Mas logo as coisas mudaram, quem era da Liga foi passando para o outro lado, caso de Friedenreich e do próprio Ipiranga. A escolha não era fácil, Fried sabia, o Ipiranga sabia, todos sabiam. Mas o que fazer? Ouvir o coração e afundar no mesmo barco da Liga ou seguir a cabeça e aceitar a realidade que a Apea impunha? O filho de Oscar ainda era um meio-termo, 50 por cento em tudo, tinha amigos aqui, amigos lá, não queria ficar mal com ninguém, apenas bater sua bola, marcar seus gols, conquistar vitórias e títulos pelo seu time. E tratou de permanecer assim.

Se o Ipiranga se filiou à Apea, levando consigo Friedenreich, este não deixou de frequentar a várzea. Chegou a aceitar o convite para jogar por vários pequenos clubes de bairro e concordou em integrar a equipe que o Americano mandou para uma excursão ao Prata. Uniu-se assim a velhos amigos como Chico Neto, Décio, Alencar, Juvenal e o garoto Formiga, para conseguir a primeira vitória de uma equipe brasileira no exterior, numa difícil partida com o combinado de Buenos Aires. Por isso e por muita coisa mais, havia quem achasse Fried um tipo curioso, ora se misturando aos grã-finos nas reuniões de fim de semana, ora de braço dado com um operário de fábrica pelas ruas do bairro da Luz. Em campo, vestindo a camisa do Ipiranga, nem sempre se reconhecia nele o mestiço que era, pois perdia tempo no vestiário, a toalha servindo de turbante, amansando o cabelo, alisando-o até chegar ao ponto de parecer cabelo de branco. Bastava uma cabeçada, porém, e todo o trabalho ficava sem efeito: ali estava o mulato claro que o Germânia aceitara como por engano. Mas seu futebol era tão fino que todo mundo se esquecia do detalhe e acabava batendo palmas como se ele fosse o próprio Rubens Sales. Nos campinhos de bairro, dava-se o inverso: parecia menino de família se intrometendo no futebol dos pobres, mas pouco a pouco acabavam descobrindo que ele era igual a toda a turma, simples, desafetado, meio moleque e bom amigo. Qual dos dois era o verdadeiro Friedenreich? O que frequentava as festas de família, dançando como poucos uma valsa de Zequinha de Abreu, ou o que preferia as esquinas, noite alta, violão no peito, a voz muito afinada dizendo coisas de Marcelo Tupinambá?

Por ter aderido à Apea, o Ipiranga pôde ver dois de seus jogadores — Fried e Formiga — no ataque da primeira equipe que mereceu, de acordo com os arquivos da Confederação Brasileira de Desportos, a denominação de Seleção brasileira. A 21 de julho de 1914, no antigo estádio do Fluminense cheio, cheio até demais, deu-se o grande acontecimento: o tão anunciado encontro da Seleção brasileira (na verdade, um combinado Rio-São Paulo) com os profissionais do Exeter City, da Segunda Divisão inglesa. Assim que os adversários pisaram no campo, a plateia, constituída de rapazes com chapéus de palhinha, senhoras de sombrinhas estampadas, mocinhas de branco, rosa e azul-claro, fez um oh! de espanto. É que os ingleses eram imensos, quase gigantes, fortes, musculosos, como se fossem lutadores de boxe.

— E são profissionais. Ganham só para jogar futebol!

— Incrível!

— Olhem, o goal-keeper tem quase dois metros.

Se eram gigantes, se de fato recebiam dinheiro para jogar, se nada faziam além de chutar bola, se descendiam dos criadores daquele esporte apaixonante, deviam ser mestres no assunto. Diante daquele espanto que só cessaria quando a partida começasse, a equipe do Exeter City deu uma volta pelo campo, foi até a parte reservada aos sócios do Fluminense, mostrou um sorriso só, único, saído de todas as bocas ao mesmo tempo, e foi bater bola num dos gols. Em seguida, entraram os brasileiros, tímidos, encabulados ante a torcida feminina que lhes atirava flores, fitas, papéis coloridos. Harry Robinson, inglês radicado no Rio, apareceu por último, chapéu de aba larga cobrindo-lhe os olhos vermelhos, apito na boca, ar sério de *referee* compenetrado. Também foi aplaudido. Mas logo tudo aquilo se transformou em silêncio nervoso.

No princípio, foi uma partida limpa, todo mundo procurando a bola, apenas a bola, pedindo desculpas ou dizendo *I'm sorry*. Depois, à medida que os brasileiros, graças a um jogo rasteiro e rápido, foram tomando conta do campo, os ingleses passaram a usar os ombros à maneira de Friese — e a entrar com violência. Não houve protestos e a partida foi cada vez mais pendendo para a turma da casa. Quando surgiram aqueles dois gols quase seguidos, um de Osvaldo Gomes e o outro de Osman Medeiros, a torcida feminina começou a gritar em coro os nomes dos craques brasileiros, Marcos de Mendonça, Píndaro, Lagreca, Rubens Sales, Formiga, Fried. De repente, fingindo-se de machucados, quatro ingleses foram deixando o campo. Seria boa desculpa para a derrota inevitável, perder com sete no time, alegar um jogo bruto que na verdade eles próprios estavam empregando. Mas Rubens Sales interveio:

— *Mister* Robinson, aqueles quatro estão correndo do campo.

O árbitro apitou, sem saber o que fazer.

— Diga a eles, *mister* Robinson, que assim a partida não continua.

Robinson foi lá, conversou com os quatro "contundidos", expôs o problema nos termos apresentados por Rubens Sales e pediu que eles voltassem ao campo. Falou em nome de toda a colônia britânica e conseguiu o que queria. Os quatro, antes mancando, voltaram bem dispostos, tentaram descontar a diferença, distribuíram pontapés em quem quer que deles se aproximasse e as coisas ficaram feias. Rubens Sales, a certa altura, temeu pela sorte de Friedenreich.

- Não chega muito perto não, Fried!

Mas Fried não quis ouvir, foi entrando na valentia, tentando o gol, usando o corpo magro contra o marcador mais forte, sofreu uma cotovelada no rosto e acabou caindo, ensanguentado, na pista de areia. Perdeu dois dentes com a imprudência, mas mesmo assim deixou o campo sorrindo — um sorriso doloroso — e feliz da vida. Os brasileiros venceram por 2 a 0 e comemoraram até de madrugada.

Naquele mesmo ano, outras seleções brasileiras foram organizadas, uma delas para a taça que o general Júlio Roca instituiu para ser disputada em Buenos Aires entre as equipes nacionais do Brasil e da Argentina. Lá, no estádio do Gymnasia y Esgrima, Friedenreich, no centro do ataque, a Seleção brasileira conseguiu sua primeira vitória no exterior: 1 a 0. Já no Campeonato Sul-Americano de 1916, também em Buenos Aires, a sorte foi outra: um empate com os argentinos, outro com os chilenos, uma derrota para os uruguaios e nada mais.

★★★★★★

Como se esperava, a Apea acabou vencendo a concorrência aberta pela cisão de 1913, pois três anos depois já não existia a Liga Paulista de Futebol. O que houve, realmente, foi uma unificação, agora começando a ruir a barreira do preconceito. As partidas entre cariocas e paulistas, pela Taça Correio da Manhã, levavam milhares de pessoas aos estádios, o mesmo acontecendo com as equipes estrangeiras que nos visitavam, o Chelsea e o Corinthians ingleses, o Dublin uruguaio, o Torino e o Pro Vercelli italianos. O sucesso deste foi tanto que, em 1914, a colônia italiana de São Paulo uniu-se em peso e fundou o Palestra Itália, hoje Palmeiras. Outros clubes iam aparecendo, como o São Bento, ideia que o padre Katon pôde levar adiante com o apoio de antigos alunos do Ginásio de São Bento. O futebol brasileiro crescia, se abrasileirava, ia despertando interesse no grande público, mas sem pressa. Ainda levaria tempo até que as portas se abrissem — pobres e ricos, brancos e negros, no princípio com certa cisma de parte a parte, depois sem cisma alguma — para que o amor à bola se fizesse mais forte do que os preconceitos.

Foi em 1915 que Friedenreich pagou o primeiro tributo à fama que já agora acompanhava seus feitos em campos de todo o Brasil. Vários clubes de São Paulo, do Rio e dos estados onde o futebol igualmente progredia interessavam-se por ele, os convites repetindo-se com frequência, ora para um amistoso por tal clube aqui, ora para uma transferência definitiva para tal clube ali, e ele sempre recusando, preferindo manter-se fiel ao Ipiranga. Só quando o chamavam para um joguinho fora de São Paulo, sem compromisso, apenas para ajudar a levar gente ao campo, concordava em vestir a camisa de outro clube. Uma vez, sem permissão da Apea, fez por uma equipe de Santos um amistoso não oficial. Descobrindo, a entidade obrigou o Ipiranga a puni-lo. Foi suspenso. Os companheiros de clube acharam a medida exagerada, injusta, absurda, e decidiram reunir-se para tomar uma atitude. Que medida tomar contra o Ipiranga?

— E contra a Apea? — lembrou alguém.

Sendo a punição de clube para jogador, e não de entidade para jogador, foi fácil encontrar uma solução aprovada por todos:

— Fundemos outro clube, pronto, e não se fala mais nisso.

Assim surgiu o Paissandu, de duração tão efêmera quanto a punição imposta a Friedenreich. Porque o Ipiranga, depois de resistir a vários movimentos populares, depois de ver dividido o seu próprio quadro social, depois de fracassar na temporada de 1916 com uma equipe sem Fried e outros jogadores, compreendeu o erro e resolveu perdoar todo mundo.

— Voltar ao Ipiranga, eu volto. Mas já não será a mesma coisa.

Com aquelas palavras, Fried deixava claro que se abrira um abismo de ressentimento entre ele e o Ipiranga. Tanto assim que, passados seis meses, alegou estar sentimentalmente comprometido com o colégio onde estudara e assinou inscrição pelo Mackenzie. Os que o conheciam de perto, sabendo que a suspensão jamais seria esquecida, receberam a notícia sem surpresa. Mas o destino de Fried não era o Mackenzie, e sim o Paulistano, o grande Paulistano, campeão paulista de 1916 e uma das mais poderosas equipes do futebol brasileiro em todos os tempos. Com esse encontro feliz, em 1917, lucraram ambos, Fried ocupando todo ano a liderança dos artilheiros do campeonato, o Paulistano sagrando-se tetracampeão em 1919. Foi justamente nesse ano que o Brasil elegeu Artur Friedenreich o seu craque número um, o ídolo maior, o goleador insuperável, o primeiro rei de seu futebol.

Um ano antes, o Fluminense construíra um estádio com capacidade para 18 mil pessoas, pensando no primeiro Campeonato Sul-Americano que se realizaria no Brasil. A gripe espanhola, porém, adiara a festa que os cariocas haviam preparado para receber as seleções uruguaia, argentina e chilena, de modo que a CBD teve de modificar seus planos e tornar sem efeito a convocação feita em 1918. Assim, segundo ofício à Apea, os jogadores a esta filiados deveriam devolver à CBD o dinheiro adiantado para a viagem ao Rio, onde seria cumprido todo o período de treinamento. Fried, Neco e Amílcar, no entanto, não contavam com isso: tinham comprado roupa nova, malas, presentes para os amigos cariocas e muito mais, gastando até o último tostão. Quando a CBD soube que nenhum dos três poderia devolver coisa alguma, puniu-os, o que provocou nova crise no futebol brasileiro, pois a Apea e os jornais de São Paulo não aceitavam que seus jogadores fossem suspensos.

Houve até quem dissesse que, para o futebol, a gripe espanhola era menos séria do que a crise, pois uma já estava sendo vencida, enquanto a outra, perdurando, ameaçava a participação do Brasil no torneio continental que se aproximava. Mas a intervenção do escritor Coelho Neto, homem muito ligado ao Fluminense e ao futebol, seria decisiva: "É como brasileiro, no fim da vida, que peço a paz para o esporte." A campanha liderada por ele, tímida no começo, veemente no fim, acabou vencendo a severidade da CBD e a intransigência da Apea, que teimava em não ceder jogadores à Seleção. E o sonho de um Sul-Americano no Brasil se realizou.

Mesmo contornada a crise, os torcedores cariocas receberam com frieza os jogadores que o Paulistano, o Corinthians, o Palestra Itália e o Santos mandaram ao Rio, nos primeiros dias de maio, atendendo à nova convocação da CBD. Durante os treinos no campo do Fluminense, era fácil notar uma quase hostilidade, emulação antiga, que os torcedores destinavam a Fried e seus companheiros, mas que eles enfrentavam com dignidade. O próprio Fried, tão admirado no Rio, parecia ter alguns inimigos entre os que o viram marcar cinco gols, dois anos antes, na partida em que a seleção paulista derrotara a carioca por 9 a 1. Ele e o corintiano Neco, de todos os que sofreram aquela hostilidade sem sentido, eram os mais confiantes.

— Quando tivermos um inimigo comum — dizia Neco — as coisas mudam.

O primeiro inimigo comum foi o Chile, cuja seleção mediu-se com a do Brasil em 18 de maio, na abertura do Sul-Americano. Os 6 a 0 conseguidos pelos brasileiros, com três gols de Friedenreich — um dos quais foi o primeiro na história do estádio do Fluminense — bastaram para mudar as coisas, conforme previra Neco. Em seguida, contra a Argentina, já não se distinguia quem era carioca ou paulista. O público tanto se entusiasmava com uma defesa de Marcos Carneiro de Mendonça, como com um drible de Fried, uma rebatida de Fortes, um passe de Neco ou uma avançada de Heitor. E os brasileiros venceram por 3 a 1, apesar daquele susto no primeiro tempo: estava 0 a 0, partida muito equilibrada, quando o argentino Izaguirre recebeu uma bola em impedimento e avançou pelo centro da área brasileira. Ouviu-se um apito, Píndaro e Bianco pararam, Marcos não se mexeu, todos olhando para *mister* Todd, árbitro inglês, enquanto Izaguirre corria livre e fazia o gol. E o apito? Para muitos, viera da arquibancada, truque de torcedor malandro, mas os argentinos não aceitaram a explicação e exigiram que o gol fosse confirmado. Izaguirre, jurando não ter ouvido coisa alguma, lembrava que apito, não sendo do árbitro, não era apito, e se intrometia naquele círculo que os brasileiros formavam em volta de *mister* Todd. Foi então que o árbitro, talvez temendo que a partida não chegasse ao fim, chamou os bandeirinhas, conversou com eles e resolveu dizer aos dois capitães que o apito fora de fato seu. Um pouco fraco, é verdade, mas seu. O gol foi transformado em tiro de meta, as duas seleções voltaram aos seus lugares e o jogo prosseguiu.

O empate de 2 a 2 com os uruguaios, na última rodada, mostrou que os jogadores visitantes eram tão bons quanto os nossos e condenou o Brasil inteiro a três dias de penosa espera. Seria necessário novo jogo para que surgisse o campeão, e não houve quem não participasse, no trabalho, nas escolas, em casa, nas esquinas, nos botequins, onde quer que houvesse um brasileiro, daquela expectativa feita de tantas interrogações. Conseguiríamos repetir as vitórias sobre chilenos e argentinos ou não passaríamos da atuação nervosa contra os uruguaios? Voltaríamos a sofrer dois gols de saída, em falhas do infalível Marcos Carneiro de Mendonça, ou tudo agora seria diferente? Se viéssemos a sofrer os dois gols, teríamos ânimo e fôlego para nova reação ou seríamos obrigados a nos conformar com a derrota? Quando se falava em Neco ou Friedenreich, lembrando os craques que eles eram, logo um sorriso de confiança aflorava em todos os lábios. Mas, se os citados eram os irmãos Scarone, ou Romano, ou o negro Gradin, ou o fabuloso Zibecchi, as fisionomias se fechavam e o pessimismo tomava conta da conversa. Era a primeira expectativa tensa, sofrida, imposta pelo futebol ao brasileiro.

Na tarde de 29 de maio, o estádio do Fluminense tornou-se pequeno pela primeira vez. Na véspera, os jornais publicaram anúncios de pessoas dispostas a pagar 300 mil réis por um ingresso que custava 10 mil, mas era impossível conseguir, mesmo por 500 mil, aquele precioso bilhete que a CBD pusera à venda com antecedência. Três horas antes da partida, a polícia entrava em ação, tentando dispersar os que se aglomeravam na Rua Pinheiro Machado, alguns forçando o já fechado portão de ferro do estádio. E o morro, que ainda hoje existe atrás do gol, ficou repentinamente cheio, homens, mulheres, velhos e crianças, todos pagando os 5 mil réis que o astuto proprietário estipulara por um pedaço de barranco, lá em cima, longe do campo. Outros, mais precavidos, chegaram cedo, antes das 9 da manhã, almoço na marmita, para escolherem os melhores lugares. Quem não apareceu foi o presidente da República, Delfim Moreira, que assistira ao jogo de abertura e era esperado na tribuna de honra do Fluminense. Talvez, não querendo pôr os nervos à prova, preferisse ficar no Palácio, aguardando o resultado. Ou talvez não acreditasse na vitória.

Por fim, entraram em campo as duas equipes, o árbitro, os bandeirinhas, os representantes da CBD e da Associação Uruguaia, autoridades e curiosos, gente que nunca se vira num campo de futebol. O argentino Juan Barbera, árbitro escolhido de comum acordo, pediu que o policiamento se encarregasse de esvaziar o campo, enquanto dirigia algumas palavras aos jogadores. Os uruguaios ganharam o *toss*, escolheram o lado, Friedenreich deu a saída. Dez, 20, 30 minutos depois, bola lá e cá, defesas guardadas, ataques estudados, cautela e respeito de parte a parte, 0 a 0. Terminado o primeiro tempo, a mesma coisa, nada de gol. Mais 10, 20, 30 minutos, alguns sustos, várias ameaças, uma grande defesa de Saporiti, uma bola raspando a trave de Marcos, um chute de Fried na rede, que foi comemorado como gol, mas que na verdade bateu do lado de fora. Seguiram-se uma espetacular jogada de Gradin, outra de Romano, e o gol não surgia. Passaram-se os 90 minutos, jogo concluído, público inquieto, 22 homens cansados, tudo na mesma. O sofrimento continuaria por mais meia hora, na primeira prorrogação, e mais meia, na segunda, e já não se acreditava que alguém pudesse mudar o silencioso destino daquela partida. Os jogadores mal se aguentavam de pé. Os torcedores pareciam ter esgotado suas reservas de paciência e energia, mas o regulamento era claro: "... tantas prorrogações de 30 minutos quanto necessárias..." E teve início novo período.

Então, logo no terceiro minuto (ou centésimo quinquagésimo terceiro minuto), Neco recebeu de Amílcar, passou por Zibecchi, driblou Vanzino, deslocou-se para a direita, perseguido por Foglino, foi até a linha de fundo; perdeu o ângulo e centrou assim mesmo, pelo alto. Heitor e Varela saltaram, o brasileiro subiu um pouco mais, cabeceou, forçando Saporiti a rebater de soco, e a bola acabou saindo da área uruguaia. No entanto, nunca se soube de onde ou como surgido, ali estava Fried, no lugar certo, a curta distância da meia-lua, esperando apenas que a bola descesse para então colhê-la no ar, de voleio, e mandá-la bem no canto, fora do alcance de Saporiti. Naquele instante, ninguém procurou saber como Fried fora tão preciso, fazendo a bola passar por tanta gente, uruguaios e brasileiros, e chegar ao gol. É que todos, jogadores e torcedores, abriam os braços para um só abraço, as bocas para um só grito, o coração para uma só alegria. O Brasil, se bem que ainda faltassem 27 minutos para o fim do jogo, 27 minutos de vagarosa tortura, era campeão sul-americano.

Depois, a festa. Flores, confetes e serpentinas coloriram o campo. Outros braços, dezenas deles, ergueram-se para carregar Friedenreich, Neco, Marcos, Píndaro, Amílcar, Heitor, Fortes, Bianco, Sérgio Pereira, Millon e Arnaldo. A grama verde cobriu-se de gente, o morro ficou vazio, o Brasil vivia o seu primeiro grande momento de alegria coletiva, todos se misturando, ricos e pobres, que o futebol, só o futebol, seria capaz de juntar numa única festa. À noite, no Centro ou nos bairros mais distantes, cantava-se e dançava-se pelas ruas, o espírito inventivo do povo cuidando logo de compor um hino: "Nossos dianteiros fazem entrar / Tiros certeiros de assombrar..."

Mas o tiro certeiro fora só um, o assombro não mais do que um, e o povo sabia. Por isso, mesmo sendo aquela uma vitória de todos, quase sem nomes a destacar, era Friedenreich o eleito, a razão de ser daquela vitória extraordinária, segundo a vontade de todos. Ele mesmo foi carregado — e quantas vezes isso se repetiria — pela Rua das Laranjeiras até o Largo do Machado, dali ao Catete, do Catete à Avenida Central. Sua chuteira direita, a que dera o título ao Brasil, ficou exposta na vitrina de uma joalheria da Rua do Ouvidor, ao lado de outras joias.

Com tudo isso, naquele mesmo dia, nos dias que se seguiram e para o resto da vida, o próprio Fried estranharia sempre terem feito dele o herói:

- Herói de verdade é o Neco, que pôs açúcar naquela bola.

★★★★★★

Não só os brasileiros, mas também e principalmente os uruguaios, pensavam de outro modo. Os jornalistas que vieram de Montevidéu, como Maurício Vitalle Amico, Matos Fuentes, Eduardo Arrachavaleta, Lorenzo Sienra e outros, ao ouvirem o que Zibecchi dissera de Fried — "Ni la fatiga lo vence" — deram ao ídolo brasileiro um apelido que poderia parecer estranho a quem o conhecesse fora do campo, manso, inofensivo, mas que bem o definia com a bola nos pés: El Tigre. E as glórias que sucessivamente ele foi colecionando, em campeonatos paulistas e brasileiros, amistosos e torneios internacionais, um título atrás do outro, gol após gol, criando sempre algo de novo, um drible, um efeito, um jeito diferente de tocar na bola, asseguraram-lhe um lugar único na primeira fase da história do futebol. E já agora, cariocas ou paulistas, ninguém mais entendia que não se tratasse Fried como a um herói nacional.

Em 1922, por exemplo, quando o Brasil voltou a organizar o Sul-Americano, Friedenreich contundiu-se seriamente na partida de estreia com o Chile, não podendo enfrentar o Paraguai uma semana depois. Durante o tempo em que esteve fora da equipe, cuidou-se praticamente sozinho, por conta própria, com médico seu, para poder participar do jogo com o Uruguai. Em entrevista ao *Correio da Manhã*, queixou-se da CBD, pelo descaso, o que o afastou da Seleção. Embora o Brasil viesse a conquistar o título, é verdade que sem o brilho de 1919, o entusiasmo foi menor. Jornais do Rio e de São Paulo atacaram a CBD, acusando seus dirigentes de ingratos. E o povo, desta feita, ficou sem herói para carregar pela cidade.

Friedenreich já havia conquistado o continente — foi o jornalista argentino Borocotó quem disse ser ele "el namorado de la América" — e a sua fama começava a correr o mundo. Na Europa, contudo, aquele nome alemão de craque brasileiro, se aparecesse num cantinho de jornal, soaria esquisito. Talvez fosse um estrangeiro que aqui estivesse, ensinando futebol aos nossos nativos, ou pura invencionice de brasileiros, mas nunca — pensariam os europeus — um craque de verdade, fabuloso, capaz de façanhas incríveis, como diriam os correspondentes. Logo, foi preciso que o Brasil mandasse à Europa, integrando a equipe do Paulistano, a arte primitiva de Fried para que o mundo acreditasse.

O Paulistano — primeira representação brasileira a cruzar o Atlântico — saiu de Santos na manhã de 10 de fevereiro de 1925, a bordo do *Zeelandia*, e só chegou a Paris na noite de 1º de março. Durante a viagem, segundo o diário de Arakén Patusca, mais tarde publicado no livro *Os reis do futebol*, foi organizado um programa social de modo a quebrar a monotonia e a matar a saudade, duas coisas que Fried, por mais que se esforçasse, não conseguia: todas as noites, após o jantar, lá estava ele, sozinho, afastado do grupo, olhando para o mar que o navio deixava para trás. Mesmo quando Bartô e Netinho deram a ideia de um torneio de pôquer, ganho facilmente por Fried, frequentador das rodas do Bexiga, da Bela Vista e de Saracura, ele não se entusiasmou.

— De agora em diante terás o apelido de Peso Pelo — disse Bartô.

— Por quê?

— Porque és um peludo. (Termo usado na época como sinônimo de "sortudo".)

Também não ligava muito ao namoro de bordo, pois vivia dizendo que, com o emprego arranjado na Secretaria do Interior, pretendia casar-se com uma paulistana como ele. Fried teria feito uma viagem triste se, lá pelo quinto dia, não surgisse a Bagunça.

— Sim, Bagunça, esse será o nome do nosso conjunto musical.

Foi Miguel Feite, bom no violino, quem sugeriu a criação do conjunto para animar as festas. Ele no seu instrumento, José Mariani Fonseca Barbosa no clarinete, Arakén Patusca no chocalho e Fried no violão deram início aos ensaios.

— E eu? Também quero entrar na Bagunça — exigiu Netinho.

— Mas o que toca você?

— Fosforofone — e puxou do bolso uma caixa de fósforos, que foi transformada em insólito instrumento de sopro.

O repertório era quase todo de compositores paulistas, principalmente Eduardo Souto e Marcelo Tupinambá. Do primeiro, Fried solou e bisou, na noite da estreia, a conhecida marcha *Sul-Americana*; do último, fez muito sucesso *Viola mimosa*, cantada por Arakén. A verdade é que a Bagunça ajudou os brasileiros a suportar a viagem, encerrada com estouro de champanha, palmas, vivas, música e um breve discurso de Mário Andrada e Silva no salão de festas.

Ao desembarcarem em Cherbourg, de onde seguiram de trem para Paris, os brasileiros encontraram pouca gente esperando: alguns dirigentes do Stade Français, dois ou três jornalistas e um grupo de curiosos. Portanto, foi com surpresa que Arakén ouviu um rapazola de óculos, muito parecido com Harold Lloyd, apontar para um dos jogadores e dizer:

— Voilà le Friedenreich!

"Então eles acreditam", pensou. Em breve, certamente Paris conheceria Fried tão bem quanto o Brasil conhecia Carpentier. E foram todos para o Hotel Mont-Thabor, onde passaram duas semanas à espera do primeiro jogo, dividindo o tempo entre os treinos em Saint-Cloud ou no campo do Buffalo e os passeios pela cidade. Visitaram, juntos, vários jornais franceses, entre eles *L'Intransigeant* e *L'Echo des Sports*, e foram também ao Moulin Rouge, ao Museu Crevin, ao Arco do Triunfo, à Torre Eiffel e a vários cabarés parisienses.

A estreia, que o Brasil acompanhou a distância, atento aos despachos telegráficos, foi contra a seleção da França, em 15 de março, no campo do Buffalo. O Paulistano venceu por 7 a 2, três gols de Friedenreich. As vitórias seguintes, sobre o Stade Français por 3 a 1, o Bastidienne por 4 a 0, o Havre por 5 a 1, o Strasburgo por 2 a 1, o Rouen por 3 a 2, o Berna por 2 a 0 e o combinado Young-Fellows-Grasshoppers por 1 a 0, as três últimas na Suíça, constituem a primeira grande campanha de uma equipe brasileira na Europa. A única derrota, na terceira partida, foi para o Cette: 1 a 0.

Artilheiro da excursão com 11 gols, Friedenreich viveu ali, dentro e fora do campo, alguns dos melhores momentos de sua vida. Foi o que ele próprio declarou a um jornal de São Paulo, muitos anos depois, quando tudo aquilo já não passava de velhas recordações. Em Paris, nem parecia o moço triste, calado, dos primeiros dias de viagem. Uma tarde, ao saber que os jogadores — Fried principalmente — perdiam horas de sono nos bairros boêmios de Paris, o presidente do Paulistano, Antônio Prado Júnior, reuniu-os no saguão do hotel, assumiu ares de zangado e sentenciou:

— A partir de hoje, quero todos na cama antes das 11.

Alguns tentaram protestar, mas o dirigente, sempre sério, acrescentou:

— Em Paris, pode-se fazer de dia tudo que se faz de noite.

Por volta das duas da manhã, haveria uma cama vazia no dormitório dos brasileiros. Antônio Prado Júnior pegou um jornal, foi para o saguão e ficou lendo, à espera do desobediente. Lá pelas três, apareceu Fried, pisando mansinho.

— Onde estava você?

— Nas corridas.

— Corridas?

— Sim, em Longchamps. Na volta, chovia tanto que tive de entrar num bar para não apanhar uma gripe. Depois, o senhor sabe como é, não achei o metrô, procurei, procurei, acabei perdendo o trem e...

Antônio Prado Júnior, jornal na mão, interrompeu Fried:

— Acontece, sabichão, que hoje não houve corrida em Longchamps.

Só com muito custo, no dia seguinte, após ouvir apelos e mais apelos de todos os jogadores, o dirigente concordou em não punir Fried, que desde então passou a fazer de dia o que costumava fazer de noite. E tudo foi esquecido, ao fim da excursão e mais ainda no dia em que o Paulistano, como se trouxesse um grupo de heróis voltando da guerra, pisou novamente o chão brasileiro. Aqui, graças aos despachos telegráficos, já se sabia o que os europeus haviam achado de Fried e seus companheiros: "Les rois du football", afirmara *Le Journal*, enquanto vários outros jornais publicavam longos comentários sobre os brasileiros, todos elogiosos, principalmente os de Gabriel Hanot. Gabriel Courtial, da *United Press*, também não escondera o entusiasmo pelos jogadores do Paulistano: "Superiores, mesmo, aos uruguaios que triunfaram nos Jogos Olímpicos de 1924." De

Fried, *Le Sporting* disse: "Seria supérfluo falar de Friedenreich depois de tê-lo visto jogar tantas vezes... ele poderia enfrentar, sozinho e com vantagem, as linhas de defesa mais apuradas do Continente."

Essas e outras opiniões permitem que se imagine o que foi a acolhida ao Paulistano em Recife, Salvador, Rio e Santos, lugares por onde a delegação passou até chegar a São Paulo. No Rio, o presidente da República, Artur Bernardes, fez questão de receber os jogadores em audiência especial. Cumprimentou-os um a um pelo grande feito. Sobre São Paulo, vale a pena reproduzir o depoimento de Tomás Mazzoni: "Poucas vezes, até então, a capital paulista assistira a uma recepção tão entusiástica em suas ruas. O comércio quase fechou totalmente. A Estação da Luz foi tomada de assalto pelo povo. Centenas de automóveis formaram o cortejo organizado pela Associação dos Cronistas, mas a torcida alucinada arrancou os jogadores dos carros e os levou em triunfo pela cidade, reunindo-se depois na sede do Paulistano, no Jardim América."

No dia seguinte, corria por São Paulo uma quadrinha de Dom Quixote:

O time vem aos arrancos,
O jogo vem pelo centro,
El Tigre, fugindo aos trancos,
Sapeca la bola pra dentro.

De um soneto que Liban Tettamanti incluiu no livro *Raça forte*, também enaltecendo a fibra dos brasileiros na Europa, são estes versos para Fried:

Do futebol, nas intrincadas malhas,
És rei, segundo a fama te corteja,
Pois não existe jogador que seja
Superior a ti, que arrojo espalhas.

★★★★★★

De Arthur Friedenreich já se disse muito, ou tudo, e ainda assim parece pouco. Tentar acrescentar-lhe algo, porém, é tão difícil quanto separar, no que foi dito, o fato da lenda, o acontecido do imaginado, a realidade da fantasia. Os que se têm ocupado dele, descrevendo-lhe os grandes feitos ou traçando-lhe o perfil de craque, nem sempre resistem à tentação de engrandecê-lo ainda mais, inventando histórias, criando mais lendas, narrando outros incríveis episódios em torno do seu nome. Na época de sua morte — em 6 de setembro de 1969, na mesma São Paulo onde nascera — Fried estava havia muito vencido pelo tempo. Tinha 76 anos e tentava inutilmente superar o mal de Parkinson e uma pneumonia dupla. Mas os lapsos de memória, consequência da arteriosclerose cerebral, vinham de seis, sete anos antes, quando começara a esquecer o próprio nome. Já não podia, portanto, confirmar ou desmentir as tantas lendas que inspirara. Escutava-as, simplesmente. Em silêncio, como se passadas com outra pessoa, em outras terras, em outros tempos.

Conta-se, por exemplo, que gostava de receber a bola no centro do campo, sair driblando todos os marcadores, até chegar à frente do gol, para então voltar pelo mesmo caminho, driblando sempre, e começar tudo de novo, zombeteiramente; mas a verdade está com os que afirmam que ele levava o futebol a sério, nunca driblava além do necessário, nunca desperdiçava gol, nunca desrespeitava o adversário. Há, também, narrativas fantásticas sobre a potência do seu chute, como aquela em que ele teria matado o irmão, na cobrança de um pênalti, ao atirar-lhe a bola de encontro ao peito; mas Fried sempre achou graça no caso, não se sabe se pelo irmão que não matou ou se pelo chute que não deu. Afinal, para quem jamais perdeu um pênalti, para quem jamais deu um chute mortal — embora muitos tenham sido imortais — e para quem sempre preferiu o veneno de um efeito ao chumbo de um chute forte, a história era engraçada. Tem-se falado do medo que ele inspirava nos jogadores de outros países, uruguaios e argentinos principalmente, que veriam nele uma espécie de terrível feiticeiro; mas é bom lembrar que certa vez, na Calle Rivadavia, em Buenos Aires, foi preciso chamar a polícia para livrá-lo do carinho da multidão, que o rasgara todo, em poucos segundos, para guardar pedaços de sua roupa. Era ídolo onde quer que fosse, embora isso não lhe trouxesse a riqueza que muitos lhe atribuem: Fried nunca foi profissional, nem de futebol, nem de frontão, esporte que lhe valeu um quase irresistível convite para jogar por um clube espanhol. Nem tampouco, como se pensa, teve vida financeiramente difícil: morava em casa própria, dada pelo São Paulo em 1932, e vivia com a mulher, Joana, da aposentadoria a que tinha direito como ex-inspetor de viagens da Companhia Antártica Paulista. Seus gols, como não podia deixar de ser, também deram origem a uma infinidade de adornos, mas só alguns, poucos, ele costumava lembrar nas conversas com os amigos quando eles falavam dos velhos tempos: o da final do Sul-Americano de 1919; os sete contra o União Lapa, dez anos mais tarde, um recorde que só Pelé viria quebrar; um contra o Santos, no dia 12 de março de 1933, o primeiro na história do profissionalismo no Brasil; e finalmente outro, em 1934, quando o Palestra Itália viu sua longa invencibilidade quebrada na última rodada da temporada: 1 a 0.

Outra lenda sobre o artilheiro, em cuja armadilha a primeira edição deste livro caiu, foi o levantamento divulgado pelo pesquisador Adriano Neiva da Mota e Silva, o De Vaney, sobre títulos conquistados e gols marcados por Friedenreich. Os gols, 1.329! Alexandre da Costa, jovem jornalista nascido 12 anos depois desse espantoso número chegar ao público, deu-se ao trabalho de restabelecer o certo. Inventariou todas as partidas (561) e todos os gols (554) da longa carreira de El Tigre, total que, se não é definitivo nem exato, está mais perto da verdade. Um recorde, contudo, é confirmado por esses novos dados: a média de gols de Friedenreich por partida (0,987) é superior à de Pelé (0,931).

Se há histórias sobre sua vida, há também sobre sua morte, anunciada por várias emissoras de São Paulo durante a Revolução de 1932, deixando de luto o país inteiro. Coube à Rádio Record desmentir o boato, informando que ele continuava firme, mais vivo do que nunca, integrando o Batalhão Esportivo. Em realidade, quando moço, Fried sempre gozou de boa saúde, tendo sofrido apenas três contusões de certa gravidade em toda a sua atividade no futebol: fratura do braço direito, em 1914; fratura do maxilar, em 1921; e fratura da tíbia direita, em 1929, um ano antes da Copa do Mundo. Duro, mesmo, foi perder dois dentes naquele jogo com os brutamontes do Exeter City.

★★★★★★

Mesmo nos dez últimos anos de seu convívio com a bola — desde que voltou da Europa com o Paulistano até embaular definitivamente as chuteiras, para então se transformar em árbitro de futebol — Friedenreich não chegou a conhecer a decadência. Voltou a ser campeão pelo Paulistano em 1926 e 1927, integrou muitas outras vezes as seleções paulista e brasileira, desta se despedindo num amistoso com o River Plate, em 1935, aos 43 anos. Foi um dos fundadores do atual São Paulo Futebol Clube, resultado da fusão do antigo Palmeiras com o Paulistano, cujos dirigentes resolveram acabar com seu departamento de futebol em 1930. No São Paulo, sempre se destacando como artilheiro, ajudaria o novo clube a conquistar seu primeiro título de campeão paulista em 1931. Suas últimas partidas foram disputadas pelo Flamengo — espécie de homenagem à torcida carioca — e não passaram de três amistosos com equipes do Rio. Só depois, muito depois, quando a geração de Leônidas da Silva e Domingos da Guia deu lugar à geração de Zizinho e Jair, começaram a esquecer o craque.

A geração de Garrincha e Pelé já estava em campo quando os jornais noticiaram fato ocorrido no Mercado Municipal de São Paulo, onde um homem de idade, alto, magro, encostado a uma pilastra, atraía a atenção de um grupo de meninos que por ali passavam.

— Saibam vocês que eu, quando moço, era um craque respeitado.

Os meninos não acreditaram nos dribles, nos passes, nos gols que o homem dizia haver marcado, tantos anos antes, e começaram a rir, supondo tratar-se de velho faroleiro, caduco, tristemente perdido pelas ruas.

— Quando me viam, fosse onde fosse, logo gritavam meu nome.

— E qual é o seu nome? — perguntou um dos meninos.

O homem, até então falando com desembaraço, calou-se por um instante, enrugou a testa, baixou a cabeça. Não se lembrava. Os meninos riam cada vez mais, agora provocando aquele estranho autor de dribles, passes e gols imaginários. Em tom de deboche, insistiram para que contasse outros casos, outras façanhas.

— Um dia — prosseguiu o homem — eu fiz o gol que deu ao Brasil o título de campeão sul-americano. Foi uma festa bonita, bonita...

Os meninos redobraram o riso, até que apareceu outro homem, também de idade, atraído pela alegria da jovem plateia, e reconheceu Friedenreich na figura daquele ídolo desgastado pelo tempo.

— Então vocês não sabem quem é ele? É Friedenreich, o grande Friedenreich — e tratou de afastá-lo da garotada.

Sim, era Friedenreich, El Tigre, o primeiro rei do nosso futebol, senhor dos velhos estádios, pioneiro, ídolo de muitas gerações, homem e fábula, menino nascido na esquina das Ruas Vitória e do Triunfo, craque cuja vida inteira fora um constante fazer ponto naquela esquina. Os meninos ficaram sérios, pregaram os olhos no homem que se afastava e nada mais disseram. Era como se estivessem vendo Pelé dali a muitos anos.

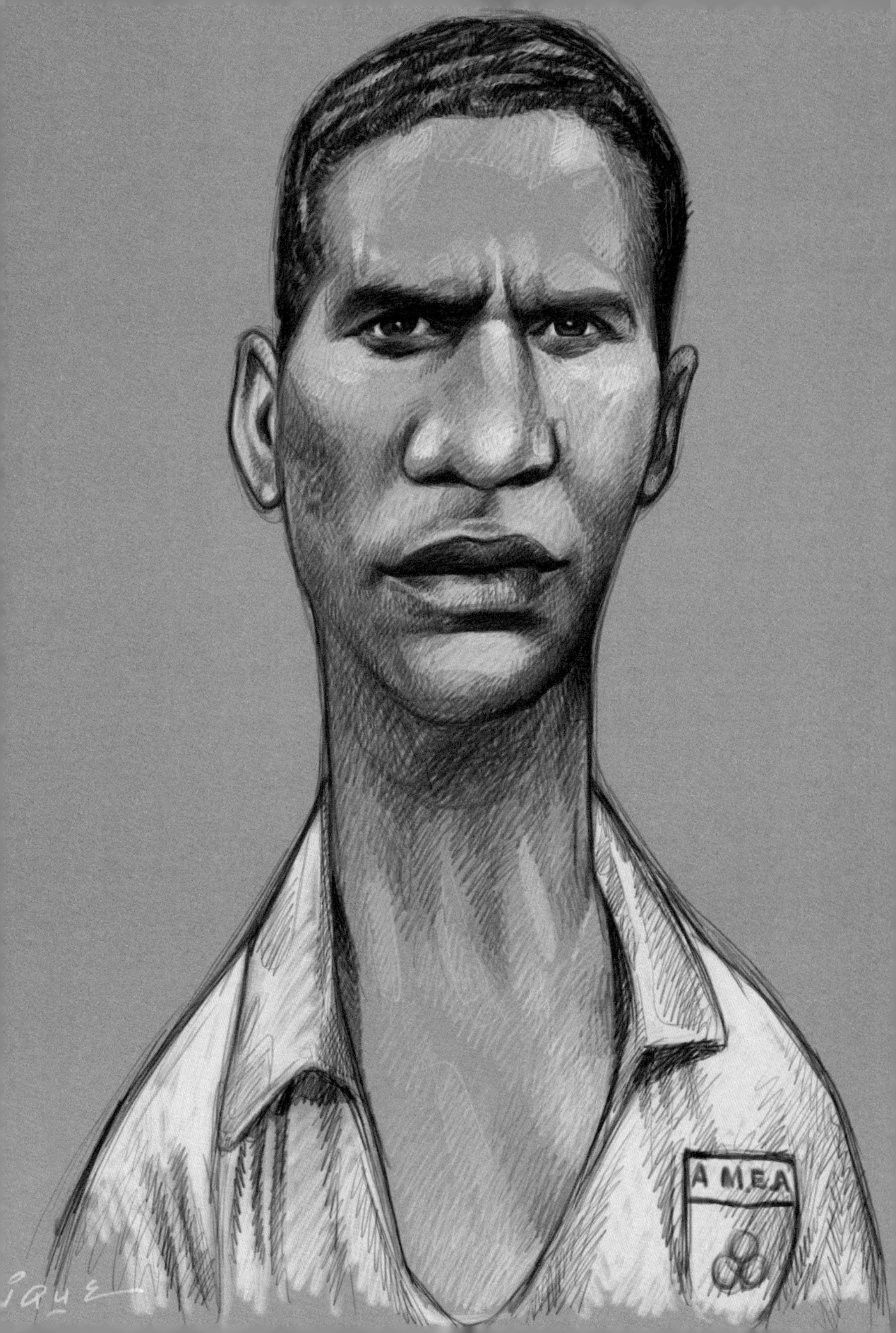
A.M.E.A

//Fausto

Fausto legou ao futebol brasileiro a matada no peito, o passe magistral, o exemplo de rebeldia... e um estilo de cabeça erguida — de jogar e de viver.

Antônio Falcão

Cinco jogadores de um lado, cinco do outro, formando duas filas à entrada do vestiário, e Fausto vem vindo, os passos firmes, o olhar para a frente, a cabeça erguida sobre o resto cansado de corpo musculoso. Há uma espécie de nobreza primitiva no seu modo de andar, como se ele fosse um rei, um rei negro de nação africana. Mas todos sabem que Fausto, ao menos agora, não passa de um jogador expulso de campo pelo árbitro na partida em que cariocas e paulistas decidem o Campeonato Brasileiro de 1934.

Há quem diga que os paulistas vieram ao Rio com tudo preparado. Perderam aqui mesmo a primeira partida, venceram lá a segunda e certamente não levariam a melhor na terceira, hoje, se Fausto continuasse em campo. É o que se diz por aí, nas gerais, nas arquibancadas, nas cadeiras numeradas e nas sociais do Vasco. Essa gente, não se sabe como, descobre tudo, a mais secreta manobra que seja, e raramente se engana. Fausto, dizem, ganhou sozinho a primeira partida, jogando como há muito não se via. Depois, em São Paulo, ficou cansado antes de terminar o primeiro tempo; a seleção carioca perdeu-se ao perder o seu *eixo* e a turma paulista foi à forra. Os próprios jornais tentaram explicar o cansaço antecipado de Fausto, contando que ele, antes de tomar o trem para São

Paulo, dissera aos empresários Pascoal Segreto Sobrinho e a Rubens Espozel que não aguentaria dois tempos de um jogo difícil.

— Estou meio chumbado, um cansaço esquisito, sei lá o quê.

Mesmo assim foi obrigado a jogar o tempo todo, correndo muito de saída, pregando antes da hora. Não faz dois dias, às vésperas da partida decisiva, o ânimo de Fausto parecia outro, não estava chumbado, não havia o cansaço esquisito. Os paulistas devem ter sabido que ele vinha dormindo cedo, nada de saídas noturnas, nada de excessos, poupando-se para hoje. E trouxeram de lá o árbitro Edgar da Silva Marques, homem sabido, capaz de tudo, de inventar um pênalti, de arranjar uma expulsão, só para agradar a amigos e conterrâneos. É o que se diz por aí, em todo o estádio, enquanto Fausto vem vindo, o olhar para a frente, as duas linhas formadas.

Todos viram como tudo se passou. Primeiro, uma entrada limpa de Fausto em Lara foi interpretada como falta violenta por Edgar da Silva Marques, que chegou a repreender o centromédio carioca. Depois, Fausto matou a bola no peito, fino como ele só, e o árbitro disse que foi com a mão.

— Esse tipo é garfo! — gritou Fausto para Gradim.

Em seguida, quando os paulistas já venciam por 1 a 0, um simples choque de Itália com Luisinho, dentro da área, e ouviu-se novamente o apito. Pênalti, decidiu o árbitro, logo cercado pelos jogadores cariocas. Discutiu-se muito, o palavrão andou de boca em boca, todo mundo xingou, todo mundo protestou, mas o árbitro não voltou atrás. Posta a bola na marca, Fausto afastou-se da confusão e chutou-a para dentro do próprio gol. Edgar da Silva Marques não gostou, foi lá, empurrou Fausto, quis bancar o valente e Fausto reagiu:

— Se você me encostar o dedo de novo, não sai inteiro daqui!

A polícia entrou em campo, jogadores dos dois times já se desentendiam, ninguém se entendia, afinal. Só quando a calma voltou Mendes bateu o pênalti e fez o segundo gol. Não satisfeito, Edgar da Silva Marques aproximou-se de Fausto, levantou a camisa, mostrou a coronha do revólver que trazia preso ao cinto e disse:

— O jogo acabou pra você, velhinho. Está expulso de campo.

Os cariocas compreenderam tudo, a manobra, a escolha daquele árbitro para a partida decisiva, a expulsão de Fausto só depois de batido o pênalti, o título que começava a fugir-lhes naquele momento. Agora que Fausto vem vindo, eles ainda não sabem que vão perder por 3 a 1, mas isso já não tem importância. Formam as duas filas, cinco de cada lado, começam a bater palmas para Fausto, que passa no meio, e fazem dele

— ou do que representa a saída dele — o retrato de sua derrota. Por fim, gritam todos, em coro, bem alto, para que todo o estádio ouça e repita, um hurra! bem carioca.

★★★★★★

Nobreza primitiva, segundo velho conhecedor da terra maranhense, era também a do povo de Codó, cidadezinha que até hoje se esconde entre Coroatá e Caxias, ao longo da antiga Estrada de Ferro São Luís-Teresina. A cidadezinha surgiu ao tempo da Balaiada, cujos remanescentes construíram-lhe as primeiras casas, e foi crescendo preguiçosamente até o fim da escravidão. Depois, com a alforria, os negros começaram a se espalhar pelo interior do Ceará, mais tarde pelos estados vizinhos, finalmente pelo Maranhão, chegando assim a Codó. Vem daí a tal nobreza, pois os negros que se instalaram lá, jejes dos pés à cabeça, eram filhos de Daomé, protegidos dos orixás das águas e das árvores, do senhor Leba, do homem das encruzilhadas, de Loco e da Princesa Aiocá, cultores das grandes gameleiras brancas de folhas largas. Eram temidos e respeitados em sua nobreza, orgulhosos, cismados e “influentes”. Estranhos, também. Mas não faltava quem os procurasse para um trabalho, digamos, mais importante.

— Desse jeito, vou ter mesmo que dar um pulo a Codó — dizia o negociante de São Luís, cujas finanças já não andavam muito firmes.

— A única solução é ir a Codó na sexta-feira — desabafava a mocinha triste, por mais descrente que fosse, quando o namorado ou o noivo a deixava por outra.

— Qualquer dia, ele vai ver: pego um carro de boi e vou a Codó — ameaçava, entre dentes, um tipo zangado que tinha por perto um inimigo feroz.

Essas coisas, em parte, desapareceram, embora Codó continue a fornecer material aos estudiosos do nosso folclore. Ainda vivem lá muitos jejes, ainda há por lá muitos terreiros, mas a cidadezinha já se modernizou, tem vida própria, lavoura, comércio, indústria. Foi justamente numa época em que Codó — ou o povo de Codó — passou a trocar os terreiros pelas fábricas, compreendendo que o Coronel Sanharó podia ser-lhes tão útil quanto os orixás, que Fausto dos Santos nasceu, em 28 de fevereiro de 1905. Se nasceu com a mesma nobreza primitiva de sua gente, não teve nem teria nunca a proteção dos deuses, das águas ou das árvores. Viveu, isto sim, para conhecer a glória, sofrer por ela e por ela morrer, pobre e cristão como viera ao mundo.

Como teria sido a infância do menino Fausto? Dizem uns que foi de extrema pobreza, quase de penúria; afirmam outros que pobreza houve, mas não penúria. Tanto assim que a família inteira pôde mudar-se para o Rio de Janeiro, graças às prudentes economias da mãe, Rosa dos Santos, quando Fausto já tinha idade bastante para ganhar a vida sozinho. No meio de um começo de vida tão obscuro, sabe-se que em Codó, menino ainda, Fausto chutou pela primeira vez uma bola de couro, assim como em Codó, na mesma época, deve ter aprendido que ser negro e pobre era muito diferente de ser branco e rico. São dois pontos de partida, a bola e a diferença, um para o futebol que haveria de torná-lo famoso, o outro para o sentimento de revolta que acabaria por destruí-lo. Esqueçamos, por ora, a diferença e fiquemos apenas com a bola.

Um salto sobre o tempo e o espaço, sobre uma época e um lugar, enfim, onde pouca coisa é exata na vida de Fausto, permite-nos chegar a 1926 e ao Rio que acolheu Rosa e seus filhos. Naquele ano, apareceu no time de amadores do Bangu um negro alto e magro, habilidoso com a bola nos pés, cheio de manha e fazedor de gols. Aquele negro, embora fosse um jogador de futuro, era mais conhecido pelas muitas andanças a que se entregava, aqui e ali, mudando sempre de emprego, fazendo ponto nos mais diferentes cantos da cidade, um circo de subúrbio, uma gafieira do Centro, um botequim do Estácio, uma esquina da Aldeia Campista, onde quer que houvesse pinga, violão e sereno. O moço e boêmio Fausto, meia-direita do Bangu, tão esquisito em tantas coisas, era mestre em fazer amigos. Um deles chamava-se Tinoco.

Tinoco era *half* reserva do Vasco e vinha tentando, há muito tempo, fazer com que Fausto deixasse o Bangu e passasse a ser seu companheiro de equipe em São Januário. Entre muitos argumentos, alguns realmente bons, só um animava Fausto: o Bangu era muito distante da Rua Gonzaga Bastos, onde a turma da madrugada se reunia, e aquelas idas e vindas de trem roubavam-lhe tempo enorme. Apesar disso, sempre na meia-direita, ele cumpriu duas temporadas pelo Bangu, só se decidindo a ir para o Vasco em 1928, após muita insistência de Tinoco, Baianinho e outros amigos que com ele jogavam pelada, em horas vagas, nos muitos terrenos baldios que havia pela cidade. No Vasco, garantiam os amigos, o futebol de Fausto ia aparecer.

Mas o futebol de Fausto já havia aparecido no Bangu, apesar de faltar muita coisa para que ele, numa época de tão bons meias-direitas, se situasse entre os melhores do futebol carioca. Mesmo assim, de tanto ouvir falar bem de Fausto e depois de muito observá-lo no time do Bangu, Harry Welfare passou a fazer coro com Tinoco, Baianinho e os outros. Como treinador do Vasco, fez ele próprio um convite que Fausto acabou aceitando.

— Está certo, eu troco o meu barraco pelo seu palácio.

Ao dizer aquilo, Fausto não estava querendo depreciar o estadinho do Bangu, na Rua Férrea, onde seu futebol nascera entre amigos pobres como ele, mas deixar claro que o Vasco, cujo grande estádio fora inaugurado um ano antes, era um clube de gente graúda, de portugueses ricos capazes de torná-lo, mais cedo ou mais tarde, graúdo e rico também.

★★★★★★

Foi em 1929 que o Vasco iniciou uma série de vitórias em festas de abertura de temporada, conseguindo ser campeão do Torneio Início, sem interrupção, até 1932. E o Torneio Início era de fato uma festa do futebol, prestigiada por clubes e torcedores, todos querendo mostrar ou conhecer os jogadores que logo depois começariam a disputar o Campeonato Carioca. Foi então que Fausto apareceu pela primeira vez com aquela camisa toda preta, a cruz branca ao peito, atuando na meia-direita do Vasco. Foi então que ele, maranhense de Codó, quase desconhecido dos cariocas, ganhou o seu primeiro título.

Mas Harry Welfare, a essa altura, já não pensava em manter Fausto na meia-direita. Por mais britânico que fosse, por mais ligado que ainda estivesse àquela ilha distante — a Inglaterra que ele deixara há tanto tempo —, o treinador do Vasco adaptara-se demais ao futebol brasileiro para imaginar, sequer, que um compatriota seu criara um novo sistema de jogo e vinha espalhando suas ideias pelos principais centros da Europa. Era Herbert Chapman, o criador do WM, sistema que levaria muitos anos para chegar ao Brasil e tanta importância teria na vida de Fausto. Por enquanto, o que Welfare conhecia e aplicava na equipe do Vasco, quase sem variações, era uma equação tradicional: goleiro, beque de espera, beque de avanço, dois alas, o centromédio e cinco atacantes, estes jogando quase sempre no campo adversário. Nessa fórmula, o equilíbrio da equipe dependia do centromédio, por isso mesmo chamado de *eixo*. Para Welfare, o centromédio do Vasco tinha de ser dono de um fôlego fora do comum, bom controlador de bola, preciso nos passes, inteligente no modo de marcar, de apoiar ou simplesmente de colocar-se em campo. Tinha de ser assim como Fausto, que fazia tudo aquilo e mais alguma coisa.

Desse modo, ao curso do difícil Campeonato Carioca de 1929, entre Tinoco e Mola, formando uma das mais célebres linhas médias do amadorismo, Fausto foi o eixo da equipe do Vasco que decidiu o título em memorável melhor de três com o América. Quem tiver oportunidade de ler jornal da época verá que três assuntos mereciam destaque da imprensa carioca naquela semana: os novos rumos que Mussolini prometia dar na década seguinte ao fascismo italiano, o estranho caso do suicida desconhecido e os preços das entradas que a Associação Metropolitana de Esportes Atléticos (Amea) pretendia cobrar nas partidas da melhor de três. Com efeito, 3 mil réis por uma geral, 8 mil por uma arquibancada e 20 mil por uma cadeira numerada, não era para qualquer um. Isso, porém, não impediria que o estádio do Fluminense ficasse lotado, tanto naquele 0 a 0 nervoso, como no 1 a 1 que os jornais chamariam de "jogo do ano", e mais ainda da partida decisiva, quatro dias depois.

— E dizer que tivemos o campeonato nas mãos — comentou Tinoco com Fausto, na véspera da negra, lembrando que o Vasco vencia a segunda partida por 1 a 0, jogando muito melhor do que o adversário, quando uma bola chutada por Telê bateu na mão de Fausto, dentro da área, surgindo assim o pênalti que dera o empate ao América. Fausto, porém, só pensava no dia seguinte.

— Amanhã, Tinoco, nem mesmo um santo forte pode livrar o América.

Em tarde de grande atuação de toda a equipe do Vasco, que se movimentava com perfeição em torno de um eixo perfeito, não houve mesmo santo forte que livrasse o América da goleada. O 5 a 1, além de fazer do Vasco campeão de terra e mar — pois o título do remo também era seu — consagrou Jaguaré, Brilhante e Itália, Tinoco, Fausto e Mola, Pascoal, Oitenta-e-Quatro, Russinho, Mário Matos e Santana — 11 nomes que todo bom vascaíno recita de cor até hoje. E Fausto dos Santos começava a ganhar fama.

Foi ainda em 1929 que ele estreou nas seleções carioca e brasileira, não tendo muita sorte na partida com os paulistas, decisiva do Campeonato Brasileiro, mas aparecendo com destaque em sua primeira experiência internacional. Naquele ano, entre muitos estrangeiros que visitaram o Brasil, como os italianos de Bolonha e Torino, os argentinos do Barracas, os uruguaios do Rampla Juniors, os ingleses do Chelsea e os lisboetas do Vitória, foram os húngaros do Ferencvaros os que mais impressionaram. Justamente contra eles, no campo do Fluminense, Fausto estreou na Seleção brasileira. E nunca mais haveria de esquecer aquela vitória de 2 a 0 que tanta gente e ele próprio julgavam impossível.

Depois, foi aquela bulha tremenda em torno da organização da equipe que representaria o Brasil na Copa do Mundo de 1930, a primeira que se realizaria, para orgulho e êxito dos uruguaios, que tiveram Montevidéu escolhida como sede e ainda por cima sagraram-se campeões. A bulha nasceu de um desentendimento entre a Associação Paulista de Esportes Atléticos (Apea) e a CBD, esta organizando uma comissão técnica exclusivamente de cariocas, aquela achando que pelo menos um paulista deveria opinar na escolha dos jogadores. O resultado disso, depois de muita discussão pelos jornais, troca de ofícios, reuniões extraordinárias, argumentos de um lado e do outro, é que a CBD não mudou de ideia e a Apea negou-se a ceder seus jogadores à Seleção. O único paulista que viajou para Montevidéu, assim mesmo por ter desobedecido decisão do Santos, foi Arakén Patuska, que embarcou quando da passagem do *Conte Verde* pelo porto de Santos. No mesmo navio já estavam os cariocas que representariam o Brasil, entre eles, a caminho da glória, o codoense Fausto dos Santos.

Durante a viagem, ficou bem claro que os brasileiros iam a Montevidéu com uma turma improvisada, inexperiente e pessimista, todos ou quase todos falando apenas em derrota, sem esconder o medo de fazer feio em terra estranha. Fausto e Preguinho eram duas exceções, embora ambos soubessem que não seria fácil voltar de lá com a taça de ouro. O que importava, porém, era justamente não fazer feio, como Fausto dizia ao massagista Johnson.

— Perder não é feio, Johnson. Feio é ter medo.

E o único medo de Fausto era o medo que dominava os companheiros.

— Olha, Johnson, eu já estou ficando desconfiado de que a nossa turma é meio frouxa. Acho até que não é de frio que alguns deles tremem.

Fez frio no dia da estreia contra a Iugoslávia, mas não foi mesmo de frio que muitos brasileiros tremeram. É certo que Itália jogou de cabeça erguida, que Hermógenes estava meio adoentado, que Fernando esforçou-se muito e que Preguinho foi um pequeno valente a lutar sozinho contra a corpulenta parelha de beques iugoslava. É certo, também, que Fausto foi o grande homem, em todos os sentidos, daquela partida em que os brasileiros perderam por 2 a 1. Dribles certos, passes perfeitos, colocação impressionante, elegância que fazia os uruguaios recordarem Zibecchi, seu grande centromédio do amadorismo. E cada vez que Fausto recebia uma bola, o público que fora ao Central Parque ficava de pé, batia palmas, gritava: “Macanudo! Macanudo!”

Depois da partida, Fausto desabafou com Johnson:

— Não te disse que a turma ia tremer?

Johnson ouvia calado.

— No final, bem que eu pensei em ajudar o Prego lá na frente. Quem sabe a gente não empataria? Mas me lembrei de que eu era o único preto do time, poderíamos sofrer outro gol lá atrás e a culpa viria toda sobre mim.

Seis dias depois, quando o bravo Russinho, o tanque Carvalho Leite e o agressivo Moderato entraram no ataque, ao mesmo tempo em que Fausto voltava a exibir extraordinário futebol, os brasileiros venceram os bolivianos por 4 a 0, sem chegar, contudo, às quartas de final. A partida foi disputada no Estádio Centenário, repetindo-se a reação do público que organizara um coro para homenagear Fausto no Central Parque: "Macanudo! Macanudo!" No dia seguinte, Montevidéu inteira chamava o centromédio brasileiro de Maravilha Negra, expressão que definia, então e sempre, o futebol de Fausto.

Ao voltarem ao Rio, alguns jogadores tentaram arranjar desculpas para o fracasso em Montevidéu. Arakén queixou-se do frio, Nilo da comida, Poli da violência dos iugoslavos, Teófilo da falta de conjunto da nossa Seleção. Mas todas essas desculpas foram por terra quando Fausto, em entrevista publicada em *A Noite* de 18 de julho, deixou as coisas claras: os brasileiros, na maioria, haviam tremido. Para ele, Arakén tinha jogo de bailarina, Nilo fugia da bola, Poli temia a própria sombra e Teófilo, este nem chegava perto da área. As declarações explodiram em todo o país, mas não foram contestadas.

* * * * * *

De repente, Fausto tornava-se grande. Grande demais, talvez, para um homem de origem humilde, pobre e muito impressionado com a diferença que o separava de tanta gente, além de revoltado diante dessa diferença. Só para os companheiros de clube, os amigos mais íntimos, os parceiros de boemia e a família ele continuava o mesmo. No mais, agora, o herói que muitos viam nele, o corajoso no meio de medrosos que ele havia sido, o craque já feito que se revelara numa Copa do Mundo transformava-se em homem importante. O Vasco o endeusava, os portugueses ricos o ajudavam, o torcedor gritava-lhe o nome cada vez que o via passar na rua, os estádios ficavam cheios quando ele jogava. Aos sábados, no Elite, *dancing* que ocupa lugar de destaque na história da noite carioca, a orquestra tocava a música que ele pedia, as moças o cercavam, os boêmios exibiam-lhe sorrisos, batiam-lhe nas costas.

— Qualquer coisa, Maravilha, estamos aqui mesmo.

As páginas de esporte publicavam, todos os dias, uma foto ou uma caricatura sua, ao lado de noticiários que os leitores acompanhavam com interesse: Fausto treinou, Fausto não treinou, Fausto joga, Fausto não joga, Fausto disse isso, Fausto declarou aquilo. Na Seleção carioca, nos amistosos com os americanos do Hokah ou com os argentinos de Huracán e Tucumán e novamente na Seleção brasileira, quando as de Iugoslávia e França se apresentaram no Rio, foi ele, sempre ele, o nome das manchetes, a atração, o ídolo. Na noite em que cariocas e paulistas jogaram no campo do Fluminense, para o Príncipe de Gales, Fausto foi o dono da festa, quase ofuscou o visitante ilustre, levando os cariocas à vitória: 6 a 1. Fausto tornava-se grande, mas essa grandeza, pouco a pouco, o consumia.

— Você está muito gripado, Fausto, não vai poder jogar amanhã — disse-lhe o médico na véspera da partida entre Brasil e Uruguai, naquele setembro de 1931, quando foi reiniciada a disputa da Copa Rio Branco.

A determinação do médico ao enfermo famoso, há vários dias preso a um dos leitos do dormitório de São Januário, foi recebida com tristeza. E o pior é que ela vinha acompanhada de uma advertência grave, não apenas por causa da doença séria que o médico temia, mas porque ela compreendia uma espécie de renúncia que Fausto não poderia suportar. Renunciar ao quê?

— Às madrugadas, ao álcool, a essa vida de dissipação — disse o médico.

Fausto lembrava-se das sucessivas gripes que o vinham perseguindo, mas não poderia supor que elas serviam de ponte à moléstia de que o médico falava. Ainda que esse provasse, com dados científicos e estatísticas complicadas, que os negros eram os mais predispostos à tuberculose.

— O senhor exagera, doutor. Eu sou um preto duro na queda.

Ali estava a diferença outra vez, clara, limpa, provada por dados científicos e estatísticas complicadas. Fausto não abandonou — nem abandonaria nunca — a vida de grandeza a que se havia entregue, mas passou a ser, e cada vez mais, um homem difícil, temperamental. Raramente participaria de três jogos seguidos, ou porque nova gripe o levaria para a cama ou porque perderia a cabeça em campo, brigaria com o árbitro, com o adversário, com quem quer que fosse, seria expulso e logo em seguida suspenso.

— Preto duro na queda não guarda desaforo no bolso.

Mas ele continuava sendo a Maravilha Negra, o jogador elegante, habilidoso, inteligente, eixo perfeito do time do Vasco. Em junho de 1931, após se recuperar de mais uma "impertinente gripe", segundo um jornal da época, Fausto deixou o Brasil no transatlântico *Arlanza*, integrando a delegação que o Vasco mandou à Europa para uma série de amistosos. Rosa dos Santos e outro filho, Abelardo, foram ao embarque e ficaram surpresos com a disposição de Fausto. Era como se ele pressentisse bons ventos ao longo da viagem.

★★★★★★

Quando os brasileiros desembarcaram em Lisboa, a Federação Portuguesa estava em crise, de modo que não foram cumpridos os primeiros jogos programados por Raul Campos, presidente do Vasco e chefe da delegação. O jeito foi tomar um trem até Madri e de lá para Barcelona, onde então começaria a temporada. Assim foi feito, dando-se a estreia justamente contra o Barcelona, a 26 de junho, dia de eleições na Espanha. Até hoje não se sabe como o estádio ficou tão cheio, mas contam que os espanhóis acordaram cedo, votaram às pressas e seguiram diretamente das urnas para o estádio. O Barcelona venceu por 3 a 2, resultado que Russinho explicou a seu modo:

— Foi o campo, tenho certeza de que foi o campo. Parecia asfalto.

Fausto discordava:

— Nada disso, Russo. Quem tem futebol macio não estranha campo duro.

Três dias depois, obedecendo a um plano de jogo traçado por Fausto, que passou o tempo todo a instruir os companheiros, o Vasco venceu o mesmo Barcelona por 2 a 1, provando que mesmo em asfalto, se os brasileiros jogassem certo, os espanhóis não levariam vantagem. Lá, onde já se conhecia o WM, o *center-half* era muito diferente do nosso eixo, jogador que se via obrigado a correr muito, de um lado para o outro, defendendo, atacando, armando, entregando-se sem descanso à tarefa de equilibrar o time inteiro. O *center-half* do WM era, na verdade, um zagueiro central, recuado, correndo pouco, só de olho no *center-forward* adversário. Os espanhóis impressionavam-se com as atribuições do nosso centro-médio, chegando *El Diluvio*, de Madri, a comentar: "Fausto trabalha como um escravo. É possível que todos os *center-halves* brasileiros também trabalhem como escravos. Será por isso que todos eles são negros?"

Novamente a diferença. Muitos podiam não dar importância àquelas observações, mas Fausto, até nos passeios alegres que a delegação fazia com Cantuária Guimarães aos mais pitorescos pontos da Espanha, mostrava-se inquieto. Um jornalista, certa vez, procurou-o no hotel para uma entrevista.

— Quanto você ganha?

— Ganhar? Na minha terra jogador de futebol não vive da bola.

O jornalista não acreditou. Na Espanha, jogador de futebol não ganhava menos de três contos por mês, alguns chegavam ao dobro e só os medíocres eram amadores. Todos, sem exceção, gozavam do mesmo prestígio dos toureiros, eram ídolos, convidados de honra das melhores festas.

— Festa nossa, lá no Rio, só mesmo em gafieira.

O Vasco disputou mais duas partidas na Espanha, ambas em Vigo, uma delas goleando o Celta por 7 a 1, antes de voltar a Lisboa. Terminada a crise no futebol português, a excursão pôde correr normalmente, seguindo-se então uma vitória de 5 a 0 sobre o Benfica e outra de 4 a 2 sobre o combinado Benfica-Vitória-Casa Pia. Nessa partida, o segundo gol português foi feito de pênalti, tendo Brilhante jurado que a bola não lhe batera na mão. Houve uma discussão tremenda, os jogadores das duas equipes cercando o árbitro, Fausto valendo-se de um gesto que causou espanto no público: aproximou-se da bola, já posta na marca, e cuspiu em cima. Era um modo de levá-la na saliva, segundo ele explicou a Jaguaré. Aníbal José bateu o pênalti por cima e o árbitro mandou repetir, alegando que o goleiro do Vasco se mexera. Na nova cobrança, Jaguaré atirou o boné sobre a bola, atrapalhando Aníbal José, que outra vez chutou para fora. Nova repetição, e Mário Matos protestou.

— Vamos deixar bater outra vez, Fausto?

— Se meu cuspe e o boné do Dengoso não resolveram, o que fazer?

Aquele primeiro incidente criado pelos jogadores do Vasco em Lisboa não foi bem visto pelo *Diário de Notícias* de lá, que disse merecerem os brasileiros, "por sua indisciplina e ignorância das regras", a reprovação de todo o povo português. Mário Matos não gostou, ficou ofendido, foi logo mostrar o jornal a Fausto. Mas esse tinha nas mãos *Os Sports*, outro diário de Lisboa, e lia uma crônica assinada por Alberto de Freitas:

"Fausto, o centromédio de cor, a Maravilha Negra, como o chamam no Brasil, fez verdadeiras maravilhas em campo, passeando com um à-vontade extraordinário. Ele joga de modo a justificar sua fama. Com tanta classe, até se pode não ser branco."

Podia ser um elogio, mas ali estava, mais uma vez, a diferença. E era para mostrar que essa diferença não queria dizer inferioridade que Fausto, a cada partida, jogava melhor. Foi assim no Porto, em Póvoa de Varzim, em Ovar e novamente no Porto, lugares onde o Vasco jogou. A segunda partida no Porto foi ainda mais tumultuada do que a de Lisboa, pois os portugueses, ao ver os brasileiros avançando para o árbitro, revoltados com a validação de um gol marcado em impedimento, tomaram a defesa do patrício e deram origem a um tremendo sururu. De todos, o mais exaltado era Russinho, que deu um bofetão no árbitro, outros em jogadores portugueses e uma rasteira num guarda que entrara em campo aos berros. A resposta do guarda foi imediata, pois logo desembainhou a espada e pôs-se a correr atrás do atacante do Vasco.

— Corre, Russo, corre que navalha portuguesa é maior do que a nossa! — gritou Fausto, de longe, divertindo-se com o aperto de Russinho.

Só muito tempo depois e com várias intervenções da polícia, a partida pôde prosseguir, chegando ao fim com a vitória do Porto por 2 a 1. À noite, quando já se supunha tudo normalizado, o hotel onde estavam os brasileiros foi invadido por torcedores que, pelo jeito, queriam a cabeça de Russinho. Foi quando alguém teve a ideia de munir todos os jogadores do Vasco com um balde cheio de água, em posição estratégica ao alto da escadaria do hotel, armando-se assim uma trincheira bastante original: para cada português que se atrevesse a subir, um banho na certa.

— Água neles! — gritava Carvalho Leite.

— Água neles! — repetia Fausto. — Água neles que essa gente tem mais medo disso do que de chumbo derretido!

Apesar da trincheira, Russinho foi preso, passou a noite na cadeia, deixando os companheiros preocupados com a possibilidade de processo judiciário que o dono do hotel temia contra o jogador brasileiro. Mas o cônsul Vilares Fragoso interveio, libertou Russinho e tudo acabou bem.

A última partida do Vasco na excursão teve lugar em Lisboa, contra o Sporting, cabendo aos brasileiros vencerem por 4 a 1. Ivete Ribeiro foi ao vestiário conhecer de perto os vascaínos e fez questão de apertar a mão de Fausto, que sempre recebia aquelas manifestações com frieza. Foi pouco depois disso que Raul Campos, a caminho do hotel, soube da grande bomba que teria de levar na bagagem para explodir no dia em que chegasse ao Rio: Fausto e Jaguaré já estavam contratados pelo Barcelona.

— Mas como é isso? — perguntou o dirigente a Fausto.

— Eu e o Dengoso vamos receber 2.500 pesetas por mês. É dinheiro, seu Raul, que a gente jamais ganharia no Brasil.

Ao mesmo tempo, Fernando Giudicelli, por causa do sobrenome, iria tentar a vida no futebol italiano. Tudo aquilo colhia de surpresa o velho Raul Campos, que, duas semanas depois, seria duramente atacado por dirigentes, sócios e torcedores do Vasco, primeiro porque a excursão dera cem contos de prejuízo ao clube, depois pelas ocorrências da partida com o Porto e finalmente pela perda de Fernando, Jaguaré e o insubstituível Fausto dos Santos.

★★★★★★

O que teria levado Fausto a assinar contrato com o Barcelona? Para muitos a explicação era fácil: não havendo profissionalismo no Brasil e sendo Fausto homem pobre, nada mais justo do que aceitar as pesetas que os espanhóis lhe ofereciam. Para Fausto, porém, e ele confessou isso a Jaguaré, ficar na Europa significava um pouco mais. Era um modo de provar que ele, Fausto, o moço humilde de Codó, o carioca boêmio de Aldeia Campista, não era apenas um negro sem eira, mas a Maravilha Negra que os uruguaios haviam admirado e que os espanhóis seriam forçados a admirar.

Fausto e Jaguaré poderiam ser, de fato, dois ídolos em Barcelona, não fosse a pele escura de um e a origem mestiça do outro. Futebol de craque ambos tinham, conforme provaram logo naquela primeira partida com o Bilbao, quando os espanhóis viram um centromédio fora do comum e um goleiro capaz de rivalizar-se com Ricardo Zamora. Mas pouco a pouco maior se tornava a pressão que os jornais faziam contra os dois. Na Espanha, não era válida a concessão de Alberto de Freitas: mesmo com classe, não se podia não ser branco. Eis um artigo que o jornal *Información* publicou em setembro de 1931:

"Pela sua cor, os dois brasileiros do Barcelona constituem, sem dúvida, uma surpreendente atração para um *music-hall* futebolístico da Europa. Dos Santos (referia-se a Fausto) usa dois anéis de brilhante do tamanho de um ovo, cujos reflexos chegam a cegar quem está por perto. E o sol o faz suar tanto que basta uns poucos galopes sobre a grama para que seu pescoço negro e reluzente se assemelhe ao lombo de um cavalo depois da corrida."

Os dois anéis haviam sido comprados com o primeiro dinheiro ganho no Barcelona e realmente refletiam um pouco de ostentação. Mas as ofensas que a imprensa espanhola lhe dirigia, por maior que fosse a ostentação, eram injustas demais para o futebol que o brasileiro estranho jogava, cada vez melhor, cada vez mais próximo da perfeição, vestindo a camisa do Barcelona. Era com o futebol que Fausto respondia a tudo aquilo.

No Brasil, soube-se do que se passava com Fausto na Espanha quando Jaguaré foi obrigado a voltar ao Rio para resolver problema com o serviço militar, aproveitando para contar o que tinham sido os primeiros meses seus e do amigo no Barcelona. Perguntaram-lhe como ia Fausto.

— Com a bola nos pés, cada vez melhor.

Perguntaram-lhe, ainda, se Fausto estava ganhando bem.

— Se continuar assim, vai voltar milionário.

Quiseram saber, também, se Fausto ainda era um boêmio.

— A mesma coisa. As espanholas não o deixam em paz.

Rosa dos Santos, que foi visitar Jaguaré na Rua Orestes, em Santo Cristo, fez essas mesmas perguntas e mais uma: como ia de saúde o filho distante?

— Talvez estranhando o frio, dona Rosa. A senhora sabe, uma gripezinha aqui, outra gripezinha ali, mas nada sério.

Resolvidos os problemas com o Exército, Jaguaré voltou à Espanha para ajudar o amigo e o Barcelona na conquista do torneio da Catalunha, em fevereiro de 1932. Pouco depois, houve uma excursão a Portugal, França e África, servindo para projetar ainda mais os nomes dos dois brasileiros, principalmente o de Fausto.

Em Paris, onde o Barcelona venceu o Red Star por 6 a 1, a atração de Fausto superou tudo aquilo que a imprensa francesa esperava dele. O *France Foot-Ball*, por exemplo, registrou: "Ele faz com espantosa facilidade o que outros só fariam com esforço sobre-humano. Fausto veio ensinar à Europa, com o seu futebol maravilhoso, como deve jogar um *center-half*."

A briga de Jaguaré com um dirigente do Barcelona, em maio daquele ano, voltou a deixar Fausto sozinho na Espanha, pois o goleiro de repente fez as malas e sumiu sem nada dizer. Dias depois, véspera do início de nova excursão, o mesmo dirigente encontrou Fausto de cama, agasalhado, suando muito, febre alta e muita tosse. Naquele estado, não poderia viajar.

— Nada disso. Você vai assim mesmo, talvez melhore na viagem.

Fausto recusou-se, o dirigente não gostou, comunicou o fato à diretoria, exigiu que o brasileiro fosse multado em 200 pesetas. Ao mesmo tempo, no Rio, começavam a surgir boatos sobre a possível volta de Fausto ao Vasco. Tinoco liderava movimento nesse sentido, alguns dirigentes tentavam convencer a Amea de que Fausto "não era bem um profissional", outros começavam a pensar em acabar de vez com o amadorismo, enquanto os jornais viviam anunciando que Fausto voltaria a qualquer momento, talvez no *Duilio*, talvez no *Arlanza*, quem sabe no *Florida* ou até no *Campana*. A derrota por 4 a 0 do Barcelona para o Ujpest da Hungria, numa tarde em que os espanhóis e o próprio Fausto jogaram mal, parecia precipitar tudo: Ponera, Cruz, Más, Escutch e Fausto foram responsabilizados pela diretoria do Barcelona e afastados até segunda ordem da equipe titular. Em janeiro de 1933 — e a notícia abalou todo o Rio — o Barcelona perdia o seu centromédio, mas o destino de Fausto não era o Brasil, e sim a Suíça, para onde ele viajou contratado pelo Young Fellows.

— Suíça? — espantou-se Rosa dos Santos. — Mas o que ele foi fazer lá?

Não se sabia ao certo, embora Jaguaré garantisse que nenhum brasileiro sensato poderia suportar os dirigentes do Barcelona. Outros, supondo que o Young Fellows fosse um clube rico, ficavam imaginando o dinheirão que Fausto devia estar ganhando. A verdade é que um médico espanhol aconselhara-o a viver num clima melhor, assim como o da Suíça, onde nenhuma gripe virava coisa pior, e Fausto acabou se transferindo para lá em troca de mil francos suíços. Mas tudo isso só se soube muito tempo depois.

★★★★★★

O que representou na vida de Fausto aquela curta estada na Suíça? Homem surpreendente que era, ele voltaria ao Brasil dois meses após assinar contrato com o Young Fellows, quando ninguém mais contava vê-lo antes do fim do ano. Ao chegar, viajando na segunda classe pelo *Florida*, não trazia consigo os dois anéis de brilhante que tanto impressionaram os espanhóis, mas algumas bugigangas da Catalunha e um vestido para a mãe. A surpresa foi mesmo grande, as perguntas caíram-lhe em cima, todos queriam saber das novidades, como eram o Barcelona, o Young Fellows, as espanholas, os Alpes, quanto ganhara e por que voltara.

— Saudade, nada mais.

— E o contrato?

Tudo rescindido, garantia. Tanto aquele primeiro compromisso com o Barcelona como a farta papelada que assinara com o Young Fellows. No mais, Fausto falou pouco, muito pouco, não deu detalhes sobre a sua volta inesperada nem tampouco sobre o que o levara a mudar-se para a Suíça. Estava magro, de olheiras, mais velho, o rosto começando a ganhar rugas.

— Cansaço de viagem — explicou.

Falar mesmo, só das partidas que fez pelo Young Fellows, uma em Genebra, outra em Lurids, uma terceira em Aaron, ou também de suas atuações pela seleção de Basileia, contra os combinados de Viena e Zurique.

— Em Zurique — contou ele a Abelardo — nosso goleiro era muito louro, de uns 16 anos, frangueiro como poucos. Bastava um chute lá de longe pra entrar um gol aqui, a gente perdendo de muito, o goleiro cada vez mais nervoso. Cada bola que passava, ele olhava pra mim, esperando um sabão. Mas eu sorria, sorria sempre, batia palmas como se estivesse dando-lhe ânimo e dizia coisas que ele pensava ser de incentivo. Mas, cá comigo, na nossa língua, enquanto sorria, eu desabafava: "Se tivesses a minha cor, essa gente te lincharia..."

Estava implantado o profissionalismo no futebol carioca e a época era de cisão. O Vasco, pensando em reconquistar o título que perdera três anos antes, começava a armar uma grande equipe, gastando dinheiro, prometendo prêmios altos aos seus jogadores, oferecendo-lhes contratos fabulosos. Só ao Young Fellows, pelo passe de Fausto, foram pagos sete contos à vista. Mas o seu primeiro contrato no Brasil, ao contrário do que se esperava, não foi bom.

— Bem que o Vasco poderia ter me dado uma casa de luvas.

— Por que você não pediu ao presidente? — perguntou Rosa dos Santos.

— Pedir, eu pedi, mas ele disse que o Vasco não tem tanto dinheiro assim.

De qualquer forma, Fausto voltou ao Vasco e os cariocas tiveram a alegria de rever, todos os domingos, o futebol da Maravilha Negra. Não tanto nos primeiros tempos, quando ele custou a acertar, a recuperar a forma, o fôlego e a tranquilidade, sendo muitas vezes expulso de campo por causa daquelas reações explosivas de temperamental aparentemente incorrigível. Em 1934, a equipe do Vasco, a famosa "equipe dos 100 contos" — pois chegava a tanto a folha de pagamento — teria em Fausto, o Fausto dos velhos tempos, o Fausto da primeira Copa do Mundo, o Fausto eixo perfeito, a sua principal atração. Mesmo que Domingos da Guia fizesse parte daquele time. Com tanta gente boa, o título de campeão foi reconquistado.

Paralelamente, a boemia voltava a tomar conta das noites de Fausto, agora frequentador do Bar Flórida, onde muitos outros jogadores de futebol se reuniam para bater papo, jogar sueca e tomar chope. E toda vez que Fausto abusava do sereno, das madrugadas sem fim, dos chopes repetidos e da pinga, as gripes voltavam, uma atrás da outra, deixando Rosa dos Santos muito assustada.

— Você precisa cuidar disso, meu filho.

— Não se preocupe, mãe, outras vieram e outras se foram.

Fausto não pôde ir à Copa do Mundo de 1934, na Itália, justamente por ser profissional e pertencer a um clube que a CBD não reconhecia. Atender ao convite que lhe foi feito por Carlito Rocha era perder dinheiro, pois fatalmente o Vasco rescindiria seu contrato e as coisas se complicariam. Mas, em fevereiro de 1935, quando vieram de Buenos Aires as famosas equipes do Boca Juniors e do River Plate, o problema já não existia e Fausto pôde voltar à Seleção brasileira. Antes, jogando por seu próprio clube contra o River Plate, o cansaço que o surpreendeu, ainda no primeiro tempo, fez com que ele levasse a pior no duelo com Barnabé Ferreyra, um dos maiores atacantes sul-americanos de todos os tempos. Foi preciso que Domingos da Guia jogasse por dois para que o Vasco perdesse apenas por 4 a 1, sendo que Fausto, à noite, teve de se recolher mais cedo, com febre alta. Mas o reencontro com Barnabé Ferreyra, dias depois, agora com Fausto jogando pela Seleção brasileira, foi ganho pelo centromédio, o melhor jogador em campo. No vestiário, depois dos 2 a 1 em favor dos brasileiros, um jornalista viu Fausto deitado sobre a mesa de massagens, pálido, mãos no peito.

— Está sentindo alguma coisa?

— Uma dor aqui — respondeu.

— No peito? — espantou-se o jornalista, arregalando os olhos.

— Não, acho que não é no peito — corrigiu Fausto, meio sem jeito, meio contrariado. — É no estômago, no baço, no fígado, não sei bem em que lugar.

Já então Fausto tinha plena consciência da moléstia que o destruiria. Os conselhos do médico, anos antes, não foram seguidos, Fausto não dera importância — ou dera e resolvera correr o risco assim mesmo — à advertência de que aquelas gripes, no caminho em que iam, poderiam levá-lo a arruinar os pulmões. Agora, se os pulmões já estavam à beira da ruína, não importava o que era preciso fazer para salvá-los: em vez de tratamento sério, de vida regrada, de desistir da noite, do chope e até do futebol — o que seria a última de todas as suas derrotas — o melhor mesmo, pensava Fausto, era fazer de sua moléstia um segredo. Enquanto pudesse estar de pé, não admitiria a queda.

Quando se soube em Montevidéu que Fausto anulara Barnabé Ferreyra, os que o haviam chamado de Maravilha Negra, cinco anos atrás, lembraram-se dele e acenaram de lá com várias propostas. A mais atraente partiu do Nacional — 8 mil pesos ouro — e não houve jeito de Fausto recusar, embora Rosa dos Santos tentasse convencê-lo de que era hora de sossegar, ficar junto da família, cuidar da saúde. O Vasco também protestou, lembrando ao Nacional que o passe lhe pertencia, enquanto o clube uruguaio garantia que a transferência de Fausto, do Young Fellows para o Vasco, não tinha validade perante a Fifa. Assim, depois de aceitar um convite de Fernando Ojeda e Carlos Soares para atuar pelo América num amistoso com o Independiente de Buenos Aires — ganho pelos brasileiros e com excelente exibição do *center-half* que o América queria para sempre — Fausto embarcou para Montevidéu, a 16 de maio, viajando pelo *Massilia*.

Foram difíceis, muito difíceis, os sete meses de Fausto no Nacional. A começar pela saúde, que já não lhe permitia correr os dois tempos, as coisas foram-se complicando gradativamente, até surgir, no fim do ano, a incompatibilidade definitiva com o presidente do clube, Atilio Narancio. Os outros jogadores, quando o viam poupar energias nos primeiros minutos, para gastar todo o fôlego no final, queixavam-se ao treinador. Queixavam-se ao treinador, também, quando ocorria o inverso. Fausto correndo muito no princípio e não suportando o ritmo do segundo tempo. A ninguém ele explicava a razão daquele futebol pela metade, sendo, por isso, obrigado a ouvir duras palavras dos companheiros, do treinador e do próprio Atilio Narancio, que viam nele uma sanguessuga ou um garapeiro, para usar expressão mais familiar aos maranhenses. E Fausto se calava, nunca se defendia, nem mesmo quando o Nacional resolveu baixar-lhe o ordenado. Quando reagiu — a única vez — foi para fechar a boca de um jornalista que lhe tocara no ponto fraco:

"Se o Nacional tem problemas financeiros", escrevera o jornalista, "o remédio é um plano de economia. Para começar, mandando embora o negro Fausto, que não honra aqui seus irmãos de raça."

Ao encontrar-se com o jornalista, em plena Praça da Constituição, Fausto nem esperou que o outro se explicasse: agrediu-o com uma fúria que os uruguaios não imaginavam caber num negro tão quieto, tão calado. Depois desse incidente, houve o último e decisivo diálogo com Atilio Narancio, que nenhuma atitude tomara para acabar com as boatos que corriam aqui e ali: aquele segundo tempo de Fausto contra o Peñarol — diziam os boateiros — cheirava a suborno. Fausto achava que o presidente deveria ser o primeiro a defendê-lo.

— No entanto, o senhor ficou quieto, seu Narancio. Entrou para a turminha dos línguas grandes. E saiba que eu não fico aqui nem mais um dia.

Naquela mesma tarde, Fausto comprou passagem pelo *Madrid*.

★★★★★★

Fluminense, América, São Cristóvão, Madureira e Flamengo, ao saber que Fausto voltara de Montevidéu, começaram a se movimentar. Tudo dependia, agora, do Departamento de Censura Teatral (DCT), órgão dirigido por Pita de Castro com poderes para resolver as questões duvidosas de passes e contratos de jogadores de futebol. E o Vasco, àquela altura, já havia mandado um ofício à Polícia Civil, reclamando seus direitos sobre Fausto. Depois de estudar detalhadamente o caso — que se tornava difícil por causa das duas entidades existentes no futebol carioca — Pita de Castro ficou sem saber o que fazer. O Vasco não era reconhecido pela Fifa, mas pagara sete contos ao Young Fellows pelo passe de Fausto, enquanto o jogador, de uma forma que o DCT não poderia chamar de ilegal, acabara por deixar o Vasco em troca do Nacional, que pertencia a uma entidade filiada à Fifa. De quem era o passe, afinal? Ninguém sabia, nem mesmo Pita de Castro. Até que se achasse uma solução, Fausto estava proibido de jogar.

— Mas, seu Pita, meu contrato com o Vasco caducou.

Paciência, Fausto teria mesmo de se arranjar com o Vasco, recorrer à amizade de Raul Campos, levar a coisa na conversa, do contrário, e era bem provável que isso acontecesse, estaria liquidado. Durante o período de inatividade, o mais que conseguiu foi fazer um amistoso em Belo Horizonte, jogando escondido de Pita de Castro, a convite de Floriano Peixoto, o jogador. Nesse amistoso, Fausto atuou pelo Atlético Mineiro contra o Bonsucesso e foi homenageado pela torcida local. Coisa arranjada pelo Marechal da Vitória, como era chamado Floriano.

Todos os clubes interessados em Fausto, ao ver a situação complicada, foram desistindo de contratá-lo. Mas o Flamengo, levado pelos entusiasmos de Flávio Costa, fazia pressão sobre o Vasco, apelava para o bom coração de Raul Campos, insistia, propunha-se até a pagar os sete contos que o Young Fellows exigira para libertar o centromédio. E o Vasco acabou cedendo.

Durante toda a temporada de 1936 — o ano dos dez Fla-Flus — Fausto deu tudo de si para agradar a Flávio Costa, ao presidente José Bastos Padilha e à torcida do Flamengo. Só aquela homenagem que lhe haviam prestado — um escudo de ouro e brilhantes, ganho no dia de sua primeira partida contra o Fluminense — valia qualquer sacrifício. Chegou, logo no princípio, a evitar as rodinhas noturnas, o chope e até o Café Rio Branco, ponto de reunião obrigatório de jogadores, diretores, sócios e torcedores do Flamengo. Mesmo assim, seu jogo era igual ao de meses antes, em

Montevidéu: o primeiro tempo em banho-maria, bem dosado, nada de correria, só acumulando fôlego para o segundo. As gripes, embora menos frequentes, continuavam preocupando Rosa dos Santos.

— Você precisa comer direito, filho. E dormir mais cedo.

Logo no princípio, também, parecia mais calmo, para sossego de muita gente, principalmente dos árbitros. Depois, quase no fim do ano, quando novas gripes o impediram de jogar algumas partidas — e ele sempre punha a culpa numa estranha distensão muscular — os nervos começaram a traí-lo. Novas expulsões, novos casos, um deles mexendo com todo o time do Flamengo: numa partida com o América, por causa dele, Domingos da Guia, Yustrich e Oto acabaram agredindo a socos o árbitro Lippe Peixoto. Fausto, como capitão do time, não gostara de uma decisão de Lippe e tumultuara uma partida até então tranquila.

Em fevereiro de 1937, chegou ao Rio Dori Kruschner, técnico húngaro que José Bastos Padilha contratara para transformar o Flamengo numa grande equipe. Kruschner, além de 35 anos de experiência no futebol, trouxe da Europa um sistema que os brasileiros só conheciam de nome: o WM que Herbert Chapman criara em 1925 no Arsenal de Londres. Seus métodos de treinamento — os exercícios físicos que hoje chamamos de *individual* — eram diferentes de tudo que se conhecia por aqui: duas horas seguidas de ginástica puxada, corridas à volta do campo, saltos, ensaios táticos sem bola, piques longos com paradas bruscas, movimentos simultâneos, *medicine-ball* e muito mais. No dia em que dirigiu seu primeiro treino, Kruschner viu, indiferente, Natal sair carregado para fora do campo, meio vivo, meio morto.

— Ele diz que vocês precisam desenferrujar os músculos — explicava José Bastos Padilha, o maior admirador que Kruschner encontrara no Flamengo.

O húngaro, talvez por ser muito diferente de Flávio Costa, era homem misterioso. Falava mal o português, usava Gotschalk como intérprete, tinha hábitos curiosos, tomava decisões repentinas — como aquela de levar os jogadores para bater bola no salão de festas do clube — e ao mesmo tempo trabalhava com espantosa serenidade. Muitos o chamavam de Feiticeiro de Viena, embora ele tivesse nascido em Budapeste; outros o consideravam competente, mesmo sem ter visto o time jogar sob seu comando. Fausto não gostava dele, achava-o complicado, metido a gênio. Leônidas, pelo contrário, respeitava-o.

— O homem entende do riscado, a gente vê logo.

De todas as transformações introduzidas por Kruschner na equipe do

Flamengo, a que pareceu mais absurda foi a passagem de Fausto para a zaga central. O húngaro, decidido a adotar o WM, precisava de um beque habilidoso como Fausto, mas não queria um apoiador com o fôlego de Fausto. Afinal, se ele não aguentava dois tempos de ritmo acelerado — e Kruschner viu isso logo nos primeiros treinos — poderia ser usado lá atrás, parado ou correndo menos.

No Café Rio Branco, onde os inimigos de Kruschner começavam a surgir, aquela alteração puramente técnica foi deturpada pelos que se mantinham fiéis a Flávio Costa, agora um simples auxiliar de treinador. Se o homem escalou Fausto lá atrás, disseram, é porque não confia no jogo dele, acha que ele já acabou ou coisa parecida. Fausto ouvia e reagia:

— Pois ele se engana. Eu ainda sou o mesmo, ouviu? O mesmo!

E tratou de provar isso no campo, um dia depois, quando levou todo o seu orgulho para o treino de conjunto na Gávea. Escalado de beque, ficou apenas alguns minutos lá atrás, marcando o centroavante, e logo foi avançando, avançando, até se transformar no centromédio dos bons tempos. Kruschner reclamou, parou o treino, fez sinal para Fausto recuar e assim foi feito. Mas, pouco depois, lá estava Fausto avançando, avançando, deixando a defesa aberta e cuidando apenas de apoiar o ataque. Depois do treino, Kruschner foi se queixar com José Bastos Padilha, equacionando um problema de difícil solução: se Fausto não tinha mais fôlego, devia jogar de beque; se ainda tinha fôlego, jogava lentamente por má vontade; se tinha fôlego e boa vontade, seu estilo era mesmo de um beque; se se recusava a jogar de beque, era um indisciplinado. A solução do problema, portanto, ficava entregue ao presidente do Flamengo.

— Ele está certo, seu Padilha. Eu me recuso a jogar de beque.

A resposta de Fausto levou José Bastos Padilha a puni-lo, primeiro afastando-o do time, mais tarde multando-o em 60 por cento dos seus salários. Os amigos procuraram Fausto e tentaram explicar o que se passava: Kruschner não o perseguia nem lhe queria mal, apenas tinha lá o seu sistema, coisa nova, revolucionária, três beques, dois médios de apoio, dois meias e três atacantes. O eixo já não existia. Fausto tinha de se adaptar à nova fórmula, não havia outro remédio. Além do mais, o húngaro estava com prestígio.

— Claro, ele é diferente, é estrangeiro, fala complicado.

Fausto pediu a José Bastos Padilha para que o seu contrato fosse rescindido, solução que, segundo ele, agradaria a todo mundo. Mas o presidente do Flamengo não quis discutir o assunto. Tinha outros planos.

— Enquanto eu for o presidente, Fausto, você não treina nem joga pelo Flamengo — sentenciou Padilha. — Não tolero indisciplina e você sabe disso. O caso está encerrado.

Para Fausto, o caso não estava encerrado. Pelo contrário, iria parar na Justiça, Geisa Bôscoli como seu advogado, Antenor Coelho como advogado do Flamengo, Mem de Vasconcelos Reis, da 1ª Vara Cível, servindo de juiz. Fausto queria passe livre, alegando que a passagem para beque o desmoralizara, enquanto o clube reclamava a existência do vínculo, argumentando que quem escalava o time era o técnico, e não a Justiça. O caso durou algumas semanas e a decisão do juiz, como se esperava, favoreceu o Flamengo.

— Tudo contra mim, mãe. Até a Justiça.

★★★★★★

De repente, Fausto fazia-se pequeno. Pequeno demais, talvez, para o craque tão grande que fora durante quase dez anos de futebol. E Rosa dos Santos notava, sem tristeza, que o filho ia-se tornando mais humilde e menos orgulhoso. A doença, para ela não mais do que uma gripe teimosa, teria fim, agora que o filho começava a ceder, a ouvir a opinião dos outros, a não tomar resoluções precipitadas. E Fausto já dormia mais cedo, não tanto por precaução, mas porque o cansaço começava a dominá-lo. Cansaço de lutar muito contra coisa alguma, cansaço das decepções que ele mesmo criara em sua imaginação de homem rebelde, cansaço que dois pulmões minados aumentavam, dia a dia, mais e mais, até um fim que o próprio Fausto previa. E o dinheiro, o dinheiro que para ele poderia significar grandeza, acabava mais rapidamente com aquela multa pesada que o Flamengo lhe aplicara. Só por isso — e talvez pela mãe — ele procurou José Bastos Padilha, muitas vezes, tentando reconciliação.

— Seu Padilha não está — era a resposta de sempre.

José Bastos Padilha não queria conversa, ou melhor, só aceitava receber Fausto se ele se desculpasse publicamente. Era o que se comentava na Gávea, onde Kruschner continuava a trabalhar tranquilamente, transformando por completo o Flamengo. Fausto também se transformara — uma transformação quase inacreditável — e estava disposto a tudo para "voltar a viver". Foi então que concordou em assinar aquela carta, publicada em todos os jornais, "rogando ao muito digno técnico de futebol do Flamengo a grande gentileza de desfazer, perante o Sr. José Bastos Padilha, o mal entendido" que culminara com a sua punição. A carta era cheia de elogios a Kruschner, que "tão superior e eficientemente" dirigia o Flamengo. Quem teria escrito aquela carta? Fausto? Claro que não, mas a assinatura dele lá estava, era quase a mesma coisa. E nem assim José Bastos Padilha revogou a punição ou permitiu que Fausto voltasse aos treinos. Só depois, com as eleições no clube e a presidência entregue a Raul Dias Gonçalves, Fausto foi perdoado e voltou à Gávea, onde os companheiros o queriam bem. Sua maior alegria ele foi logo contar a Rosa dos Santos.

— Vou voltar ao time, mãe. E de centromédio, de eixo.

Durante seis meses — os primeiros de 1938 — Fausto parecia o mesmo, o futebol de primeira, a classe de antigamente, a elegância, o estilo que seria o padrão de todos os centromédios do futuro: receber uma bola, matá-la no peito, na coxa ou no bico da chuteira, dominá-la, entregá-la de qualquer distância, com finura fora do comum, driblar, apoiar, marcar, tudo para ele parecia o mesmo. Até o fôlego, como por milagre, ia mais longe, dava para um tempo e mais um pouquinho. Muita gente acreditava que o futebol de Fausto ainda duraria muito, mas ele, intimamente, sabia que eram aquelas as suas últimas gotas de suor. Em todo caso, valia a pena gastá-las assim.

Quase — uma nova gripe adquirida numa excursão à Bahia atrapalhou tudo — integrou a Seleção brasileira que foi à França disputar a Copa do Mundo. Ademar Pimenta bem que se lembrou do seu nome, chegando a fazer um apelo ao Flamengo para que ele, Domingos da Guia, Leônidas e Valdemar de Brito fossem cedidos com urgência. Mas a gripe, sempre a gripe, não lhe permitiu juntar-se aos convocados. Continuou a jogar pelo Flamengo, acompanhou à distância a Copa do Mundo, viu Kruschner ser dispensado em setembro, não estranhou quando o húngaro disse que também iria à Justiça. Sem qualquer ressentimento, comentou:

— Ele agora vai ver como dói a ingratidão.

Em outubro, sentiu-se mal num dos treinos, fadiga, falta de ar, um mal-estar inesperado, dor no peito. Os dirigentes do Flamengo ainda não sabiam ao certo o que ele tinha, mas o aconselharam a tirar férias, ir a Cambuquira, descansar um pouco, tudo por conta do clube. Fausto passou lá 20 dias, voltou mais gordo, bem disposto, mas sem condições de reconquistar a posição de titular. Estava mesmo mudado, era outro homem, já não se importava em atuar no time de reservas, nem pensava mais em rodas de chope, farras, sereno, e sim em ter a própria família.

— Mãe, eu vou me casar.

Rosa dos Santos não aprovou a ideia, não por causa de Zélia, moça bonita e direita, talvez a primeira namorada firme do filho. Mas Zélia tinha apenas 17 anos, tão nova, tão cheia de vida, enquanto Fausto — e Rosa já não acreditava na gripe teimosa — era tão doente, tão fraco, tão gasto pelos anos difíceis vividos no estranho mundo do futebol. No dia de Nossa Senhora da Conceição, por mais que Rosa desaconselhasse o filho, ele e Zélia se casaram. Cerimônia simples, breve e triste como o próprio noivo.

Uma semana depois, na partida em que os reservas de Flamengo e América decidiram o título da categoria, no campo do São Cristóvão, Fausto calçou um par de chuteiras pela última vez. Entrou em campo pálido, abatido, formando contraste com a fisionomia rosada e confiante de Yustrich, goleiro do seu time. Hildegardo, beque do América, pôs a mão na testa de Fausto, minutos antes da partida.

— Mas isso é febre, Fausto, e da boa.

— O que posso fazer? Não há outro pra entrar no meu lugar.

Depois da partida, ganha pelo América, Fausto passou mal no vestiário, foi levado para casa de táxi, mal pôde dormir à noite, teve uma hemoptise no dia seguinte. Ficou alguns dias de cama, não saiu de casa no Natal e no Ano-Novo, mas tão logo se sentiu melhor voltou ao Flamengo para o primeiro individual de 1939. Ali mesmo, no campo, uma vertigem obrigou-o a recorrer ao Dr. Nélson Tinoco. Nova hemoptise, febre alta, o corpo sem reagir, o fim se aproximando. Mas o médico via, ainda, uma chance.

— Não adianta resistir, Fausto. Você tem de ser internado.

Não resistiu nem pensou em resistir. Para quê? A vontade de ser grande o destruíra, desde aquele dia em que se negara a cumprir as determinações do médico. Agora, a realidade de ser pequeno, pobre e negro — e os negros eram os mais predispostos à tuberculose — serviria de ajuda para chegar ao fim de tudo. Foi internado no Hospital São Sebastião, mas o Dr. Nélson Tinoco chegou à conclusão de que só o bom clima faria um milagre.

★ ★ ★ ★ ★ ★

Palmira, perdida lá nos fundões de Minas, tinha mesmo um ar milagroso. E o sanatório, escondido entre árvores imensas que abriam passagem à alameda de pedra, era branco, todo limpo, confortável. Mas Fausto, nos primeiros dias, não se sentiu bem ali, sozinho, longe de Rosa, de Zélia, de toda a família e dos amigos. Depois, as atenções dos Drs. José Rêgo Barros e Campbell Pena, os cuidados das enfermeiras, o carinho das religiosas, especialmente irmã Maria José e irmã Catarina, o ajudaram a suportar a solidão, afastaram aquele ressaibo de morte que ele sentira em todo o sanatório, no dia em que lá chegara. Estranhamente, Fausto mantinha-se alheio ao futebol, às notícias que chegavam pelos jornais da tarde, ao passado que talvez ele já houvesse sepultado. A única coisa que desejava — e nisso as duas irmãs o atendiam sempre, apesar das proibições dos médicos — era ler, ler muito, mas livros religiosos, vidas de santos, a Bíblia e nada mais. Ninguém conseguiu compreender aquele interesse tardio e ao mesmo tempo tocante de Fausto por livros que nunca lera.

Um dia, contaram-lhe que Leônidas havia iniciado campanha pelos jornais para arrecadar dinheiro, não só para ele, pois o Flamengo se comprometera a pagar todas as suas despesas, mas para Rosa e Zélia, agora vivendo dias difíceis. Contaram-lhe, também, que Sílvio Caldas, Araci de Almeida e Ataulfo Alves haviam organizado show em seu benefício, lá no Elite, aonde tantas vezes ele fora como ídolo do país inteiro. Contaram-lhe, ainda, que todas as casas comerciais do Rio estavam contribuindo com dinheiro para ajudá-lo a curar-se. Contaram-lhe mais, os amigos que pediam notícias, os jornais que só falavam nele, as moedas atiradas pelos torcedores à pista do estádio do Vasco, numa tarde em que se viu lá uma faixa: "Ajudem a Maravilha Negra!" Em outros tempos, o orgulhoso Fausto chamaria aquilo de esmola. Agora, o resignado Fausto limitava-se a dizer, a voz fraca:

— Essa gente é boa demais.

Na manhã de 28 de março de 1939, Fausto acordou indisposto, levantou-se um pouco mais cedo, arrumou a mala, colocou dentro um anel de São Jorge — muito diferente daqueles dois brilhantes do tamanho de um ovo — e começou a escrever carta para Zélia. Em seguida, chegou irmã Catarina.

— Quero um padre, irmã.

O padre veio, Fausto confessou-se, pediu para permanecer na cama o resto do dia e lá pelo fim da tarde mandou chamar o médico, pois sentia-se mal, febril, sem forças. Quando o Dr. Jaime Rego Barros entrou no quarto, ao lado das duas irmãs, Fausto agonizava, a respiração débil, as palavras saindo com dificuldade, a mão sobre o peito magro. Às seis horas da tarde, os olhos já cerrados, fisionomia serena, Fausto dos Santos morreu.

Morreu em paz, e em paz foi sepultado em cova rasa do pequeno cemitério de Palmira — hoje Santos Dumont — sobre a qual colocaram uma cruz de madeira, muito negra, exatamente como a maravilha que ele fora um dia.

//Domingos da Guia

Aparentemente o adversário ia para um lado e Domingos para o outro, não se podendo encontrar a não ser no infinito, como as paralelas. Pois o infinito das paralelas, para Domingos, é ali na esquina que só ele vê.

MÁRIO FILHO

Poucos jogadores terão sido titulares da Seleção brasileira com 18 anos. Fora Pelé, que estreou ainda mais cedo, mas é exceção, talvez só mesmo um: Domingos da Guia, zagueiro que, aos 20, jogando pelo Nacional de Montevidéu, ganharia dos uruguaios o apelido de O Divino Mestre, cujo tom de respeito encarna bem o espírito diferente com que o torcedor de onde quer que seja sempre viu mais esse fenômeno do futebol brasileiro. E os uruguaios, que eram na ocasião os campeões do mundo, seriam provavelmente os sul-americanos que encaravam com maior seriedade o futebol.

Pois Domingos estreou pela Seleção brasileira em julho de 1931 (faria 19 anos em novembro), contra o Ferencvaros, da Hungria, em São Paulo. Era jogador do Bangu e, em setembro, fez sua segunda partida na Seleção (que os jornais da época chamavam de *scratch*), jogando exatamente contra os uruguaios, os mesmos que iriam se encantar com seu futebol dois anos depois. O estádio do Fluminense estava lotado, Domingos marcava o mais que famoso atacante uruguaio Dorado, dono de um *rush* espetacular. Num de seus lances típicos, Dorado apanhou a bola no meio do campo e partiu rápido para o gol. Domingos não se mexia. Estático, esperava o atacante uruguaio na entrada da área — conta um cronista da época. Ao ver Domingos pela frente, Dorado acelerou a corrida, levantou poeira (a grama era escassa) em suas passadas de *sprinter* e foi parar dentro do gol, dando a impressão de ter passado com bola e tudo pelo goleiro Veloso.

Mas, para surpresa de Dorado, dos outros uruguaios, do goleiro Veloso, de todo mundo, enfim, Domingos estava com a bola presa aos pés, calmo, absolutamente calmo, pronto para iniciar uma nova jogada a partir da grande área do Brasil. Nesse momento — e só então todos despertaram para a realidade —, um torcedor gritou da arquibancada:

— Eu vou mandar dourar esse crioulo!

Quando Domingos foi jogar em Montevidéu, dois anos mais tarde, segundo uma estatística feita por um jornal uruguaio, levava 5 mil pessoas a mais ao estádio em relação às partidas do Nacional em que sua ausência era anunciada de véspera. E concluía espantado o autor do artigo de jornal: isso quer dizer que 5 mil pessoas, algumas interessadas em futebol só como diletantes, iam ao estádio apenas para ver Domingos.

Esse Domingos da Guia, que assombrou Montevidéu, Buenos Aires, o Rio de Janeiro e o mundo jogando pelo Nacional, pelo Boca Juniors, pelo Vasco, pelo Flamengo e pela Seleção brasileira, foi um capítulo muito especial no futebol brasileiro.

Tão especial, tão diferente, que jogar bonito na defesa passou a ter uma nova denominação: era fazer uma "domingada". Mas só o craque podia fazer domingada, porque nos pés de um jogador medíocre enfeitar a jogada costuma dar em bobagem, em gol contra, em qualquer outra coisa, mas nunca dá certo. Não valia a pena se arriscar em jogadas que tinham a marca exclusiva de Domingos (e só os craques deixam marca). Para uma jogada de Domingos da Guia, só mesmo Domingos da Guia.

★★★★★★

Bangu é o nome que marca extremos na carreira de Domingos, e mesmo na sua vida. O bairro e o clube. De tal maneira que seu nome consta até do hino do clube (Lamartine Babo não só fazia hinos, mas tinha sensibilidade para fazê-los). Foi em Bangu que Domingos nasceu, no dia 19 de novembro de 1912. No Bangu começou a jogar, depois de bater muita bola nas peladas da redondeza, como seus irmãos e como todo menino pobre de subúrbio. Como ele, os irmãos acabariam indo para o Bangu. Mas só Domingos — Domingos Antônio da Guia — ia marcar época no futebol brasileiro e sul-americano. De lá ele saiu para perseguir e conquistar a glória, lá mesmo ele ia descalçar as chuteiras. Seus últimos anos de jogador, passou-os em São Paulo, no Corinthians, onde, se ainda guardava o mesmo inconfundível estilo, já não tinha o mesmo vigor da época em que se consagrou. Em Bangu mesmo viveria os dias tranquilos da velhice, e do Bangu, ainda, veria sair para a consagração o seu Ademir da Guia, que manteve vivo, no Palmeiras, o brilhante estilo de futebol da família. Nesse clube paulista, Ademir da Guia iria se tornar como que uma lenda viva.

Na estreia de Domingos na Seleção brasileira, a 2 de julho de 1931, o Parque Antártica, campo do Palestra Itália (nome do Palmeiras até a Segunda Guerra Mundial), apresentava um aspecto de festa. Muita gente tinha ido ver o Brasil jogar contra o Ferencvaros, clube húngaro que cumpria uma temporada por aqui. Os paulistas mal tinham ouvido falar naquele beque carioca, um escurinho magro e espigado de 18 anos, cuja fama, aliás, mesmo no Rio não ia muito além de Bangu. Fora convocado porque a CBD (Confederação Brasileira de Desportos, futura CBF) resolvera chamar alguns novos — e afinal tratava-se apenas de um amistoso. Nem mesmo era jogo contra outra seleção, mas contra um clube. O jogo correu facilmente, como se esperava, o Brasil venceu com tranquilidade absoluta, 6 a 1. Não deu para Domingos aparecer muito. Fez o suficiente, entretanto, para voltar a ser convocado dois meses depois, quando a Seleção brasileira jogaria sua segunda e última partida naquele ano.

Nessa segunda vez tratava-se de coisa mais importante. O jogo era contra os uruguaios, campeões mundiais no ano anterior, na primeira Copa do Mundo. E havia alguma coisa em disputa: a Copa Rio Branco, instituída em 1916 mas até então vivendo só no papel. O campo do Fluminense ficou lotado naquela véspera de 7 de setembro. A alegria, no fim, com a vitória de 2 a 0 sobre os campeões mundiais, foi uma festa como o Rio não conhecia em matéria de futebol. Nilo Murtinho Braga, o grande meia-direita do Botafogo, fez os dois gols. E Domingos pôde mostrar aos torcedores, e mais uma vez à CBD, que, entre os da geração que surgia, era um dos mais promissores, precisamente o que tinha mais pinta de craque, com aquele futebol simples, eficiente, e tão bonito como poucas vezes se tinha visto num jogador de defesa no Brasil.

Janeiro de 1932 ainda vai encontrar Domingos jogando no Bangu. Mas as propostas começavam a chegar, vários clubes cariocas se interessavam por ele. Jogar no Bangu, para ele, era quase como estar em casa. Tudo muito íntimo, muito perto. Domingos jogava lá havia três anos, estava com 19. E ainda havia os irmãos a reforçar o aspecto doméstico no ambiente do clube suburbano. Todo mundo sentia que para Domingos chegara a hora de ganhar um dinheirinho melhor com o futebol que jogava — o profissionalismo estava a pique de ser oficializado. Só o seria em 1935, mas na prática já funcionava. E naquele mesmo ano de 1932 Domingos iria se transferir para o Vasco (um de seus irmãos, Ladislau, nunca tendo saído do Bangu, não pôde alcançar a fama de Domingos, mas acabou por se tornar o maior artilheiro da história do clube, pelo qual fez 215 gols). Foi uma transferência complicada, uma brigalhada entre América e Vasco. Domingos ficou no América por dois meses, mas afinal vingou a proposta do Vasco.

Sorte dele, pois o Vasco tinha um time bom. Lá, Domingos iria formar a zaga com o famoso Itália (era o tempo da escalação 2-3-5 e os zagueiros, já se vê, eram só dois), craque da Seleção do Brasil na Copa do Mundo de 1930, em Montevidéu. No Vasco as coisas começariam a melhorar para ele. E foi ao lado de Itália que Domingos voltou à Seleção brasileira: 4 de dezembro de 1932, lá estava ele enfrentando novamente os uruguaios pela Copa Rio Branco, mas dessa vez em Montevidéu. A revolução paulista daquele ano e o consequente atraso no campeonato daquele estado impediram que qualquer jogador de São Paulo fosse convocado. Nem mesmo todos os do Rio puderam ir à Copa Rio Branco, pois a Associação Metropolitana de Esportes Amadores (Amea) não quis ceder os jogadores dos clubes a ela filiados, que eram quase todos os do Distrito Federal (o Rio de Janeiro). Convocou-se, assim, uma seleção quase que só de novos, na qual Domingos foi incluído de modo indiscutível. Uma das exceções era Itália, que já não podia ser classificado entre os novos. Domingos e Itália, excepcional zaga no Vasco, formaram uma excepcional zaga na seleção carioca: a experiência de Itália em perfeito equilíbrio com a mocidade e a técnica refinada de Domingos.

Essa nova partida contra os uruguaios foi o início da consagração de Domingos, uma atuação impecável. Os uruguaios ficaram impressionados com aquele novato que os brasileiros exibiam na defesa. Tão impressionados que não tiraram mais da cabeça a ideia de contratá-lo. A ele e a outro novato que os cariocas lançaram, Leônidas, autor dos dois gols na vitória de 2 a 1 dos brasileiros na Copa Rio Branco. Um desconhecido meia-esquerda do Bonsucesso, aquele crioulinho, mas que futebol! Os dois principiantes conquistaram a simpatia do orgulhoso futebol campeão do mundo na ocasião — e o Nacional de Montevidéu fez logo uma proposta a Domingos. O zagueiro vacila. Acha cedo demais para lançar-se numa aventura internacional, embora a oferta uruguaia fosse tentadora. Sabia também Domingos que no futebol campeão do mundo poderia crescer como uma estrela sul-americana, tal o cartaz do futebol uruguaio na ocasião. Mas acabou rejeitando a proposta.

Mal se reintegra à equipe do Vasco, o Nacional insiste: em janeiro de 33 o jogador recebe uma carta do clube uruguaio oferecendo-lhe o correspondente, em dinheiro brasileiro, a um conto e 500 por mês, um alto salário. Domingos continua indeciso, prefere ficar no Rio. Mas quando vai assinar o novo contrato de trabalho com o Vasco, no início de fevereiro, acha muito pouco os cinco contos de réis de luvas e um conto por mês que o clube brasileiro lhe oferece, em nosso amadorismo marrom. E resolve aceitar a proposta do Nacional: 42 contos de luvas e, quanto aos salários, estava mantida a quantia anterior de um conto e 500. Assinou e, muito satisfeito, antes mesmo de embarcar para o Uruguai, recebeu um adiantamento de 13 contos.

O cais do porto tem um movimento raro no dia 16 de fevereiro. É pouco mais de meio-dia e às 14h vai zarpar para Montevidéu o navio inglês *Darros*. Domingos, na flor dos seus 20 anos, vai deixar a sua cidade do Rio de Janeiro. Está cercado de amigos. Os olhos que mais brilham são os de Leônidas, seu companheiro nos sonhos que povoavam os desejos dos clubes uruguaios. O jovem atacante da Seleção brasileira não esconde sua vontade de seguir os passos de Domingos muito breve, e só conversa sobre isso. Itália não fala em outra coisa a não ser na saudade que vai ter da zaga que formava com Domingos.

— Vai ser difícil encontrar outro igual — diz Itália.

E acrescenta, mexendo com Domingos:

— Ainda está em tempo de desistir e ficar mesmo no Vasco.

Domingos sorri. Não está alegre nem triste, mas a decisão é definitiva. Vai cheio de saudades, do Vasco, do Rio, do Brasil. Mas vai convicto, porque chegara à conclusão, afinal, de que aquele passo seria importante em sua carreira. Tinha certeza de que mais dia menos dia o futebol brasileiro seria profissional às claras e poderia oferecer quantias mais altas. Do jeito que as coisas caminhavam, talvez naquele ano mesmo, talvez no seguinte, 1934.

Com a bagagem, o passaporte e todos os detalhes da viagem nem se preocupa. Seus irmãos Médio e Ladislau estão ali, atentos a tudo. E com um grupo de amigos formam um bate-papo animado até Domingos dirigir-se ao navio — o momento em que a emoção apertou mais.

Em Montevidéu a assinatura do contrato foi imediata. Domingos legalizou seus documentos com o clube uruguaio na Embaixada do Brasil, para onde se dirigiu assim que chegou. E não resistiu — as saudades apertavam muito — ao desejo de pedir ao chefe do serviço consular da Embaixada para enviar dali mesmo uma mensagem aos seus compatriotas. Vontade satisfeita, ditou a mensagem, mas algumas palavras eram obra do cônsul, assim como a segunda pessoa do plural:

"Brasil! Brasil! Acreditai no amor do vosso filho modesto, que em terra estrangeira, agasalhadora e irmã, tudo fará para engrandecer mais ainda o vosso nome, sob todos os títulos grandioso."

Montevidéu não se decepcionou com Domingos. Os torcedores do Nacional eram os mais felizes do mundo. Para eles, seu time ganhara um zagueiro incomparável. E tinham razão, de jogo para jogo Domingos impressionava mais. Em pouco tempo seu cartaz ultrapassou as fronteiras uruguaias e ganhou novas terras, espalhou-se rapidamente pela vizinha Argentina. San Lorenzo e Boca Juniors, de Buenos Aires, queriam comprar seu passe. O Nacional não admitia nem tocar no assunto.

Claro, nunca tivera uma defesa tão boa, um par de beques tão seguro, tão firme e ainda por cima elegante — coisas não muito comuns de se encontrar lado a lado. Domingos formava a zaga com Nazasi, um campeão mundial por quem os torcedores do Nacional e de todo o Uruguai tinham o maior carinho. De Domingos, o próprio Nazasi declarava que nunca vira nada igual. Daí para o apelido de *El Divino Mestre* foi um pulo: à imprensa de Montevidéu não faltava imaginação. Por toda a vida esse apelido — o mais elogioso que um jogador já recebeu em todos os tempos — iria acompanhá-lo. Os brasileiros adotaram a sua tradução portuguesa e iriam utilizá-lo sem economia no auge da glória de Domingos da Guia.

— Tu merecias jogar na Celeste, Domingos — disse-lhe um dia seu companheiro Nazasi. — Tira uma carta de cidadania e fica aqui para sempre.

E o jornal *El Día*, de Montevidéu, a 28 de maio de 1933, três meses depois da estreia de Domingos no Nacional, fez-lhe elogios que a imprensa uruguaia nunca tinha feito a nenhum outro jogador de futebol, nacional ou estrangeiro: "Domingos é a perfeição apurada da defesa. É uma linha na qual se podem enfiar todas as pérolas de elogio que a palavra escrita tributa no futebol — e o idioma ainda é curto para isso."

Pouco mais adiante, na mesma crônica, falando da Torre da Homenagem, monumento que os uruguaios tinham levantado no Estádio Nacional para deixar gravados os nomes dos maiores craques do país no próprio teatro onde se tinham exibido, dizia *El Día*: "Ele desarma o adversário sem violência e depois se dá ao luxo de fazer um passe *tate-ti* que dá prazer até à Torre da Homenagem. Quando o vê, a Torre, que não pode aplaudi-lo, sorri para ele pelos 14 olhos de suas janelinhas e parece querer agitar suas asas de cimento para voar até o Paraíso dos Jogadores e gritar: vocês que foram craques venham ver Domingos jogar!"

Domingos era apenas um garoto brasileiro de 20 anos, exatamente 20 anos (só completaria 21 em novembro daquele 1933), mas já o tinham como um deus em Montevidéu, já era O Divino Mestre. Quando saía à rua, a gurizada uruguaia o cercava, os *chicos*. E também era muito querido pelas mocinhas. Famílias inteiras iam ao estádio juntas só para vê-lo jogar. Domingos era um acontecimento no Uruguai. Diferente de qualquer outra coisa. Um caso singular.

A saudade foi sendo vencida, ou ao menos contornada, pouco a pouco. Ramos de Freitas, um asilado político brasileiro (inimigo do grupo vencedor da Revolução de 1930, o grupo de Getúlio) que estava na capital uruguaia à espera de anistia, tornou-se muito amigo de Domingos da Guia desde o primeiro momento, quando o assistiu no ato de assinatura do contrato com o Nacional, dando-lhe conselhos. No próprio time do Nacional também havia outro brasileiro. Era Patesco, ponta-esquerda que, tal como o ex-vascaíno, também não se demoraria em Montevidéu, contratado pelo Botafogo e se tornando titular da Seleção brasileira por muito anos. O time do Nacional com esses reforços ganhou fama de melhor do Uruguai. E era, pois foi campeão naquele ano de 1933. Estava cheio de craques: além de Domingos e Patesco, tinha ainda Nazasi, García, Castro e Perone. Mas tinha um defeito que o técnico Ondino Viera jamais conseguiu corrigir — quase todos esses craques eram muito individualistas. Exímios dominadores de bola, gostavam de tê-la a seus pés por muito tempo, submissa, obediente, dócil ao desejo de brilhar de todos eles.

Fora do clube, Ramos de Freitas era o grande companheiro de Domingos e de Patesco, e dos jogadores brasileiros de outros clubes que estavam lá: Bahia, Congo, Oliveira, Rabelo e Bené. Costumavam reunir-se no Café Palace, onde também apareciam às vezes Feitiço, Carlitos e Osvaldo. Integrado ao país, Ramos de Freitas contava coisas sobre o Uruguai, sua gente e seu futebol. Ia fazendo o ambiente para os jogadores. Nessa época Domingos falou de sua adaptação ao Uruguai ao declarar a um jornal de Montevidéu: "Só não me naturalizo uruguaio por amor ao Brasil, mas fiz deste país o meu berço espiritual."

Os encontros no Café Palace acabaram por virar noites boêmias, prejudicando uma parte dos brasileiros que jogavam no Uruguai. Não tanto

Domingos, que fisicamente era um forte. Mas Leônidas, por exemplo, ligado ao grupo pouco mais tarde, teve uma grave contusão no joelho e, afastado dos treinos, exagerou algumas vezes prorrogando os horários no Café Palace.

No fim do ano acabou o contrato de Domingos com o Nacional e em janeiro de 1934 ele já estava de volta ao Rio, viajando pelo *Augustus* em companhia de Leônidas. Passara exatamente 11 meses em Montevidéu. Embora legalmente ainda estivesse preso ao Nacional, assinou novo contrato com o Vasco, diante da proposta de 30 contos de réis de luvas e 1 conto por mês de salário. O Nacional protestou, queria uma punição internacional para o Vasco, pela lei do passe. Mas o Vasco não era ligado à Fifa na ocasião e não pôde ser punido. De toda aquela turma de brasileiros, só Patesco e Feitiço permaneceram mais algum tempo em Montevidéu.

A excelente campanha do Vasco em 1934, quando foi campeão carioca, só deu alegrias a Domingos, que não lamentou ter saído de Montevidéu. Não ganhava tanto como no Nacional, mas estava feliz, assim como Leônidas, que voltara ao Vasco em maio. Ambos fizeram uma nova estreia num jogo contra o Palestra Itália, de São Paulo, em que o atacante foi a grande figura.

******

No início de 1935, Domingos rendeu-se novamente a uma proposta do exterior, ainda que dissesse sempre que não tinha mais vontade de deixar o Brasil. É que o Boca Juniors, de Buenos Aires, excursionou pelo Brasil naqueles dias e o pessoal de sua comissão técnica observou Domingos. Todos ficaram entusiasmados com o ex-jogador do Nacional de Montevidéu. Logo depois veio da capital argentina um emissário do Boca, Sr. Rogelio Napolitano, que conseguiu convencer Domingos a partir para mais uma temporada lá fora.

A estreia de Domingos pelo Boca foi exatamente contra seu antigo clube, o Nacional. O Boca ganhou de 2 a 1, depois de fazer 2 a 0 no primeiro tempo e de substituir mais de metade do time no segundo, diante da brutalidade com que jogavam os uruguaios. Domingos foi um dos mais visados pelos seus ex-companheiros de clube, segundo a crônica da época.

Em Buenos Aires, Domingos repetiu o sucesso que conseguira em Montevidéu. Em pouco tempo também se tornou ídolo na capital argentina. Uma de suas maiores exibições nesse seu primeiro ano no Boca foi contra o time dos Estudiantes de La Plata, cujo campo era chamado pela imprensa de "túmulo das ilusões", expressão que, pouco mais ou menos, corresponde ao que por aqui chamamos de "alçapão". Pois o Boca de Domingos da Guia foi lá e ganhou. No dia seguinte, um dos jornais argentinos dizia: "Esse Domingos parece uma cobra postada à entrada da área, atraindo a passarada para sua boca."

Como na sua experiência uruguaia, na Argentina Domingos também ganhava mais do que os bons jogadores no Brasil. Depois de sua segunda temporada argentina, quando veio ao Rio de férias, pelo *Augustus*, em janeiro de 1936, trouxe 150 contos. Essa quantia, somada ao que já havia ganho em Montevidéu, representava uma pequena fortuna e fez de Domingos o primeiro milionário do futebol brasileiro. Há aí um certo exagero no termo "milionário", mas assim é que se expressava a imprensa brasileira.

À toa no Rio, Domingos aceitou um pedido para fazer uma partida pelo seu velho clube, o Vasco, que pediu licença ao Boca. A torcida vibrou ao vê-lo novamente com a camisa da cruz de Malta (que na verdade nada tem de Malta: é uma cruz de Cristo como outra qualquer), mas, afastado dos treinos, Domingos jogou mal e o Vasco perdeu para o Huracán, clube argentino, por 2 a 1.

Em março Domingos estava de volta a Buenos Aires, viajando pelo *Avilla Star*. Continuou sua carreira de sucessos até julho, quando uma grave questão com a Asociación de Fútbol Argentina (AFA) levou a entidade a suspendê-lo por seis meses. Nessas férias forçadas, Domingos aproveitou para voltar ao Rio e viajou a bordo do *Neptunia*. Durante um mês inteiro, toda a direção jurídica do Boca Juniors se empenhou para que a suspensão de Domingos fosse revogada. O dirigente Salesi foi violento contra o tribunal da AFA, que acabou por ameaçá-lo até com expulsão do recinto, na reunião, e a punição foi mantida. O Boca, então, que sempre esteve ao lado de Domingos no caso, autorizou-o a jogar por qualquer clube do Rio enquanto vigorasse a punição. Até para Domingos manter-se em forma.

Chovem propostas, ainda que os clubes soubessem que só poderiam contar com ele até o fim da suspensão por seis meses. Enquanto Fluminense e América lutavam para contratá-lo — e clubes de São Paulo também —, o Flamengo, até então omisso no caso, levou vantagem sobre todos. Contava Fausto, a Maravilha Negra, que uma noite voltava para casa de bonde quando, na Avenida Mem de Sá, na Lapa, viu uma multidão na porta de um cinema, agitada em torno de alguém. Pensou logo em algum artista de teatro ou cinema e, como não tinha pressa, resolveu saltar para matar a curiosidade.

— O que é que há aí? — perguntou Fausto ao primeiro com quem esbarrou, porque viu logo que furar a roda ia ser um trabalho penoso.

— Domingos da Guia — respondeu excitado o homem. — O mestre foi contratado pelo Flamengo.

Tratava-se de uma novidade absoluta, um assunto que nem tinha sido comentado. Fausto não acreditou. Aí resolveu abrir caminho até o meio da roda e, empurra daqui, empurra dali, conseguiu chegar aonde estava seu amigo, ao lado de quem havia alguns repórteres. Deram-se então um abraço longo. Voltavam a ser companheiros de clube, como nos bons tempos de Vasco.

Depois Domingos contaria com calma, tudo tinha sido feito em segredo, o contrato fora assinado no escritório de um diretor do Flamengo, mas um repórter descobrira. Ninguém sabe como, mas repórteres sempre acabam por descobrir mesmo as notícias cercadas do maior sigilo. Domingos recebera 16 contos de luvas, o que podia parecer pouco, mas era um contrato de empréstimo, só valia de agosto a janeiro, tempo de duração de seu castigo na Argentina.

Um Fla-Flu nas Laranjeiras marcou a estreia de Domingos no Flamengo. Uma estreia de azar. Com 10 minutos de jogo Domingos caiu no chão, num choque com Hércules, ponta-esquerda do Fluminense. O choque não foi brincadeira, cabeça contra cabeça, o supercílio de Domingos ficou sangrando, precisou de alguns pontos. O jogo acabou 2 a 2. Mas ele se recuperou em pouco tempo, naquele mesmo mês de agosto teve condições de voltar ao time. Em pouco tempo Domingos tornou-se de tal modo um ídolo da torcida do Flamengo que passou a ser difícil para o clube viver sem ele.

Janeiro de 1937 chegou depressa. Vencida a suspensão em Buenos Aires, Domingos tinha de voltar ao Boca. O Flamengo, entretanto, uma vez que a liga tinha sido tão sólida, estava disposto a disputar Domingos com o clube argentino. O contrato de Domingos estava para acabar e, garantiam os diretores do clube da Gávea, fosse lá quanto fosse a proposta dos argentinos, o Flamengo iria cobri-la: a permanência de Domingos já era uma exigência da torcida, que via nele o grande craque da equipe.

Pessoalmente, Domingos preferia continuar na Gávea — com isso, o Flamengo começava levando vantagem sobre o Boca. Em janeiro mesmo foi ao escritório do presidente do Flamengo, José Bastos Padilha, acompanhado de um amigo. E levou esse amigo porque a conversa era difícil. Seu pedido seria um verdadeiro recorde brasileiro. Padilha concordou em conversar com o amigo de Domingos, e o jogador saiu da sala.

Face a face com o presidente, o representante de Domingos pigarreou. Dada a quantia em jogo, não era mesmo fácil abordar o assunto. Afinal, falou:

— Bem... O problema é que Domingos tem uma proposta muito boa dos argentinos: não pode ficar no Flamengo por menos de 50 contos.

Era muito dinheiro, mas Padilha, que é tido até hoje como o presidente mais ousado da história do Flamengo, respondeu na bucha:

— Negócio fechado.

Nenhuma indecisão, nenhuma palavrinha regateando. O negócio, de introdução tão difícil e de tantos rodeios, acabou se resolvendo em dois segundos. Domingos era do Flamengo, era um milionário: 50 contos de luvas.

Antes mesmo de assinar o novo contrato, Domingos tratou de montar um luxuoso apartamento na cidade, trouxe toda a família de Bangu. Era um grande jogador de um grande clube, um clube que pagava muito dinheiro. O luxo explicava-se: para Domingos, as condições tinham mudado muito, pois permaneceria no Rio — e ganhando tanto quanto em clubes estrangeiros. O Flamengo, porém, ficaria para mais tarde.

Porque Rogelio Napolitano — aquele mesmo que o tinha levado para o Boca — fez-lhe um novo apelo, queria que ele voltasse para Buenos Aires. Como ainda não tinha assinado contrato com o Flamengo e achava que devia muito a Napolitano, resolveu atender ao apelo e voltar para Buenos Aires. Deixou muita gente de cara fechada, principalmente o presidente Bastos Padilha, mas partiu em fevereiro pelo *Conte Biancamano*. Tinha 24 anos, estava casado e, como nenhum jogador brasileiro, mesmo os veteranos, viajava pela terceira vez na condição de craque internacional. Ia cumprir uma nova temporada no estrangeiro.

Foi lançado imediatamente, jogando pela seleção de Buenos Aires contra uma seleção de província. No campeonato argentino, estreou contra o Atlante. Jogou demais nessa partida, os torcedores do Boca foram ao céu. Um assombro aquele brasileiro.

Mas Domingos voltaria a ter um problema. Desta vez foi com o próprio clube, não foi com a AFA. Em outubro o Boca aplicou-lhe uma multa e suspendeu-lhe o contrato. Domingos tentou arranjar as coisas como pôde, queria o perdão, mas o Boca não aceitou perdoá-lo de jeito algum. Fez uma única concessão: ele podia voltar ao Rio com a mulher e o filho, até porque seu contrato estava acabando. Em novembro — ainda estamos em 1937 — Domingos recebeu uma proposta do Red Star, de Paris. Não aceitou. O Flamengo comprou, então, definitivamente o seu passe, pagando

40 contos de réis ao Boca Juniors. Domingos estreou num Fla-Flu dos mais disputados, em que o Flamengo perdeu por 1 a 0.

É nesse momento que Domingos inicia a fase mais estável e mais brilhante de sua carreira, como craque maduro, responsável, dono de todos os instrumentos para desempenhar da melhor maneira o seu papel. Seus sete anos de Flamengo então iniciados são aqueles em que deixa sua marca maior de excepcional jogador de futebol, são os anos em que se fixa como jogador lendário.

Nesses sete anos que se seguem, Domingos foi campeão carioca por três vezes e, com a Seleção brasileira, foi terceiro colocado no Campeonato Mundial de 1938, disputado na França. E à ascensão maior de Domingos corresponde uma grande ascensão do Flamengo e do próprio futebol brasileiro. Em 1938, com a inauguração do estádio da Gávea, o Flamengo passa por uma fase de grande progresso material, como clube, e de grande progresso técnico, como time de futebol. Esse progresso técnico vai chegar ao auge no ano seguinte, 1939, quando o Flamengo conquistou o título, roubando do Fluminense a hegemonia do futebol carioca — e o Fluminense tinha um timaço, era tricampeão (1936-37-38).

No Campeonato Mundial de 1938, na França, é que o futebol brasileiro surgiu aos olhos do mundo como grande. Até então, pelo menos fora da América do Sul, era pouco respeitado internacionalmente. Na Copa de 1938, o Brasil disputou cinco partidas, só perdendo (2 a 1) para a poderosa Itália, afinal campeã mundial (4 a 2 sobre a Hungria na final). Para a maioria dos comentaristas que acompanharam essa Copa do Mundo, o Brasil merecia mais do que o terceiro lugar.

Depois de dois anos — 1940 e 41 — em que o Fluminense recuperou terreno e conquistou um bicampeonato, o Flamengo volta a dominar o futebol carioca: campeão em 1942 e 43, fim da melhor fase de Domingos. O Flamengo ainda seria campeão em 1944, seria tri, como se vê, mas nesse ano Domingos incompatibilizou-se com a diretoria do clube e teve seu passe vendido ao Corinthians. Foi a transação mais cara do futebol brasileiro até então, o Corinthians pagando 300 mil cruzeiros (a moeda deixara de ser mil-réis em 1942, tempo da ditadura de Getúlio) pela contratação.

Em São Paulo, Domingos nunca chegou a ser campeão, mas ainda mostrou, embora sem o mesmo vigor, aquele estilo clássico, de beque seguro como poucos que, além de dominar a jogada, entregava a bola limpa e tranquilamente a um companheiro mais à frente. O jogo já então lento, mas sempre eficiente de Domingos, todo ele baseado não apenas na alta técnica, mas muito na inteligência também, ainda foi saboreado pelos paulistas durante três anos (1944, 45 e 46). Em 1947 Domingos voltaria ao Rio.

Voltava para encerrar no Bangu, no seu Bangu, aquele futebol que começara lá, quando ele tinha 16 anos. Envelhecido, sim, mas só nas pernas. Crescido e amadurecido no talento, na técnica e na experiência que ele soube assimilar no Brasil e lá fora. O futebol de Domingos, futebol de gênio, não podia ser definido por ninguém. Tinha muito da malícia do brasileiro, da firmeza do uruguaio, da classe do argentino — e era tão bom como todos eles juntos. Domingos voltava para terminar no Bangu. Para terminar em casa aquele futebol de sonho.

Depois de pendurar a chuteira, saboreou quieto do seu cantinho de Bangu os ecos do sucesso do filho Ademir — não foi à toa que lhe deu nome de craque. Em Bangu mesmo, onde tinha nascido, morreu no dia 18 de maio do último ano do século, o ano 2000. Tinha 87 anos.

//Leônidas

Quando Leônidas faz um gol, pensa-se estar sonhando, esfregam-se os olhos. Leônidas, a magia negra.

Raymond Thourmagen

Lá pelo fim de 1938 e por todo o 1939, costumava-se dizer que o Brasil só tinha três ídolos: Getúlio Vargas, Orlando Silva e Leônidas. O primeiro começava a popularizar sua ditadura, nascida em 1937, através de uma política que o apresentava como o "Pai dos pobres" e fazia dele uma figura realmente amada pelo povinho miúdo, como iria ficar provado mais tarde, em 1950, aos mais céticos, quando seria reconduzido à Presidência da República, dessa vez de forma democrática, com uma votação esmagadora.

O segundo definia-se pelo aposto que seu nome ganhara, "o cantor das multidões". Assim era anunciado ao vivo pelos apresentadores dos velhos programas de auditório da Rádio Nacional. Com sua voz romântica, seu repertório ideal para uma seresta amorosa, conquistou o país e já não podia cantar onde quer que fosse, de Norte a Sul, sem ter sua roupa rasgada, as moças avançando para conseguir apenas tocá-lo — e um toque na figura mitológica dava-lhes felicidade e glória para o resto da vida. Mas não só por esse tipo de público Orlando Silva era admirado. Quem quer que fosse pelo Brasil afora o tinha na mais alta conta de cantor popular de insuperável categoria. E de todo o Brasil — popularidade projetada de seu centro nervoso, o Rio de Janeiro — ele recebia convites que eram como que uma exigência de sua presença.

O terceiro era um pretinho humilde de um bairro pobre, ainda que carregando a tradição de bairro imperial, São Cristóvão. Menino que ajudaria a projetar o futebol como esporte maior do Brasil, dando-lhe dimensões novas. Leônidas era o seu nome pomposo de guerreiro grego, Silva, o seu sobrenome, o mais vulgar, o mais comum entre os brasileiros, nome e sobrenome unidos pela contração "da". Leônidas jogava pelo Flamengo — e o Flamengo fora campeão naquele ano de 1939. Foi Leônidas que elevou a popularidade do Flamengo a níveis inéditos, foi através dele que o Flamengo se tornou o clube mais popular do país. Naquela época, havia uma torcida própria para Leônidas, gente que amava o futebol e ia ao estádio para ver e aplaudir Leônidas. Assim como — respeitadas as diferentes dimensões que o tempo se encarregou de criar — muita gente, mais tarde, iria a campo a cada jogo do Santos, em qualquer ponto do Brasil, para ver e aplaudir Pelé.

Recordes sobre recordes de público foram quebrados na era de Leônidas, primeiro no Flamengo, depois no São Paulo. Gols sobre gols de Leônidas se tornaram marcas inesquecíveis aos olhos daquela geração. Seu talento e sua arte ficaram para a história do futebol, talento e arte marcados sobretudo pelo poder de criação. Basta dizer que foi ele o criador da bicicleta.

O corpo solto no ar, de costas, as pernas para cima, e o pé direito pregado na bola, a impulsioná-la firmemente para trás: bicicleta de Leônidas, rede balançando. Poucas vezes, depois desse lance, executado com precisão pelo gênio que o criou, o goleiro adversário não foi obrigado a ir cabisbaixo — mas também deslumbrado — apanhar a bola no fundo das redes.

Criada e consagrada por Leônidas, imagem viva do seu talento inigualável, a bicicleta viria a ser o melhor retrato da agilidade e do poder de improvisação que caracterizam o futebol brasileiro. Assimilado e transmitido de geração em geração a partir de Leônidas, esse lance se tornou marca registrada do nosso futebol: até hoje é muito pouco executado fora do Brasil. E seu mestre inigualável foi seu próprio criador — aquele pretinho de um bairro pobre do Rio. Mestre ilustre e respeitado por todos na carreira incomparável que construiu.

Dona Maria da Silva não era contra o futebol, mas queria que seu filho estudasse. Um menino tão esperto, não valeria a pena desperdiçar assim a sua boa cabecinha. Mas ele relutava quando o assunto era estudo. A pelada já era o grande divertimento — e quase o único — dos garotos da Praia Formosa, ali perto da Ponte dos Marinheiros, para onde o menino de São Cristóvão se mudara com 11 meses de nascido. Era difícil fugir ao chamado da bola, mais agradável, mais tentadora e — a palavra pode ser antipática, mas é impossível não dizê-la — mais voluptuosa do que os livros, com sua forma redonda, curva única a se fechar sobre si mesma.

Era difícil, sim, fugir ao chamado da bola, da sensualidade da bola. Apaixonado por ela, o menino não chegou a se apaixonar pela escola. Ao contrário, não lhe dava a menor importância. Mesmo com esse desprezo, ia tocando os estudos, o danadinho, pois tinha facilidade para aprender.

Se não era contra o futebol, Dona Maria começava a se preocupar com o abandono em que o menino deixava os estudos — do estudo ela fazia muita questão. Sem ter como manter os filhos em melhores condições (antes de Leônidas, nascido em 6 de setembro de 1913, ela tivera Aristotelina, em 1909), Dona Maria concordou em deixá-los com os seus pais de criação, Dona Alexina Ávila de Sá e o Sr. Mário Pinto de Sá, despachante do Parc Royal*.

Iam os dois muito arrumadinhos para a escola pública, mãozinha dada, uniforme azul e branco muito asseado e bem passadinho, merendeira recheada. O curso primário os irmãos fizeram na Escola Epitácio Pessoa. Aristotelina diplomou-se com grau de "distinção" em todas as matérias. O irmão era o contrário, um preguiçoso de marca. Mas ali, na saída para a escola, eram iguaizinhos: tinindo de limpinhos, a alvura dos dentes se destacando na carinha preta, provocavam elogios em quem os via. Aristotelina, orgulho da mãe, iria morrer com 18 anos, terminando o Instituto de Educação, quase uma professorinha já.

Fosse como fosse, da Escola Epitácio Pessoa o menino Leônidas levou uma boa lembrança — uma, entre outras nem tanto assim. Quase nulo nas matérias de classe, Dona Dagmar Cardoso, sua professora no 4º ano, resolveu transferi-lo da classe adiantada para a atrasada. Aquilo muito o ofendeu. Mas, chegado ao 7º ano, o único em que havia ginástica, teve um motivo de orgulho: esperto como poucos na aula de Educação Física, o professor o escolheu para chefe, uma espécie de auxiliar naquelas ses-

---

* Loja de tecidos e confecções no centro do Rio, destruída por um incêndio em 1943.

sões ao ar livre. Num dia de festa no colégio, o professor de Educação Física não apareceu. Os alunos já estavam todos em forma, a festa ia começar e nada do professor. Até que Dona Dagmar, que o tinha rebaixado um dia, viu no crioulinho Leônidas a única solução para a dificuldade. Se ele era o chefe, o negócio era chamá-lo, ele dirigiria a ginástica.

"Fiz um sucesso danado", contaria mais tarde Leônidas. "Me sentia com o rei na barriga, principalmente porque Dona Dagmar foi obrigada a me chamar e, assim, em alguma coisa ela teve de me dar valor. E depois da Educação Física, na festa, ainda dirigi o time da minha classe (outra função habitual do professor) no futebolzinho que se seguiu. Dirigi e joguei, num dia em que desempenhei muitas funções. Meu time deu um banho!"

Como, apesar do trabalho que dava, Leônidas continuava tocando o seu curso, nunca houve muita luta de sua mãe contra o futebol, que dia após dia apaixonava mais o menino. Seu sonho era jogar num clube de verdade, um dia — e esse dia nem demorou muito. Das peladas ali na região da Ponte dos Marinheiros, Leônidas passou, molecote ainda, a treinar no juvenil do São Cristóvão, não muito longe dali. Tinha 13 anos e, terminado o curso primário, passara a frequentar as aulas no Ginásio Visconde de Cairu. Frequentar é modo de dizer: as aulas começavam a vê-lo cada vez menos, o futebol no gramado de Figueira de Melo (rua em que fica a sede do São Cristóvão) cada vez mais. Puxa, estava treinando logo no clube de sua simpatia! Lembrava-se, com certo ar de desprezo, considerando que subira um degrau, de seu primeiro clube, o Fonseca Lima, com cujo maior rival, o Miguel de Frias, tantas brigas enfrentara. Clube, nesse caso, era um grupo de garotos ao qual se dava o nome da rua. O São Cristóvão era diferente, era um clube de verdade.

Não era pouca porcaria, não! O São Cristóvão disputava o campeonato principal da cidade, jogava entre os grandes do Rio e naquele ano de 1926 chegou até a ser campeão, o que foi um orgulho para Leônidas, ainda que ele fosse só um juvenil do clube. O menino tinha um bom ambiente no São Cristóvão. Por essa época, seu pai adotivo (talvez fosse melhor dizer avô adotivo) deixara de ser despachante e comprara o bar do São Cristóvão. Embora já se ingressasse na época do amadorismo marrom, no São Cristóvão vigorava o amadorismo puro. Mesmo o clube tendo sido campeão, os jogadores de seu time não ganharam um tostão.

Os juvenis, então, nem se fala. Nem pensavam em ver a cor de dinheiro algum. Clubes não filiados, embora menores, ofereciam um dinheirinho. Miúdo, mas ofereciam. Leônidas foi tentado por um deles, o Havanesa, que dava prêmios de 5 mil réis nas vitórias. Percorreu então um roteiro que depois do Havanesa incluiu o Barroso e o Sul-Americano, até chegar, com 16 anos, ao Sírio-Libanês, que disputava o campeonato principal da cidade. Mas as categorias de cima tinham ainda os segundos times — e os terceiros. Leônidas estreou no Sírio-Libanês pelo terceiro time. Fora levado para lá por Alfinete, companheiro que conhecera no Barroso, e no Sírio-Libanês teve como técnico Gentil Cardoso, que se autodenominava o "Moço Preto" e seria um dos treinadores mais famosos (pela verve) e respeitados (pela competência) do Brasil.

Ao estrear no terceiro time do Sírio-Libanês, Leônidas começou fazendo um gol. O adversário era o Esporte Clube Carioca (que chegou a ter razoável torcida) e o estreante agradou tanto que já no domingo seguinte foi lançado no segundo time. Dessa vez fez três gols na vitória de 5 a 2 do Sírio sobre o Botafogo, em Figueira de Melo, campo que conhecia como poucos e lá sua produção subiu muito. Os sócios presentes àquele jogo se queixaram muito, o clube não podia ter perdido aquele menino que jogava tanto. Sobretudo porque sabiam que Leônidas sentimentalmente continuava preso ao São Cristóvão.

Sua passagem pelo Sírio-Libanês foi rápida, porque no fim do ano (1930, Leônidas com 17) o clube extinguiu suas atividades no futebol. Muita gente estava de olho em Leônidas, mas o Bonsucesso correu na frente. O regime oficialmente continuava a ser amador, mas não havia transferência que se concretizasse sem proporcionar alguma vantagem ao jogador. Por isso se começava a falar por aqui em profissionalizar o futebol, como na Argentina e no Uruguai. O Bonsucesso ofereceu 400 mil réis mensais a Leônidas, que considerou boa a proposta e aceitou. Tanto mais que podia pedir alguma coisa a título de luvas. E pediu: dois pares de sapato e dois ternos. Como o Bonsucesso concordasse, Leônidas, pouco modesto nesse ponto, pois gostava de se vestir bem, escolheu logo os dois melhores pares na sapataria do Seu Claudionor, diretor do clube. Escolheu pares que custavam 40 mil réis! A elegância, marca de Leônidas desde a escola pública, começava a sofisticar-se — e seguiria como símbolo do moço que se iniciava no futebol profissional, como seria símbolo do futuro Diamante Negro.

O pequeno Bonsucesso marcou os primeiros grandes sucessos de Leônidas, que para lá tinha ido muito feliz pelo fato de que a grande maioria de seus companheiros do Sírio-Libanês o acompanharam — e mais o técnico Gentil Cardoso. A equipe fez boa campanha no campeonato e no fim do ano (1931) Leônidas estava convocado para a Seleção B carioca, na qual estreou num amistoso contra o Ferencvaros, da Hungria, um empate de 2 a 2. Um dos gols dos cariocas foi de Leônidas. Mais alguns dias e ele jogaria a final do Campeonato Brasileiro contra São Paulo: apesar de seus 18 anos, entrou como titular (Nilo Murtinho Braga, o famoso atacante do Botafogo, estava contundido). A partida foi dura no primeiro tempo, que terminou 0 a 0. O time paulista trazia grandes cartazes, como Friedenreich no ataque, Bartô e Clodoaldo na defesa. Mas no segundo tempo Leônidas tornou as coisas fáceis para o time do Rio (Distrito Federal) com uma atuação exemplar e decidiu a partida com os dois gols que liquidaram os paulistas.

Desse dia em diante Nilo perdeu o lugar. Leônidas passou a ser titular absoluto não só na Seleção carioca mas também na brasileira, numa carreira de extraordinária rapidez que o levava a esse ponto final com 19 anos, em 1932. Sua estreia na Seleção brasileira foi admirável, numa rápida temporada em Montevidéu. Lá mesmo, na terra dos campeões do mundo (de 1930), o Brasil venceu por 2 a 1 a seleção da casa. Uma contusão grave no joelho, entretanto, tiraria a alegria de Leônidas nesse dia e o deixou fora dos dois jogos seguintes daquela minitemporada da Seleção brasileira, contra o Peñarol e o Nacional, os bambas do futebol uruguaio. Leônidas ainda sofreria um bocado no Brasil com aquela contusão. Os médicos demorariam muito a diagnosticar que havia uma ruptura de menisco.

No ano seguinte, tentado por uma proposta do Nacional de Montevidéu, Leônidas transferiu-se para lá, para onde acabara de ir Domingos da Guia. Na verdade, havia uma leva de brasileiros no Uruguai — e a fuga se estendia até a Argentina, onde os clubes também pagavam muito mais do que os nossos.

A contusão do ano anterior, grave, tratada sem o cuidado necessário — e por isso não curada de todo — iria prejudicar muito a carreira de Leônidas por todo o ano de 1933. O joelho não estava muito bem, é verdade, mas agora ele era um profissional que representava o Brasil no país amigo e sua presença era exigida em todas as partidas. A não ser, é claro, que uma palavra terminante de um médico o impedisse. Mas o futebol daquele tempo não dava aos jogadores os cuidados médicos de hoje. Em todos os jogos ele entrava de joelho enfaixado, apertado em esparadrapos que ele punha quase aos quilos para proteger o local. Até que um dia o pessoal do Nacional o mandou para um exame mais sério — e então se verificou que a ruptura dos ligamentos do joelho direito era total. Leônidas teve de ficar afastado em boa parte da temporada, mas no fim voltou a jogar e se sagrou vice-campeão uruguaio de 1933.

Ao voltar para o Brasil em janeiro do ano seguinte, trazia como magro consolo o fato de que poucos brasileiros faziam sucesso em Montevidéu: o carioca Domingos da Guia e o paulista Feitiço, mais ninguém. Trazia de qualquer forma uma certeza, a contusão é que o atrapalhara, senão teria sem dúvida acompanhado os passos daquele gigante Domingos, que voltava com ele para o Rio pelo *Augustus*. A elegância, entretanto, ele não sacrificou. Guardava a aparência externa de quem voltava milionário, ao desembarcar no cais do porto.

"Leônidas apareceu impecavelmente vestido, muito elegante mesmo, trajando um terno de palha-seda, camisa e lenço da mesma cor, gravata e sapatos brancos", dizia o *Jornal dos Sports* do dia seguinte à chegada, acrescentando que "a elegância de Leônidas chamou a atenção no cais do porto." Lembremos que sapato branco era um dos sucessos da moda elegante no momento.

Mais um mês e Leônidas estava outra vez militando em nosso amadorismo marrom. Assinara um contrato não se sabe bem de que tipo com o Vasco, pelo qual jogaria apenas três meses, mas, ainda que nesse curto período, foi campeão carioca de 1934. Findos esses três meses, assinou contrato com a CBD (atual CBF), recebendo 30 contos de réis de luvas e 1 conto por mês para defender o *scratch* (era assim que os jornais se referiam à seleção) nacional na Copa do Mundo de 1934, na Itália, na qual o Brasil fez apenas um jogo —e foi eliminado pela Espanha ao perder por 3 a 1. Leônidas marcou o único gol que um brasileiro conseguiu fazer em Zamora, o mais famoso goleiro do mundo na época.

No ano seguinte a essa derrota na Copa do Mundo, Leônidas assinou contrato com o Botafogo, ganhando 10 contos de luvas e 1 conto de réis por mês. Foi campeão carioca de 1935 e no ano seguinte passou-se para o Flamengo. Teve de pagar 5 contos ao Botafogo pela rescisão do contrato — e o Flamengo na hora agá só lhe pagou 11 contos de luvas, embora seus dirigentes houvessem prometido 15. Leônidas aceitou mesmo assim, porque ao rescindir com o Botafogo ficara sem clube e precisava estabilizar sua vida, pois vinha de alguns contratempos, o pior dos quais foram 11 meses de prisão militar, consequência de complicações devidas a um certificado de alistamento falso, conseguido de boa-fé com um sargento desonesto que o enganara.

No Flamengo, Leônidas chegou à melhor fase de sua carreira até então, que iria culminar com sua excelente campanha na Copa do Mundo de 1938, na França, na qual o Brasil foi 3º colocado e ele voltou como nosso jogador mais famoso. Logo ao ingressar no Flamengo, Leônidas fora campeão de um certo Torneio Aberto, de 1936. Em 39 seria campeão carioca. Era então ídolo da cidade e do país, pois os nomes dos jogadores do Flamengo chegavam até nossas fronteiras. Os gols de bicicleta de Leônidas surgiam um após outro — o lance era como que propriedade sua, pois sabia executá-lo como ninguém. Foi por essa ocasião que, com seus pulos espetaculares para executar a bicicleta, ganhou da imprensa o apelido de "o homem de borracha". Sua popularidade na ocasião era tão grande que às vezes chegava a ser constrangedora: ele mal podia andar na rua que uma multidão se aglomerava. Os contratos no Flamengo melhoravam sempre e Leônidas ganhou fama de gastador, perdulário, sobretudo ao voltar da Copa de 38, quando desembarcou cheio de presentes para a família e para os amigos.

Na verdade, ele trouxe, sim, muita coisa da Europa, mas apenas o normal que uma pessoa gasta comprando presentes e utilidades quando viaja. Principalmente numa época em que só se viajava de navio e não havia os limites de peso para bagagem que há em avião. O que não se pode negar é que Leônidas teve o bom gosto de comprar apenas coisas finas, entre elas um magnífico faqueiro de prata que em sua casa usaria nos momentos mais importantes, ao receber os amigos.

O segundo contrato que assinou com o Flamengo, por exemplo, tinha a validade de dois anos e dava-lhe 50 contos de réis de luvas. Mais dois anos e, em 1940, já então ocupando uma posição excepcional entre os jogadores do Brasil, assinou um contrato recorde, recebendo 80 contos de luvas.

Viveu sua época de esplendor no Flamengo em 1938, 39 e 40. Na Copa de 1938, seu *status* de craque fora de série fez com que o técnico Ademar Pimenta lhe desse a condição de capitão (mas naquele tempo ainda não existia a braçadeira). Leônidas começou por se destacar nas oitavas de final, mas chegou ao auge nas quartas de final, nos primeiro jogo contra os tchecos, um duro empate de 1 a 1 em que teve atuação brilhante e fez o gol, mas saiu com fortes dores musculares na coxa direita. O regulamento exigiu um novo jogo contra os tchecos para desempatar as quartas de final. Leônidas voltou a ser escalado, apesar das dores na coxa, e de novo fez um gol (Brasil, 2 a 1). Dessa vez Leônidas saiu com o músculo distendido.

Depois de 17 horas de viagem de Bordeaux a Marselha, Leônidas, embora passasse o dia todo da véspera sendo massageado, não pôde ser escalado contra a poderosa Itália e o Brasil perdeu por 2 a 1. Perdeu, assim, a possibilidade de disputar o título. Depois de nova viagem desgastante de volta a Bordeaux, os brasileiros tiveram outra atuação excepcional e derrotaram a Suécia por 4 a 2 na disputa de terceiro lugar. Leônidas fez dois gols (os outros foram de Romeu e Perácio).

O regresso ao Brasil daria a Leônidas pleno direito de disputar, se concurso houvesse, a condição de figura mais popular do país. Especificamente no futebol, a essa altura não tinha concorrente como ídolo.

Bem, o auge de Leônidas, já se disse, foi em 1938, 39 e 40, no Flamengo, mas não será um erro prorrogar esse auge até 1942. Tanto que nesse ano foi vendido por uma quantia recorde no país para o São Paulo Futebol Clube. No São Paulo, Leônidas viveria — ele mesmo afirmava isso — a fase mais feliz, mais tranquila de sua carreira. Ao chegar lá, estava com 29 anos, idade em que em geral se considera que um jogador está partindo para a última fase de sua vida profissional. O sucesso nessa última etapa, e nos novos ares, veio naturalmente, com a simplicidade que acompanha os talentosos. A transferência foi ruidosa, uma cifra recorde: 200 contos pelo passe, 80 contos de luvas ao jogador pagos pelo São Paulo. O Brasil nunca vira uma transação assim.

São Paulo! Tudo era inédito para o moço-veterano do futebol brasileiro. Nascido e criado no Rio, Leônidas era o representante exato do tipo que se pode chamar um carioca da gema. Segundo alguns paulistas, o tipo carioca seria um tanto irresponsável, um tanto cheio de visagens fora do campo (e talvez dentro do campo mesmo). Mas, ao contrário, Leônidas era exatamente um homem altamente responsável. E levava consigo, sem o definir bem, um certo medo de vencer em São Paulo, embora nunca duvidasse de suas qualidades. Talvez aquele pensamento de última fase da carreira não lhe fizesse bem ao espírito.

Não estará sem razão quem disser que o primeiro ano no novo clube lhe foi difícil, que demorou um pouco a se entrosar no time. Mas, embora apreensivo, ele não se arrependeu nem por um segundo da transferência. Afinal, não podia mesmo continuar no Flamengo, tinha se desentendido seriamente com os dirigentes do clube. Ajudou-o muito nesse momento de transição um carioca que criara raízes em São Paulo, agora um homem da Federação Paulista, Roberto Gomes Pedrosa. Esse Pedrosa — mais tarde nome do torneio Rio-São Paulo — o convenceu de que o problema de adaptação não existia: adaptar-se seria questão de mais dia menos dia.

Há ainda o fato de que, antes mesmo de Leônidas se mudar para lá,

São Paulo já lhe tinha prestado muitas homenagens: uma indústria de fumo tinha lançado os cigarros Leônidas, uma fábrica de chocolate pusera na praça o tablete Diamante Negro, aproveitando o apelido com que ele voltara da Copa de 1938. O cigarro durou pouco, mas o chocolate entrou pelo século XXI e até hoje é um dos mais consumidos do Brasil.

A recepção foi incomparável. O craque viajou de litorina, um trem mais simples que a Central do Brasil apresentava como "rápido" — e rápido seria se a linha da Central fosse confiável. Mas no percurso sempre aparecia alguma coisa para desmentir tal rapidez. E Leônidas fez uma viagem agradável, ao lado de seu amigo Sílvio Caldas, seresteiro que, se ainda não tinha a popularidade de um Orlando Silva, ia começando a construir uma carreira também extraordinária.

Ao chegar à Estação do Norte, ponto final dos trens da Central em São Paulo, no bairro do Brás, encontrou uma verdadeira multidão a esperá-lo e logo a aclamá-lo. Segundo os jornais paulistanos do dia seguinte, eram cerca de 10 mil pessoas.

Parado havia algum tempo, um tanto gordo, Leônidas estava fora de forma e curtiu amarguras nos primeiros treinos. A estreia, por isso, ia sendo adiada, e só se deu depois de um mês de treinamento no campinho do São Paulo, no bairro do Canindé. Acabou por estrear em maio de 1942, contra o Corinthians, empate de 3 a 3. Leônidas nesse jogo não chegou a ser o grande Leônidas, mas, ainda que impaciente como toda torcida, a do São Paulo compreendeu que era preciso aguardar algum tempo até que ele chegasse à forma absoluta. De todo jeito — mais um recorde numa carreira de recordes — o público que compareceu ao estádio do Pacaembu nesse dia, 70.218 pessoas, mostra de forma eloquente o interesse impressionante que a estreia de Leônidas despertou. Nunca mais a história do Pacaembu registraria público tão grande.

O Corinthians dessa época era uma espécie de bicho-papão em São Paulo. Campeão do ano anterior, 1941, tinha em seu time sete jogadores da seleção paulista, campeã brasileira daquele mesmo ano (disputava-se então um campeonato brasileiro de seleções estaduais que terminava quase sempre com cariocas e paulistas se enfrentando na final). A compra do passe de Leônidas fazia parte de uma campanha do São Paulo para armar uma nova equipe, que ainda não seria campeã naquele 1942, mas ganharia o título paulista de 1943.

O time se ajustou nesse ano, várias contratações garantiram ao São Paulo um timaço. Da Argentina veio o cracaço Sastre para o ataque, do

Palmeiras foi contratado Zezé Procópio para a linha média (a formação, na época, era com dois zagueiros, três jogadores na linha média e cinco atacantes). Do Rio tinham ido Rui, Florindo e Zarzur. O toque final para dar consistência à massa do bolo fora a chegada de Leônidas. No início do campeonato ainda faltava entrosamento entre essas peças. Depois de três derrotas seguidas, o clube trocou de técnico (como é tão comum no Brasil), despedindo Conrado Rossi e contratando Joreca (Jorge de Lima), que soube dar confiança e tranquilidade ao time. Daí para a frente o São Paulo não mais perdeu e, com exceção de um empate com o Corinthians, ganhou todas até o fim do campeonato.

Esse time do São Paulo, campeão paulista de 1943, ficou como uma das grandes equipes brasileiras de todos os tempos. Nela se juntaram, para encher de beleza os gramados paulistas, Luisinho, Sastre, Leônidas, Remo e Pardal, formando um ataque arrasador. A linha-média era outro setor excepcional, com Zezé Procópio, Zarzur e Noronha.

Um time tão extraordinário que teve sucesso até 1949 — e até 1949 durou a carreira de Leônidas, que nesse ano pendurou a chuteira. Tinha 36 anos. Além daquele time de 1943, voltaria a ser campeão paulista em 45, 46, 48 e 49. Não fosse a interrupção de 1947, quando o Palmeiras conseguiu ser campeão, teria estabelecido a sequência inédita de penta-campeão paulista.

Ativamente, Leônidas só participou do campeonato paulista até aquele título de 1949, mas ainda jogou uma partida em 1950 (ano da Copa do Mundo no Brasil e daquilo que os uruguaios vieram a chamar de *Maracanazo*), quando o São Paulo foi buscá-lo em casa, de pijama, por assim dizer, para um jogo contra o fraco time do Nacional local e conseguiu a vitória por 2 a 1. Mas Leônidas não era o mesmo e não se insistiu com ele. No último jogo, o São Paulo precisava da vitória e ficou no empate com o Palmeiras por 1 a 1 (o campeão foi o próprio Palmeiras).

Em 1950 Leônidas não era mais jogador, a não ser numa exceção, já se viu. Mas ainda assim não abandonou o São Paulo, ao qual ficou preso por algum tempo como técnico e até o fim da vida por laços do coração. O São Paulo tinha representado o renascimento de sua carreira numa fase difícil, o São Paulo tinha lhe dispensado tratamento especialíssimo, o São Paulo o assistiu de modo generoso, cercando-o de carinho, compreensão e amizade. Muitas amizades Leônidas tinha feito em seu último clube e na cidade que adotaria como sua até o fim da vida. Em princípio, é sempre difícil abandonar a cidade à qual se está ligado por laços de infância e por todas as raízes. Mas Leônidas dizia, depois de ter deixado de jogar e de ter se fixado ainda assim em São Paulo, que quando ia ao Rio se sentia meio desambientado, estranhava o calor. O moço carioca se tornara um senhor paulista, um homem habituado aos agasalhos, ao paletó e gravata.

"É engraçado", são palavras dele, já então comentarista de futebol de uma emissora paulista "que eu, que a princípio custei a acreditar que pudesse me habituar à cidade de São Paulo, e curti dúvidas cruéis por causa disso no momento da transferência, hoje me sinto fora do ninho quando estou no Rio. Vou trabalhar comentando um jogo e volto correndo. Quando há oportunidade, saio mesmo do Maracanã direto para o aeroporto. Caso contrário, fico até a manhã seguinte, apanho o avião cedinho e vou-me embora. Tornei-me um paulista total."

Integrado assim à vida de São Paulo e do São Paulo, Leônidas não tinha desejo de se afastar do clube quando deixou de jogar. E isso era exatamente o que o São Paulo queria, pois pretendia dar-lhe o lugar de treinador, função que Leônidas assumiu ao pendurar a chuteira. Quando se formou um combinado Bangu-São Paulo para uma excursão à Europa em 1953, Ondino Vieira, o uruguaio que treinava o Bangu, assumiu, como mais experiente, a função de técnico, ficando Leônidas como auxiliar.

Por ocasião da assinatura do contrato para essa excursão, o Liègeois, da cidade belga de Liège, exigiu como cláusula especial que Leônidas jogasse lá, era uma questão de conseguir mais renda. Leônidas seria uma atração para o espetáculo, com a extraordinária projeção que ainda tinha no país e em todo o mundo do futebol europeu desde 1938, aquela Copa do Mundo em que tivera atuações inesquecíveis.

Essa de 1953 foi, um tanto temporã, sua última atuação como jogador, aos 40 anos. Totalmente fora de forma, não auxiliou muito o combinado São Paulo-Bangu, que entretanto ganhou por 3 a 0, mas Leônidas não fez gol. O último da brilhante carreira de Leônidas fora num São Paulo x Corinthians no Campeonato Paulista de 1949, empate de 3 a 3 no Pacaembu. Ao sair de campo nesse dia, Leônidas ia um tanto pensativo. Sabia que era seu último jogo (não contava, claro, com a excursão de 1953) e sentiu saudade de sua estreia pelo São Paulo, cercada de tanta promoção, naquele mesmo local, público pagante jamais igualado na história do Pacaembu.

Meditava nas coincidências: sua estreia em 1942 também tinha sido num São Paulo x Corinthians, o resultado também tinha sido 3 a 3. Leônidas ia comovido ao se despedir de seu grande público, que não era só o público são-paulino. Como no Rio, nos seus tempos de Flamengo, torcedores paulistas de vários clubes também costumavam ir ao Pacaembu só para ver Leônidas, embora sua presença não raro custasse caro a corintianos e palmeirenses (o Santos, por essa época, era apenas um time médio, que só se tornaria grande bem mais tarde, com Pelé).

As recordações foram se amontoando enquanto ele descia para o vestiário. O primeiro gol de bicicleta marcado contra o Carioca, nos seus tempos de Bonsucesso ("É possível que eu não tenha sido o primeiro a fazer um gol de bicicleta, mas antes de mim nunca vi ninguém fazê-lo"). Depois, lembrou o mais vistoso dos seus gols de bicicleta: São Januário, 1939, Flamengo x Independiente, da Argentina, estreia de Zizinho como seu companheiro no rubro-negro ("Acertei aquela bicicleta da linha média do Independiente e dei tanta sorte que mesmo dessa distância bati o famoso goleiro argentino Bello"). Ainda lhe passou pela cabeça seu primeiro gol de bicicleta pelo São Paulo no Pacaembu, São Paulo x Palmeiras, um gol que ganhou manchetes. O último ainda estava fresquinho na cabeça, fora num jogo fácil contra o Juventus ("7 a 1, o São Paulo fez gato e sapato da defesa do Juventus e eu pude marcar o meu golzinho de bicicleta").

Depois de algum tempo orientando as novas gerações do São Paulo como técnico, passou a comentarista de jogos no rádio. Quer dizer, nunca mais se desligou do futebol, sua grande paixão. Fez enorme sucesso, pois tinha autoridade como poucos para comentar, a partir de sua experiência de craque.

Além de comentarista de rádio, também conseguira um lugar na antessala do gabinete do secretário de Trabalho de São Paulo logo que deixou de jogar, em 1949. Teve assim tranquilidade total na última etapa de sua vida, em nova profissão. Mas era o mesmo menino humilde de um humilde bairro carioca, o mesmo que se tornara um craque, criador de uma nova jogada, ídolo no Rio, ídolo na Europa na Copa de 1938 e grande ídolo no São Paulo, clube em que deu adeus ao futebol. Nunca reclamou de sua caminhada pela vida, toda ela traçada pela bola — bola que soube retribuir o carinho com que fora tratada por aqueles pés manhosos, ágeis, cheios de malícia a serviço do mais brilhante futebol-arte brasileiro.

Leônidas morreu silenciosa e discretamente, na São Paulo que tanto amou, no dia 24 de janeiro de 2004, aos 90 anos e quatro meses, bem vividos.

//Tim

O diabo em figura de gente. Uma espécie de Garrincha ao quadrado. Com a bola nos pés, nem uma mulher conseguia arrancá-la. Tinha paixão pelo seu domínio. O jeito era interceptá-la antes dele a ter a seus pés.

DOMINGOS DA GUIA

— Aquela porcaria ali é que é Rifaina?

Cansado dos solavancos do calhambeque em mais de dez horas de lama e buracos, Tim fez um ar de desânimo e soltou a frase um tanto dura para os ouvidos do orgulhoso habitante da terra que estava ao seu lado e, pior ainda, era um dos encarregados de homenageá-lo, pois Rifaina é a humilde cidade paulista onde Tim nascera. Ribeirão Preto é o ponto de referência, mas ainda assim não é exatamente uma cidade vizinha de Rifaina. E naquele tempo, 1949, não estaria errado quem visse entre ambas uma grande distância, pois as estradas de rodagem da região eram esburacadas e, na época das chuvas, um lamaçal.

Tim estava, no momento em que soltou aquela ofensa contra a sua Rifaina, encerrando a sua carreira de jogador e começando a de técnico. Quanto à primeira, o adjetivo "brilhante" seria perfeito, pois ajustava-se como uma luva à sua glória. Na segunda, já se viu, Tim apenas se iniciava, mas também como treinador viria a ser um dos mais respeitados do Brasil, a ponto de carregar sempre um aposto, "o estrategista".

Naquele momento, Tim fazia uma coisa e outra, pois era jogador e técnico do Botafogo de Ribeirão Preto, clube onde iniciara sua carreira de jogador e estava a encerrá-la. O pessoal de Rifaina aproveitara a relativa proximidade de Ribeirão Preto para fazer o convite. Afinal de contas, não era possível deixar passar a oportunidade para homenagear um filho da terra, agora famoso em todo o Brasil, que estava por lá. E em Ribeirão Preto era possível fazer a gentileza — ainda que penosa — de mandar um carro buscá-lo, coisa impensável enquanto ele estava no Rio.

Tim iniciara a carreira aos 15 anos e a encerrava famoso. Sua carreira se resumira a sucessos, um atrás do outro. Aos 20 anos estava na Seleção brasileira e por ela disputou o Sul-Americano de Buenos Aires, em 1936, e ganhou logo o apelido de *El Peón*, de explicação óbvia. Dois anos depois estava na Copa da França. E jogando no Rio, pelo Fluminense, ao lado de Romeu, uma dupla que fazia tremer qualquer time que enfrentasse o tricolor. O drible de Tim marcou época, foi um dos mais famosos do Brasil em todos os tempos. Mas não era jogador só de drible, sabia passar, também, e com perfeição, sabia chutar, marcava gols de categoria e beleza.

Ribeirão Preto, portanto, tinha muito de que se orgulhar, pois marcava, como cidade, o começo e o fim da carreira daquele jogador de exceção. As visitas de repórteres do Rio e de São Paulo eram frequentes, mas até jornalistas do exterior iam procurá-lo. Todos acabavam comendo um prato bem temperado por ele, mestre da bola e do fogão.

Mas em quase todas as entrevistas Tim era dado como nascido em Ribeirão Preto, porque contava que nessa cidade tinha se criado (saíra de Rifaina com seis meses) e a confusão se tornou comum. Um senhor de Rifaina escreveu um dia para Tim reclamando. Que diabo, Rifaina é que tinha a glória de ser o seu berço e vivia sendo omitida do noticiário, de forma equivocada — ou mentirosa —, em favor de Ribeirão Preto. Naquela época em que estava de volta a Ribeirão Preto como jogador e como técnico é que Tim recebeu o convite de Rifaina: ia ser homenageado com um banquete. Seria uma honra para Rifaina receber seu filho ilustre, dizia o convite.

Claro que Tim ficou satisfeito — e até comovido. Não podia deixar de ir. No dia marcado para a visita, chovia muito. Tiveram a gentileza de mandar um motorista apanhá-lo em Ribeirão Preto, no melhor carro de Rifaina. Mas a viagem não era brincadeira. Mais de dez horas, estrada esburacada, muita lama, o perigo constante de encalhar. E nada de chegar Rifaina. Até que a cidade surge ao longe, não mais do que um arraialzinho, umas poucas casinholas no horizonte. O motorista foi logo apontando sua Rifaina querida, como forma de ser delicado, pois via que o convidado ia se cansando. Tim então não conseguiu conter a exclamação, um tanto malcriada e irreverente. Vivera tanto tempo no Rio de Janeiro, esquecia-se do orgulhozinho miúdo da gente de cidade pequena. O chofer — um baita crioulão — não quis reagir de maneira agressiva e respondeu meio sem jeito:

— O senhor compreende, não é como cidade grande. Mas já tem progredido um bocadinho. Dês que o senhor saiu melhorou muito.

— Ah, sim... claro — agora Tim é que estava sem jeito e tentava consertar as coisas.

Ao fim do ligeiro diálogo que continuou em cuidadoso tom de rasgação de seda, o filho famoso da terra acabou confiante de que aquele bendito motorista não ia dar com a língua nos dentes. Em Rifaina a confiança se ampliou, o rapaz o levava de cá pra lá, assessorou-o sempre com a maior simpatia, até providenciou para que o banquete saísse depressa quando Tim reclamou ao seu ouvido que estava morrendo de fome.

O tal banquete, porém, foi longo demais. Lá para as tantas, o prestativo motorista de Tim não resistiu. Como boa festa do interior, houve meia dúzia de discursos, ficaram só as bebidas na mesa, mas ninguém se levantava. A bebida era farta e o motorista era um dos mais ávidos. Na solenidade do ambiente — paredes do salão todas cobertas de páginas e mais páginas de jornais e fotos do grande Tim em sua época áurea — o rapaz pediu a palavra e disse alto e bom som, ao lado do homenageado:

— Afinal de contas, pra que tanta festa se esse sujeito mesmo me disse, ao avistar a cidade, que Rifaina é uma porcaria!

Levou um valente pisão no pé e, sem perda de tempo, Tim levantou-se e disse sorrindo:

— Bem que esse sujeito me avisou que ia fazer uma brincadeira comigo. Não levei a sério, mas agora estou vendo que ele é mesmo brincalhão.

O motorista ainda tentou continuar sua fala, mas estava muito bêbado, engrolou a língua e desistiu. Todo mundo riu, é coisa de bêbado e tal, e tudo ficou por isso mesmo. Parece que acreditaram mais em Tim do que no motorista beberrão.

Esse foi o único drible executado por Tim em Rifaina — e não num campo de futebol, mas numa alegre mesa de banquete.

★★★★★★

Tim não tinha raízes em Rifaina, que depois ficou marcada na sua vida por aquele episódio. O lugarejo só foi a cidade de nascimento de Tim por causa do vaivém de seu pai, Sr. Vargas Lima, funcionário da Companhia Mogiana de Estradas de Ferro — chefe de estação. De vez em quando a direção da estrada de ferro removia o Sr. Vargas (nome mesmo, não era sobrenome, não) de um lugar para o outro. Um pouco aqui, um pouco ali, ele acabou caindo em Rifaina, muito mais uma estação do que uma cidade naquele longínquo 1915. E em fevereiro de 1916 nascia seu filho homem, Elba, porque o Sr. Vargas gostava muito de homenagear os filhos com nomes geográficos que admirava. A menina mais velha já era Valdívia (cidade chilena), logo depois do menino Elba (ilha da costa da Toscana onde Napoleão esteve exilado) veio Coreia. As duas últimas meninas é que não foram incluídas na sequência geográfica: Lourdes e Antonieta.

Ia crescer entre meninas, portanto, porque só tinha irmãs, aquele menino com nome de menina, Elba, por quem a irmã mais velha, Valdívia, tinha o maior carinho. Vivia a pegá-lo no colo, a menina, que ainda falava com a maior dificuldade. Em rigor, apenas balbuciava. Não sabia dizer Elba, nem mesmo dizia "neném". Ficava repetindo uma única sílaba ao pegar o irmãozinho: "Ti, Ti..."

O menino foi crescendo em casa com esse apelido. O pai, depois de mais alguma andança por uma cidadezinha e outra, a que o obrigava seu destino de ferroviário, acabou por fixar-se em Ribeirão Preto, quando o único menino da casa tinha 6 anos. No dia em que Tim completou 7 anos o pai morreu. Sua mãe continuou a luta sozinha, esfalfando-se para criar os cinco filhos com a parca pensão que recebia. Tim, inocente quanto às dificuldades maternas, o que gostava de fazer era escapar para a rua e jogar sua peladinha com a garotada da vizinhança. Esses garotos é que transformaram o Ti inicial, criado por Valdívia, no Tim que acabou ficando como o apelido que o acompanharia sempre.

Porque o menino era muito magrinho, sua mãe era contra o futebol. Achava que aquilo era exercício demais para um pequeno tão franzino e isso criou constantes proibições que aborreciam o menino. Assim, a fuga para campinhos improvisados da redondeza desesperava a mãe.

Essa situação durou um bocado de tempo. Ainda permanecia quando o menino já jogava num time organizado, aos 12 anos, sempre magrinho e sempre ouvindo as queixas da mãe. O time organizado em que ele começou a jogar futebol (com 12 anos) era o Botafogo de Ribeirão Preto, afinal tão ligado à sua carreira. Se aos 12 Tim já jogava no infantil, aos 15 bateu um recorde, pelo menos na cidade e em sua época, ganhando a vaga de titular no time principal do Botafogo. Corria o ano de 1931.

Para entrar no time principal do Botafogo de Ribeirão Preto, Tim fez com que o maior ídolo do futebol da cidade na época, o meia-esquerda Piquitote, fosse recuado para *center-half*. Porque então já era meia-esquerda, e só meia-esquerda, no ataque de cinco jogadores daquele tempo. No começo, Tim jogara algumas partidas na meia-direita. Pouco depois, porém, passou-se para a meia-esquerda e nunca mais deixou aquela posição, na qual conquistaria o Brasil todo como o melhor durante tantos anos.

Piquitote teve de se conformar com o deslocamento. Firmou-se como *center-half*, que era bom jogador e não estranhou a posição, mas na meia-esquerda não pôde ficar. Por mais três anos, sua antiga posição seria ocupada por Tim. Ao fim desses três anos, um emissário da Portuguesa Santista foi buscá-lo e, depois de uma breve negociação, contratou-o.

O passo era curto, do Botafogo para a Portuguesa Santista, mas não foi preciso mais para que se consagrasse. Na própria Portuguesa Santista chegou logo a convocação para a seleção paulista, num momento em que todos os grandes clubes de São Paulo já o viam como verdadeiro craque. Viu então que valera a pena o sacrifício, porque, embora adorasse o futebol e visse nesse esporte sua carreira futura, relutou um pouco em sair de Ribeirão Preto, uma vez que havia também o lado do coração. Deixar a família era difícil, tinha só 18 anos e, além do mais, era o homem da casa. Mas a vontade de ir era muita. Resolveu as coisas com a mãe, aquela italiana de coração mole, Dona Teresa Granato. Primeiro Dona Teresa fez pé firme na negativa. Mas Tim insistiu tanto que a mãe acabou por se convencer que não seria bom cortar a caminhada que o filho desejava de modo tão obstinado. O Botafogo de Ribeirão Preto era um bom clube — em 1927 tinha sido campeão do interior paulista —, mas Tim enxergava longe, sabia que poderia projetar-se mais jogando na Portuguesa Santista.

Foi. Ao chegar a Santos assinou com a Portuguesa um contrato pelo qual ganharia 500 mil réis por mês. Nem luvas nem nada, que naquele profissionalismo que acabava de ser criado em São Paulo (1934) não tinha essa história, não. Daqueles 500 mil réis de salário, mandava 300 mil para a família. Com o resto pagava a pensão — casa e comida. Começou a ver que a tão sonhada vida de jogador de futebol era um sacrifício. Teve saudade da vidinha de Ribeirão Preto. Mas havia de melhorar, pensou, confiante. Estava dando apenas um primeiro passo. Se tinha arriscado tanto, valia a pena esperar mais um pouco, as coisas haveriam de melhorar.

Graças ao seu imenso talento, o lado bom demorou menos do que esperava. No ano seguinte, 1935, já era observado por todos os grandes clubes do futebol paulista contra os quais a Portuguesa Santista jogava: acabou convocado para a seleção paulista. Mais que isso, acabou campeão brasileiro, e a sua projeção chegou ao Rio de Janeiro, pois os paulistas tinham jogado a final com os cariocas (como sempre) e ganharam graças ao excepcional trabalho daquele menino da meia-esquerda, aquele incrível Tim, que chegara do interior apenas um ano antes mas se mostrava um craque: driblava como ninguém, destruía a defesa adversária. Um grande sucesso, mas, apesar disso, a carreira de Tim estacionou um pouco. Até que surgiu a grande oportunidade, ao encerrar-se o ano de 1936.

Sul-Americano de Buenos Aires. Embora jogasse na pequena Portuguesa Santista, Tim é convocado para a Seleção brasileira e viaja. O mais importante: viaja como titular. E como titular se manteve durante todo o Sul-Americano. Aliás, a ala esquerda não mudou. O time sofreu várias alterações durante o campeonato, mas Tim e Patesco continuaram titulares absolutos do começo ao fim.

De modo que aquele Sul-Americano não foi apenas a estreia de Tim na Seleção brasileira. Foi a sua consagração. Os argentinos o apelidaram de *El Peón*, alcunha que o moço de 20 anos ia guardar por toda a sua carreira de sucessos. O apelido, porém, teve um sentido diferente na sua origem argentina e no entendimento dos brasileiros. Aqui, todo mundo julgou sempre que o apelido tivesse sido dado a Tim por suas qualidades de driblador — e era natural que se pensasse assim, porque os dribles de Tim eram incomparáveis, na ocasião, e começavam a entrar na moda expressões como "dar um baile", "botar na roda". Como quem roda é pião, o apelido no Brasil tomou esse sentido, o de grande driblador. Mas, na realidade, os argentinos o criaram com sentido diverso, um sentido que acrescenta, para Tim, alguma coisa além da não pequena glória de rei do drible perfeito e bem-executado.

Os comentaristas argentinos chamaram-no *El Peón* porque viram em Tim aquele que conduzia o time do Brasil, seu centro de convergência, seu fulcro de ação. Era ele que lhe dava o ritmo e marcava sua cadência. Como quem conduz o gado nos pampas argentinos é o peão (*peón*), que controla e domina centenas de cabeças de gado levadas de uma estância (fazenda) a outra, ou para o matadouro, o apelido lá teve esse sentido de condutor do time. O Brasil o vira sempre como o driblador emérito, que põe o adversário na roda. A Argentina o viu naquele campeonato como o grande talento, a figura mais brilhante daquela Seleção brasileira de boa condição técnica, sem dúvida, muito bem estruturada, mas que no fim mais uma vez perdeu para os argentinos.

E perdeu depois de ganhar do Peru, do Chile, do Paraguai e do Uruguai. A vitória de maiores méritos foi contra o Uruguai, 3 a 2 numa partida duramente disputada, gols de Carvalho Leite, Bahia e Niginho, atuação primorosa de Tim, peça fundamental. Bahia e Niginho haviam entrado para substituir respectivamente Luisinho e Carvalho Leite.

Mas da Argentina o Brasil perdeu — era como que uma fatalidade. Não que o Brasil jogasse mal. Até que fez uma exibição boa, mas, partida dura — campo e torcida contra influíram muito —, a Seleção saiu do pequeno estádio do San Lorenzo derrotada por 1 a 0. Haveria necessidade de uma nova partida — essa decisiva — dois dias depois, no mesmo local. E naquele 10 de fevereiro de 1937 as coisas foram piores ainda para o Brasil: Argentina 2 a 0, Argentina campeã. Para não fugir ao hábito, brasileiros e argentinos brigaram nessa final e a confusão foi quase completa. Só não foi completa porque dois mestres do futebol se mantiveram alheios à baderna: Antonio Sastre (que depois jogaria no São Paulo), pela Argentina, e Tim, pelo Brasil.

Se saiu derrotado de campo, Tim experimentou, nesses dias, uma alegria sem igual: jogara pela primeira vez ao lado de Cardeal, um gaúcho magrinho, desconhecido nos grandes centros, soldado na cidade de Pelotas, mas, na opinião de quem saíra do Sul-Americano como *El Peón*, um dos centroavantes de maior futuro no futebol brasileiro. Inteligente, preciso nos passes, exato ao soltar a bola, bom chutador, Cardeal jogou pouco tempo nas duas vezes em que entrara ao lado de Tim, mas deixou nele a melhor das impressões. Na primeira, substituiu Niginho quase no fim do jogo; na outra, entrou como titular, mas saiu no segundo tempo para dar lugar a Carvalho Leite. Embora jogasse por algum tempo no Fluminense, mais tarde, Cardeal parou precocemente por causa da tuberculose que o impediu de continuar a carreira — tuberculose naquela época era uma doença quase incurável, sem contar o preconceito que carregava em torno de si (por se tratar de moléstia contagiosa, ninguém chegava perto de um tuberculoso, e isso gerava preconceitos e lendas várias). Mas, já na época do Sul-Americano de Buenos Aires, Cardeal era, para Tim, um dos melhores centroavantes do Brasil.

Consagrado na Argentina, Tim não quis renovar contrato com a Portuguesa Santista ao voltar. Resolveu retomar o caminho de Ribeirão Preto e durante quatro meses gozou de absoluta inatividade, matando as saudades da família. Ao fim desse tempo, o empresário paulista Chiavoni, que tinha entrado em contato com o Fluminense, soube do interesse do tricolor por Tim e mandou o ponta-esquerda Hércules a Ribeirão Preto como seu emissário. Hércules já voltou para São Paulo com Tim a tiracolo. Embora ao lado da família, ele ia se cansando com aquela monotonia, pois ficar parado também cansa. Estava tudo acertado, Chiavoni vendeu na hora o passe do jogador ao Fluminense. Começavam ali os sete anos e meio de glória maior na carreira de Tim.

O Fluminense deu-lhe 20 contos de réis de luvas — era um dos poucos clubes a adotar a prática das luvas no futebol brasileiro. Como salário, Tim receberia 1 conto de réis por mês. Era tanto dinheiro que Tim imediatamente mandou vir de Ribeirão Preto toda a família. Poderia instalá-la confortavelmente no Rio, e Dona Teresa aceitou. O filho iniciava ali sua grande fase profissional, uma das mais significativas entre as carreiras dos maiores craques no Brasil. Seria ídolo da torcida de um dos clubes mais importantes do país, numa cidade grande, a capital da República.

Mas o Rio ainda o espantava um pouco. O menino do interior não se apagara nele, que não se acostumava àquela história de em pouco tempo ser um dos jogadores mais procurados do Fluminense. Chave de muitas vitórias do time, os torcedores do tricolor o cercavam na rua, virou quase sem sentir uma figura popular. Naquela época não havia concentração, nem mesmo na véspera dos grandes jogos. Tim, um pouco por timidez, um pouco por consciência profissional, criou uma concentração para si próprio, ficando em casa na véspera dos jogos, principalmente dos grandes jogos. Sim, havia um lado de consciência profissional nessa atitude, mas a verdade é que na véspera dos grandes jogos é que os torcedores mais o aborreciam, porque mais se assanhavam. Precisava estar a driblá-los pelas esquinas — e Tim achou que em matéria de dribles bastavam os que dava em campo. O jeito naqueles dias mais intensos era se recolher, ficar em casa batendo papo com Dona Teresa e com as irmãs.

Não dava, porém, para ficar totalmente à toa. Tim começou a procurar algum que-fazer. Desse modo, pouco a pouco tornou-se íntimo de todos os segredos da cozinha, ao ajudar a mãe a preparar as refeições. O segredo maior da culinária — conclusão que transmitiu sempre, até o fim da vida — está no tempero. Teria autoridade para falar, porque, na cozinha como no campo de jogo, tornou-se um mestre. Testemunharam isso quase todos os jogadores que passaram por suas mãos quando Tim se tornou técnico, pois sua casa sempre foi aberta e generosa, e levar alguns de seus pupilos para almoçar lá era um de seus hábitos.

Os pratos mais festejados, as especialidades de Tim, eram as almôndegas ao molho de tomate e a dobradinha à moda do Porto. Dependendo do clube que iam enfrentar naquela semana, os jogadores iam apelidando os pratos: dobradinha à rubro-negro, almôndegas à São Januário, por aí. Com o passar dos anos suas habilidades foram se ampliando. E lambia os beiços quem comia um cozido preparado por Tim, uma feijoada ou uma boa macarronada.

Seu melhor prato, embora Dona Teresa fizesse dele um grande cozinheiro, continuou a ser servido nos gramados: todos os domingos a torcida do Fluminense tinha motivos de sobra para ser uma torcida alegre naqueles anos de 1937, 1938.

Mil novecentos e trinta e oito. Nesse ano, não só a torcida do Fluminense, todas as torcidas do Rio deslumbravam-se diante de seu futebol. Os contemporâneos costumam dizer que esse ano foi o ponto mais alto de sua carreira. Há motivos para acreditar neles, pois, em 1938, aos 22 anos, Tim foi convocado para a Seleção brasileira que disputaria a Copa do Mundo na França.

Tinha sina, porém, de dar azar com técnico. Talvez por isso se tornasse mais tarde um dos técnicos mais compreensivos, segundo a unanimidade — e não há exagero nisso — dos jogadores dirigidos por ele. Basta lembrar o já citado Sul-Americano de 1936, que só terminou no começo de 1937. Tim sofrera um bocado nas mãos de Ademar Pimenta. E Pimenta continuava como técnico do Brasil para a Copa de 1938. Por isso Tim entrou meio ressabiado nos primeiros treinos. Sabia que havia muita pressão política para escalar Perácio, do Botafogo, na meia-esquerda.

A Seleção embarcou, então, para a demorada viagem de navio Brasil-França. Havia um treino marcado para a primeira escala, na Bahia. E havia uma ordem de Ademar Pimenta para que Zezé Procópio baixasse o pau em Tim. Era para deixá-lo contundido mesmo, porque Ademar Pimenta não tinha coragem de barrar Tim, no auge da forma, ídolo popular e figura maior do grande Fluminense. Os repórteres, no navio, eram poucos, mas só queriam saber de entrevistar Tim, a ele davam destaque absoluto nos comentários que enviavam para os jornais.

Tudo ficou muito claro com a violência de Zezé Procópio sobre Tim no treino de Salvador. O que ninguém esperava é que Tim revidasse, mas ele não sofreu a violência passivamente, revidou mesmo, jogou bruto também. A ponto de Pimenta interromper o treino e dar uma sonora bronca em Tim. Tal como no campo contra seu marcador, Tim revidou também, em palavras, contra o técnico. Foi multado, embora aquilo fosse falta grave que pudesse redundar até no corte do jogador. Se não tinha coragem para barrá-lo limpamente, Ademar Pimenta também não teve coragem de excluí-lo do *scratch*. Tim recebeu tranquilamente a multa de 200 mil réis: sabia que ela não iria prevalecer (jogador de futebol nunca pagou pena de multa: essa tradição brasileira vem desde aqueles tempos).

Quando, porém, a chefia da delegação chamou-o para censurá-lo pela rebeldia que determinara aquela multa, Tim respondeu que podia chamar o próprio Zezé Procópio para contar a verdade. Sim, Zezé Procópio tinha se prontificado a dar a versão verdadeira da história. Os cartolas resolveram então dar o caso por encerrado, senão a coisa ia ficar ruim para o lado de Ademar Pimenta.

Para Tim, entretanto, o caso não acabara. Em todas as oportunidades que surgiam, contava que o técnico queria barrá-lo pelo estranho método de mandar a defesa reserva pará-lo à base de violência, nos treinos. Apesar desse ambiente, o Brasil, como se sabe, foi bem na Copa da França. Chegou em terceiro lugar porque, ainda que o técnico não os arrumasse bem em campo, os craques individuais eram tantos e tão valorosos que conseguiram por si sós essa façanha; gente como Tim, como Leônidas, como Romeu...

Os problemas tinham começado com a própria viagem. Os dias no navio pareciam longuíssimos, os jogadores se aborrecendo, os músculos se endurecendo à falta de boas condições para treinar. Como o navio era inglês, a própria comida, cem por cento britânica, era um fator de desprazer para os jogadores. Onze dias depois de deixar as costas do Brasil, os passageiros vendo apenas céu e mar na cansativa travessia do Atlântico, o navio escalou na Ilha da Madeira. Assim que o navio atracou em Funchal (capital da ilha), enquanto todo mundo foi passear, Tim, enjoado da insossa comida inglesa e refinado apreciador do bom tempero, já se viu, correu a um restaurante e pediu um de seus pratos prediletos — filé acebolado com molho de tomate. Mas pediu logo dois. O garçom ficou espantado quando, em resposta à sua pergunta, Tim disse que não, não esperava acompanhante algum. O espanto foi maior ainda quando viu Tim devorar os dois bifes imensos com uma disposição canina.

Como não há mal que sempre dure, a viagem afinal acabou, depois de arrastar-se penosamente. Estrasburgo era a cidade onde o Brasil estrearia — estreia em que se desenrolou uma das partidas mais complicadas da

Copa: Brasil 6 x 5 Polônia, dia 5 de junho de 1938. Tim não jogou. Os desentendimentos com Ademar Pimenta em função dos absurdos métodos do treinador que mandava pará-lo à base da violência tiveram efeito prático: Perácio foi mantido como titular da meia-esquerda. No segundo jogo, uma semana depois, em Bordeaux, as coisas se complicaram, empate de 1 a 1 com a Tchecoslováquia.

A tabela levava a coisas estranhas. O jogo seguinte seria contra a mesma Tchecoslováquia, na mesma Bordeaux, 48 horas depois. Ademar Pimenta trocou nove jogadores, isto é, em rigor, o time B substituiu o time A. Só Leônidas e o goleiro Válter foram mantidos. É verdade que o time A estava esgotado, aquele empate fora duríssimo e o técnico preferiu poupar os titulares para o jogo de Marselha, contra a Itália. O Brasil ganhou dos tchecos por 2 a 1: foi o único jogo em que Tim entrou. Entrou, sim, mas entrou desiludido, pois exatamente Romeu Pellicciari, seu companheiro do Fluminense, fora um dos barrados. E Romeu era o homem com quem ele podia fazer alguma coisa naquele ataque, tinha certeza. O Brasil ganhou, mas ficou para ele essa frustração.

Da Itália o Brasil perderia por 2 a 1, também 48 horas depois do jogo anterior. Se ganhasse, o Brasil iria à final da Copa. Mas é preciso dizer que Ademar Pimenta relutou muito para tirar Tim do time contra a Itália, tanto que dos reservas só ele viajou para Marselha. Os demais ficariam em Bordeaux, porque naquele tempo não havia substituições e a delegação faria uma boa economia deixando todos os reservas em Bordeaux — sem falar na dificuldade de transporte para um grupo muito grande. De volta a Bordeaux, uma nova vitória, 4 a 2 sobre a Suécia, na disputa do terceiro lugar.

A ausência de Tim no jogo contra a Itália foi a sua consagração. Ficou do lado de fora, mas ficou assinando autógrafos o tempo todo. A beleza do seu jogo, exibida em Bordeaux, espalhou-se por toda a França, graças à unanimidade do julgamento da imprensa e à sua fama de driblador, de estilista do futebol. Se não pôde trabalhar com os pés em campo, sua mão não teve sossego durante os 90 minutos, tantos os autógrafos que o público pediu. Tim ainda teve a alegria de ouvir da boca de Romeu, depois da partida, que "se Tim tivesse jogado nós ganharíamos". E Romeu falava com autoridade, pois tinha sido uma das grandes peças da equipe brasileira no jogo contra a Itália.

Foi uma Copa ingrata aquela. Primeiro, Ademar Pimenta e a sua insegurança: botava um time num jogo e outro no seguinte. Depois, as condições adversas de clima, comida e viagens desencontradas. Naquele tempo jogador brasileiro não estava acostumado com isso que os militares chamam de deslocamento. E todos estranhavam a comida (a Seleção não levava cozinheiro, como hoje). Tudo isso os desestabilizou, mas ainda assim mostraram a qualidade excepcional do jogador brasileiro. Sem essa qualidade, nunca o Brasil teria conseguido um terceiro lugar, apesar de todos os fatores contrários.

Aquele foi o único Mundial de que Tim participaria, porque depois veio a guerra, só em 1950 haveria nova Copa — e Tim encerrou a carreira em 1949, aos 33 anos. Mas a melhor fase de sua carreira começa depois da Copa de 1938. Seus cinco anos seguintes no Fluminense seriam sua elevação definitiva à categoria dos jogadores imortais do futebol brasileiro. No tricolor formou uma dupla de meias inigualável com Romeu, a brilhar no time das Laranjeiras e nas seleções cariocas, nas quais por duas vezes iria se sagrar campeão brasileiro. Até 1943 viveu seu período áureo, conquistando dia após dia sua posição de glória no cenário do nosso futebol.

Na seleção carioca, entretanto, Tim ainda iria ter dissabores. Sua sina de desentendimento com técnicos não iria parar em Ademar Pimenta. Com Flávio Costa, eterno treinador da seleção carioca, ele também iria ter aborrecimentos. Isso não impediu, de todo modo, que Tim viesse a ser campeão brasileiro em 1943 e em 1945 (nesse ano já era jogador do Botafogo). Entre o Fluminense e o Botafogo, passara um ano jogando no São Paulo.

Quando foi chamado para a seleção carioca em 1943, as coisas se passaram mais ou menos como na Copa de 1938. Flávio Costa chamara quatro (!) jogadores para disputar a posição de meia-esquerda, Tim e mais Nestor, Lelé e Perácio. A disputa maior era sempre entre Tim e Perácio, que estava agora no Flamengo, clube de Flávio Costa. Tim treinava no time reserva, como na Copa de 1938, mas, como na Copa, os reservas, com ele, ganhavam sempre dos titulares nos treinos — e, nesse caso, não raro goleavam, sobretudo graças ao desempenho de Tim, que, assim, acabou titular, a bem dizer, por aclamação. Os cariocas foram campeões brasileiros. Os cariocas, quer dizer, a seleção de Tim. Não é fora de propósito chamá-la assim, pois ele era o fulcro de onde nasciam todas as jogadas perigosas, o que inclui, claro, as jogadas de gol.

Em 1945, ainda uma vez Tim e Flávio Costa iriam se encontrar como jogador e como técnico. Desta vez as coisas foram piores, houve briga feia, discussão em altos brados. Mas afinal o futebol, e somente o futebol de Tim, acabou por escalá-lo como titular. Com isso, os cariocas foram novamente campeões, ganhando dos paulistas três vezes seguidas: 3 a 1, 6 a 1 e 2 a 1.

A participação de Tim em seleções brasileiras terminou em 1942, no Sul-Americano de Montevidéu. Tim estava com 26 anos e voltou a mostrar sua admirável condição de craque fora de série. Em 1944 surgiu em seu lugar na Seleção um menino de canelas finas, mais ágil, mais moço, sobretudo mais moço, que iria ser o dono da meia-esquerda por muitos anos: Jair Rosa Pinto. Ceder o lugar para Jair Rosa Pinto, cinco anos mais moço do que ele e craque, era como que um troféu de despedida: Tim podia deixar seu lugar na Seleção sem mágoas.

Estilo totalmente diferente em relação a Mestre Tim, Jair seria por muitos anos o dono do lugar na Seleção brasileira, até entregar a camisa 10 — as camisas começavam a ter número nas costas por essa época — a um outro imortal que surgia: Pelé. Entre um e outro o futebol brasileiro conheceu uma fase difícil, na qual até um grande vexame deu (Copa de 1954, na Suíça, quando o meia-esquerda titular era Pinga, mas na última partida jogou um certo Humberto, de futebol indigno de uma Seleção brasileira). Assim, a camisa 10, que a partir de Pelé acabaria por ser um símbolo no futebol, passou, para citar apenas os nomes significativos, de Jair para Pelé. Jair não era mais da Seleção quando Pelé surgiu, mas ainda jogava no Santos — e como! Passara pelo Vasco, o Flamengo e o Palmeiras, para conquistar, no Santos, os títulos paulistas de 1956 e 1958. Ao Santos, em 1956, chegara um garoto chamado Pelé. Lá, durante três anos, Jair, o sucessor de Tim na Seleção brasileira, lançava bolas macias que o gênio do menino Pelé transformava em gols.

Numa palavra, em 1944, quando trocou o Fluminense pelo São Paulo, Tim já encerrara sua melhor fase de jogador. O craque, o grande craque que ele foi, viveu sua fase de ouro nas Laranjeiras. Passou um ano no São Paulo e voltou para o Rio, contratado pelo Botafogo, onde jogou em 1945 e 1946. Não seria um erro dizer que encerrou no Botafogo sua carreira de jogador. Em 1947, quando passou para o Olaria, desempenhava a dupla função de jogador e de técnico. Como jogador, estava longe do grande Tim do Fluminense. Como técnico, entretanto, iniciava uma carreira não menos brilhante. Ainda permaneceria por mais quatro anos nessa dupla função excepcional: do Olaria passou-se para o seu velho Botafogo de Ribeirão Preto — no qual dois anos depois encerraria sua carreira de jogador no Brasil, iniciada naquele mesmo clube do interior paulista — e finalmente para a Colômbia, em 1949. A Colômbia, pelo dinheiro que pagava, tinha virado o Eldorado do futebol sul-americano. No fim de 1951, já somente como técnico, Tim voltou para o Brasil, onde viria a ser um dos maiores nessa função.

Sempre com sucesso, dirigiu as equipes do Bangu, Guarani de Campinas, Bangu novamente, seleções cariocas diversas, Bangu ainda uma vez e finalmente o Fluminense, para o qual voltou em 1964, vinte anos depois de o ter deixado como jogador. No tricolor das Laranjeiras teria mais uma vez a melhor parte de sua carreira, agora de técnico. Lá, onde se tinha projetado como grande jogador, projetou-se definitivamente como grande técnico. Logo de saída deu ao seu clube o título de campeão carioca.

Que o treinador Tim era dono de uma visão extraordinária como técnico, visão capaz de virar um jogo, ninguém nunca negou. Prova concreta dessa visão ele deu em 1956, quando tentou levar para o Bangu um menino de 15 anos, chamado Pelé, que tinha visto jogar em Bauru. A essa percepção privilegiada juntava uma compreensão excepcional da alma do jogador. Talvez por ter sofrido demais com a incompreensão de técnicos, Tim sempre foi brando, educado e compreensivo com seus jogadores.

Tratava os jogadores como um irmão mais velho — mas que isso não seja encarado como uma fórmula gasta, senão como expressão da mais cristalina verdade. Conversava, escutava, dialogava com seus jogadores. Era enfim, no clube, com os homens que comandava, o mesmo tranquilo homem do lar com as mulheres que o rodeavam: Dona Tomires e as duas filhas, Míriam e Valéria. Curioso, único filho homem, Tim perdeu o pai cedo e foi criado por sua mãe entre quatro irmãs; casado, nunca teve filho homem.

Além de jogador e técnico de exceção, Tim ficou famoso como frasista original, principalmente entre os repórteres que trabalhavam com ele e, claro, entre os jogadores dos times que preparou. "Quem domina bem a bola nunca está na enfermaria" era uma de suas frases, no caso com seu tanto de mistério. Diante do espanto de quem não lhe alcançava o sentido, ele logo explicava, brincalhão:

— Porque nunca está na dividida, ué!

★★★★★★

Parece que, já por vício, Tim viveu os últimos anos de sua vida bem perto do Fluminense, na vizinhança da Praça São Salvador, na parte baixa do bairro de Laranjeiras. Lá recebia os amigos para um bom papo e um bom prato, sempre preparado por ele.

Morreu em 1984, com 68 anos — idade com a qual hoje se pode dizer que morreu moço.

//Romeu

"Romeu passava meses sem errar um passe."

ELBA DE PÁDUA LIMA, TIM

Em breve já não haveria o beque de escora, o beque de avanço, os alas e o eixo. E o antigo sistema defensivo brasileiro, cada vez mais vulnerável, daria lugar a outro, chegado há pouco da Europa na bagagem de um sucessor de Herbert Chapman. Era o que Romeu tentava demonstrar ao argentino Santamaría, no vestiário, à medida que o estádio do Fluminense ia ficando lotado para o primeiro Fla-Flu de Dori Kruschner.

— Esse húngaro é esperto, Santamaría — enfatizava Romeu. — Eu já vi como ele arma a defesa do Flamengo, recolhida, três homens lá atrás, apanhando as sobras, dois mais na frente, servindo de peneira. Vai ser muito difícil.

Enquanto acompanhava atentamente o raciocínio de Romeu, Santamaría afinava nos lábios a ponta do cadarço e em seguida atravessava, um a um, os ilhós da chuteira. Se era assim, se o próprio Romeu, mestre em abrir defesas, achava difícil, qual seria a sorte do Fluminense?

— Nossa sorte é que os jogadores do Flamengo ainda não aprenderam a mágica do homem. Ou ficam presos ao chão, como se fossem bonecos, ou marcam colado, cada um com o seu, onde ele for eu vou. Se isso acontecer, talvez a gente tenha uma chance.

Com apenas dez minutos de jogo, Romeu percebeu que não se enganara. Kruschner respeitava o talento individual do craque brasileiro e procurava não interferir nas improvisações dos homens de ataque. Já com os da defesa, era exigente, chamava Gotschalk para servir de intérprete, dava instruções complicadas, usava o quadro-negro para mostrar como os três beques e os dois médios deveriam se enquadrar na esquematização do WM. Kruschner sabia que o ataque do Fluminense era bom, daí ter adaptado ao sistema de Chapman, naquele seu primeiro Fla-Flu, a marcação cerrada, homem a homem. Foi o que Romeu percebeu, com apenas dez minutos de jogo.

— Olha, Santamaría, eu vou ficar por aqui.

Santamaría compreendeu logo a manobra de Romeu, que recuara para junto dele, de Brant e de Orozimbo, como se fosse um quarto *half*. A manobra obrigou o Flamengo a avançar o marcador de Romeu, surgindo então a brecha pela qual Sandro, Tim e o próprio Romeu começaram a penetrar de surpresa. Oto e Marin ficaram confusos, Médio e Natal perderam-se no meio do campo e a engrenagem armada por Kruschner foi facilmente desmontada. De nada valeram os três gols marcados pelo Flamengo, pois outros tantos fez Romeu, entrando sem cerimônia pela porta que ele mesmo abrira. E o Fluminense acabou vencendo por 4 a 3.

Desde então, e durante muito tempo, véspera de Fla-Flu ficou sendo um dia todo especial para dois técnicos: de um lado, o húngaro Kruschner revia sua fórmula mágica, buscando um antídoto para os truques de Romeu; do outro, o uruguaio Carlos Carlomagno recorria a Fred Brown, pedindo uma tradução dos manuais de Chapman. Mas os resultados eram quase sempre os mesmos, o Fluminense concentrava-se em Romeu, Romeu ganhava o jogo ou o jogo era ganho pelo Flamengo, se não fosse dia de Romeu fazer milagre.

Carlomagno costumava dizer:

— Não há nada que se possa ensinar a Romeu.

E estava certo. Ele sabia que Romeu não era apenas um excelente meia-direita, um jogador excepcional, um craque. Seus pés agiam em função de uma inteligência fora do comum e isso fazia dele um técnico dentro do campo, a carregar taticamente um time inteiro. Romeu era o primeiro homem-equipe a surgir num futebol de virtudes isoladas.

★★★★★★

Quando Romeu chegou ao ponto mais alto de sua carreira — 13 campeonatos ganhos em 13 anos de futebol — Jundiaí fez dele um ídolo e resolveu sepultar a glória duvidosa que por tanto tempo encantara o amor de sua gente pelo jogo da bola: a glória de ter visto nascer o futebol brasileiro, muito antes de Charles Miller trazer da Inglaterra aquelas duas bolas de couro. Diziam os jundiaienses, cheios de orgulho, que as primeiras partidas em terra brasileira não haviam sido disputadas na Várzea do Carmo, como queriam os paulistanos, mas ali mesmo, perto da estação, onde um dia *mister* Hugh ensinara aos funcionários da São Paulo Railway a jogar futebol. O próprio Romeu, menino ainda, ouviu muitas histórias sobre *mister* Hugh e suas bolas de bexiga de boi.

— Bexiga de boi? — indagava o menino meio descrente.

— Bexiga de boi, sim senhor, e cheia de vento — confirmava um velho jundiaiense, acrescentando detalhes novos à velha história.

Às vezes aparecia na cidade um paulistano. Era o bastante para que se formasse uma discussão em torno de futebol, Charles Miller, mister Hugh, bolas de couro, bexigas de boi. Até que o tempo se incumbiu de dar razão ao visitante, tirando de Jundiaí e transferindo para São Paulo a glória de ter visto nascer o futebol brasileiro. Mas em seu lugar ficou outra, indiscutível e eterna: Jundiaí viu nascer, em 26 de março de 1911, Romeu Pellicciari.

A família era grande, um pedaço da Itália distante dos Pellicciari a crescer na pequenina e brasileira Jundiaí. Só Umberto e Ida, filho e nora de nono Pellicciari, tiveram cinco meninas e cinco meninos — um dos quais Romeu — todos eles nascidos na velha casa da Rua Rio Branco, também perto da estação. Embora desde cedo aprendesse a ser amigo dos nove irmãos, pois a família era muito unida, Romeu guardava mais afinidade com Radamés. Os outros podiam ter quase os mesmos gostos e hábitos, como ir à missa de domingo na matriz de Nossa Senhora do Desterro, brincar na calçada, andar pela cidade ou molhar os pés nas águas do Guapeva e do Capivarimirim. Nenhum deles, porém, gostava tanto da bola quanto Radamés.

— Ainda vamos fazer uma ala de arromba — dizia Radamés.

Mas a única ala que os dois conseguiram fazer foi aquela, no Barranco Futebol Clube, timinho que eles mesmos fundaram com os primos e alguns vizinhos. A ala não durou muito, porque Romeu logo passou a jogar de centroavante, enquanto Radamés foi mudando de posição aos poucos, até trocar o ataque pela linha de médios. O Barranco, por sua vez, durou o bastante para alegrar os dois Pellicciari. Duas exigências eram feitas aos jogadores do time: ter menos de 15 anos e adotar o nome de um craque famoso, de preferência do futebol paulista. Foi o que se discutiu na primeira reunião.

— Eu serei o Friedenreich — decidiu um admirador de El Tigre.

— E eu o Tuffy — ajuntou o que gostava de pegar no gol.

— Pois podem me chamar de Grané — disse um terceiro.

Romeu ficou sendo o Bororó, mais por causa do nome, que achava sonoro, engraçado, do que pelo *half* do Corinthians, que nunca vira jogar. Durante algum tempo — tempo em que Friedenreich, Tuffy, Grané e Bororó atuaram nos campos sem grama de Jundiaí — só em casa o chamavam de Romeu. Em 1926, completando a idade que o afastava em definitivo do Barranco, voltou a ser conhecido pelo próprio nome, já agora como centroavante do São João, o melhor time da cidade.

Aos 18 anos, Romeu era o que mais tarde se conhecia por *tanque*. O peito forte e os ombros largos, mais do que as pernas ágeis e habilidosas, trabalhavam sem descanso à entrada da área, rompendo defesas, derrubando marcadores, carregando bola, beque e tudo a caminho do gol. A esse estilo heroico — tão em moda em certa fase do futebol brasileiro — Romeu entregou-se com entusiasmo, se não com fúria. Era o que os técnicos, os torcedores e ele mesmo queriam: o gol a qualquer preço.

Foi, talvez, Bertolini — que formava com Picagli e Fabbi um dos melhores trios de médios do São Paulo — o primeiro a descobrir certa sutileza por trás do futebol rude de Romeu Pellicciari. Ao vê-lo aplicar o drible curto, certa vez, em Jundiaí, Bertolini chegou à conclusão de que aquele centroavante corajoso, se orientado por técnico competente, iria longe. Por isso, depois de assistir ao jogo da arquibancada de madeira do estádio do São João, procurou Romeu no vestiário.

— Gostei do seu drible curto, rapaz.

— Meu drible curto?

— Sim, claro, o seu drible curto. Por que se espanta?

Romeu podia esperar que Bertolini lhe elogiasse a coragem, o modo de entrar numa defesa, de conduzir e proteger a bola, de brigar na área ou de marcar um gol difícil, nunca o drible curto. E o espanto se fez maior quando Bertolini convidou-o para treinar no Palestra Itália.

— Bem que eu gostaria, mas o São João não vai deixar.

— Pense bem, rapaz, antes que seja tarde.

Bertolini analisava Romeu de perto — o corpo mal cuidado, pouco atlético, os gestos preguiçosos de italiano bonacheirão, a calva precoce que lhe camuflava os 18 anos — e repetia a advertência:

— Antes que seja tarde.

Bertolini calculara mal a idade de Romeu, assim como muitos outros, anos depois, ao verem aquele corpo, aqueles gestos e aquela calva, haveriam de pensar que Romeu Pellicciari fosse a própria eternidade.

★★★★★★

O São João não deixou mesmo Romeu sair de Jundiaí. Nem para tentar a sorte no Palestra Itália, nem para assinar inscrição pelo Atlético Santista, que namorava a distância seu futebol e seus gols. Assim mesmo, soube-se uma ocasião que o Atlético Santista tinha um centroavante igualzinho a Romeu, forte, valente, bom com a bola nos pés.

— Até gorrinho ele usa — disseram.

O detalhe podia não significar nada, já que muitos outros jogadores, para proteger a cabeça, por mania ou para ocultar a calva — como era o caso de Romeu — também usavam gorro. A semelhança física, que tanta gente dizia haver entre o centroavante de Santos e Romeu, é que deixava cismados os diretores do São João. Resolveu-se apurar e o caso foi esclarecido: Romeu fizera duas partidas pelo Atlético Santista, ao lado de jogadores já conhecidos como Arakén Patuska, Rogério, Bijoca e Baianinho, e não dissera nada a ninguém. Descoberto o segredo, o São João protestou.

— Não adianta, Romeu, daqui você não sai.

A decisão do presidente do clube fez com que Romeu, por mais um ano, não voltasse a pensar no assunto. Afinal, o São João tinha direitos sobre ele, amador devidamente registrado na liga local, e dera o caso por encerrado. Não havia outro remédio senão continuar ali, na cidade onde nascera, trabalhando com o pai e os irmãos na Fábrica de Cadeiras Pellicciari, jogando o seu futebol de domingo e as peladas de fim de tarde. Só assim ele e Radamés conseguiam voltar aos velhos tempos do Barranco.

Até que, em 1930, o Palestra Itália mudaria a vida de Romeu. O que Bertolini dissera dele e mais as duas partidas pelo Atlético Santista haviam chegado aos ouvidos de Umberto Cabelli, o treinador uruguaio do Palestra. E o que Cabelli há muito buscava, sem encontrar, era justamente um centroavante de estilo corajoso e futebol técnico.

— Se o rapaz é bom de fato, Bertolini, vá buscá-lo em Jundiaí.

Os diretores do Palestra Itália, aconselhados por Cabelli, mandaram

Bertolini a Jundiaí. Muita conversa, argumentos daqui, objeções dali, Bertolini insistindo, o São João resistindo e Romeu na berlinda. Não foi fácil para Bertolini dobrar a teimosia do São João, nem tampouco a Romeu convencer a família de que o seu futuro estava na capital, onde poderia jogar por um grande clube e ao mesmo tempo arranjar um bom emprego. Por fim, o São João e os Pellicciari deixaram a decisão com o próprio Romeu.

— Se é isso que você quer...

Romeu chegou a São Paulo numa quarta-feira, a mala arrumada às pressas, as chuteiras cuidadosamente preparadas, os conselhos de Umberto e Ida guardados de cor. No dia seguinte, apareceu no Parque Antártica, onde foi apresentado ao treinador e aos diretores, todos eles orgulhosos por ter o Palestra Itália vencido a resistência do São João.

— Então, nosso clube tem ou não tem prestígio?

Claro que tinha. Romeu sabia que só mesmo um grande clube poderia tirá-lo de Jundiaí, e agora ali estava ele num grande clube. Já no campo, de roupa mudada para o seu primeiro treino, Romeu ficou conhecendo os novos companheiros: Loschiavo, Volponi, Ministrinho, Gogliardo, Heitor e Lara. Turma famosa, por certo, mas um pouco tristonha.

— É que já perdemos este campeonato — explicou Lara.

— Nosso consolo, agora, seria uma surra no Corinthians — acrescentou Volponi, lembrando que o título já era dos corintianos.

No primeiro turno, os jogadores do Palestra Itália haviam saído de campo durante a partida com o Corinthians. Estavam vencendo por 1 a 0, o juiz anulara o segundo gol, armou-se a confusão e pronto.

— Perdemos a cabeça, o jogo e o campeonato — disse Gogliardo.

Só depois do treino, ao saber que estava escalado para jogar no domingo, Romeu soube também que a partida era justamente contra o Corinthians. Foram três dias de espera, de incertezas, de um nervosismo que jamais experimentara como centroavante do São João. Talvez, quem sabe, tudo tivesse acontecido depressa demais, a ida de Bertolini a Jundiaí, a mudança repentina, a viagem, o treino e a escalação inesperada para um jogo que todo o Palestra Itália aguardava com espírito de forra.

— Uma vitória, hoje, vale um campeonato — desabafou Lara, minutos antes de entrar em campo, aumentando o nervosismo de Romeu.

No entanto, começada a partida, ao mesmo tempo em que a torcida do Palestra Itália ia ficando fascinada pelo futebol daquele estreante desconhecido, que jogava fácil, bonito, com um gorro verde na cabeça, Romeu ia recuperando a tranquilidade e ganhando confiança em si próprio. E tudo correu bem, o Palestra dominando, fazendo gols, impondo-se ao campeão de 1930. Romeu foi o melhor jogador em campo, marcando, inclusive, um gol no famoso Tuffy. Foi um dia de festa no Parque Antártica, pois, pela primeira vez na vida, o Palestra goleara o Corinthians: 4 a 0.

A estreia firmava Romeu como titular e ao mesmo tempo levava Umberto Cabelli a dedicar atenção especial ao novo pupilo. Bertolini estava certo, Romeu precisava de um técnico competente para aprimorar seu jogo e controlar aquele instinto de goleador. No ano seguinte, o Palestra Itália conseguiria melhorar sua posição no Campeonato Paulista, passando do quarto lugar para o segundo, enquanto o Corinthians perdia o título para o São Paulo. O mais importante, contudo, era o trabalho que Cabelli executava aos poucos no Parque Antártica, armando uma equipe que seria a grande força do futebol paulista e o princípio da fama de Romeu Pellicciari.

★★★★★★

Uma geração inteira chegava ao fim. Friedenreich, Tuffy, Grané, além de outros remanescentes de um passado que fora a infância de Romeu, davam seus últimos chutes e iam guardando, um após outro, as chuteiras já velhas e cansadas. Ao mesmo tempo, o futebol brasileiro perdia vários craques de uma geração mais nova, atraídos pelo dinheiro fácil dos clubes estrangeiros. Emissários italianos, por exemplo, apareceram em São Paulo e desfalcaram o Corinthians, o Atlético Santista e o próprio Palestra Itália. A aposentadoria de uns e a fuga de outros levaram os clubes paulistas a renovar os seus times em 1932 e, um ano depois, adotar o profissionalismo.

Assim como a renovação encontrou Umberto Cabelli preparado, o profissionalismo chegou numa época em que Romeu já não precisava tanto. Os primeiros tempos, em São Paulo, haviam sido difíceis, mas, com a ajuda de Rafael Parise, diretor do Palestra Itália, ele conseguira montar uma tinturaria que lhe rendia o necessário. Ou mais do que isso.

— O que eu ganho dá para nós dois — disse um dia Romeu, tentando convencer Radamés a ir para São Paulo.

Se a época era de renovação, talvez Cabelli arranjasse um lugar para o irmão no Palestra Itália. Radamés foi, treinou, foi aprovado, passou a jogar por uma equipe secundária do clube, chegou mesmo a ser campeão, mas dois meniscos fraturados o obrigaram a parar. Restava torcer pelo irmão, que naquele mesmo ano seria o titular da seleção paulista.

Radamés viu o campo do Floresta cheio, bandeiras e faixas por toda parte, gente do lado de fora querendo entrar para ver a Seleção Primavera, como ficou conhecida aquela equipe de novos que os paulistas lançaram contra os cariocas no Campeonato Brasileiro de 1932. Orozimbo, Tunga, Junqueira, Imparato e, naturalmente, Romeu iam estrear numa seleção. Radamés viu, também, os paulistas perderem pela primeira vez para os cariocas em seu próprio campo: 2 a 1, muita surpresa e decepção.

Uma semana depois, no Rio, houve o segundo jogo, que foi interrompido quando os paulistas venciam por 3 a 2.

— Íamos ganhar, Radamés — contou Romeu ao voltar a São Paulo. — A torcida invadiu o campo pra bater no juiz e o jogo não acabou.

Agitado, também, foi o Campeonato Paulista daquele ano. Principalmente depois da bomba que estourou às vésperas da partida entre Palestra e Corinthians, quando correu pela cidade a notícia de que haviam tentado subornar o corintiano Jaú. Os dois clubes romperam relações, as duas torcidas passaram a se olhar de cara feia. Para Romeu, podiam ter deixado em paz o negro Jaú, que o Palestra não precisava daquilo. Nem para vencer o Corinthians, nem para ser campeão sem ponto perdido, como de fato foi.

Um título conquistado de ponta a ponta, uma goleada atrás da outra, vitórias e mais vitórias, que só não foram comemoradas como deveriam porque a Revolução de 1932 pusera o futebol em plano secundário. Um título, enfim, que daria a Romeu Pellicciari um troféu valioso.

— Você sabe o que é isso? — perguntou a Romeu o comendador Ferrabino, balançando de um lado para outro um relógio de bolso, preso por uma corrente de ouro.

O comendador Ferrabino, diziam, tinha tanto dinheiro que parecia ser o próprio dono do Palestra Itália. Por isso Romeu estranhou a intimidade com que era tratado, ele de camisa de malha, calção e chuteiras, o comendador todo bem vestido, minutos antes da partida com o Santos, em Vila Belmiro. E o relógio brilhando entre os dois.

— Eu o trouxe de Paris, uma fortuna! Pois será seu, se você marcar dois gols e o nosso time vencer este jogo.

Quinze minutos depois, o Palestra já vencia por 3 a 0, e Romeu, autor dos três gols, garantia o título de artilheiro número um da temporada. Como o Santos perdeu por 8 a 0, estava ganho, também, o relógio de ouro.

Mais agitado ainda foi o Campeonato Paulista de 1933, o primeiro do profissionalismo, disputado simultaneamente com o Torneio Rio-São Paulo.

O Palestra Itália — como campeão invicto e base da seleção paulista que pouco antes vencera o Campeonato Brasileiro — foi muito visado pelos outros times. Romeu, da mesma forma, tinha sobre o seu futebol de gols fáceis os olhos vigilantes de todos os beques adversários. Apesar disso, o título foi de novo para o Parque Antártica, após uma campanha mais difícil e tão expressiva quanto a anterior. Da rivalidade com o Corinthians nasceu a agitação, quase guerra, segundo torcedores da época.

— Como é, vocês vão tentar comprar o Jaú outra vez?

Era um corintiano que cruzava na rua com um torcedor do Palestra Itália. Esse, conhecendo o ponto fraco do outro, reagia:

— É claro! Quem é rico compra, quem é pobre se vende.

O bate-boca se estendia por toda a semana do grande clássico, o Palestra pensando em ser bicampeão, o Corinthians contando nos dedos os anos que o afastavam cada vez mais da última vitória sobre o velho rival.

— Desde 1929 a gente não bate nesses carcamanos!

O novo Parque Antártica, construído de pouco, lá estava à espera do Corinthians, enfeitado, festivo, cheio de gente, exatamente como Radamés vira o campo do Floresta no dia em que o irmão estreara na seleção paulista. Radamés estava nervoso; Romeu não. Sabia que o Palestra Itália venceria, que o jogo não seria difícil, o Corinthians que se cuidasse.

O Corinthians não se cuidou. Ou, talvez, Romeu se tenha cuidado demais, esmerando-se nos passes, caprichando nos dribles, dosando como nunca a corrida e o fôlego. Sua atuação foi perfeita, premiada com quatro gols, metade do que o Palestra faria, contra o adversário impotente e vencido.

— Oito a zero! Oito a zero! — gritava em coro a torcida do Palestra Itália, comemorando pelas ruas da cidade a maior goleada já registrada em toda a história do clássico tradicional.

Enquanto isso, no Parque São Jorge, a diretoria do Corinthians se reunia numa inútil tentativa de explicar a desastre. Ninguém sabia dizer o que havia acontecido. Alfredo Schurig demitiu-se da presidência, outros dirigentes o acompanharam, o clube entrou em crise.

— Desde 29... desde 29...

O que ninguém sabia, também, é que o Corinthians não mais venceria o Palestra Itália enquanto houvesse um Romeu Pellicciari no Parque Antártica.

★★★★★★

Do amadorismo, restava apenas um vestígio que a cisão não deixava desaparecer. Quando a CBD começou a pensar na Seleção brasileira que disputaria a Copa do Mundo de 1934, seus próprios dirigentes compreenderam que, sem os profissionais, o fracasso seria inevitável. Tentou-se um acordo com a outra entidade, uma espécie de pacificação temporária, de trégua, mas os clubes dissidentes nem quiseram discutir o assunto. Foi então que a CBD resolveu procurar os jogadores que lhe interessavam, oferecer bom contrato a cada um, armar a seleção sem a ajuda dos clubes, valer-se do meio que tanto combatera — o dinheiro — para atingir o fim que desejava.

— Foram lá, no São Paulo, e fizeram uma limpeza geral!

Dante Delmanto ouvia, calado, o que Ângelo Mastrandrea lhe contava, entre surpreso e assustado. Os homens fortes da CBD, liderados por Carlito Rocha, estavam aliciando os melhores jogadores paulistas, arrancando-os de seus clubes, sequestrando-os quase. Chegavam sem avisar, exibiam dinheiro farto, tudo aquilo para uma fuga e pela Seleção. Luisinho Mesquita, Armandinho, Sílvio Hoffman e Valdemar, todos do São Paulo, haviam fugido.

— Valdemar de Brito também?

— Sim, até o Valdemar — confirmava Ângelo Mastrandrea.

Dante Delmanto percebeu que era preciso fazer alguma coisa para evitar que o mesmo acontecesse aos jogadores do seu clube. Pensou em sua fazenda, a Fazenda da Dobrada, encafuada pelos lados do Matão, onde se podia esconder um time inteiro, longe do assédio de Carlito Rocha.

— É para lá que eles vão — decidiu Dante Delmanto. — E olha, se aparecer algum estranho por perto, chumbo nele!

Romeu se sentiu meio perdido, na grande fazenda do presidente do Palestra Itália. Perdido e oprimido, como se estivesse preso. De dia, passava o tempo conversando ou jogando cartas com os companheiros de refúgio. De noite, à luz fraca de um lampião a querosene, vinha o medo. E se algum dirigente da CBD se atrevesse a ir lá? Haveria tiroteio, na certa.

— Não, este não é um lugar seguro — disse o comendador Ferrabino, numa visita à Fazenda da Dobrada.

Enquanto não passasse o perigo, enquanto a Seleção brasileira não seguisse para a Itália, seria preciso mais do que uma fazenda no Matão, ainda que bem vigiada por homens armados. E o comendador Ferrabino levou todo o time do Palestra para Praia Grande, onde o seu casarão de muros altos — o único que por lá havia — foi transformado em fortaleza. Estava salvo o valioso patrimônio palestrino.

Depois da Copa do Mundo, teve início o Campeonato Paulista, no qual o Palestra Itália completaria a mais longa série de êxitos de toda a sua existência: três anos, três títulos de campeão, 45 jogos disputados, apenas dois perdidos, mais o Torneio Rio-São Paulo ganho sem derrota em 1933. E Romeu, mais uma vez, era o goleador número um da temporada. Radamés ia-se habituando às glórias do irmão.

— Você não faz outra coisa senão trazer troféus para casa. Qualquer dia, não vai haver mais lugar para tudo isso — e apontava para a placa de bronze que Romeu trouxera, como tricampeão paulista.

Houve mais. Meses antes, Romeu sagrara-se bicampeão brasileiro, contribuindo com o gol da vitória em uma das partidas finais entre paulistas e cariocas. Aparentemente, tudo estava perfeito.

Mas — surpresa para muitos — o campeoníssimo e milionário clube do Parque Antártica resolveu fazer as pazes com a CBD em fins de 1934. A filiação a uma entidade reconhecida pela Fifa, segundo seus dirigentes, era o início de uma nova etapa administrativa no clube, a possibilidade de realizar jogos internacionais, a proteção contra as investidas dos emissários italianos.

— Dizem que o Juventus de Turim já mandou um ao Brasil — contava um jornalista bem informado em conversa com Rafael Parise.

Parise, que sucedera a Dante Delmanto na presidência, sentia-se seguro. A CBD, certamente, não permitiria que nova investida de clube estrangeiro desfalcasse seu time. No entanto, ao deixar a entidade dissidente, o Palestra separava-se do Fluminense. Isso, sim, foi o que de fato desfez a famosa equipe tricampeã. O Fluminense, que há dez anos não sabia o que era ganhar um campeonato, foi buscar no Parque Antártica o que faltava nas Laranjeiras: Batatais, Machado, Sandro, Lara e, quem sabe, o excelente Gabardo.

— Agora eles querem o Gabardo, Parise.

— O que podemos fazer? O passe só vale para a CBD.

A diretoria do Palestra Itália já não sabia como evitar a debandada de craques, um após outro, de São Paulo para o Rio. Segundo se dizia, Gabardo estava praticamente no Fluminense, já tendo empenhado a palavra a um dirigente tricolor. Os tempos eram outros, talvez, e Parise não era a favor de medidas como aquelas, tomadas um ano antes por Dante Delmanto e o comendador Ferrabino. Para agravar o problema, apareceu um dia no Parque Antártica, levado por Bianco Spartaco Gambini, um emissário italiano.

— É do Juventus de Turim, Parise.

— Que quer ele, Bianco? Não basta o estrago que o Fluminense nos fez? Para a Itália o Palestra não vende ninguém, ninguém mesmo.

Bianco explicou que o emissário queria apenas um jogador de ataque. Se fosse descendente de italiano, então, o Juventus pagaria uma fortuna, o bastante para o Palestra rearmar todo o seu time e partir para o tetracampeonato. O argumento de Bianco não deixava de ter lógica. E foi assim que, depois de pensar muito, Rafael Parise mandou chamar Romeu.

Os quatro conversaram, o emissário mostrando dinheiro graúdo, Rafael Parise olhando interessado, Bianco escutando e Romeu sem saber o que dizer. Se era para salvar o Palestra e ficar rico ele mesmo, iria pensar no assunto. Já em casa, discutiu o caso com Radamés, lembrou-se da família, pensou na Itália distante de vovô Pellicciari. Valeria a pena? No dia seguinte, pouco antes de voltar ao Parque Antártica, já disposto a aceitar a proposta do Juventus, passou pela alfaiataria de Benjamim Bevilacqua, antigo diretor do Palestra Itália, para bater um papo com o amigo. Esse, porém, parecia mais atarefado do que nunca, quase não lhe dando atenção.

— Algum casamento às pressas, Benjamim?

— Não, nada disso. É o Gabardo que vai para a Itália.

— Para a Itália? Fazer o quê?

— Jogar futebol, ora essa.

A surpresa de Romeu fez Benjamim Bevilacqua levar a mão à boca, como se tivesse dito algo inoportuno. Então, era segredo? Ninguém sabia que Gabardo estava aprontando a mala, já contratado pelo Juventus?

— Mas ele deu a palavra ao Fluminense...

— Deu, Romeu, mas não cumpriu.

No Rio, o Fluminense já sabia que Gabardo ia para a Itália. E não perdeu tempo, mandando Lauro Gomes a São Paulo a fim de tentar junto a João Chiavoni a contratação de um substituto. Chiavoni pensou um pouco e disse que a solução seria Romeu Pellicciari, se é que ainda havia tempo para tirá-lo das mãos do emissário italiano. Lauro Gomes foi falar com Romeu.

— Sabe, seu Lauro, eu não estava mesmo com vontade de ir para o Juventus — disse Romeu. — Se Gabardo resolveu o problema do meu Palestra, eu acho que posso resolver o problema do seu Fluminense

★★★★★★

No dia do seu primeiro treino nas Laranjeiras, Romeu deixou alguns torcedores do Fluminense às voltas com um mundo de interrogações. Era aquele, afinal, o atacante que Lauro Gomes fora buscar em São Paulo? O substituto de Gabardo precisava ser tão gordo e tão velho? Até careca ele era. Careca e desengonçado. Positivamente, Lauro Gomes devia estar doido.

Tinham razão para pensar assim os torcedores do Fluminense. Romeu chegara ao Rio com cabelo de menos e quilos de sobra, cabelo que começara a perder aos 18 anos, quilos que fora obrigado a ganhar durante as últimas férias. Tinha 24 anos, mas, assim como Bertolini se enganara certa vez, outros se enganavam agora, supondo-o um veterano.

— Mais um ano — pensaram. — Mais um ano e ele se aposenta.

No Campeonato Carioca de 1935, Romeu não jogou metade do que um paulista, por exemplo, que o vira ser tricampeão pelo Palestra Itália, esperaria dele. Arrastou-se, entre novos e velhos companheiros, numa temporada muito irregular para o Fluminense, que acabaria perdendo para o América a partida decisiva. Naquela tarde, nas Laranjeiras, viram-se muitas alternativas, muitos gols, muito entusiasmo e pouco futebol. Romeu marcou um gol quase do meio do campo, emendando no ar uma bola rebatida pela defesa do América, mas o que ficou mesmo foi o resultado de 6 a 5 contra o Fluminense, o gol decisivo marcado em cima da hora por Mamede.

Já então Romeu não era centroavante. Durante o campeonato, Lara se machucara, Romeu foi para a meia, Russo voltou a ser escalado no centro, o ataque sofreu uma série de alterações, custou a se aprumar. Só no ano seguinte, quando Quincey Taylor passou a direção técnica da equipe para Umberto Cabelli — um reencontro feliz para Romeu, uma aquisição não menos feliz para o Fluminense — começou a nascer novo tricampeão.

Começou a nascer, também, um novo Romeu. Antes, como centroavante do São João de Jundiaí e do Palestra Itália, ele jogava numa posição em que não lhe era possível evitar a briga constante com os marcadores, o corpo a corpo, o emprego do peito e dos ombros à entrada da área. A coragem e o oportunismo eram as suas maiores virtudes, e não a brandura no tratar a bola, a inteligência no armar jogadas, o passe preciso ou o drible funcional. O instinto o guiava, a vontade de chegar rapidamente lá na frente o dominava, o velho conceito — um gol a qualquer preço — o animava. Aquele Romeu, o Romeu da fase paulista, era um craque, mas um craque como muitos.

Agora, como meia-direita do Fluminense, ele passaria a jogar um pouco mais recuado, numa posição em que a coragem e o oportunismo não valiam tanto quanto o raciocínio. Seria ali, no meio do campo, que Romeu encontraria tempo e espaço para apurar o seu estilo de jogo e aperfeiçoar uma arte que sempre existira nele, mas que só então se revelava. Nada de pressa, afobação ou correria, de entusiasmo descontrolado, de heroísmo inútil. Usar a cabeça a todo instante, estar sempre no lugar exato à espera do passe, agir com calma, prudência e tirocínio, receber uma bola, dominá-la, fazê-la rolar sabiamente ao destino certo, driblar macio, com certa ciência, esquecer o artilheiro impetuoso para dar lugar ao criador de jogadas. Esse, sim, era o novo Romeu, o Romeu da fase carioca, um craque também, mas um craque como poucos. Ao reencontrá-lo, Cabelli comentou:

— Mudou muito, desde que o vi jogar pela última vez.

Na guerra moderna do seu tempo, Romeu compreendera que já não havia lugar para os tanques. A estratégia é que iria determinar as grandes vitórias, escolher os novos heróis, indicar os perdedores. E ele, meia-direita do Fluminense, seria um estrategista, não um perdedor.

Foi com o novo Romeu que o Fluminense tornou-se tricampeão carioca após o longo silêncio que tanto afligira sua torcida. Primeiro com Cabelli, depois com Carlos Carlomagno, uma poderosa equipe reinou absoluta por muito tempo, na luta de todos os clubes pela cobiçada primazia.

Nem poderia ter sido diferente: Batatais, Guimarães, Machado, Marcial, Brant, Orozimbo, Sobral, Russo, Lara, Hércules e, depois, Moisés, Sandro, Nascimento, Armandinho, Santamaría, Tim e um grupo de excelentes reservas foram os companheiros de Romeu, nas temporadas de 1936 a 1938, num Fluminense forte e temido.

★★★★★★

Aos poucos a torcida carioca foi deixando de dar importância à calva de Romeu, ou porque havia sempre um gorro — todo branco ou tricolor — a escondê-la, ou porque ela nada significava para os que admiravam nele, cada vez mais, a classe e a eficiência. O que impressionava — e impressionava muito — era outra coisa. Alguns levavam o caso na brincadeira.

— Qualquer dia desses o Romeu vai estourar dentro do campo.

Outros temiam que ele continuasse a engordar, engordar até não poder correr mais atrás da bola, até se transformar num italiano obeso e ridículo. No princípio, o próprio Romeu tranquilizava o técnico, os dirigentes, os torcedores, dizendo que a gordura, nele, era como água do mar, indo e vindo, nunca parando. Depois, quando percebeu que os quilos eram mais fáceis de ganhar do que de perder, resolveu fazer regime.

— Para começar, coma menos, evite as calorias, os doces, os pães, as gulodices — disse-lhe o médico, exibindo uma longa lista de alimentos proibidos e outra, pequena, de coisas que podia comer. — E deixe de vez o chope.

O regime, para Romeu, era um sacrifício. Principalmente porque o privava dos saborosos pratos de massa, do bom vinho, dos chopes e da pinga das longas noites cariocas. No Rio, sua vida mudara muito, sentia-se mais livre, embora mais sozinho, longe de Radamés, da família e dos amigos paulistas. Morava com Lara numa pensão da Rua Alice e já não dava tanta importância à tinturaria, agora montada no Largo do Machado. O Rio, não havia dúvida, era lugar para tudo, menos para vida regrada.

Romeu passou a perder peso com exercícios puxados, ginástica rigorosa e agasalhos de lã, nos dias de treino nas Laranjeiras. Às vezes, lá se iam quatro quilos ou mais, num só dia, e o sacrifício fazia todo mundo pensar que logo voltaria à forma. Mas, à noite, juntava-se a um grupo animado, abria o apetite com dois dedos de cachaça, entregava-se despreocupado a um bom prato de comida, acompanhado de vinho tinto, e em seguida completava a festa com chope gelado. Só aí se lembrava do regime, ia para o banheiro, enfiava o dedo na garganta, vomitava.

No dia seguinte, ao subir na balança, verificava que a noite lhe custara o aumento de alguns gramas, entrava em campo antes dos outros e punha-se a correr pela pista de atletismo. Voltas e mais voltas até suar o que lhe sobrava no peso. Quando isso não bastava, o remédio era o banho a vapor ou mesmo o purgante, a que se entregou, certa vez, durante um mês inteiro. A gordura talvez tenha sido o maior adversário do futebol de Romeu.

Apesar disso, nunca o Fluminense deixou de vencer uma partida por depender daquele meia-direita gordo e desajeitado. Pelo contrário, era ele um jogador de espantosa regularidade, sempre o mesmo, a comandar do centro do campo uma equipe de craques. E o curioso é que a cotação de Romeu, exatamente como o seu peso, aumentava de uma partida para outra. Uma noite, no Café Nice, aproximou-se dele um rapaz magro, pálido, tímido e meio gago, que levou um tempo enorme para dizer o que queria.

— Seu Romeu... eu vim aqui... é que meu tio quer falar com o senhor lá no escritório dele e... não quer que ninguém saiba...

— Seu tio? Quem é ele?

— Luís Aranha.

Luís Aranha, homem de prestígio no Botafogo, achava que não seria difícil levar Romeu para General Severiano. Uma boa proposta bastaria, ficando a questão do passe por conta de uma manobra semelhante à que Fausto tentava, naquela mesma época, para se libertar do Flamengo. Em seu escritório, na Rua Larga, Luís Aranha mostrava a Romeu as vantagens de trocar o Fluminense pelo Botafogo, enquanto o outro, em silêncio, pensava nas vantagens que aquilo daria a Lara, seu companheiro de quarto, velho amigo, bom sujeito, que vivia cada vez mais apertado de dinheiro.

— Eu vou, seu Aranha, mas o senhor tem que arranjar um lugar para o Lara também — disse Romeu, constrangido, todo embaraçado.

Ao sair do escritório, Romeu sentiu que lhe tocavam no ombro.

— Passeando, hein!

Era Artur Azevedo, diretor do Fluminense, que descobrira, não se sabia como, a ida de Romeu ao escritório de Luís Aranha. A notícia se espalhara, os jornais abriram manchetes sobre o caso, as duas torcidas ficaram agitadas. Artur Azevedo fez o Fluminense convocar reunião de diretoria, Romeu e Lara desapareceram de repente. Durante uma semana, faltou pouco para que os dois clubes entrassem em guerra. Capitão Duval, tricolor de poucas palavras, chegou a pensar em levar um pelotão à sede do Botafogo.

— Dinamitamos aquilo tudo e encerramos o assunto!

Não foi preciso tanto, porque Romeu e Lara mudaram de ideia e resolveram ficar mesmo no Fluminense. Jogadores, técnico, dirigentes, torcedores, todos suspiraram aliviados quando viram os dois juntos reaparecerem no clube com as chuteiras na mão e um sorriso maroto.

★★★★★★

Nem só de guerra ou de ameaça de guerra foi aquele 1937. Na verdade, foi o ano da pacificação no futebol brasileiro, o ano em que todas as entidades se deram as mãos e passaram a viver em harmonia, filiadas à CBD. Tivesse aquilo acontecido meses antes e Romeu estrearia mais cedo na Seleção brasileira, participando do Campeonato Sul-Americano em Buenos Aires. Mas, em 1938, foi-lhe fácil garantir passagem no *Arlanza* com destino à França, onde o Brasil disputaria pela terceira vez a Copa do Mundo.

Durante a viagem, a comida de bordo e a inatividade foram para ele novo martírio. Não havia como evitar que o peso aumentasse, via-se dia a dia mais gordo, a barriga parecia inchar, até as feições do rosto estavam mudadas. Passou a comer menos, não quis saber do vinho, utilizou-se do convés como campo de treinamento e fez ginástica por conta própria. Mas, chegando em Paris, tinha nove quilos para perder até o dia da partida com a Polônia. Daí sua estreia ter sido tão discreta, ainda que o Brasil vencesse por 6 a 5 e ele marcasse um belo gol.

Na partida seguinte, Zezé Procópio e Machado abusaram dos pontapés e foram expulsos de campo pelo juiz húngaro Paul Hertzka. Romeu, diante disso, foi completar como centromédio a mutilada defesa com que o Brasil enfrentava a Tchecoslováquia. O centromédio improvisado esteve perfeito, fino nos passes e na marcação, mas os brasileiros não foram além do 1 a 1. Na partida de desempate, Romeu e outros titulares ficaram de fora, mas o Brasil conseguiu por 2 a 1 a vitória que o levou à semifinal com a Itália.

Até a véspera da partida, Romeu supôs que Ademar Pimenta escalaria ele e Tim nas duas meias, por estarem habituados a jogar juntos no Fluminense, e deslocaria Perácio para o centro, a fim de resolver o problema criado pela distensão muscular de Leônidas e pela discutível nacionalidade de Niginho. Mas Pimenta tinha outros planos.

— Romeu entrará no lugar de Leônidas, pois é o único que já jogou no centro — anunciou o técnico. — Luizinho será o meia-direita e Perácio continuará na meia-esquerda.

O ataque brasileiro não acertou, cada homem tentando vencer sozinho a bem disposta defesa italiana, o tanque Perácio procurando fazer jogo fino, o fino Romeu obrigado a reviver seus tempos de tanque. Não deu certo, a Itália marcou dois gols, Romeu fez um, já no final da partida, e adeus título.

Ao Brasil restou o consolo de ficar com o terceiro lugar, vencendo a Suécia por 4 a 2, numa tarde em que Romeu voltou a ser o armador, autor de um gol e dos passes para Leônidas fazer dois outros. A Copa do Mundo fora uma amarga experiência para Romeu, que trouxe de volta ao Brasil não mais do que duas boas lembranças, uma de Paris, que o deslumbrara, outra da imprensa estrangeira, que o elegera o melhor meia-direita do campeonato. O italiano Combi, campeão mundial de 1934, chegou a procurá-lo no hotel com um contrato na mão. Sem sucesso.

Outra experiência amarga teve Romeu na Seleção brasileira quando ela, depois da Copa do Mundo, tornou-se presa fácil da Argentina numa série de partidas em que o nosso já ultrapassado sistema defensivo foi o campo de recreio de Peucelle, Sastre, Baldomedo e Chueco Garcia.

Depois de ganhar mais três Campeonatos Brasileiros, completando pela seleção carioca uma série que nenhum outro jogador alcançou — cinco títulos consecutivos — Romeu atingiu no Fluminense o ponto mais alto de sua carreira. Perdera o Campeonato Carioca de 1939, é verdade. A saída de Santamaría e o excesso de peso de Romeu tinham quebrado a harmonia do time. Mas logo o Fluminense se reencontrou, voltou a brilhar, sagrou-se bicampeão.

O uruguaio Ondino Viera era o novo treinador. Dependendo de Romeu para dar sentido ao meio-campo, tratou logo de recolocá-lo em forma. Voltaram os tempos dos banhos a vapor e dos purgantes. O técnico uruguaio chegava a estender um cobertor no campo, mandava Romeu deitar-se em cima, vinha com mais dois cobertores, agasalhava-o, sol a pino, e lá o deixava por meia hora ou mais.

— Sua, velho, sua essa banha que não te serve de nada.

Romeu suava. Foi assim por muitos meses, até que o peso voltou ao normal e ele pôde dar ao Fluminense o melhor do seu jogo clássico e cerebral. É possível que aquela não tenha sido a melhor equipe que o clube armou em toda a sua história, mas não se discute que ataque igual jamais passou por Álvaro Chaves: Pedro Amorim, Romeu, Russo, Tim e Carreiro eram os titulares. Adílson, Rongo, Milani, Hércules, os outros atacantes. Sessenta e dois gols num ano e 106 no outro, recorde até hoje não superado. Vitórias jamais conquistadas com tanta facilidade. E a torcida do Fluminense sabia que a essência daquele ataque era a inteligência de Romeu, a precisão dos passes de Romeu, as jogadas que Romeu vivia inventando quando menos se esperava.

Às vezes, ele vinha com a bola, meio lento, quase chamando para junto de si o marcador, ia para um lado, esticava a perna sobre a bola, do modo que a torcida batizara de "passo de ganso", e aplicava com pés de dançarino um drible cuidadosamente coreografado (um drible diferente que, para informação das novas gerações, antecipava em décadas algo entre o "elástico" de Rivelino e as "pedaladas" de Robinho). Outras vezes, avançando pela esquerda, dois ou três adversários à sua volta, ele mudava repentinamente o jogo para onde estava o talentoso Pedro Amorim. Se a jogada nascia da direita, era Pedro Amorim quem conduzia a bola, Romeu correndo ao seu lado, dois ou três marcadores em cima, esperando o passe do ponta. Pedro Amorim centrava, Romeu saltava sobre a bola, que ia aos pés de Russo e deles às redes, como se o lance tivesse sido demoradamente ensaiado. Quem conseguia prever a próxima invenção de

Romeu? Aquele seu jeito de surpreender adversários e até companheiros de time ganhou um nome: "faz-que-vai-mas-não-vai". O torcedor, admirado, gostava de dar nome a tudo que Romeu fazia.

Em princípio de 1942, quando o Fluminense começava a se preparar para seu terceiro tricampeonato, chegou de São Paulo a notícia que o separaria de Romeu para sempre: Umberto Pellicciari morrera.

★★★★★★

Só, no trem de aço a caminho de São Paulo, ao ouvir o vento da noite soprar-lhe coisas cariocas, Romeu compreendeu que estava deixando para trás os melhores anos de sua vida. Não porque o Rio lhe dera liberdade ou porque ali ele se realizara como craque respeitado, admirado e imitado. Até que estava levando vida mais calma nos últimos tempos, já casado e caseiro. É que o Rio lhe permitira conhecer o Fluminense, só isso. Bastava-lhe ouvir aquele nome — e seria assim para o resto da vida — um arrepio lhe percorreria o corpo ou uma lágrima lhe chegaria aos olhos.

— É o maior clube do mundo, Radamés.

— Por que, então, você não ficou lá?

— Não sei. Talvez porque a *mamma* me pedisse para voltar. Ou por ter sentido que meu futebol não ia mesmo durar muito.

Durou mais dois anos, o primeiro no Palestra Itália, cujo nome a guerra mudara para Palmeiras, onde foi campeão jogando algumas partidas; e o segundo no Comercial de Ribeirão Preto, pelo qual assinou contrato que não o obrigava a treinar nem a fazer regime. Só por isso não durou mais, engordando como nunca, até um amigo comentar:

— Você até parece italiano dono de restaurante.

— Pois é de um restaurante que eu vou ser dono.

Montou uma cantina em São Paulo, deixou o futebol, foi viver de saudade. Havia muito para recordar até o fim da vida. Na parede de sua casa, expôs várias fotografias, cada qual correspondendo a um time de que tivesse feito parte, todas com uma história, histórias dele, Romeu. Quem sabe um dia voltasse a Jundiaí, onde ainda moravam alguns parentes, e lá encontrasse um novo Barranco, cujos garotos ouviriam histórias como ele ouvira. Se o fizesse, saberia que o orgulho de sua terra já não era *mister* Hugh e as bolas de bexiga de boi, mas ele próprio. Talvez um velho jundiaiense, ar grave e compenetrado, dissesse:

— Foi aqui, perto da estação, que Romeu nasceu.

Mas não voltou. Não viu nem ouviu as homenagens. Morreu em 15 de julho de 1971, sem saber que o orgulho da cidade se confirmaria: está lá, em Jundiaí, a Avenida Romeu Pellicciari, perpetuando o nome do filho ilustre.

//Zizinho

Tinha o futebol na medula e no cérebro, no coração e nos músculos. Era, ao mesmo tempo, o pianista e o carregador do piano. Sempre suou a camisa, na derrota ou na vitória – era um operário; mas quanta beleza na transpiração de sua obra.

Armando Nogueira

Não importava onde Flávio Costa o escalaria, na frente, no meio ou mesmo lá atrás, se preciso fosse. O que contava era voltar a vestir a camisa da Seleção brasileira, num domingo assim, de sol, o Maracanã quase cheio, o torcedor inquietando-se lá em cima com um zero a zero renitente e o adversário resistindo cá embaixo com a defesa cerrada. Zizinho pensava em tudo aquilo, no intervalo do primeiro para o segundo tempo, enquanto se preparava para substituir Vavá numa partida com os paraguaios pela Taça Osvaldo Cruz.

Veludo, meio preocupado, passou por ele e perguntou:

— Então, mestre, tranquilo?

Um sorriso, não mais do que isso, foi a resposta.

Desde o começo da semana, com a surpreendente inclusão do seu nome entre os convocados, Zizinho voltara a enfrentar as mesmas opiniões divergentes do público, da imprensa e de toda sorte de gente ligada ao futebol, exatamente como acontecera dois anos antes, quando a CBD decidira bani-lo para sempre da Seleção brasileira. E o Campeonato Sul-Americano de 1953, em Lima, causa do afastamento, era desarquivado de uma hora para outra, parecia assunto atual, reabria antiga questão:

merecia Zizinho voltar à Seleção brasileira? Os homens fortes da CBD diziam que não, lembrando que ele liderara em Lima um movimento de indisciplina entre os companheiros, desrespeitara o chefe da delegação, não cumprira ordens do técnico, negara-se a seguir instruções do médico, exigira dinheiro para jogar e levara o Brasil a perder o título para o Paraguai. Seria verdade? Flávio Costa achava que não. Por isso, corajoso como era, passou por cima dos relatórios, discutiu com dirigentes, desafiou a imprensa e a própria opinião pública, desprezou conselho de amigos e convocou Zizinho. Agora, terminado o primeiro tempo, ia mais longe:

— Quero você lá na frente, dentro da área, cavando o gol.

E afastou-se sem dizer mais nada, porque nada mais precisava ser dito àquele velho aluno que tantos chamavam de mestre, o Mestre Ziza que os homens da CBD apontavam como mau exemplo. Quando menino, no tempo das peladas em Neves, Alcântara e Tribobó, ou um pouco mais tarde, promissor "capiau" (como o saudoso Médio da Guia costumava chamá-lo), Zizinho aprendera a não se queixar da sorte, a sofrer certas coisas calado, a guardar em silêncio alguns ressentimentos. Como profissional, a mesma coisa, nada de entrevistas barulhentas, de declarações sensacionais, de apelos e protestos tantas vezes inúteis, porque feitos a técnicos e dirigentes quase sempre surdos. Se tinha algo a dizer, se queria que o ouvissem, ia para o campo, punha a bola nos pés, dizia e era ouvido. Seu futebol falaria por ele, sempre, mesmo quando uma torcida enfurecida criasse um coro para hostilizá-lo, o outrora conhecido "É esse! É esse!". Agora, depois de ouvir calado uma verdade que não era a sua, ele tinha muita coisa a dizer.

Veludo mostrou o riso mais branco daquela Seleção no instante em que Zizinho recebeu a primeira bola, assim que o segundo tempo começou. E os paraguaios logo sentiram que o ataque brasileiro se transformara, não porque Flávio Costa substituíra dois jogadores — Vavá por Zizinho e Pinga por Válter Marciano —, mas porque, de repente, aquela linha de frente fazia-se solta, leve, difícil de conter, de uma ponta à outra. É que no centro, numa posição que ocupava quase de improviso, estava Zizinho. Seus dribles, seus passes, seu modo de comandar as jogadas, seus dois gols — um feito na classe e outro na raiva —, sua participação no lance que permitiu a Sabará marcar o terceiro, acabariam derrotando os paraguaios por 3 a 0. Aquilo talvez não provasse nada, mas a multidão que foi esperar Zizinho à saída do Maracanã, acotovelando-se para chegar perto do ônibus da Seleção brasileira, pensava diferente.

— Mestre! Mestre! Mestre!

Ninguém mais, daquele dia em diante, pensaria em atribuir a Zizinho a culpa pelo que acontecera no Campeonato Sul-Americano de 1953. Seu nome, agora como sempre, teria de fazer parte de qualquer Seleção brasileira que se convocasse, pois a verdade ali estava, clara, não em relatórios que nada diziam, mas na força do futebol de um dos maiores craques brasileiros de todas as épocas.

★★★★★★

Zizinho sempre soube ser convincente com a bola nos pés, fosse ela de meia, oval, dessas que quicam duas ou três vezes e param logo adiante, murchas, sem vida, fosse ela de couro, número 5, redonda e novinha, como toda bola que se preza. A garotada de São Gonçalo, quando se juntava para um racha de tarde inteira, deixava-se convencer por aquele negro miúdo, esperto, ligeiro, que sabia fazer tudo, passes, dribles, gols, com incrível facilidade. Dizia-se que futebol vinha no sangue e que o garoto era assim, bom de bola, porque o pai, Thomaz Silva, também fizera misérias no seu tempo.

— Era o bamba do Carioca — lembravam os mais velhos.

Mas Thomaz não havia sido apenas bom jogador de futebol, um bamba. Quando se mudara de Niterói para São Gonçalo, pouco depois de casar-se com Eurídice Soares, entregara-se com tanta dedicação ao Carioca que, além de fundador, logo se fizera jogador, torcedor, sócio, treinador nas horas vagas, diretor e até presidente daquele clube pobre, cuja primeira sede era em sua própria casa. O principal objetivo do Carioca era filiar-se um dia à Liga Niteroiense. O próprio Thomaz trabalhou muito para que isso acontecesse, reunindo amigos e companheiros de diretoria, todas as noites, na pequena sala de visitas de sua casa.

Ao mesmo tempo, a família ia aumentando: primeiro nasceu Zilda, depois Zélia e agora, dependendo de vir outra menina, ou finalmente um menino, estava para chegar Zilma ou Zalmir. Eurídice, que escolhia os nomes, fazia questão da letra Z, enquanto Thomaz, certo de que seria menino, pensou nele como seu sucessor, na bola, nas peladas de rua, no Carioca e até no nome. Sim, por que não o batizar com o nome do pai? Era uma ideia, uma boa ideia que Eurídice pesou e acatou. O menino nasceu em 14 de setembro de 1921, no bairro do Paiva, em São Gonçalo, e foi batizado como Thomaz Soares da Silva. Em casa, porém, seria de início

Thomazinho e mais tarde Zizinho, único modo, segundo Eurídice, de se escrever Thomaz com Z.

A morte do marido, os quatro filhos por criar e as dificuldades da família levaram Eurídice a mudar os planos que o casal fizera na velha casa de São Gonçalo. Por algum tempo, ela abriu uma pequena quitanda perto de casa. Nessa época, a bola e os balões que aprendera a fazer com papel fino e cola de farinha de trigo eram a única preocupação do menino Zizinho, então dividido entre a escola e os terrenos baldios.

Quando a família se mudou para Niterói, Eurídice se empregando como enfermeira do Hospital São João Batista, onde chegaria a responder pelo diretor na ausência dele, Zizinho já largara os estudos para trabalhar em fábricas da cidade, mas continuava fiel à bola, entregando-se muito cedo ao futebol de gente grande. Com idade ainda para fazer parte do time de infantis, entrou um dia na velha sede do Carioca e, usando o nome do pai, pediu para jogar entre os juvenis. Seu medo era a altura, o corpo franzino, a cara de garoto, e não o futebol.

— Você passa por ali, não passa? — perguntaram.

E Zizinho olhou para um bambu posto na horizontal, a 1,60 metro do chão. Se passasse por baixo, muito bem, "tinha idade" para jogar entre os juvenis. Se derrubasse o bambu, era marmanjo, não importava o que dissesse a certidão de nascimento. Outros, marmanjos de verdade, quase com idade para ter filho jogando, também passavam sem derrubar o bambu, ou porque tinham menos de 1,60 ou porque se valiam de esperteza na hora do teste. A única esperteza de Zizinho era com a bola, e graças a ela deram-lhe o lugar, de início entre os juvenis e logo depois no primeiro time. Um dia, São Gonçalo ficou tão contente quanto teria ficado Thomaz pai: o Carioca foi admitido na Liga Niteroiense.

* * * * * *

Foi muito curta a permanência do Carioca entre os clubes da então capital fluminense, pois uma alteração nos estatutos da Liga, depois de haver o time participado de uma temporada inteira, mandou-o de volta para São Gonçalo. Com os problemas da família diminuindo, Eurídice trabalhando menos, os três irmãos já crescidos, ele próprio empregado no Loide Brasileiro, Zizinho já não vivia na cidadezinha onde nascera, mas na Rua Andrade Neves, em Niterói. Assim, era quase impossível continuar jogando pelo Carioca, tão longe de casa, sem poder treinar regularmente ou mesmo tomar parte nos jogos de meio de semana. Decidiu mudar de clube, um clube de Niterói, assim como o Byron, para o qual ele se transferiu em 1937, antes de completar 16 anos.

No Byron, o futebol de Zizinho começou a chamar a atenção, não apenas dos jogadores e treinadores de Niterói, mas também do pessoal do Rio. Naquela época os grandes clubes cariocas já lançavam mão de olheiros, homens pagos apenas para correr o interior atrás de futuros craques. E Zizinho, tão moço, tão cheio de saúde, tão hábil, tinha futebol para impressionar qualquer um. Os que o conheceram nos tempos do Byron diziam que a precisão no passe foi o primeiro indício de que, mais cedo ou mais tarde, ele seria um jogador extraordinário. E havia mais: o drible curto, funcional, o senso de colocação na hora de receber a bola, o chute de pé direito, a agilidade. Mas Zizinho achava que os outros exageravam.

Certa vez, quando seu nome foi convocado para a seleção de Niterói para um amistoso com o Fluminense carioca, supôs que passaria os 90 minutos no banco, assistindo, torcendo, nada mais. É que o titular da meia-direita era o veterano Russo, cujo futebol todo niteroiense admirava. Russo era bom, dono da meia-direita da seleção de Niterói. Na véspera do amistoso, Russo encontrou-se com Zizinho.

— Amanhã tu entras, menino. Vou te dar o meu lugar.

Zizinho, achando que o gesto de Russo não passava de gentileza de um velho amigo do pai, agradeceu, mas não podia aceitar.

— Nada disso, menino. Teu jogo é bom, confie nele.

O amistoso, em Caio Martins, teve a seleção de Niterói com Zizinho na meia-direita e o Fluminense representado por uma equipe mista. Esperava-se que os cariocas vencessem com facilidade, principalmente após os dois gols que marcaram de saída. Mas houve uma reviravolta, Zizinho fez um gol, trabalhou a jogada para outro, transformou-se no melhor jogador em campo e passou a dar trabalho a Orozinho e Ernesto Santos, que se uniram na difícil tarefa de marcar o substituto de Russo. Os 2 a 2, uma vitória para os de casa, foram muito comemorados por Zizinho e companheiros, enquanto a barca da Cantareira levava novidades para o outro lado da baía.

Em pouco tempo, vários clubes do Rio queriam saber como e quando poderiam chegar ao tal meia-direita de Niterói. O Bonsucesso interessou-se, o Madureira também, o Bangu chegou a prometer um emprego na fábrica, caso o rapaz passasse num treino de experiência. Mas Zizinho torcia pelo América, era fã de Og Moreira, Carola, Pirica, preferiu fazer uma experiência em Campos Sales. Se o que os amigos diziam do seu futebol era verdade, seria aprovado.

Com as chuteiras ainda embrulhadas, antes mesmo de trocar de roupa para o treino, Zizinho viu-se diante de Geraldo Costa Velho, diretor do América. Este, depois de examiná-lo dos pés a cabeça, levou a mão ao queixo e perguntou em que posição queria treinar. Meia-direita? Geraldo Costa Velho fez cara de quem não gostou:

— Para ser franco, rapaz, você é muito miúdo. Além disso, o América está bem servido de meias. Quem sabe noutra ocasião?

Zizinho não voltou noutra ocasião, mas ficou pensando no que Geraldo Costa Velho lhe dissera. Para ele, aquela conversa de ser miúdo não convencia, pois desde menino, jogando contra marcadores corpulentos, duros e até desleais, sabia como usar a manha para não levar a pior. Nunca se intimidara com sola de chuteira, tranco, empurrão, cotovelada, cama-de-gato, cabeçada ou lá o que fosse. Seu futebol era fino, mas também podia engrossar. De volta a Niterói, ao contar o caso a Roberto, ponta-direita da Seleção brasileira na Copa do Mundo de 1938, ouviu dele um conselho: fosse treinar no São Cristóvão, clube dele, Roberto, que a história seria outra.

Talvez fosse, se Zizinho, mal começara o treino, não ficasse gingando na frente de Afonsinho, ameaçando o drible que o *half* da Seleção brasileira achava humilhante. Afonsinho, que levava os treinos a sério e era alérgico a drible de principiante, acabou entrando com vontade, o pé subindo e descendo sobre o joelho direito de Zizinho. E este, calouro ousado, saiu do campo carregado, gemendo, jurando nunca mais aparecer em Figueira de Melo.

Se existia um Geraldo Costa Velho ou um Afonsinho dificultando a ida de Zizinho para o Rio, existia também um Ari Fogaça. A cura do joelho foi mais rápida do que se esperava. Em pouco tempo ele estava batendo bola no Byron, onde Fogaça o reencontrou. Vira-o jogar pela seleção de Niterói, ficara impressionado, queria levá-lo para o Flamengo. Zizinho não fez fé. Se não tinha lugar no América, por que teria no Flamengo, time de craques caminhando para ser o campeão carioca do ano? Mesmo assim, escreveu num pedaço de papel o endereço que Fogaça pedia: Rua Andrade Neves, 85. Onde, dois dias depois, apareceu Oto Vieira, técnico auxiliar do Flamengo.

— É muito simples — explicou Oto. — Você faz um treino na Gávea, sem compromisso, e depois nosso técnico, o professor Flávio Costa, decide se o contrata ou se o manda embora.

Muito simples, mas difícil. Ser testado num único treino, entre profissionais, entre os futuros campeões de 1939, entre Leônidas da Silva e Domingos da Guia, dois nomes, duas legendas, e sobretudo num clube como o Flamengo, por um técnico como Flávio Costa, exigente, cheio de autoridade, era mais do que difícil. Em Campos Sales, Geraldo Costa Velho medira-lhe o futebol com fita métrica; em Figueira de Melo, Afonsinho mostrara-lhe como certos jogadores já feitos costumavam receber os novatos. Que sorte teria na Gávea?

★★★★★★

Ao lado de Galo, na pista onde ficavam os reservas, diretores e funcionários do Flamengo, Zizinho chegou a pensar que ali, na Gávea, também não conseguiria muita coisa. Já fora apresentado a Flávio Costa, que não parecia se importar com a descoberta de Ari Fogaça e Oto Vieira. O treino dos profissionais estava quase no fim e ele ainda aguardava a oportunidade de entrar em campo. Por isso pensou: se treinasse apenas 15 ou 20 minutos, no meio daqueles craques todos, o técnico nem notaria sua presença, a não ser que ele recebesse a bola, não a largasse mais e saísse driblando sem parar. Era um modo de decidir a sorte num só lance. Foi então que Leônidas começou a mancar, levou a mão à coxa e parou no meio do campo. Fez um sinal para o massagista Johnson, outro para Flávio Costa, disse que não poderia continuar e pediu para sair. Talvez fosse fita, pensou Flávio, mas também podia ser distensão ou coisa semelhante. Leônidas era o titular, uma das estrelas do time, ídolo da torcida do Flamengo, não convinha facilitar. O técnico olhou para a pista à procura de um substituto.

— Você. Não, o outro, o de Niterói. Entre no lugar do Leônidas!

O vozeirão de Flávio não deu para assustar Zizinho, que se pôs de pé, pronto para substituir Leônidas. Apesar da surpresa de ser lançado assim, de repente, na equipe principal e no lugar de um craque de seleção, estava tranquilo e ainda disposto a arriscar tudo numa só jogada. Ao receber a primeira bola — exatamente como havia planejado — passou por um, dois, três, foi avançando até a área, driblou mais outro e chutou forte, no canto. Pouco depois, um lance parecido, nova sucessão de dribles e outro gol. Flávio e todo o pessoal do Flamengo, inclusive Leônidas, não sabiam o que dizer.

No vestiário, enquanto todo mundo comentava os dois gols, Valido levou Zizinho para um canto. Os dois conversavam, um aconselhando, o outro ouvindo, até que Flávio Costa chegou, o ar sério de sempre.

— Volte amanhã, garoto. Quero te ver mais uma vez.

E Flávio viu. Não apenas uma vez, porém duas, dez, cem, mil, porque daquele dia em diante nunca mais deixaria de rever Zizinho, em seu próprio time ou no time adversário, repetindo aqueles gols, criando jogadas, improvisando sempre. No dia seguinte, conforme Flávio mandara, Zizinho voltou à Gávea, foi escalado no time de reservas, fez o que sabia e convenceu o técnico que o observava, atento.

— Você quer assinar contrato com o Flamengo? — perguntou Flávio, depois do treino.

— Se o senhor acha que eu sirvo...

— Serve, claro. Tudo depende de quanto você quer ganhar.

— Isso é com o senhor.

— Seiscentos mil réis por mês está bom?

Seiscentos mil réis por mês era o dobro do que Zizinho recebia no Loide Brasileiro, dinheiro à beça, mais do que lhe seria possível ganhar dali a muitos anos, se continuasse no mesmo emprego. Não hesitou: dois dias depois, assinou contrato, não pelos 600 combinados, mas por 700 mil, pois Flávio Costa achou que ele merecia mais.

Como se esperava, o Flamengo foi mesmo o campeão de 1939. Mas Zizinho, chegando ao clube no final da temporada, não foi aproveitado na equipe principal, só estreando em 4 de novembro daquele ano, num Fla-Flu de reservas. Jogou bem, deu dois ou três passes dignos de craque, driblou com a mesma facilidade de sempre, marcou dois gols, 2 a 2.

Os dois primeiros amigos de Zizinho no Flamengo foram Valido e Médio da Guia, este irmão do mestre Domingos. Valido era mais conselheiro, gostava de orientá-lo durante os treinos. Médio era do tipo alegre, brincalhão. A cabeleira de Zizinho, cheia dos lados e espichada por cima, o intrigava.

— Como é, capiau, de onde saiu esse cabelo todo?

Só quando Zizinho começou a servir ao Exército, sendo obrigado a enfrentar a máquina zero, a cabeleira deixou de ser motivo das brincadeiras de Médio, que no entanto continuava a chamá-lo de “capiau”. Não tivesse o irmão de Domingos morrido tão cedo — e Zizinho jamais entenderia aquele suicídio — o apelido talvez pegasse. Mas, após a morte de Médio, ninguém mais o chamou assim.

Ainda em 1939, dois dias antes do Natal, Zizinho viu o seu nome no quadro de avisos da concentração, relacionado para uma partida com o

Independiente de Buenos Aires, que viera disputar um torneio com Flamengo, Vasco e San Lorenzo de Almagro. Os jogadores deveriam se apresentar ao meio-dia do dia 24, em São Januário, e Zizinho só saiu de casa às 11, apressado, com medo de chegar atrasado. Por pouco, ao tomar a barca, não perde o pé de apoio e cai na água, mas com tudo isso conseguiu chegar na hora. No vestiário, pensando mais na ceia que estava à sua espera do que na partida da qual não esperava tomar parte, ouviu com surpresa Flávio anunciar o ataque que entraria de início:

— Sá, Zizinho, Leônidas, Gonzalez e Jarbas.

Estrear na equipe principal, numa véspera de Natal, contra um timaço argentino no qual atuavam Vicente de la Matta, Arsenio Erico e Antonio Sastre, era mais do que poderia querer. Embora não tivesse jogado bem, sendo até substituído no segundo tempo por Naon — e o Flamengo perdesse por 4 a 3 — Zizinho sentiu, pela primeira vez, o que significava ser jogador de um clube grande. À noite, a família, toda ela flamenguista, ceou feliz na pequena casa da Rua Andrade Neves.

★★★★★★

De 1940 em diante, ao longo de 22 anos de futebol, a carreira de Zizinho foi uma ascensão progressiva, começando pela primeira temporada como titular do Flamengo e chegando à fórmula mais perfeita que se pode conceber para um meia-de-ligação de sua época — ou de todas as épocas. Talvez ele tenha sido uma versão mais apurada e modernizada de Romeu, associada à picardia de Tim, ligada de perto à malandrice de Jair e antecipada em muitos anos ao futebol de seus sucessores mais expressivos.

Será exagero dizer que, depois dele, muitos outros apareceram, talentosos também, craques todos, geniais alguns, sem no entanto o superar? Talvez não. Onde estaria o segredo do seu futebol? Outros talvez tenham sido melhores na arte do drible, outros conseguiram aperfeiçoar-lhe o passe, outros melhoraram-lhe o chute, outros souberam melhor do que ele romper áreas, fazer gols, bater faltas, assim como outros tiveram estilo mais vistoso, temperamento mais heroico ou, pelo contrário, mais frio e cerebral. Mas Zizinho teve tudo isso, não melhor do que os outros, e sim quase tão bem quanto e ao mesmo tempo. Ser completo, e cada vez mais completo, foi o segredo de Zizinho.

Aos 19 anos, levado pelas mãos de Flávio Costa à seleção Carioca, já era campeão brasileiro, formando num ataque em que figuravam Adilson, Leônidas ou Isaías, Jair e Carreiro. Um ano depois, agora por intermédio de Ademar Pimenta, seria a vez da Seleção brasileira. Não foi muito feliz no Campeonato Sul-Americano de 1942, em Montevidéu. Em primeiro lugar, Zizinho viria a conhecer, então, a politicagem que predominava no futebol brasileiro, desde os primeiros tempos de profissionalismo, e que só muito mais tarde começaria a ser combatida. A delegação que foi a Montevidéu, por exemplo, levava um técnico e três dirigentes, Alberto Borgerth, Pizzarro Filho e o comandante Martinelli, todos com direito a opinar quanto à escalação da equipe. Além disso, havia os jornalistas, cariocas e paulistas, uns achando que o certo era armar a Seleção com base nos times do Rio, outros assegurando que o pessoal de São Paulo é que devia ser a maioria. Pimenta, como de costume, ficava no meio, tentando agradar a todos.

Um dos maiores problemas era a ala direita. Qual das duas seria melhor, Pedro Amorim-Zizinho ou Cláudio-Servílio? Na primeira partida atuou a paulista, na segunda a carioca só entrou no final, na terceira a paulista ficou de fora, na quarta Pedro Amorim jogou ao lado de Servílio, na quinta foi a vez de Cláudio formar ala com Zizinho. Aquele Campeonato Sul-Americano, para Zizinho, só valeu pelo amigo que ele ganhara em Pedro Amorim — amizade tão firme quanto o futebol da ala — e também pela primeira experiência internacional do jovem meia-direita do Flamengo.

De volta de Montevidéu, Zizinho foi cercado pelos amigos de Niterói, todos querendo saber como era o futebol lá fora.

— E os argentinos, são bons mesmo?

— Tão bons quanto nós.

— E os uruguaios, valentes?

— Tanto quanto nós.

Duas coisas Zizinho não admitia, ainda que aquela fosse a chamada "era do platinismo": dizerem que os argentinos ou os uruguaios jogavam melhor futebol do que os brasileiros e sugerirem, sequer, que os brasileiros eram menos valentes do que eles. É possível que, por ser bom de bola e corajoso, ele teimasse em não reconhecer a indiscutível supremacia argentina na América do Sul e a evidente inibição que tomava conta dos brasileiros quando jogavam no exterior. Por isso, sempre que o assunto era discutido, ele rebatia:

— Conversa! Futebol é bom em qualquer lugar. E quanto a essa história de valentia, em minha terra, São Gonçalo, há beque mais duro e atacante mais peitudo do que qualquer gringo que você conhece.

Zizinho realmente aprendera a jogar futebol entre beques violentos e atacantes corajosos, criando-se segundo o espírito de que esses eram sempre vítimas daqueles. Como não nascera para ser vítima e não concordava com a ideia de que beque dá e atacante leva, defendia-se.

— Seja gringo ou brasileiro, trincou os dentes pra mim, eu trinco também.

Zizinho lembrava uma partida com o Botafogo em General Severiano, o Flamengo perdendo o primeiro tempo por 2 a 0. Do outro lado, Zezé, Grambel, Nariz, Zarci, Canalli e outros pareciam justificar o apelido que os torcedores lhes deram, Esquadrão de Cavalaria. Tentavam evitar, por meio do pontapé, que os adversários se aproximassem da área. No intervalo, Flávio Costa reuniu seus jogadores e disse:

— Prestem atenção, a partida está perdida, não há mais jeito e eu não me importo que a gente perca de muito. Só não quero que vocês deixem o campo como se fossem menos homens do que eles.

Na primeira bola dividida com Nariz, no início do segundo tempo, Zizinho escorou de sola a perna maldosa do adversário e abriu-lhe um corte profundo com as travas da chuteira. Depois, os outros atacantes do Flamengo passaram a jogar duro também, tranco por tranco, sola por sola, pontapé por pontapé, até virarem o jogo: 3 a 2.

Aquela lição — que Zizinho aprendeu e passou a usar como regra — nem sempre seria bem aplicada. Por vezes, bastava desconfiar de que o adversário o visava, sabe-se lá com que intenções, tomava a iniciativa e tratava de dar primeiro para se cuidar depois. Foi assim que um dia, durante uma partida entre cariocas e paulistas pelo Campeonato Brasileiro de 1942, deu-se o fato que marcou definitivamente Zizinho, segundo a imprensa de São Paulo, como jogador "violento e desleal". O lance começou com uma disputa entre Agostinho e Jair, a bola sobrando pela lateral, Zizinho chegando primeiro, Agostinho se recuperando e tentando ganhar com carrinho o lance dividido. Zizinho saltou, caiu com os dois pés em cima da perna de Agostinho, que ali ficou, deitado, imóvel. O público levantou-se. O Pacaembu era todo silêncio, todo espera.

— Vai ver matou! — gritou alguém.

Foi então que o beque paulista — ídolo da torcida corintiana — começou a mover-se, primeiro com dificuldade, depois auxiliado por médico e massagista, até ser retirado do campo: fraturara a perna e nunca mais voltaria a jogar futebol. A reação do público foi imediata:

— É esse! É esse! — gritavam todos quando Zizinho recebia a bola.

Uma semana depois, com advogado e três testemunhas, Agostinho processava Zizinho por tê-lo inutilizado, segundo ele, voluntariamente.

José Bastos Padilha, advogado do Flamengo, defendeu Zizinho, o futebol era assim mesmo, violento, o azar podendo acontecer a qualquer um. O juiz quis ouvir Zizinho.

— Bem, era bola dividida, dessas sem dono, dos mais leros. Agostinho correu, eu também, a menina entre nós, ele entrou com carrinho e eu saltei. O senhor sabe, carrinho é carrinho. Se a gente facilita, se ferra. Mas eu não quis inutilizar ninguém, meritíssimo.

O juiz entendeu muito pouco do que Zizinho dissera, primeiro por não saber o que era bola dividida, depois por achar estranha aquela história de futebol com menina no meio, lero, se ferra, carrinho e outras coisas do gênero. Pediu que Zizinho repetisse, mas voltou a não o compreender.

— Repete de novo — disse o juiz — mas com outra linguagem.

Sentindo que o juiz estava irritado, Zizinho perdeu a calma.

— Eu acho que o senhor está de mau humor, seu juiz. Por que não toma um sal de frutas? O que eu não posso é ficar aqui repetindo sempre a mesma coisa.

Zizinho foi condenado a dois meses de prisão, da qual se livrou com *sursis*. Apesar da decisão do juiz e da campanha que a imprensa paulista movera contra ele, uma coisa o deixava com a consciência tranquila:

— Se eu não pulasse, a perna quebrada seria a minha.

★★★★★★

Quando Leônidas foi contratado pelo São Paulo, no princípio da temporada de 1942, ao mesmo tempo em que outros grandes jogadores do Flamengo iam deixando o futebol, pensou-se que Flávio Costa não conseguiria armar uma equipe capaz de ameaçar o Fluminense, a caminho do seu terceiro título consecutivo, seu terceiro tricampeonato. No entanto, não se sabe se por causa da decantada mística rubro-negra ou se porque a nova geração — a geração de Zizinho — era tão boa quanto a de Leônidas, os papéis se inverteram e foi o Flamengo o dono dos três títulos disputados daquele ano até 1944. Era o primeiro tricampeonato que uma torcida imensa comemorava. Zizinho conquistava ali suas primeiras glórias no futebol carioca. Titular absoluto nas três campanhas, ajudou o gaúcho Sílvio Pirilo a ser artilheiro e fez com que ninguém chorasse a ausência de Leônidas.

Durante cinco anos, ou seja, de 1942 a 1946, Zizinho foi várias vezes convocado para as seleções brasileira e carioca, voltando a ganhar títulos nacionais, mas não conseguindo uma vez sequer sagrar-se campeão sul-americano. Havia sempre uma Argentina para atrapalhar, a Argentina que os brasileiros temiam tanto quanto admiravam e que ele próprio custara a reconhecer como, naquela década, o melhor futebol do continente. Em 1946, quando as duas seleções decidiram o título no estádio do River Plate, houve uma briga que entrou para a história do futebol sul-americano: os brasileiros perderam na bola e no bofetão, segundo declarações de Heleno de Freitas, e talvez viessem a perder sempre. Estranho que seja, o fato é que os argentinos tinham outra opinião sobre o nosso futebol, conforme artigo escrito na época pelo conhecido Borocotó:

"Temos Boyé, Mendez, Pontoni, Labruna e Lostau, mas os brasileiros não nos devem nada com os seus Tesourinha, Zizinho, Heleno, Jair e Ademir."

Foi aquele o mais iluminado ataque integrado por Zizinho. Muitos dizem, cheios de saudade, que foi o mais perfeito ataque do futebol brasileiro em todos os tempos. Pode ser. Mas os brasileiros não foram campeões e a perfeição não serviu de consolo.

Dois meses depois, dizem que por praga de paulista, feitiço, castigo divino ou coisa parecida, dizem ainda que por pura fatalidade, Zizinho teve a perna fraturada pelo banguense Adauto num lance nada parecido com aquele que vitimara Agostinho: Zizinho esticou a perna para alcançar uma bola quase perdida, Adauto entrou firmemente, de sola, querendo ganhar o lance, e o Flamengo teve de terminar a partida com menos um jogador. Paulo de São Tiago, médico que assistiu Zizinho, diagnosticou fratura subcutânea cominutiva dos dois ossos do terço inferior da perna direita. No mínimo, seis meses sem ver bola, vivendo da dúvida de poder ou não voltar a jogar. Alguém sugeriu a Zizinho fazer o mesmo que Agostinho lhe fizera, ir à Justiça, arranjar bom advogado, duas ou três testemunhas, e processar Adauto. Mas Zizinho rebateu:

— Achar que Adauto tenha me atingido de propósito é admitir má intenção minha no lance com Agostinho.

Um ano se passou até que pudesse voltar a correr normalmente, pois sempre que tentava um pique mais longo, já nos treinos de recuperação, o local da fratura voltava a doer. Na primeira partida que fez após o tempo de inatividade, sentiu que algo estava errado, uma dorzinha fina, o receio de que a perna fosse se partir outra vez. Queixou-se ao médico e foi tranquilizado, era assim mesmo, depois passaria, só o tempo resolveria. Na partida seguinte, contra o América, chocou-se com Jorginho num lance casual e caiu, já então sem suportar a dor. O médico voltou a dizer que era assim mesmo, depois passaria. Ao chegar a Niterói, Eurídice, mãe preocupada e enfermeira zelosa, aconselhou-o a tirar uma radiografia. O exame a que Zizinho se submeteu meio a contragosto revelou fratura iterativa isolada do perônio, menos séria do que a primeira, mas séria o bastante para impedi-lo de chutar uma bola por mais três meses. Muita gente pensou que Zizinho nunca mais voltasse a ser o mesmo, alegando que duas fraturas na mesma perna (ou uma mesma fratura mal consolidada) acabavam com qualquer um. Mas ele voltou, e voltou melhor do que antes.

Depois, então, os anos foram passando, as temporadas se sucedendo, os grandes jogos regionais, interestaduais e internacionais se repetindo, e mais íntimo se tornando o diálogo domingueiro de Zizinho com o público. Quase sempre era um diálogo alegre, feito de entusiasmo de parte a parte, ele com a bola, a multidão acompanhando-o atenta, todos, por mais frios que fossem, fascinados com seu futebol. Às vezes, porém, não era bem um diálogo, mas uma espécie de discussão afincada, ele jogando e o público reagindo com vaias. Ou era a torcida do Flamengo achando que todos os milagres deviam partir dele, ou era a torcida dos outros invejando ou hostilizando seu futebol. Diante de Zizinho, só a indiferença não era possível, só a mudez do torcedor causava espanto. Certa vez, em Conselheiro Galvão, o Madureira conseguiu uma vantagem de 2 a 0 sobre o Flamengo no primeiro tempo de uma partida dificílima. Após o intervalo, distraído, Zizinho voltou um pouco antes do que os companheiros, sendo recebido com uma vaia que a torcida rubro-negra não havia guardado só para ele, mas para os 11. Sorriu, ali mesmo, na pista, e fez com a mão um gesto de quem pede para que se espere, pois a resposta não tarda. Fez três gols naquele dia, deu passe para outros e o Flamengo venceu por goleada. De outra feita, em São Januário, numa partida com o Vasco, foi a social inteira do clube local que resolveu vaiá-lo, mas logo ele deu um drible em Danilo, passou a bola a outro, correu para a lateral do campo e, de frente para a social, abaixou o calção:

— Imoral! Moleque! Mal educado! — gritaram revoltados os sócios do Vasco, forçando a intervenção do delegado Brandão Filho.

— Não é nada disso, seu delegado — Zizinho tentava explicar. — É que eles estavam me vaiando e eu quis mostrar que vinha jogando mal por ter me operado há pouco de apendicite. Olhe só a cicatriz...

Em 1949, no único Sul-Americano em que se saiu campeão, viu que os torcedores do Vasco não gostavam mesmo dele. Se o Brasil vencia — com Zizinho formando ao lado de Danilo um meio-campo perfeito — as palmas eram mais para Danilo do que para Zizinho. Parecia que só lhe viam os defeitos, os truques, as manhas de jogador astuto. Quando foi expulso, por se atracar com o peruano Calderón, que desde o começo vinha querendo tirar Tesourinha de campo, a social do Vasco não vaiou Calderón, mas ele.

★★★★★★

A seleção carioca treinava para enfrentar a paulista na final do Campeonato Brasileiro de 1950 quando um caminhão da Fábrica de Tecidos Bangu estacionou à entrada do estádio de São Januário. Dezenas de operários desceram em algazarra, gritando o nome de Zizinho, agitando flâmulas vermelho-e-brancas e carregando enorme faixa onde se lia: "Zizinho é nosso!" Muita gente estranhou a faixa. E o que fazia a torcida do Bangu num treino sem jogador de seu clube?

— O senhor não sabia que o Zizinho agora é do Bangu? — explicou um dos operários ao incrédulo porteiro do estádio.

Só no dia seguinte os jornais esclareceram que o Flamengo de fato vendera Zizinho ao Bangu. Era verdade que as cifras em torno das quais se dera a transação estabeleciam novo recorde no futebol brasileiro: 800 mil cruzeiros. Mas isso não justificava a loucura que o Flamengo cometia ao desfazer-se de seu melhor jogador. E logo para o Bangu, clube de subúrbio, cujos esforços para voltar à elite do futebol carioca mal tinham começado, pois só em 1948 Guilherme da Silveira Filho, o Silveirinha, patrono do clube e um dos donos da fábrica, começou a usar o futebol para promover os tecidos que produzia, investindo então num time até ali modesto. Nos últimos dez anos, as melhores campanhas do Bangu no Campeonato Carioca tinham sido justamente os mais recentes quintos lugares de 1948 e 1949, sendo que, em duas ocasiões, 1942 e 1947, chegara em penúltimo e, numa outra, 1940, em último. O torcedor do Flamengo não se conformava com a venda de seu melhor jogador a um clube sem sua tradição, sua torcida, suas glórias: "É como dar pérolas aos porcos", protestava. Já os banguenses, poucos que fossem, vibravam. Estavam certos de que Zizinho bastava para devolver ao clube um lugar entre os grandes, quem sabe até como o Bangu de 1933, primeiro campeão do profissionalismo.

Os jornais, que se preocuparam mais com as cifras do que com as relações opostas das duas torcidas, não disseram como e por que o negócio tinha sido feito, história que o próprio Zizinho levaria anos até permitir que se contasse.

O caso é que o presidente do Flamengo, Dario de Melo Pinto, era advogado da família Peixoto de Castro, administradora das extrações da Loteria Federal, na época uma concessão do Ministério da Fazenda. Como o período de cinco anos de sua administração estava por vencer, a família e seus advogados acreditavam que uma boa conversa com o ministro poderia facilitar a renovação. E quem era o ministro da Fazenda? Ninguém menos do que Manuel Guilherme da Silveira, pai de Silveirinha. Durante um almoço no Jóquei Clube, Dario pediu ao amigo que intercedesse junto ao pai em favor dos Peixoto de Castro. Silveirinha concordou, mas queria algo em troca.

— Quero o Zizinho no Bangu.

Mais advogado da família do que presidente do Flamengo, Dario fixou o preço do passe, os 800 mil. Silveirinha agiu rapidamente, mandou chamar Zizinho na concentração dos cariocas, contou-lhe tudo e por fim perguntou quanto queria para jogar pelo Bangu.

— Mas o Flamengo não me vende, doutor Silveirinha.

— Vende sim, Zizinho. O presidente até me disse por quanto.

Zizinho custou a acreditar. Dez anos de dedicação ao Flamengo eram retribuídos assim, Dario de Melo Pinto tratando-o como uma mercadoria, não se interessando em saber se queria ou não ser vendido. Como costumava fazer quando com raiva, reagiu com um rompante:

— Pois se o Flamengo me vende, seu Silveirinha, e sem me consultar, eu assino contrato aqui mesmo. E em branco!

E Zizinho mudou de clube. Na semana seguinte, marcou dois gols de pé esquerdo e foi o melhor em campo na vitória de 4 a 0 sobre os paulistas. Os cariocas eram tetracampeões. Já como banguense, portanto, embora nem tivesse vestido a nova camisa, ele foi para Araxá, primeiro estágio dos preparativos para a Copa do Mundo. Não adiantava mais pensar no Flamengo, assunto do passado, pois o que vinha pela frente era mais importante. Começaram os treinos, os amistosos com os clubes, os primeiros testes internacionais da Seleção brasileira, a esperança que ele, como os companheiros, alimentava de ser campeão mundial.

A Copa do Mundo começou sem Zizinho. Um problema muscular na coxa direita impediu-o de jogar contra os mexicanos no Rio e contra os suíços em São Paulo, de modo que ele só entrou na decisão do grupo com os iugoslavos. Ao Brasil só a vitória interessava, vitória que seria conquistada numa tarde de festa, Zizinho cumprindo uma de suas maiores atuações, marcando dois gols — um dos quais foi injustamente anulado — e dando passe para Ademir marcar o primeiro: 2 a 0. O Brasil estava classificado. Em seguida, cada atuação passou a ser a maior de sua vida, uma superando a outra, ele se superando. E isso — é preciso acentuar — não aconteceu apenas nas goleadas sobre Suécia e Espanha, mas também na "final fatídica", na definição de Flávio Costa. Naquele dia, só ele e Bauer jogaram o que sabiam, mas não o bastante para evitar que os uruguaios levassem a taça.

Se a Copa do Mundo não consagrou todos os brasileiros, e chegou mesmo a pôr fim na carreira de alguns, consagrou definitivamente Zizinho. A imprensa internacional elegeu-o o melhor jogador do campeonato; pela primeira vez o ex-técnico Willy Meisl admitia o emprego do termo "gênio" para definir um jogador de futebol; Giordano Fattori, na *Gazzetta Dello Sport*, foi ainda mais longe, dizendo que o futebol de Zizinho tinha qualquer coisa de Leonardo da Vinci, um da Vinci a criar com os pés uma de suas obras-primas. Partindo de um italiano, o elogio chegava a escandalizar os florentinos, conterrâneos do mestre da Toscana e descendentes dos inventores do *calcio*. De que adiantava tudo aquilo? Zizinho sentia-se como um rei sem trono, sem cetro, sem coroa.

No dia 23 de julho de 1950, exatamente uma semana após a derrota para os uruguaios, a estreia no Bangu num amistoso no Maracanã. O adversário, o mesmo Flamengo que o descartara. Marcou um gol e ajudou os novos companheiros em mais cinco: 6 a 0. Um castigo para Dario de Melo Pinto, que, no balanço da história, ficara sem ele e sem a ajuda do ministro: a concessão seria dada, como determinava a lei, numa legítima concorrência pública.

O Bangu foi uma espécie de recomeço para Zizinho. É verdade que o clube de Silveirinha não seria campeão carioca nos sete anos em que o "melhor do mundo" vestisse sua camisa, mas, como o torcedor esperara, voltaria com méritos ao grupo dos grandes. Raramente não estaria entre os quatro primeiros colocados. Podia até orgulhar-se do vice de 1951, decidido numa melhor de três com o Fluminense. Naquele mesmo ano, seria campeão do Torneio Início do Rio-São Paulo (no qual, na decisão com o Palmeiras, Zizinho reduziu a uma pobre vítima de seus dribles o excelente médio argentino Luis Villa) e faria duas expressivas excursões pela Europa. Não importava que dissessem que o Bangu era Zizinho, apenas Zizinho, dele dependendo os técnicos para armar seus sistemas e suas táticas; e dele dependendo, também, Moacir Bueno e Meneses para marcar seus gols. Em 1952, num feito nada comum para um homem de armação, foi artilheiro do Campeonato Carioca empatado com o mesmo Meneses a quem ajudava a fazer gols.

E a Seleção brasileira? Não fosse um problema de próstata (houve quem pensasse em câncer), seria convocado para o Campeonato Pan-Americano de 1952 em Santiago do Chile, primeira atividade da Seleção depois da Copa do Mundo. Assim, não pôde participar da conquista do primeiro título brasileiro no exterior. Um ano depois, o Campeonato Sul-Americano em Lima tinha tudo para ser o feliz reencontro de Zizinho com a Seleção brasileira.

No princípio — quando não se imaginava o amontoado de equívocos que técnicos e dirigentes cometeriam em Lima — parecia realmente um reencontro feliz. Depois, com a estreia, uma fácil vitória sobre a Bolívia, surgiu o primeiro problema: José Lins do Rego, chefe da delegação, pagou o prêmio de mil cruzeiros a cada jogador. Os que haviam participado do Campeonato Pan-Americano acharam pouco. Em Santiago, lembraram, nenhum prêmio fora inferior a 2 mil. E encarregaram Zizinho, como capitão, de levar o problema a José Lins do Rego.

— Seu Zé Lins, o pessoal acha que os senhores dão menos importância a este Campeonato do que ao Pan-Americano.

José Lins do Rego ouviu as explicações de Zizinho, disse que os jogadores estavam certos e no mesmo dia telegrafou a Rivadávia Correia Méier, presidente da CBD, pedindo autorização para pagar prêmio maior. Como o telegrama dizia que a reivindicação era de Zizinho, somente de Zizinho, o assunto foi logo explorado por alguns jornais. Será que o velho craque — que nunca ligara para dinheiro, que assinava contrato em branco, que só pedia aumento quando isso pudesse beneficiar os companheiros, que detestava ouvir falar em "bicho" antes do jogo — já não era o mesmo?

Em Lima, o Campeonato prosseguia. Onze dias após a primeira partida, o técnico Aimoré Moreira alterou toda a Seleção para enfrentar o Equador: nova vitória fácil dos brasileiros. Três dias depois, novas alterações, outra vitória, agora um suado 1 a 0 sobre o Uruguai. A quarta partida foi contra o Peru, disputada em clima de guerra, segundo Zizinho, que nunca acreditou na hospitalidade dos peruanos, por mais que José Lins do Rego e Aimoré Moreira assegurassem que a presença do presidente peruano Manuel Odría na tribuna de honra do Estádio Nacional era garantia de jogo limpo e amistoso. Os brasileiros perderam por 1 a 0 e Zizinho sofreu uma distensão na coxa direita.

— Não vou poder jogar amanhã — disse a Aimoré, um dia antes da partida com o Chile, enquanto se submetia a tratamento no hotel.

— Mas você não pode ficar de fora — ressaltou o técnico.

— Acontece que a coxa me dói muito.

Mais tarde, o médico Pais Barreto apareceu no quarto onde Zizinho estava esticado sobre a cama. Voltou a falar da importância da partida com os chilenos, lembrou que a sorte da Seleção brasileira estava em jogo, que Zizinho não poderia ficar de fora, que seria o mesmo que quebrar a harmonia do time. E a distensão, segundo o médico, não era tão séria, uma simples injeção resolveria o problema, permitindo a Zizinho correr o tempo todo sem nada sentir.

— Não, doutor, nada disso. Se for preciso, entro em campo até de maca, mas injeção na minha perna ninguém dá.

Pais Barreto não gostou, tomou a resposta de Zizinho como atrevimento de paciente rebelde, fez cara feia, deixou o quarto e foi conversar em particular com Aimoré Moreira. Os dois, temendo que a ausência de Zizinho levasse o Brasil a despedir-se mais cedo do título, solicitaram a intervenção de José Lins do Rego, mas este não conseguiu vencer a resistência do jogador, que não se prestaria a uma injeção que poderia liquidá-lo para o futebol. Para mostrar que faria qualquer outro sacrifício pela Seleção, prometeu entrar em campo assim mesmo, machucado, a coxa envolvida numa atadura elástica. Foi o melhor jogador brasileiro contra os chilenos, fez um gol, preparou jogada para Baltasar marcar outro, deu a Julinho o passe para o terceiro e saiu do campo satisfeito com os 3 a 2, embora sofrendo. As dores eram tão fortes que, naquela noite, não dormiu.

— Agora, seu Zé Lins, não posso me sacrificar mais.

Assim mesmo, novamente com a coxa guardada por uma atadura inútil, foi obrigado a entrar em campo contra os paraguaios, sendo pouco depois substituído por Ipojucan. A derrota dos brasileiros forçou a decisão do Campeonato em partida extra, novamente contra os paraguaios. Antes, Pais Barreto dirigiu algumas palavras aos jogadores.

— Estou com um relatório pronto para entregar à CBD. Nele, digo que vocês pediram dinheiro para jogar, conto que Zizinho desobedeceu minha orientação médica, digo muito mais e estou certo de que a CBD não vai gostar. Mas se vocês vencerem os paraguaios, prometo rasgar o relatório.

Sem Zizinho, os brasileiros voltaram a perder, não apenas a partida para os paraguaios, mas um título que todos julgavam praticamente ganho. O relatório, contendo também as assinaturas de José Lins do Rego e Aimoré Moreira, foi entregue, formou-se tremenda confusão, muita gente acusou, muita gente se defendeu, os jornais cobriram e a opinião pública rachou. Zizinho — a quem José Lins do Rego se referira como líder de uma “escória de analfabetos e pusilânimes” — foi punido pela CBD com o afastamento da Seleção brasileira por tempo indeterminado. Mau exemplo que era para as novas gerações, já estava claro que devia pôr de lado qualquer pretensão de ir à Copa do Mundo de 1954. Dos dirigentes, tentou defender-se por escrito, mas as palavras ficaram esquecidas num canto de página do *Diário da Noite*. Até que, dois anos e sete meses depois, diante dos mesmos paraguaios, pôs a bola nos pés e mostrou aos que o haviam banido o belo exemplo que ainda tinha a dar.

★★★★★★

Zizinho foi dos mais discutidos jogadores do seu tempo. Nunca duvidaram do seu futebol, do seu talento, da sua capacidade de fazer com assombrosa simplicidade o que poucos seriam capazes. O que se discutia, sempre que seu nome estava em jogo, era o "temperamento difícil", as atitudes de homem inflexível em defesa de seus princípios, rebelde, teimoso, capaz de decisões extremas como a saída do Flamengo ou, sete anos depois, a saída do Bangu.

O primeiro turno do Campeonato Carioca de 1957 estava quase no fim quando pediu à diretoria duas semanas de licença. Já não tinha diálogo com Gentil Cardoso, bom técnico, mas homem de duas palavras (defendia os jogadores na presença deles, mas era outro por trás do pano). E menos diálogo ainda tinha com o novo presidente, Fausto de Almeida, homem rude e autoritário que fazia todo o clube ter saudade de Silveirinha. Durante a licença, gozada nas areias de Icaraí, Zizinho soube que era intenção da diretoria castigá-lo quando voltasse: seria rebaixado ao time de aspirantes. Quer dizer, aquele que, na preliminar do jogo principal, "esfriava o sol do Maracanã". Em outro rompante tipicamente seu, Zizinho decidiu ir embora.

Meses antes, o São Paulo contratara o técnico húngaro Bella Guttman, que tinha no currículo a formação de grandes equipes europeias, entre elas o Honved e o Ujpest do seu país, o Áustria e o Rapid de Viena, o Milan da Itália (na década seguinte, levaria o Benfica de Eusébio e Coluna a conquistar por duas vezes seguidas a Taça dos Campeões da Europa). O São Paulo chegara em quinto lugar na fase de classificação do Campeonato Paulista e agora, quase no fim do primeiro turno decisivo, já sofrera uma derrota (goleada de 4 a 0 para a Portuguesa de Desportos) e dois empates, enquanto o Corinthians seguia invicto na liderança. Sabendo da situação de Zizinho no Bangu, Guttman sugeriu ao São Paulo contratá-lo, o que tinha de ser feito, segundo o regulamento, antes que os primeiros turnos dos respectivos campeonatos terminassem.

O Bangu concordou em cedê-lo por empréstimo. Alguns de seus dirigentes, caso de Carlos Nascimento, como prêmio pelos anos de dedicação ao clube; outros, caso de Fausto de Almeida, para livrar-se dele. Entre os do São Paulo, ainda havia os que temiam correr riscos com um veterano "criador de casos". Lembravam a excursão de um combinado Bangu-São Paulo à Europa, na qual Zizinho se recusara a entrar em campo contra o Roma. Outros justificavam: gripado, febril, preso ao quarto de hotel, dissera ao então treinador Leônidas da Silva que não poderia jogar. Leônidas não gostou, achava que a partida valia um sacrifício e decidiu não mais escalar Zizinho no restante da excursão, mas Ondino Viera, que dividia com Leônidas a direção do combinado, tinha outro pensamento. Como também tinham os são-paulinos que o foram buscar no Rio.

A partir da estreia de Zizinho, na antepenúltima rodada do primeiro turno, o São Paulo renasceu: 4 a 2 sobre o Palmeiras. E não perdeu mais. Foram 13 partidas sem derrota até a última, decisiva, 3 a 1 sobre o Corinthians, quando o time de Bella Guttman, com os talentos de Mauro, De Sordi, Maurinho, Canhoteiro e outros, mais do que renascer, engrandeceu-se inspirado na arte de Zizinho.

Só que agora, aos 36 anos, ele ia dando seus últimos chutes, criando suas últimas jogadas, cumprindo suas últimas partidas pela Seleção. Os mais exigentes não a reconheciam como Seleção de verdade. Formada com jogadores de América e Bangu, mais alguns reforços, era uma "seleção suicida".

— Seleção onde joga Leônidas, o do América, não é Seleção coisa nenhuma.

Seleção onde joga Zizinho — rebatiam outros — é sempre uma Seleção. No São Paulo, depois no Uberaba — a convite do parceiro Danilo — e finalmente no Audax Italiano, em Santiago do Chile, para onde foi em maio de 1962 como técnico e jogador, despedia-se. Quando voltou do Chile, o craque encerrou a carreira. O técnico, não. Seguiu aceitando espaçados convites para trabalhar em equipes de clube e até numa Seleção olímpica, a de Montreal. Tornou-se um estudioso de táticas e sistemas, escreveu um livro a respeito. Continuou mestre fora do campo.

Até sua morte, em 8 de fevereiro de 2002, continuou sendo, na memória de todo brasileiro, o craque Zizinho, o mestre Ziza, o jogador que Pelé queria ser quando crescesse, o mesmo ídolo ao qual, no dizer de Nelson

Rodrigues, não havia bola no mundo que lhe fosse indiferente: "Quando ele passa, uma bola costuma dizer para outra: lá vai ele!" Pode ser que, daqui a muitos anos, num país onde a grandeza dos seus ídolos é lamentavelmente medida pelos títulos conquistados — e Zizinho não foi campeão do mundo —, ele ocupe a mesma posição única que ainda é sua na história do futebol. Para quem teve a sorte de vê-lo jogar, não há dúvida: tão perene quanto a magia do jogo é a arte de Zizinho.

//Heleno

*Reclamando, enfezado,
irritando até as traves dos
gols, ainda é ele o melhor.
O mais eficiente, o de mais
classe, o mais capaz. Depois
que Leônidas se foi, ou melhor,
depois que acabou o futebol de
Leônidas, o que existe por aí
é o futebol de Heleno.*

José Lins do Rego

O menino tinha só sete anos, mas corria como os maiores e brigava como poucos para estar sempre onde a bola estivesse. Não media tamanho, não media dificuldades. Aquilo era apenas um treino do segundo time do infantil do Mangueira, em São João Nepomuceno, Minas Gerais, segundo time em que ele acabava de ganhar a condição de titular, apesar da idade. Mas treino ou jogo para ele era tudo a mesma coisa, para eles todos. Havendo uma bola em campo e dois times frente a frente, nenhum dos guris fazia distinção entre uma coisa e outra.

E aquele pequenino *center-half* sentia que o treino — ou o jogo — estava duro. Mais que a correria, mais que a luta pela bola, começou a dar de si nas disputas rijas, no jogo quase briga. Heraldo, seu irmão que tomava conta do time e tinha praticamente o dobro de sua idade, decidiu expulsar o jogadorzinho que tantas e quantas vinha fazendo.

— Sai de campo! — disse Heraldo.

A resposta só não surpreendeu a todos porque o geniozinho daquele *center-half* em miniatura era bem conhecido entre os garotos do Mangueira. Mas um desconhecido que passasse ficaria espantado com a altivez e a arrogância do miudinho diante do grande:

— Não saio!

Sai-não-sai, Heraldo não quis levar a discussão muito longe para não ver a sua autoridade ferida. Depois de algum bate-boca arrastou o pequeno pelo chão, encostou-se num dos moirões que rodeavam o campo e, como o menino ainda resistisse e esperneasse, manteve-o seguro com um pé sobre o seu pescoço enquanto dirigia o resto do treino. A rebeldia do menino ia aumentando o dramático da cena, até provocar a reação de Oscar, outro dos irmãos, que, mais velho que o menor, mais moço que o maior, foi defender aquele brigando com este.

Esse desfecho de luta era o único possível para a cena, porque a vontade do menino Heleno — esse o nome do pequeno — não se dobrava à toa. Mais tarde, essa vontade indomável, esse gênio forte, Heleno mais avançado na vida e no campo, onde passou a ser *center-forward*, iam construir em torno dele uma das legendas mais dramáticas do futebol brasileiro em todos os tempos: a legenda heroica de Heleno de Freitas, jogador-padrão da época romântica do futebol, jogador que encarnava em si mesmo e em sua história novelesca o fim de uma era. Cuja intimidade com a bola e perfeição em futebol eram tão grandes quanto o próprio coração, que não resistia a uma jogada mal executada ou executada com má vontade, como não resistia a uma injustiça ou ao erro de um juiz. Nem resistiu à brutalidade de conhecer, em pouco tempo, o aplauso e as vaias do público, a fortuna e a miséria, a vitória incomparável no esplendor da carreira e a derrota mais amarga entre as quatro paredes de um sanatório.

★★★★★★

Foi nesse infantil do Mangueira que começou a carreira sem tréguas de Heleno de Freitas, nascido em 1920 ali mesmo, em São João Nepomuceno, filho do Sr. Oscar de Freitas, negociante de café na terra, mas nascido em Pombal, e da Sra. Maria Rita de Freitas, natural de Cataguases, mas criada em Ouro Preto. Minas por todos os lados, portanto. O mineirismo da família marcava-se até mesmo pela quantidade da prole: oito filhos, na seguinte ordem: Marina, Rômulo, Heraldo (o único que se manteve fiel a Minas, lá permanecendo como coletor estadual), Oscar, Heleno, Vera, Lúcio e José Lúcio.

Do infantil, Heleno passou, na progressão natural, ao juvenil do Mangueira, cuja equipe principal chegou a ser, segundo os apaixonados por futebol da região, um “timão”, no qual brilhava aquele que tinha no apelido o próprio nome da equipe e que foi a primeira grande admiração de Heleno no futebol, Joaquim Mangueira, um *half* raçudo e que "batia pra valer". Mas Heleno, embora o desejasse muito, nunca chegou a ser companheiro de time de Joaquim Mangueira, naquela época já em fim de carreira. Dando nome ao clube, Joaquim ficaria, assim, como uma bandeira do futebol da cidade. A vida cedo chamou o menino Heleno para o Rio, onde ele viria cumprir, principalmente no Botafogo, seu destino de glória no futebol, paixão maior dessa vida atormentada. A morte do pai obrigou a família a uma mudança radical no ritmo de vida e, dois anos depois, forçava a descida para o Rio, numa tentativa da mãe de conseguir melhores oportunidades para os filhos na cidade grande.

O pai de Heleno morreu em 1931, quando o menino tinha 11 anos. Assistindo a um embarque de sacas de café no trem de carga da Leopoldina, o Sr. Oscar suava em bicas, porque o sol de São João não é brincadeira. Chegou em casa molhado de suor, garganta seca, e pediu logo um copo d´água fresca para a mulher. Sofreu uma reação imediata, com um resfriado que acabou degenerando em pneumonia, doença por assim dizer mortal naquela época, à falta de antibióticos. Fatalista, o Sr. Oscar via aproximar-se o fim, por isso mandou chamar alguns dos filhos que andavam espalhados pelas redondezas de São João e reuniu a todos em torno de si para o que sentia que seria um adeus. E foi. Em uma semana, a partir do dia do copo d'água, morreu o pai de Heleno, transtornando a família toda.

Dona Maria Rita ficou arrumando o patrimônio e resolvendo sobre o destino da família durante algum tempo. Chegou à conclusão, afinal, que mais cedo ou mais tarde os meninos teriam que ir para o Rio para estudar. Demorou dois anos ajeitando tudo e afinal, no fim de 1933, partiu para o Rio com a filharada. Lá iriam todos estreitar sua intimidade com o futebol a partir da areia de Copacabana, com exceção do mais velho, Rômulo, que morreria muito moço e nunca se dignou a um simples bate-bola. Heraldo voltaria a Minas, com um emprego estadual.

O Posto 6 e seus arredores — pois mineiro que chega ao Rio gosta mesmo é de ficar na beira da praia — foram a partir de então indesligáveis da vida do futuro ídolo do Botafogo e do Brasil. Heleno reiniciou na praia de areias macias o seu futebol começado nos duros campos batidos de São João Nepomuceno, sertão das Gerais. A família se instalou na Rua Xavier da Silveira em seu primeiro contato com o Rio. Depois houve um curto período no Leme, numa pensão, mas logo Dona Maria Rita voltaria ao Posto 6.

O futebolzinho de praia, brincadeira no início, passou a ser logo um futebol sério para Heleno, que para jogá-lo estendeu seu mundo até o Posto 4 e ingressou no time de Neném Prancha, de quem se tornou grande amigo. Era muito garoto ainda e jogava no segundo time, mas a humildade e o bom coração do folclórico Neném Prancha conquistaram-lhe logo a simpatia. Oscar, o irmão logo acima de Heleno (era o quarto e, Heleno, o quinto), já jogava no primeiro time. Esclareça-se que o complemento do apelido de Neném se devia ao fato de que os tamancos que calçava, dado o tamanho de seu pé, eram verdadeiras pranchas. E essa figura, com toda a sua simplicidade e um bom número de casos singulares a cercar-lhe a biografia, acabaria por virar uma lenda no Botafogo.

A par do futebol de praia, Heleno e Oscar iam continuando os estudos. Por isso, Dona Maria Rita nunca teve má vontade em relação ao futebol. Heleno terminou o ginásio no São Bento, colégio de respeito. Mais tarde iria fazer direito em Niterói, enquanto Oscar se formava em odontologia, no Rio mesmo. Formado, Heleno nunca chegou a advogar. Mas desde cedo sua vida não era só futebol. Os meninos tinham que ajudar a mãe e Heleno, rapazinho ainda, arranjara emprego como funcionário miúdo de uma certa firma Hime & Cia.

O primeiro contato de Heleno com o futebol de um grande clube foi no Fluminense, para onde o levaram alguns amigos da praia. Logo ele conquistou um lugar entre os juvenis, sempre na linha média. Foi aí que o treinador uruguaio Carlomagno, então no Fluminense, viu a volúpia de vitória que caracterizava o futebol de Heleno. Por sugestão do uruguaio, Heleno passou então — corria o ano de 1938 — a centroavante, posição que nunca mais deixaria e na qual se consagraria como um dos maiores do futebol brasileiro.

Desde menino, porém, o coração de Heleno batia no ritmo alvinegro. Por isso ele passou a ser um jogador mais alegre — e mais passional — quando o Botafogo entrou em sua vida profissional (fala-se aqui de um profissionalismo incipiente, romântico, época da qual Heleno foi o representante mais puro). Mas, antes, Heleno passou pela curiosa experiência, nesse profissionalismo de gatinhas, de jogar ao mesmo tempo no Botafogo e no Fluminense. A situação de briga entre duas entidades permitiu que Heleno continuasse por algum tempo nos dois clubes, pois eles pertenciam a ligas diferentes — e assim não jogavam entre si. Explique-se: o Fluminense se engajara no profissionalismo, enquanto o Botafogo, conservador, continuava fiel ao amadorismo. Regularizada a situação política do futebol carioca, Heleno se transportou de armas e bagagens para o Botafogo.

Aí curtiu sua paixão, pois o Botafogo era alguma coisa diferente em sua vida. O Botafogo era o seu clube. Desde a cidadezinha mineira de onde vinha, o Botafogo mexia com o seu coração. Todo esse sentimento cresceu quando, em Copacabana, jogador já efetivo de uma turma bamba no futebol de praia, Heleno descobriu que aquele pessoal do time de Neném Prancha era muito ligado ao Botafogo, ou pelo menos tinha alguma afinidade com o alvinegro. Só por isso, já integrado ao profissionalismo do Fluminense, continuou frequentando muito o Botafogo e até jogando por esse time no amadorismo.

Com o Botafogo ele viveria um caso de amor, torcedor apaixonado do clube que era. Quando acabou aquela história de ser profissional num clube e amador em outro, fixou-se no Botafogo e cedo se firmou como titular do ataque do time principal, ataque que, sem exagero, tinha os melhores do futebol carioca na época. Nomes famosos como Geninho, Álvaro, Patesco e Carvalho Leite (a este ele substituiu) jogavam no poderoso ataque alvinegro.

Heleno se integrou definitiva e exclusivamente ao Botafogo a partir de 1940, quando se fez a paz no futebol carioca. O técnico Ademar Pimenta o incluiu, de saída, na relação dos que iriam excursionar ao México e ele seguiu como reserva de Carvalho Leite. Lá, jogou algumas vezes nos amistosos, ora como centroavante, ora como meia, deslocado daquela que já poderia ser chamada de sua verdadeira posição. Naquele 1940 mesmo, disputaria como centroavante titular o campeonato da cidade, no qual o Botafogo lutou até o fim, só perdendo o título na última rodada. Heleno subira muito não só no conceito do técnico Ademar Pimenta, mas também aos olhos do público, que começou a considerar um craque aquele valente homem de área. E Heleno passou a jogar mais alegremente ainda quando Ademar Pimenta deixou o Botafogo e foi substituído pelo mineiro Bengala, técnico pelo qual ele tinha imensa admiração.

Nascia, ao firmar-se ele como titular do Botafogo, o grande craque Heleno de Freitas. Dali para a frente, sem perder nunca a sua característica principal de jogo — a volúpia de ganhar — Heleno começou a ser considerado o mais clássico, o mais técnico e o mais elegante centroavante do futebol carioca e do futebol brasileiro. De 1940 a 1947 a carreira de Heleno foi só ascensão. Passou de craque a craque-ídolo, era a grande vedete do time alvinegro, era um cartaz nacional. Um dos pontos altos de sua carreira foi em 1945, no Sul-Americano de Santiago do Chile. Estreou no dia 21 de janeiro, no Estádio Nacional, Brasil 3 a 0 sobre a Colômbia. Com este time, para os que gostam de relembrar velhas escalações: Oberdan, Domingos e Norival; Biguá, Rui e Jaime; Tesourinha, Zizinho, Heleno, Ademir e Jorginho.

Na segunda partida Heleno foi substituído por Servílio, um atacante do Corinthians, e o Brasil teve medíocre atuação diante da frágil Bolívia, o que o fez voltar a ser titular no jogo seguinte: Brasil 3 a 0 sobre o Uruguai. Heleno não saiu mais do time e o Brasil ganhou de 9 a 2 do Equador, de 1 a 0 do Chile (gol de Heleno, o sexto que ele fazia no campeonato). Na final o Brasil perdeu de 3 a 1 para a Argentina, dia 28 de fevereiro (vê-se que o campeonato durou praticamente 40 dias, o que hoje seria impossível). Mesmo tendo jogado só cinco partidas, Heleno foi o artilheiro da competição e o seu grande destaque, segundo jornais de todo o continente.

Ao chegar, porém, a consagração definitiva daquela carreira destinada a ser dramática, começou também o fim de Heleno de Freitas. A sífilis, que liquidaria com o homem e o jogador de futebol, iniciou por essa época o trabalho de minar-lhe o sistema nervoso. Atingindo a glória por ter figurado com o mais absoluto sucesso ao lado de Zizinho, Jair e Ademir, Heleno começou a aparecer aos olhos da torcida, naquele mesmo 1945, como um indisciplinado, irascível, malcomportado. A maioria não o perdoava — não lhe negando o aplauso na hora exata, não lhe poupava também a vaia quando seus nervos o dominavam. Pois ninguém chegava a compreender que Heleno já não se enquadrava num caso normal.

Não era por aquilo que hoje se chama máscara que Heleno se revoltava contra uma jogada malfeita de um companheiro, não era por vontade de aparecer que ele não se continha diante de uma marcação errada do juiz. Era — só bem mais tarde se veio a saber — a doença que lhe destruía o sistema nervoso. Daí nasceu o drama a marcar a carreira de extremos de Heleno, que foi deus e o diabo. Temperamento hipersensível, para Heleno não havia meios-termos. Deus no trato com a bola, foi um demônio no trato com os homens. Para a torcida foi ao mesmo tempo as duas coisas, personagem fantástico, metade deus, metade demônio.

O que nunca mudou em Heleno foi a volúpia, sempre sua marca maior. Porque ele desempenhava seu papel com amor, no futebol como na vida. A partir da doença, com um amor obsessivo. Quando alguém errava no seu time, esquecia-se que era um amigo seu que errava, para brigar com ele, por assim dizer, às cegas. Mas logo voltava às boas com o amigo. Como naquela vez com Tovar, a quem ele respeitava como amigo e como craque. Tovar, porém, gostava de enfeitar um pouco a jogada. Em geral, quando havia condições para isso, mas nem sempre. Num jogo Botafogo x Atlético, em Belo Horizonte, Tovar perdeu o que se chama um gol feito por enfeitar demais a jogada. Tratava-se de um amistoso, mas, para Heleno e sua eterna alma de amador, não havia diferença entre amistoso e jogo de valer ponto. Imediatamente, ficou fora de si e investiu sobre Tovar aos berros. Despejou contra o amigo um chorrilho de impropérios diante de todos os companheiros. De tal modo que, num estádio pequeno, até a torcida pôde ouvir tudo, espantada.

Ao contrário da torcida, Tovar já não se espantava com as explosões de Heleno. Nem se aborreceu com aquela reação. Sorriu e pôs tudo em ordem explorando o lado vulnerável de Heleno, o amor à estética:

— Também, se eu fizesse seria lindo! — brincou, cativando Heleno, que também riu com aquilo, passando sem meios-termos da explosão de raiva ao abraço, extremos típicos de seu destempero.

A cena seria um prato cheio para um especialista em moléstias nervosas. Um segundo depois da explosão, Heleno parecia um menino alegre nos braços do amigo. Sim, Tovar perdera um gol incrível, mas estivera a um passo da realização artística. No abraço prolongado e público, Heleno agora estava feliz com o amigo cuja jogada acabara de condenar. O abraço resumia o homem dos nervos em frangalhos que acabara de berrar com o companheiro de time e o menino que por um nada se comovia até as lágrimas.

Da consagração definitiva ao auge da glória — e do drama —, 1945, 1946 e 1947 foram os anos maiores da carreira de Heleno. Os maiores e praticamente os últimos no Brasil, que ele logo trocaria pela Colômbia. Em 1947, o último dos anos de ouro de Heleno, veio também a grande explosão. No ano anterior, o filme *Gilda* fora o grande sucesso na cidade. A esse filme, outra personalidade explosiva, a atriz Rita Hayworth, ficou devendo mais de metade de sua imensa popularidade mundial, que lhe valeu casamentos, fausto e fortuna. Para Heleno, o sucesso do filme rendeu-lhe o apelido que só serviria para aumentar o seu drama. Gilda, a personagem do filme, era uma mulher temperamental e voluntariosa. Daí a aproximar a mulher da história e o craque seria um passo, pois o torcedor não perdoa.

Os estádios miúdos da era pré-Maracanã ajudaram a cavar o buraco que se abria entre Heleno, com sua neurose, e o público, irritado com as reações que aos olhos da torcida surgiam como vedetismo. Levando o jogador à loucura, o coro da torcida — a cada destempero mais evidente do gênio de Heleno — era uma provocação insuportável:

— Gilda! Gilda! Gilda!

Ah, mas a vaia e o coro provocativo despertavam em Heleno reações contraditórias. Às vezes o levavam à busca de mais e mais gols, desses que passaram a se chamar "gol de raiva". E eram isso mesmo, gols de raiva. Fora de si, Heleno partia para a busca desesperada do gol, para fazer da vitória uma resposta digna. Mas outras vezes, ao ouvir a provocação, não queria mais saber de futebol, irritava-se com a torcida e com quem não tinha nada a ver com aquilo, o juiz, os jogadores adversários, os próprios companheiros do Botafogo. Acabava invariavelmente expulso, seu time derrotado, ele mesmo derrotado, seus nervos cada vez mais derrotados.

Esse período marcou uma série incrível de expulsões de Heleno, em número que provavelmente jamais nenhum outro jogador tenha atingido. No fim do campeonato carioca de 1947, o Botafogo mais uma vez sem conseguir o título (Vasco campeão), a situação de Heleno, mesmo no clube de seu coração, ficou insustentável. E, cheio de superstições, o torcedor do Botafogo começou a criar uma lenda: Heleno dava azar ao Botafogo. Uma dessas crendices que nascem não se sabe bem quando nem onde, mas a verdade é que com Heleno, por grande craque que ele fosse, o Botafogo nunca tinha sido campeão. E Heleno estava no Botafogo havia oito anos. Isso, para o torcedor do Botafogo, é indício forte demais.

No fim de 1947, nem a superstição do Botafogo nem os nervos de Heleno aguentavam mais. O técnico uruguaio Ondino Viera, para assinar contrato, exigiu a saída de Heleno. Não havia crueldade na atitude do treinador. É que Ondino, mais do que todos os outros lá dentro, via que aquele caso não tinha solução. Como num casamento em que o marido e a mulher brigam todo dia, a única solução era o divórcio. Mas o Botafogo parece que já não sabia viver sem Heleno, pediu para mantê-lo no time por mais algum tempo, prometeu que venderia logo o passe dele. Ondino acabou por assinar contrato aceitando Heleno provisoriamente. Mas as brigas entre jogador e técnico não demoraram muito. Na primeira, Heleno foi punido com um mês de suspensão (três dias depois, num daqueles rompantes típicos, pediu para voltar e foi aceito, claro). Na segunda, o técnico é que foi punido, e com pena mais grave: a demissão.

Carlito Rocha, tão supersticioso e tão botafoguense como a estrela solitária, assume a presidência no início de 1948. Começou seu trabalho avisando que não admitiria indisciplinas, "viessem de onde viessem". Usava isso para prometer que, com um time disciplinado, seria o campeão de 1948. Todo mundo esperava uma briga Heleno x Carlito e ela veio até em menos tempo do que prometia. Briga entre presidente e jogador, a corda tem de arrebentar do lado do jogador. Mas não foi questão de inimizade, não! Carlito e Heleno jamais poderiam ser inimigos, ambos unidos pelo mesmo amor: o amor pelo Botafogo. De qualquer maneira, a separação foi muito dolorosa. Ficou acertada a venda de Heleno para o Boca Juniors, clube que no momento era o grande cartaz da Argentina e de toda a América do Sul.

Dois sentimentais, Carlito e Heleno. Na véspera da viagem do jogador para Buenos Aires, Carlito Rocha foi procurá-lo. Não queria mais que ele partisse. Os dois se abraçaram chorando, Heleno disse que só ia porque tinha dado sua palavra ao presidente do Boca. Até o dia da partida, Heleno viveu rondando General Severiano, a rua onde ficava o campo do Botafogo (e lá ainda existe hoje um campo de treino, mas em plano alto, não dá para ver do lado de fora). No último jogo do Botafogo a que foi assistir antes de viajar, viu o seu clube tão querido perder para o São Cristóvão de 4 a 0, com Pirilo em seu lugar. A torcida, de reações sempre tão desencontradas, aplaudiu demoradamente ao ver como simples espectador o Heleno que como jogador só vinha sendo vaiado.

Aquele 1948 de tantas reviravoltas foi também o ano de seu casamento. A noiva, Hilma, tinha sido criada por um diplomata primo do jogador. O casamento, escreveu mais tarde o colunista Armando Nogueira em um jornal do Rio, acabava com as esperanças de tantas outras moças de Copacabana "que lhe namoravam a elegância, o espírito boêmio, a rebeldia, a inteligência, a fama". Viam nele um "galã irresistível". A cerimônia de casamento foi um acontecimento social como nenhum outro jogador de futebol conseguira antes nem conseguiria depois. Os noivos, impecáveis em seu bom gosto. Os padrinhos de ambos os lados em irrepreensíveis fraques. Para completar, a noiva era muito bonita, e Heleno provocou a presença de fãs e admiradores que superlotaram a igreja e até o lado de fora.

Pompa, porém, não segura casamento. Durou pouco mais, o de Heleno, do que a temporada em Buenos Aires. Mesmo sua relação com o Boca foi curta: em princípios de 1949 Heleno e Hilma estavam no Rio de volta. Um novo caso — desta vez criado menos por ele do que por seus companheiros de equipe — tornara impossível sua permanência no clube argentino. E ele apressou sua volta porque Hilma queria que o filho que esperava nascesse no Brasil. Pouco depois da chegada do casal nasceu Luís Eduardo, mas nem a presença da criança melhorou a convivência do casal, que entretanto sempre manteve relações amistosas. Luís Eduardo foi viver com a mãe em Petrópolis.

A Buenos Aires, Heleno chegou como ídolo e como ídolo saiu. Tinha lá a imagem da valentia mostrada no Sul-Americano de 1946, quando a Seleção só perdeu para a Argentina, no jogo final (2 a 0), depois de passar pelo Paraguai (empate, 1 a 1) e pelo Chile (Brasil 5 a 1). Eis o ataque que Heleno comandava no jogo decisivo contra o time da casa: Tesourinha, Zizinho, Heleno, Jair e Chico. Os argentinos entraram na base do ganhar "de qualquer maneira" e jogaram baixando o pau, como se diz. Em determinado momento, as brigas viraram tumulto total. Heleno, o audacioso, o briguento, não provocou nem por um minuto, mas não fugia à luta, que esse não era seu temperamento. Ao seu lado, o ponta-esquerda Chico (do Vasco) foi o mais altivo. Heleno, que admirava esse tipo de jogador, até o fim da vida não se cansava de repetir o que ouvira Chico dizer a um argentino que ameaçara "quebrá-lo na próxima jogada":

— Pode vir, mas tem de me quebrar lá dentro da área, porque eu estarei brigando lá!

Dentro desse espírito, o conflito acabou por generalizar-se, todo mundo correndo atrás de todo mundo. Os brasileiros foram obrigados a descer para o vestiário. Aí, deu-se a célebre briga de Heleno com Flávio Costa. O treinador defendia a volta a campo. Heleno, que nunca teve medo de briga, resolveu argumentar, pensando exclusivamente em proteger os companheiros de equipe:

— Por mim eu volto — disse Heleno ao técnico com uma frieza surpreendente. — Não gosto de deixar uma briga pelo meio e pouco me importo, a esta altura da minha carreira, de deixar o futebol, até porque tenho outros meios para viver. Mas a situação está realmente feia, eles estão dando para quebrar, querem mandar um dos nossos para o hospital. Alguém pode ter até uma perna quebrada, ficar inutilizado para o futebol. Diante disso, acho melhor não voltar a campo, em nome do próprio futebol brasileiro, do qual a maioria aqui representa a nata. Com algum deles quebrado, o futebol brasileiro é que vai ficar prejudicado.

A fala é de uma generosidade comovedora, assumida exclusivamente em função dos companheiros. Uma ala, em cujo centro Heleno surgiu como líder, apoiou esse argumento, tentando impedir a volta do Brasil a campo. Mas a vontade de Flávio Costa valia mais e prevaleceu. A equipe voltou a campo, inclusive Heleno, mas rompido com Flávio. Essa foi a primeira briga entre os dois. Mais tarde se reconciliaram, porém de novo brigaram, no Vasco, no fim da carreira de Heleno, dessa vez de forma irreconciliável.

Mas aquela briga na Seleção marcara muito o espírito precocemente cansado de Heleno de Freitas. Seleção era um prazer para Heleno. O prazer de jogar na Seleção era o prazer de jogar entre os melhores. Isso era importantíssimo para ele, um torturado pela perfeição. Os contemporâneos testemunharam sempre, não poucas vezes surpresos, seu comportamento mais tranquilo em partidas de seleções, a brasileira como a carioca. No *scratch*, Heleno não brigava em campo. Ou, se brigasse, seria uma exceção, enquanto que no Botafogo, no seu Botafogo, a briga virara rotina. Já ao lado de Zizinho, Ademir e Jair, para citar apenas os que jogavam mais perto dele na Seleção, Heleno era outro Heleno, o Heleno do encontro alegre com o futebol-arte, o Heleno que se realizava no prazer estético, no prazer de estar participando na execução de uma obra-prima.

Aquele Sul-Americano, se deu — como verdadeiramente deu — a Heleno o desgosto da briga com Flávio Costa, serviu, por outro lado, para consolidar o seu prestígio de ídolo em Buenos Aires. Quando ele chegou para jogar no Boca, foi capa de uma revista que só publicava, insistente e subservientemente, a primeira-dama Evita Perón semana após semana como capa. Era o auge da ditadura de Perón. Heleno, só Heleno quebrou a série inacreditável de capas com Evita, que em várias posições — de frente, de perfil, de corpo inteiro, em *close* — a cada sete dias voltava a sorrir na capa daquela publicação. Só para Heleno abriram uma exceção. Para mais ninguém.

Esse dado basta como medida do prestígio com que Heleno chegou a Buenos Aires naquele 1948. Para um bom observador, seria fácil prever que a relação de Heleno com o clube, mais especificamente com o time de futebol do Boca, seria complicada, pois, se Heleno era um temperamento difícil, o Boca de então também era um time difícil, um time de craques, de grandes cartazes — e só por isso Heleno fora contratado. Brilhavam lá, entre outros, o arquifamoso Boyé, uma das legendas do futebol argentino de todos os tempos, e o peruano Gómez Sánchez, sensação na época. Com um e outro Heleno brigou. Era vedete contra vedete. Os mais antigos começaram a boicotar o que chegava — e que aparentemente poderia fazer-lhes sombra. O prestígio de Heleno ofuscara-lhes os nomes nas manchetes, a transação recorde na época — 1 milhão de cruzeiros pela moeda brasileira — e os salários mais altos do brasileiro justificavam o complô. Mas o gênio de Heleno não admitia esse tipo de comportamento desonesto.

A explosão não demorou, Heleno não recebia mais uma bola sequer. Em determinada partida o boicote ficou escandaloso. O primeiro tempo caminhava para o fim e Heleno não recebera uma única bola. Uma vez só ela chegou-lhe aos pés, mas só chegou porque ele foi buscá-la, raivoso. Os que estiveram presentes ao jogo descrevem o lance tragicômico. Heleno driblou um, driblou dois, driblou três e, quando chegou perto da linha da área adversária, não tinha com quem trocar um passe para romper a defesa. Olhou para trás e viu seus companheiros de ataque do Boca parados, muito distantes, a contemplá-lo como se assistissem ao jogo. Heleno deu um bico para as gerais, tornando pela primeira vez aberta a guerra até então fria entre os outros cartazes do Boca e ele.

Por ironia da sorte, enquanto ele sofria em Buenos Aires seu Botafogo era campeão no Rio, com Pirilo em seu lugar, logo o desacreditado Pirilo, a quem o Flamengo dera passe livre por desencanto. A milhares de quilômetros de distância, o título arrancara lágrimas de emoção de Heleno, lágrimas derramadas nos ombros do presidente Gil, que o tinha levado para o Boca e era o seu único amigo em Buenos Aires. Campeão, enfim, depois de tantos anos, o seu querido Botafogo! Uma alegria muito grande, mas uma nostalgia inevitável: campeão logo longe dele. De qualquer forma, ele se alegrou em Buenos Aires, por seus amigos e por seu coração alvinegro.

Bem, no Boca, já se viu, a situação se tornara insustentável. Voltar para o Brasil era a única saída, começar tudo de novo. Como teimosamente Heleno ainda não procurara um médico, embora vários amigos no Rio tivessem lhe aconselhado isso, mesmo que voltasse para sua terra os dramas iriam continuar, ele sabia. Havia barreiras intransponíveis se não tratasse de sua doença de imediato — e com seriedade. Seria simples, diriam médicos depois que tudo se agravou. Bastava um bom repouso e boas doses de antibiótico — especificamente a penicilina, que começava a ser usada para uma porção de doenças no Brasil. A cura de Heleno teria sido certíssima, diziam. Não sabiam é que surgiriam sempre outros dramas, pois a vida de Heleno era uma vida marcada pelo drama.

O Vasco foi a porta que se abriu para sua volta ao Rio. O presidente Otávio Póvoa, antigo enamorado de seu futebol, levou-o para São Januário. Antes, marcou-se um encontro indispensável com Flávio Costa, que estava treinando o Vasco. Heleno prometeu a Flávio bom comportamento — ninguém tinha atentado para o fato de que seu comportamento não dependia mais dele nem de suas promessas. Assinou-se o contrato, uma festa. O primeiro treino teve a concorrência de um jogo, muitas palmas para Heleno.

De fato, Heleno conseguiu superar-se ao máximo, ajudou muito o Vasco a ser campeão. Campeão carioca, tinha enfim o título que o Botafogo não lhe dera e que por ironia conquistara exatamente no ano em que ele se afastara para Buenos Aires. No Vasco de 1949, time muito ajustado, futebol muito bonito, apesar da precariedade da condição de seus nervos, apesar de seu coração botafoguense, Heleno parecia jogar com prazer. Cumpriu a temporada quase toda jogando, até que no fim do campeonato veio outra briga com Flávio Costa. Foi duro demais, mas ele teve de deixar o Vasco, onde Flávio Costa se tornara uma espécie de instituição. Partiu de novo rumo ao exterior.

A Colômbia era então chamada de o Eldorado do futebol sul-americano. Corria dinheiro por lá, grandes craques argentinos e brasileiros se transferiam para o futebol colombiano. Heleno foi para o Barranquilla, da cidade do mesmo nome, acima do Canal do Panamá e, portanto, no Mar das Antilhas, bem longe de Bogotá. Havia muitos brasileiros por lá, mas a maioria em Bogotá, entre eles Tim, mais velho do que ele e também em fim de carreira, atuando como jogador e técnico.

Heleno já chegou à Colômbia criando problemas. Queria tudo do bom e do melhor, tudo para ele estava ruim, desde o primeiro dia insurgiu-se contra o hotel que o clube designara para ele. Recorreu a Tim, pedindo-lhe que intercedesse por ele, obrigando-o a, de Bogotá, pedir que lhe dessem um hotel melhor. Na verdade, o hotel onde o clube o hospedara era bom, nenhum dos outros estrangeiros do Barranquilla tinha reclamado. Mas foi feita a sua vontade e ele mudou para o melhor hotel da cidade, sem que o clube se queixasse dele, pois também na Colômbia ele era um ídolo.

Embora ganhasse bons dólares, não resistiu mais do que meia temporada na Colômbia. Seus nervos já estavam em pandarecos. Voltou para o Brasil sem cumprir todo o contrato com o Barranquilla. Depois de uma rápida passagem pelo Santos, cumpriu no América seu doloroso fim. Se muitos erraram no caso Heleno, quem mais errou foi o América. Heleno já não tinha condições de ser contratado como profissional. Ninguém sabia, por culpa do próprio Heleno que não procurava um médico, de sua sífilis cerebral, mas todo mundo via àquela altura de sua carreira que ele não tinha jeito, brigava, não cumpria contratos, enfim, não tinha mais condições de ser um profissional.

Não só em matéria de futebol seu comportamento se tornara incoerente. Oscar estranhou muito o modo de proceder. Heleno não tinha dinheiro, nem emprego, nem clube, mas logo ao chegar queria porque queria comprar um Cadillac, um carrão de alto luxo que estava na moda entre os ricaços. Essa e outras demonstrações de transtorno mental fizeram com que seu irmão, daquela vez, o chamasse seriamente às falas, dizendo-lhe da necessidade de um tratamento que só lhe poderia ser benéfico.

Heleno relutava, principalmente pela falta de coragem de se afastar da família. Se por um lado era um espírito boêmio, tinha também, e muito, do homem de família. Gostava de ficar horas à toa numa conversa descontraída e sem compromisso. Quando voltava da praia, costumava passar na casa de uma das irmãs e espichava-se numa poltrona para um longo bate-papo, em que não raro eram lembrados velhos casos de infância, inocentes casos mineiros.

Outra característica sua era a do mão-aberta, que sempre foi em alto grau. A família era grandemente contemplada sempre que ele voltava de uma de suas viagens internacionais. Para si mesmo, nunca deixava de trazer muitos discos: trouxe muitos boleros quando voltou de uma excursão ao México, muitos tangos quando voltou da Argentina. No Rio, comprava sempre gravações de sambas — e bons sambas, tinha um excelente gosto musical. Com os discos, como com tudo o que era seu, tinha cada vez mais capricho. Comprou, para ouvi-los num som refinado, uma eletrola Zenith que era de fazer inveja na época. Era a última palavra. Não tinha mãos a medir quando gastava com essas coisas. Apenas queria-as perfeitas, como queria perfeitos os lances em qualquer partida. E tudo seu queria cada vez do mais fino — do jeito de seu futebol dentro de campo. Seu inesquecível futebol, um paradoxo vivo: elegante e agressivo, fino, mas jogado com gana quase raivosa.

Além dos discos, Heleno trazia sempre uma série de curiosidades de suas viagens. Guardava bobaginhas como caixas de fósforos e tinha coleções intermináveis de pequenas bugigangas, como chaveiros e isqueiros estrangeiros. O que colecionava realmente com requinte eram moedas estrangeiras. Ao morrer, só em moedas de ouro Heleno tinha mais de um quilo. Colecionava notas estrangeiras, também, mas só notas impecáveis. Esse era o Heleno doméstico, o da família.

Mas, como seu futebol, sua vida era outro paradoxo, pois havia também o Heleno boêmio. À noite, gostava de longos passeios, adorava cinema, ia muito a shows de cassinos e boates, dançava muito — e dançava muito bem. Todas essas distrações, esses programas permanentes, tornaram-se um hábito para Heleno com o casamento fracassado. Não que se entregasse a elas com sofreguidão, não. Ao contrário, via nisso puramente o prazer do passatempo, ao qual se dedicava com uma constância liberta das obrigações que um lar formado costuma interpor.

Tudo bem, aparentemente, mas a vida não podia continuar resumida às noites de Copacabana. Até porque o dinheiro ia faltando. Seu irmão Oscar sabia que chegara o momento, a internação não podia ser retardada. Como ele não podia mais jogar futebol, pois não conhecia mais responsabilidades, não cumpria obrigações, a exemplo do que acontecera em sua última experiência, no América, não havia outro jeito: interná-lo era o único caminho.

Jogara uma vez só no América — e foi a única vez em que pisou no gramado do Maracanã recém-inaugurado, 1950. Esse jogo ficou como um símbolo: com o advento do Maracanã, desaparecia o profissionalismo romântico, que Heleno dignificou com ardor enquanto esteve no Botafogo, na melhor fase de sua carreira: era profissional, sim, mas suava aquela camisa, jogava com amor verdadeiro. Há uma foto famosa do último instante de Heleno no futebol. Pela primeira e única vez com a camisa do América, ele começa a descer, expulso, as escadas do túnel que pisara pela primeira vez em sentido contrário ao entrar em campo. Meio tempo de jogo bastou para mostrar que Heleno não tinha mais condições de jogar futebol — nem de fazer coisa alguma antes de se submeter a um tratamento sério.

A foto mostra o técnico do América, Délio Neves, com ar de desconsolo. Heleno está descendo os primeiros degraus, olha para trás, para o gramado, a expressão é de desvario completo. Sua muito, está descomposto, gordo, não parece o Heleno elegante que a torcida se acostumara a ver com a camisa do Botafogo e, por pouco tempo, com a do Vasco. Seu olhar parece estar não só contra o juiz que o expulsa, mas contra os outros jogadores, de cujo convívio não tem mais o direito de participar, contra o mundo.

Délio Neves depois diria que temia por aquele fim de Heleno, que, já bem doente, perdera o senso das coisas. Um dia ia treinar, depois passava uma semana sem aparecer, esquecia-se que tinha um contrato a cumprir. O técnico só o escalou porque ele era uma contratação cara, o América precisava justificar o dinheiro investido.

Mais algum tempo Heleno passou em casa, o olhar perdido, desligado do mundo. Um dia Oscar o apanhou pela mão, levou-o ao América para assinar o distrato, convencendo-o de que era impossível continuar.

O pior veio depois, o passo decisivo para convencê-lo a internar-se numa casa especializada no tratamento de doenças nervosas. Não só no futebol, mas na vida, em tudo Heleno vinha dando trabalho. Faltando-lhe dinheiro para as necessidades mais primárias, recorria em geral a amigos do Botafogo, que muitas vezes o salvaram de apuros. O irmão Oscar também o livrava de situações vexatórias. E para o próprio Heleno aquilo era sumamente doloroso, pois não tinha mais condições de manter-se na engrenagem social. Entretanto, o Heleno-ídolo era uma realidade constante em suas lembranças. Pesava-lhe na memória o tempo em que esbanjava dinheiro com a maior prodigalidade, tempo em que vivia enchendo a família e os amigos de presentes finos e comprando do bom e do melhor para si mesmo. Agora, a duras penas conseguia o mínimo essencial para se alimentar. Quando não queria recorrer à família — e muitas vezes não queria — aproximava-se, torturado, dos amigos.

Em uma palavra, era uma sombra do Heleno elegante de poucos, muito poucos anos antes. O orgulho não o deixava curvar-se de todo, mas o aspecto era outro, as roupas eram outras, tudo muito diferente do trajar impecável do Heleno de outros tempos. E até no físico era outro: estava gordo, descuidado, uma caricatura do antigo Heleno, que a cidade conhecia como craque-galã.

Foi quase à força que Oscar o levou para uma casa de saúde na Tijuca, bem perto da Praça Saenz Peña. Uma casa de saúde tranquila, mas Heleno só ficou lá por poucos dias, apesar do ambiente acolhedor. E mesmo nesses poucos dias dera uma saída, bem engendrada mas malsucedida. Apareceu em casa da mãe de surpresa. A mãe teve pena, não queria interná-lo mais. Oscar explicou que isso era impossível: se ela quisesse manter alguma esperança de cura, a solução única, dolorosa, mas insubstituível, era o internamento. Antes, porém, ainda houve uma concessão. Heleno insistiu muito, Oscar levou-o uma noite ao Vogue, boate na Avenida Atlântica da predileção de Heleno (que mais tarde seria destruída por um incêndio pavoroso). Serviu essa ida ao Vogue para que o irmão se convencesse mais ainda de como era necessária a internação na casa de saúde. Heleno quase brigou fisicamente com um cantor, depois de provocá-lo. Oscar foi obrigado a providenciar a saída o mais rapidamente possível e da melhor maneira, isto é, depois de uma explicação ao cantor.

Mais alguns dias e Heleno foi a São João Nepomuceno. Resistia com todas as suas forças à ida para a casa de saúde. Um médico sugeriu que talvez o ambiente de infância o acalmasse e trouxesse coisas boas, desse vida nova ao seu espírito. Mas também em São João a calma de Heleno durou pouco. O internamento era rigorosamente a única saída.

O médico disse então que era preciso diagnosticar com precisão tudo aquilo e que só um tratamento longo e bem orientado poderia abrir todas as portas de acesso ao desconhecido. Em busca dessa solução, Heleno foi enviado a Juiz de Fora e reinternado. Os médicos de lá o mandaram a Belo Horizonte para radiografias minuciosas e vários exames de sangue em uma clínica especializada. Constatou-se então, finalmente, a sífilis em último grau.

A doença tomara-lhe todo o cérebro, não havia mais como contê-la. Nem mesmo os antibióticos, a essa altura já corriqueiros, resolveriam mais. Era inevitável o avançar progressivo da doença a destruir-lhe o cérebro e o já tão castigado sistema nervoso, a deformar até mesmo o aspecto exterior do antigo craque-galã, pois uma de suas manifestações mais cruéis era a hipertrofia dos membros, do rosto e de toda a conformação física da pessoa.

Heleno foi enviado então para Barbacena, onde um amigo de infância e colega de ginásio — metade do ginásio, que Heleno completara no São Bento, no Rio, tinha sido feita em Barbacena — era agora médico de uma casa de saúde local, indicada exatamente para casos graves como o de Heleno. A grande confiança de Heleno nesse amigo, Dr. José Tolendal, vinha dos tempos de menino e começava pelo pai de seu colega, o velho professor Tolendal, do ginásio de Barbacena, por quem Heleno tinha grande admiração. Dessa confiança de Heleno no antigo colega poderia advir algum benefício, algum sossego psicológico, ainda que clinicamente seu caso fosse desanimador.

Em Barbacena, diante de seu quadro clínico, Heleno ainda durou mais até do que seria lícito esperar, mas sempre muito torturado pela lembrança do Heleno de outros tempos, aquele de fastígio, glória e dinheiro no futebol. O futebol, principalmente, continuava a castigar-lhe a memória confusa, e por causa dessa ideia obsessiva de vez em quando ele batia bola no Olympic de Barbacena. Mas nunca organizou um time com os doentes, seus companheiros, jamais dirigiu um campeonato de futebol no sanatório, como disse, inventando uma mentira deslavada, a revista *O Cruzeiro*, a de maior circulação do Brasil à época, que mandou repórteres a Barbacena e de lá saiu com uma das reportagens mais cruéis de que a imprensa brasileira tem lembrança.

Cruel e, repita-se, mentirosa. A partir desse dia, a família de Heleno pediu à direção da casa de saúde que fosse radicalmente proibida a presença de repórteres, com objetivos profissionais, junto a Heleno. Era possível que, depois do desastre, se fizesse uma reportagem de categoria, uma reportagem em que pesasse mais o lado humano no caso de Heleno, mas a proibição total cortava pela raiz a possibilidade de surgirem mais aborrecimentos. Deixassem Heleno quieto com a sua nostalgia, com seus recortes de jornais antigos, sonhando sozinho os sonhos de outrora, na suprema solidão de sua mente doente.

Para que descarná-lo aos olhos do público? Para que dar ao público aquele Heleno gordo, disforme, derrotado entre as quatro paredes frias de um sanatório? Bastasse ao público a imagem de Heleno correndo entre as quatro linhas saudáveis de um campo de grama, brigando pela bola, fazendo seus gols com gana, fazendo seus gols com arte. Dando uma dignidade toda especial à camisa do Botafogo, à camisa do Vasco, à camisa da Seleção brasileira. Bastasse ao público a imagem antiga do Heleno boêmio, do Heleno elegante, do craque-advogado, do craque-galã, do rebelde, do inteligente, do brilhante Heleno de Freitas. Que essa imagem — não a outra — se perdesse na poeira do tempo.

Solitário, Heleno foi se consumindo. Morreu naquele mundo que não tem hoje nem amanhã, longe do seu público, longe dos repórteres, longe da família, no dia 8 de novembro de 1959, aos 39 anos. O corpo foi transportado para a sua São João Nepomuceno, de onde Heleno saíra 26 anos antes para uma vida intensa de consagração e glória, de tormento e miséria. Hoje, é nome de uma rua tranquila, bem diferente de sua vida, que desemboca na antiga estação da estrada de ferro. Humilde estaçãozinha de província, de onde o trem de ferro o levou para a conquista do mundo grande. E onde o mesmo trem de ferro o devolveu num caixão, vítima do amargo mundo da solidão.

iQUE

//Ademir

Você, como outros recifenses,
nascido onde mangues e o frevo,
soube mais que nenhum passar
de um para o outro, sem tropeço.

Recifense e, assim, dividido
entre dois climas diferentes,
ambidestro do seco e do úmido
como em geral os recifenses,

Como você, ninguém passou
de dentro de um para o outro ritmo
nem soube emergir, punhal, do lento:
secar-se dele, vivo, arisco.

João Cabral de Melo Neto

No primeiro domingo de maio de 1938, os garotos que todas as tardes jogavam bola na Praia do Pina, em Recife, nem apareceram. Um a um, tinham pulado o muro do campo do América e se espalhado estrategicamente pela arquibancada para verem os jogadores da Seleção brasileira numa série de exercícios físicos dirigidos por Ademar Pimenta. Não era muito, mas, para eles, bastava. Ali estavam Leônidas, Domingos, Romeu, Tim, craques cujos nomes lhes soavam tão familiares quanto os heróis de cordel cantados nas feiras de Pernambuco. Lendas vivas como Perácio, o tanque. Ou como Hércules, de chute forte como os músculos de seu xará lendário. Ou como Nariz, médio e médico ao mesmo tempo. Ou ainda como Batatais, goleiro cuja condição de titular estava ameaçada por Válter Goulart, de menos técnica e mais sangue-frio. Todos, enfim, convocados para a próxima Copa do Mundo.

Entre os garotos seduzidos por aquele elenco, destacava-se um, meia-direita do juvenil do Sport, que chegou a entrar em campo para conversar com o famoso Tim. Magro, alto, o queixo comprido responsável pelo apelido de "Queixada" que o acompanharia por toda a vida, tinha 15 anos, chamava-se Ademir e era, longe, o mais promissor atacante não só do

Pina, mas dos jogos de verdade na Ilha do Retiro. Quando soube que o transatlântico *Arlanza* ia aportar em Recife a caminho da França, e que a Seleção de Pimenta aproveitaria a escala para leve treino no campo do América, não perdeu tempo: convocou a turma para, como ele, ir ver para crer. Meses depois, seria bicampeão de juvenis com a camisa rubro-negra do Sport.

Para Ademir Marques de Meneses, nascido no Pina em 8 de novembro de 1922, nada mais sedutor do que o futebol. E, no futebol, o gol, objetivo que seguiria a vida buscando com incansável persistência e raro talento. Como acontecia com muitos jovens pernambucanos de então, o interesse por atividade meio marginal (o futebol estava longe de ser uma profissão sequer respeitável) sofria firme resistência familiar. A mãe, Othilia Marques de Meneses, mal aceitava as peladas de fim de tarde, quanto mais jogar por dinheiro. Por isso, no dia em que o filho assinou seu primeiro contrato com o Sport Club do Recife, ela reuniu a família para que todos, em coro, o fizessem voltar atrás. Obedientes, tanto os rapazes, Ademar, Ademílson, Ademílton e o caçula Adêmis, nenhum deles de bola, quanto as moças, Odemilda e Odemise, para quem um diploma era tudo, ficaram contra o irmão. Só que ali, como em todo patriarcado, quem mandava era o pai, Antônio Clemente Rodrigues de Meneses, o "coronel" Meneses, cuja patente nada mais era do que tratamento respeitoso tradicionalmente conferido no Nordeste a homens de certo prestígio e autoridade. E Meneses, vendedor de carros, além de diretor de remo do Sport e uma espécie de líder do bairro, arregalava os olhos e enchia o peito toda vez que falava aos vizinhos do futebol do filho.

Com razão. Quem daqueles garotos de Recife tinha a velocidade de Ademir? Quem, entre eles, não era um mero *sprinter*, mas um atacante privilegiado que conseguia raciocinar enquanto corria, um homem-gol que chutava admiravelmente com qualquer dos pés? Com menos de 18 anos, o filho parecia desmentir a crença do grande Domingos da Guia: jogador que corre muito é mais fácil de marcar. Ademir, desde a praia, desde os primeiros chutes no Sport, nada tinha de fácil. Meneses bem o sabia, de modo que, na condição de patriarca, achou-se com direito à última palavra.

Graças ao apoio do pai, Ademir tornou-se profissional. Com uma condição imposta por Odília: paralelamente, teria de estudar medicina ou odontologia. Em resumo, "ter um canudo". Ademir optou pela medicina, conseguindo, por influência do pai, uma não muito legítima matrícula em faculdade de Recife. As aulas? Nunca quis saber delas. Talvez para agradar a mãe, fingia que sim. Tudo que restou de sua vida de "acadêmico de medicina" foram os gols que marcou pelo time da escola em torneios universitários.

★★★★★★

O ano de 1941 seria histórico para o Sport e decisivo para Ademir. Nele o clube levantou o primeiro dos três títulos de campeão pernambucano que se completariam com o tri em 1943. Artilheiro do campeonato: Ademir. Foi também em 1941 que o autoproclamado Leão da Ilha do Retiro começou a ser conhecido no Sul. Em novembro, a seleção de Pernambuco, com Ademir e mais seis jogadores do Sport, foi eliminada pela da Bahia nas quartas de final do Campeonato Brasileiro. Luís Oiticica, presidente do clube, teve uma ideia que a alguns colegas de diretoria pareceu absurda: aproveitar que os sete jogadores estavam fora e embarcar num ita o restante do time — mais o chefe de delegação, um tesoureiro, o secretário, o técnico Ricardo Diez, um árbitro e um convidado, o "coronel" Meneses — para juntar-se aos sete numa excursão a Belo Horizonte, São Paulo, Curitiba, Joinville, Porto Alegre e, por fim, Rio de Janeiro. Mais do que absurda, a ideia parecia meio suicida. O que poderia conseguir o Sport diante das maiores forças do futebol brasileiro? Pois conseguiria muito: 11 vitórias, dois empates e apenas quatro derrotas em 17 jogos.

Surpreendente em todos os sentidos, a excursão revelava ao país uma nova geração de pernambucanos bons de bola. Vários de seus jogadores foram contratados por clubes cariocas: Pirombá, Zago, Pinhegas, o goleiro Manuelzinho, Magri, Djalma, futuro curinga do Vasco e do Bangu. E, de forma espetacular, Ademir. A penúltima partida da excursão foi contra o Vasco em São Januário. Ainda no primeiro tempo, o time da casa chegou facilmente aos 3 a 0, mas o Sport reagiu, Ademir fez três gols, criou jogadas para dois e virou o placar: 5 a 4. Ondino Viera, técnico uruguaio do Fluminense, viu e gostou. Saiu dali imaginando o que seria um ataque com Pedro Amorim, Ademir, Russo, Tim e Carreiro, agora que Romeu estava de volta para São Paulo. Na certa, mais um tricampeonato, o terceiro, para o Fluminense. Dois dias depois, Ademir já estava nas Laranjeiras discutindo possível contrato. Ao seu lado, o "coronel" Meneses.

É evidente que Ondino não foi o único a perceber no meia de queixo comprido um reforço precioso. O Vasco, que sofrera na pele os efeitos de seu futebol devastador, também não o queria como adversário. Recém-empossado na presidência do clube, Ciro Aranha determinou que nenhum esforço, nenhum recurso, nada fosse poupado para que o Vasco tivesse Ademir. E, de fato, nada se poupou. O treinador vascaíno, o gaúcho Telêmaco Frazão de Lima, tomando ao pé da letra as ordens do presidente, incumbiu dois de seus comandados, Roque Calocero e Emanuel Figliola, ambos uruguaios, de buscar o jogador nas Laranjeiras para que ouvisse a proposta do Vasco. O que foi feito no silêncio da noite, quase à força, Calocero e Figliola arrastando Ademir até a presença de Ciro Aranha. O final da história é que, por bom dinheiro, incluindo novidade sugerida pelo "coronel" Meneses — luvas, de 40 contos, pela primeira vez pagas no futebol brasileiro — Ademir casou-se com o Vasco (casou-se é bem o termo, pois o próprio Ademir, 40 anos depois, assim lembraria as disputas que Fluminense e Vasco começaram a travar por ele no início de 1942: "Vivi um casamento feliz com o Vasco, mas sempre tive um caso de amor com o Fluminense").

Já então ficava acertado que, enquanto pudesse, o "coronel" Meneses seria o responsável pelos negócios do filho. Ao mesmo tempo, cuidaria de manter Odília tranquila em relação aos estudos. Quando ela estranhasse que se tivesse conseguido o impossível — a transferência de faculdade de Recife para uma do Estado do Rio — o marido aplicaria um drible nela e na verdade dizendo que, para o "doutor" Ciro Aranha, irmão do ministro Osvaldo Aranha, homem forte do Estado Novo, nada era impossível.

* * * * * *

O primeiro ano daria para desanimar qualquer jovem que desembarcasse no Rio sonhando com o sucesso. Com 13 derrotas, seis empates e apenas oito vitórias em 27 partidas, o Vasco acanhou-se num sétimo lugar no Campeonato Carioca, à frente de Canto do Rio, Bangu, Bonsucesso e ninguém mais. Nem a substituição, no meio do caminho, do modesto Telêmaco pelo astucioso Ondino, teve o efeito que Ciro Aranha esperava. A linha média, que alguém chamou um dia de "os três mosqueteiros", deixara de lado o um-por-todos-todos-por-um para cada um errar por conta própria. Figliola, Zarzur e Dacunto, os tais mosqueteiros, já não se entendiam. Zarzur, 31 anos, nunca mais seria convocado para a Seleção brasileira. O argentino Dacunto, 30, se já tinha sido craque em seu país, começava a perder a posição para o paulista Argemiro. E Figliola, 28, revelado pelo Racing uruguaio e consagrado no Gênova italiano (um *half* que só fora parar em São Januário porque, guerra à vista, ele achou por bem fugir da Itália no primeiro navio), ainda tinha fôlego para ir mais longe, como de fato iria, mas no Palmeiras. Naquele 1942, pouco fez. E o ataque? Mesmo com Ademir — escalado em dois jogos sim, um jogo não — a média de gols vascaína foi de 1,6 por partida, enquanto a do arquirrival Flamengo, campeão que partia em 1942 para seu primeiro tricampeonato, era de quase o dobro. Não, aquele não era o Vasco dos sonhos de Ciro Aranha.

Muito menos dos sonhos de Ademir. Não tão mal em 1943, graças à contratação de Lelé, Isaías e Jair, trio atacante do Madureira, e bem melhor em 1944, quando o título foi perdido por 1 a 0 numa final com o Flamengo (a do discutido gol de Valido), o Vasco cresceria. Nesse último ano, uma vitória pessoal para Ademir: campeão brasileiro pelo Distrito Federal, tendo oportunidade de atuar pela primeira vez ao lado de craques que ainda seriam seus companheiros de clube ou de Seleção brasileira: Danilo Alvim, Pedro Amorim, Zizinho e Heleno de Freitas.

O Vasco seria outro em 1945, quando Ondino finalmente conseguiu montar o Expresso da Vitória, campeão invicto batendo, pelo menos num dos dois turnos, todos os chamados grandes do futebol carioca. Também seria outro, muito melhor, o Ademir cujas sensacionais arrancadas rumo ao gol chegavam à Seleção brasileira. Convocado por Flávio Costa para o Campeonato Sul-Americano de 1945, em Santiago do Chile, estrearia numa partida fácil com a Colômbia: 3 a 0. E marcaria seu primeiro gol uma semana depois, contra a Bolívia: 2 a 0. Os brasileiros seriam derrotados pelos argentinos na final por 3 a 1, o gol de Ademir, a quem Flávio escalara na ponta-esquerda, pouco valendo contra os três do algoz Tucho Mendez. Apesar da derrota, dois detalhes ficaram. O primeiro, o de Ademir jogar igualmente bem em qualquer das cinco posições da linha de frente; o outro, de o ataque das duas últimas partidas — Tesourinha, Zizinho, Heleno, Jair e Ademir — ser tão portentoso que os próprios argentinos, mesmo em meio às comemorações do título, encontraram tempo para defini-lo como "un quinteto lleno de luces". Pena que nunca mais a iluminada linha se formasse depois de Santiago. Nas duas partida da Copa Roca disputada no fim do ano, Flávio preferiria, ora no lugar de um, ora no de outro, o palmeirense Lima, o vascaíno Chico e o agora são-paulino Leônidas da Silva.

Ademir jamais esqueceria aquela Copa Roca. Não pelos gols que marcou, na primeira e na segunda partida, mas pela terceira, ganha pelos brasileiros por 3 a 1. É que foi nela, em São Januário, que, num choque casual com Ademir, o médio José Batagliero teve a perna fraturada, episódio que parecia ficar por ali (Ciro Aranha levando Ademir para desculpar-se com o jogador argentino), mas cujo desdobramento, inesperado, grave, se daria um mês depois, quando Brasil e Argentina decidissem dramaticamente o título sul-americano em Buenos Aires. Detalhes dessa estrepitosa batalha futebolística foram contados nos capítulos sobre Heleno e Jair.

★★★★★★

"Vini, vidi, vici", "Play it again, Sam" e "Deem-me Ademir e eu lhes darei o campeonato". Pergunta: que relação existe entre essas três frases de tempos, lugares, contextos e importância histórica tão diferentes? Resposta: nenhuma delas foi realmente dita. Não assim, palavra por palavra, como são comumente citadas. A primeira foi atribuída a Júlio César por seu biógrafo Suetônio, que, nascido mais de um século depois da morte do célebre líder romano, registrou-a com enfática e econômica liberdade literária. A segunda, teatro e cinema de Woody Allen sugerem ter sido suplicada por Ingrid Bergman a Dooley Wilson em inesquecível cena de Casablanca, o que não foi bem assim. E a terceira, a única que nos interessa no momento, seria a ousada promessa do técnico Gentil Cardoso aos dirigentes do Fluminense, garantindo-lhes que, se tirassem Ademir do Vasco, seu time seria o campeão carioca de 1946. Campeão o Fluminense foi, e com gol de Ademir no 1 a 0 decisivo, mas a promessa de Gentil não aconteceu, como se verá adiante. No máximo, o folclórico treinador, autodenominado Moço Preto, terá agradecido aos dirigentes por contratarem um craque que tornaria a conquista bem menos difícil.

A saída de Ademir do Vasco e sua ida para o Fluminense foram o assunto das páginas de esporte dos três primeiros meses do ano. Por pouco não disputava espaço no noticiário geral com o primeiro julgamento em Nuremberg (Goebels já certo de que seria condenado à morte), com os problemas econômicos que o governo Dutra começava a enfrentar e com as pressões para que o Partido Comunista Brasileiro voltasse a uma ilegalidade da qual acabara de sair. Mas nada foi tão confuso, controverso, com tantas reviravoltas, como a ida de Ademir para as Laranjeiras. Ou melhor, sua saída de São Januário.

Campeão invicto de 1945, lógico seria o Vasco tentar manter o Expresso da Vitória na campanha para o bi. Com um ataque poderoso (Djalma, Lelé, Isaías, Jair e Chico) e com Ademir entrando em todos os jogos no lugar de qualquer dos cinco (de uma ponta a outra, ele foi escalado por Ondino em todas as posições do ataque), estava justificada a campanha vascaína naquele ano: 18 jogos, 13 vitórias, 5 empates, 58 gols marcados, 13 sofridos. Ademir, o único a participar dos 18 jogos, fez 12 gols, um a menos do que Lelé, o artilheiro a ser cantado no próximo carnaval, o "carnaval da vitória" (no caso, vitória não do Vasco, mas dos Aliados na Segunda Guerra Mundial).

Vamos lá que hoje é de graça
No boteco do José
Entra homem, entra menino,
Entra velho, entra mulher
É só dizer que é vascaíno
E que é amigo do Lelé.

É possível que a popularidade de Lelé, então maior do que a de Ademir, tenha feito com que o presidente do Vasco, Jaime Fernandes Guedes, e seu diretor de futebol, Diogo Rangel, se preocupassem mais em não deixar Lelé ir embora. De que outro modo explicar a falta de habilidade com que os dois conduziram as negociações para manter Ademir, cujo contrato vencia em 28 de fevereiro? Primeiro, apoiados em certa cláusula 24, propuseram pagar-lhe menos do que vinha ganhando. Depois, ao saberem que ele não renovaria por menos de 300 mil cruzeiros, ofereceram-lhe 200 mil. Em seguida, prometeram-lhe um reajuste para dali a um ano. As conversas, muitas, longas, inconsequentes — sempre com Ademir, nunca com o velho Meneses (já então, o "coronel" dera lugar ao "velho") — entraram por março adentro. O Vasco sequer se deu conta de que sua hesitação já era comentada em Buenos Aires durante o Sul-Americano Extra, no qual, por ironia, Ademir estava e Lelé, não. O Boca Juniors fez o primeiro lance. Por aqui, São Paulo e Fluminense entraram no leilão. Mais perspicaz, o Fluminense tratou do assunto diretamente com o velho Meneses. Resultado: no dia 25 de março, manchete de todos os jornais, Ademir era seu por dois anos.

Há lendas em torno dessa história. Uma delas, a tal promessa de Gentil, que chegou ao Fluminense no dia 18, quando os entendimentos entre o velho Meneses e o clube já estavam consumados (pelos anos afora, o falante técnico, entre um enredo e uma frase tão ao seu gosto, cuidou de enfeitar as coisas, transformando em profecia histórica a promessa que não houve). A outra lenda é a versão de que o recém-eleito presidente do Vasco, novamente Ciro Aranha, teria ficado tão inconformado com seu antecessor que procurara o velho Meneses atrás do compromisso de Ademir voltar a São Januário dali a dois anos. Voltar ele voltaria, mas não, como veremos, em nome de um compromisso que seu atento pai jamais firmaria.

O que conta é que tudo que se dizia ou se esperava de Ademir confirmou-se no Fluminense. Para desolação dos vascaínos, que tiveram de se sujeitar a um quinto lugar no Campeonato Carioca de 1946, atrás de Fluminense, Botafogo, Flamengo e América (os quatro chegaram empatados ao fim da última rodada e tiveram de disputar, em dois turnos, o supercampeonato ganho pelo Fluminense em final com o Botafogo, a do 1 a 0, gol de Ademir).

O ataque que Gentil teve nas mãos na temporada vitoriosa — Pedro Amorim e Ademir na ala direita, Orlando Pingo de Ouro e Rodrigues na esquerda e um centro que, após a contusão de Simões, jamais se definiu entre Careca e Juvenal — marcou 97 gols nos 24 jogos. O bastante para que se começasse a dizer que a linha de frente do Fluminense, com o botafoguense Heleno no centro, seria irresistível, demolidora, perfeita. No que até Flávio Costa acreditou, escalando os cinco na Seleção Carioca que começou a decidir o Campeonato Brasileiro de 1946, já em março de 1947. Na primeira partida da melhor de três final, no Pacaembu, os paulistas venceram por 5 a 2. Ademir e Heleno marcaram os gols, mas os outros três atacantes pouco fizeram diante de uma zaga comandada por Domingos da Guia e por uma linha média de classe: Bauer, Rui e Noronha. Após o jogo, vendo Orlando no vestiário, sentado, quieto, abatido, Heleno foi até ele:

— Pingo de ouro, pingo de ouro... Pingo de merda, isso sim!

Apenas duas vezes Ademir atuou pela Seleção enquanto foi jogador do Fluminense: as duas partidas pela Copa Rio Branco de 1947, empate em Montevidéu, vitória brasileira no Rio. Até porque, foi também a única atividade da Seleção no mesmo período.

* * * * * *

O título carioca invicto do Vasco em 1947 confirmava o que Flávio Costa aprendera dez anos antes com o húngaro Dori Kruschner: o WM era o mais eficaz de todos os sistemas de jogo. Se não tanto, ao menos o mais equilibrado, o que melhor distribuía os jogadores em campo: três zagueiros (dois laterais e um central); quatro entre a defesa e o ataque (dois médios e, mais à frente, dois meias, naquilo que chamavam de "quadrado mágico"); e três atacantes (dois pontas e um centroavante). A excelência com que os médios Eli e Danilo e os meias Lelé e Maneca tinham feito do Vasco um time imbatível em 1947 era mesmo mágica. Se dependesse dele, Flávio, enquanto dirigisse times de futebol, não renunciaria ao WM. Mal sabia que o primeiro reforço do clube para temporada de 1948 era tão especial, tão único, que, entortando literalmente o tal quadrado, o obrigaria a abandonar sua fidelidade ao WM.

O primeiro reforço, naturalmente, era Ademir, que voltou ao Vasco em janeiro de 1948 após negociações tão agitadas quanto as que o tinham levado para o Fluminense. Ademir, mesmo, não foi ouvido por nenhum clube. Em entrevista do dia 5, ele confessava o desejo de continuar onde estava, além de desmentir os rumores de que a noiva vascaína, Celeste, fazia pressão para que voltasse correndo à antiga casa. Mas o velho Meneses pouco ligava para as preferências do filho. Para ele, "o maior jogador do Brasil" merecia as melhores luvas e os melhores salários. Era nesses termos que ouvia as propostas de Corinthians, Botafogo, Vasco e do próprio Fluminense. Com Ciro Aranha mais uma vez na presidência do clube (ele entrava e saía quando bem entendia), Meneses decidiu que, diante de duas propostas iguais, optaria pela do Vasco. Não por promessa a Ciro Aranha, mas por achar que, no momento, um casamento sólido valia mais do que um caso de amor. O Vasco aproveitou-se disso: enquanto o Fluminense confiava na vontade de Ademir, Ciro Aranha conversava com Meneses, fazia-lhe a melhor proposta e mostrava o quanto seria importante ser dirigido por Flávio Costa, técnico do Vasco e da Seleção. Assim, no dia 13 de janeiro, Ademir voltou ao Vasco para de lá nunca mais sair.

As três temporadas seguintes são fundamentais para que se compreenda por que Flávio Costa foi obrigado a rever seu WM. E de que modo um só jogador, Ademir, plantou nos gramados as mudas do que seria o 4-2-4, sistema que dez anos mais tarde sepultaria de vez o WM. Tanto no Brasil como em países da América do Sul e da Europa, outros treinadores se pautavam pela formação básica criada em 1925 pelo inglês Herbert Chapman. Logo, Flávio não era o único. O WM continuava sendo, aqui e ali, um "sistema moderno", adotado com, no máximo, pequenas variantes. Em entrevista do dia seguinte à contração de Ademir, o técnico deixou claro que o escalaria na meia. Direita ou esquerda, mas sempre na meia. Foi mais longe ao antecipar que, na Seleção que disputaria a Copa Rio Branco em abril, Ademir seria o titular da posição. Portanto, meia, um dos vértices do quadrado mágico. No Vasco, para o Campeonato Sul-Americano dos Clubes Campeões, criado pelos chilenos numa espécie de antecipação da atual Libertadores da América, a mesma coisa. Ademir comporia o quadrado mágico com Eli, Danilo, Maneca ou Lelé. E na Seleção, com Rui, Danilo e Jair Rosa Pinto. Flávio só não abria mão dele. E como meia. Por isso, foi adiantando: o craque podia até se casar em fevereiro, como pretendia, mas nada de férias.

Flávio tinha suas razões para ver em Ademir um trunfo. Nenhum atacante brasileiro tinha, então, suas características. Não com igual apuro, com a mesma habilidade. Mais do que tudo, Ademir impressionava pela velocidade, sempre na direção do gol, naquilo que os comentaristas chamavam de *rush*, como se a palavra tivesse sido inventada para ele. Não era o correr, simplesmente, mas fazê-lo na direção do gol, com a rapidez de raciocínio que lhe permitia, se necessário, trabalhar a bola sem precisar estancar ou mudar de direção. Chutava, como se dizia, "na corrida", com qualquer dos pés, sem dar tempo ao adversário, zagueiro ou goleiro, de evitar o inevitável. Os técnicos e teóricos, sobretudo os platinófilos, garantiam que aquela característica, o chute na corrida, era propriedade exclusiva de alguns poucos argentinos, pois, antes de Ademir, só se via neles. Mario Boyé, por exemplo. Na noite em que ele marcou três gols em São Januário, todos na corrida, num amistoso em que o Boca Juniors venceu o Vasco por 5 a 3, um comentarista de rádio foi pouco feliz ao observar: "Gols assim, na velocidade, nem o Ademir." Justamente o Ademir que não passava um domingo sem marcar gols tão ou mais estonteantes quanto os de Boyé (foi no intervalo desse amistoso que, vestindo a camisa do Boca Juniors, Heleno bateu bola num dos gols, já sabendo que não seria escalado).

Muito contrariado, Flávio teve de mudar os planos para Ademir até o início do Campeonato Carioca de 1948. No Sul-Americano de Clubes Campeões, no mesmo fevereiro em que o jogador teve suas férias negadas, um imprevisto afastou-o não só do pioneiro torneio como também da Seleção que dois meses depois disputaria a Copa Rio Branco em Montevidéu. Em Santiago do Chile, na vitória por 4 a 1 sobre o Nacional de Montevideu, Ademir estreou com um gol e um lance de má sorte: choque com beque uruguaio e fissura óssea no pé esquerdo. Não pôde mais ajudar o Vasco a conquistar o primeiro título de campeão de uma equipe brasileira no exterior (vitórias sobre o Litoral boliviano, o Municipal peruano, o Emelec equatoriano e empates com o Colo Colo local e o River Plate argentino do então jovem Alfredo Di Stefano, dito *La Saeta Rubia*).

Quanto à Seleção, só voltaria a contar com Ademir em 1949.

★★★★★★

Seu estilo, seu futebol, sua história, tudo isso passa por uma fase de definição — ou mesmo consagração — nos 37 meses que vão da acidentada reestreia contra o Nacional em Santiago, em 18 de fevereiro de 1948, até os dois gols que deram o bicampeonato carioca ao Vasco, em 28 de janeiro de 1951. Craque Ademir já era. Futebol reconhecido, já tinha. Lugar garantido nas seleções Carioca e Brasileira, também. Podia não ser o "melhor do Brasil", como o pai orgulhoso repetia, mas estava ali, no mesmo patamar de Zizinho, Danilo, Jair e Heleno, para citar apenas os contemporâneos que se reencontram com ele ao longo destas páginas. O que os três anos definiram — ou mesmo consagraram — foi o Ademir que, além de entortar o WM de Flávio Costa, impôs-se como o maior ídolo do futebol brasileiro de então.

A consciência disso quase sempre o deixava feliz, realizado, como se o carinho do torcedor fosse uma bênção pela qual devesse dar graças. Consciência que jamais lhe permitiria ser presunçoso, arrogante, inflado. Numa palavra, mascarado. Melhor do que os outros? Nunca. Não, pelo menos, enquanto houvesse um Zizinho. Uma vez, contudo, sentirá o insuportável peso da idolatria. Nas vésperas da final da Copa do Mundo de 1950, um pai desesperado irá procurá-lo na concentração para dizer que o filho não quer ser operado sem antes ver, ouvir, falar com Ademir. A caminho do hospital — sem ideia de quem seja o jovem fã — o craque, o artilheiro, o ídolo se perguntará: "O que é que eu sou? Um santo? Deus?"

Antes disso, no Campeonato Carioca de 1948, Ademir voltou a ser o meia-direita que Flávio Costa queria para o Vasco. Na esquerda, Maneca e Lelé podiam revezar, Lelé quase parando. No centro, firmava-se Dimas, artilheiro do título invicto de 1947. Começou a se configurar ali o entortamento do WM de Flávio. Por seu temperamento ofensivo, de buscar o gol com o mesmo direito e a mesma autoridade dos três homens de frente, Ademir foi se convertendo em quarto atacante, posição logo conhecida como "ponta de lança". Assim, o que era quadrado virou losango, ele funcionando como vértice avançado do losango e forçando o médio, Eli ou Danilo, a avançar também. Essa variante do WM, a que, por algum motivo, Flávio Costa deu o nome de "diagonal", ainda forçaria os técnicos a usarem um quarto zagueiro para marcar o ponta de lança, base afinal do futuro 4 -2-4.

Outras equipes brasileiras passaram a adotar a figura do ponta de lança criada por Ademir. O Botafogo, por exemplo, foi campeão carioca naquele ano com Otávio de Morais projetando-se pela meia esquerda, exatamente como Ademir fazia pela direita no Vasco, o vice-campeão. E com êxito. Seria artilheiro da temporada com 21 gols, empatado com Orlando Pingo de Ouro, outro meia que ainda se fixaria em posição mais afinada com seu estilo, a ponta de lança. Em 1949, sem se afastar da diagonal, o Vasco chegou a mais um título invicto. No centro do ataque, Heleno, trazido do Boca Juniors. Na meia, 31 gols, artilheiro do campeonato pela primeira vez, Ademir.

Com todos esses detalhes, de que forma se pode explicar o que aconteceu com a Seleção brasileira no Campeonato Sul-Americano de 1949, o primeiro no Brasil desde 1922? Passado tanto tempo, os estudiosos do futebol continuam sem entender o plano tático de Flávio Costa, se é que ele tinha plano tático. Não tanto pelo uso de uma base carioca nos jogos em São Januário, e de outra, paulista, no Pacaembu, concessão política que ele ousaria repetir no ano seguinte, em plena Copa do Mundo. O difícil de entender é por que o técnico voltou ao WM. E, voltando ao WM, por que barrou Ademir. Se os dois meias do quadrado mágico eram de fato os melhores, Zizinho e Jair, por que não Ademir no centro, entre os dois?

O botafoguense Otávio de Morais morreria convencido de que a intenção de Flávio — ao escalá-lo não na meia, mas no centro, no lugar que seria de Ademir — teria sido um modo de queimá-lo perante a torcida do Vasco. Pouco provável. É verdade que, quando os alto-falantes do estádio anunciavam "Tesourinha, Zizinho, Otávio..." as vaias explodiam por toda a social, mas não eram vaias para ele, Otávio, e sim para a ausência de Ademir. Este, com mais razão, atribuía a decisão de Flávio Costa a uma birra tipicamente sua: não perdoara o craque por ter desrespeitado suas ordens e deixado a concentração para resolver problema em casa. O fato é que, em todo o campeonato, Ademir só faria uma partida por inteiro, 5 a 0 contra a Colômbia, no Pacaembu, marcando dois gols. E que na decisão — surpreendente derrota de 2 a 1 para o Paraguai, provocando um jogo extra para indicar o campeão — lá estava Otávio, outra vez, no centro do ataque. No banco, mero assistente, ilustre torcedor, Ademir. Como entender aquelas estranhas opções do professor Flávio?

Nos três dias entre uma partida e outra, os jornais fizeram pesadas críticas ao técnico, ao mesmo tempo em que exaltaram a categoria de três paraguaios que ainda seriam contratados pelo Flamengo: o goleiro Sinforiano García, o atacante Duílio Benitez e o treinador Fleitas Solich. García fizera defesas incríveis, Benitez marcara o gol da vitória e Solich dera um nó no WM de Flávio. Um São Januário superlotado voltou a explodir, agora de alegria, quando, minutos antes da decisão, os alto-falantes informaram o ataque brasileiro para a decisão: Tesourinha, Zizinho, Ademir, Jair e Simão. Flávio era teimoso, era político, cometia erros, mas nem sempre.

Foi o que se viu: Brasil 7 a 0, dois gols de Tesourinha, dois de Jair e três de Ademir, os dois primeiros em menos de meia hora de jogo. Toda a Seleção jogou bem, mas, para García, só a presença de Ademir, que ele definiu como "diabólica", explicava goleada tão impiedosa. O goleiro ficou de tal maneira impressionado com o atacante que os brasileiros tinham escondido durante todo o campeonato (só podia ser "arma secreta" do *señor* Costa, pensou) que nunca mais se libertaria do medo de enfrentar Ademir. Toda véspera de Flamengo X Vasco seria de noite mal dormida para García, o pensamento fixo naquele artilheiro. O pior é que, na maioria das vezes, bola rolando em campo, o medo se justificava.

★★★★★★

O que se pode dizer sobre a Copa do Mundo de 1950 que já não esteja nos capítulos de Danilo, Jair ou Zizinho, ou na história de todos os 11 craques brasileiros derrotados pelos uruguaios no Maracanã? Em relação a Ademir, primeiro, ter sido ele o artilheiro do campeonato com nove gols. Segundo, estar em torno dele algumas explicações para a derrota, nenhuma delas consistente (como de resto nenhuma das mil explicações para a vitória uruguaia se sustenta). Os supersticiosos lembravam que o Brasil não vencera jogo em que Ademir não fizera gol (o empate com a Suíça e a derrota para o Uruguai). Os intrigantes falavam de uma inexistente crise interna entre os jogadores por Ademir não dividir os prêmios ganhos por gols marcados ("Como dividir o terreno que me deram sem eu pedir?", lembraria anos depois). Os técnicos preferiram citar a severa marcação de três uruguaios — Matias González, Eusebio Tejera e Schubert Gambetta — não dando espaço para Zizinho e Jair explorarem, com passes longos, a velocidade de Ademir. A única verdade é que ele, como quase toda a Seleção, não jogou o que sabia.

Na noite após a derrota, exilou-se com a mulher num hotel de Itacuruçá. Torcedores inconformados, não se sabe como, o descobriram. Era a certeza de que, por muito tempo, o fantasma da derrota de 1950 iria atrás dele onde estivesse. Veio o Campeonato Carioca, a mesma sina. Quem não era Vasco torcia contra o Vasco. O Rio em peso parecia odiar o Vasco da Gama, ou melhor, os oito jogadores vascaínos com os quais o mesmo Flávio Costa armara sua base para a Copa do Mundo. Mau começo de campanha (três derrotas no primeiro turno), somado ao fato de o simpático América, "o segundo clube de todo mundo", ter sido a revelação da temporada, com seu time modesto, limitado, mas harmonioso e aplicado, deu a impressão de que o Vasco não sobreviveria à Copa do Mundo. A torcida para que o América fosse campeão, acrescida de botafoguenses, fluminenses e flamenguistas, cedo afastados da briga pelo título, cresceu de modo impressionante. Era o mundo contra o Vasco.

Mas aquele time era bom demais para não sobreviver. Que melhor exemplo disso, que síntese mais exata da história do bicampeonato vascaí-no, que símbolo mais perfeito de tão merecida superação senão Ademir Marques de Meneses? Foi novamente o artilheiro do campeonato. Com um fecho heroico: marcou os dois gols da vitória de 2 a 1 sobre o América na grande final. Mais de 100 mil pessoas no Maracanã foram obrigadas a aplaudir quando Ipojucã lançou Ademir por trás da zaga americana, a bola lá na frente, Ademir atrás, a quilômetros por hora, no mais memorável *rush* de sua vida, para desviá-la das mãos do goleiro Osni do Amparo. Uma corrida tão desenfreada que, enquanto a bola morria no fundo do gol, Ademir saltava sobre os fotógrafos, corria por trás da meta e saía do outro lado numa volta triunfal.

Há quem jure, com exagero, que até os torcedores "neutros" engrossaram o coro com que os vascaínos parodiaram sucesso do próximo carnaval:

Oi zum-zum-zum, zum-zum-zum-zum
Vasco dois a um
Ademir pegou a bola e desapareceu
Deu um chute tão forte
Que Osni não defendeu

Levou a superação mais adiante, sendo campeão pan-americano em 1952, no primeiro título ganho pela Seleção brasileira fora do país (foram seus dois dos três gols da vitória decisiva sobre o Chile). No mesmo ano, voltou a ser campeão pelo Vasco, novamente como artilheiro do time. Em 1953, no Sul-Americano de Lima — o mesmo da injustiça a Zizinho — ainda deu trabalho aos marcadores, o bastante pelo menos para que o uruguaio William Martinez tentasse pará-lo aos pontapés. Atingido no joelho, foi operado quando voltou ao Rio. Fez o que pôde para voltar à forma nas temporadas de 1954 e 1955, mas o joelho reclamava, novos tratamentos, nova volta à bola, o ritmo de jogo sendo interrompido e Ademir insistindo.

******

Se pudesse, seguiria jogando até morrer. De preferência, bem velho. A vida e o futebol se confundiam no espírito do grande artilheiro. Não entendia uma sem o outro. Se era assim, o que o fez parar? Um lance que seu biógrafo Moacir Japiassu descreve com mãos de escritor, olhos de quem viu e coração de vascaíno:

"Num domingo de 1955 houve um Vasco X Flamengo que só permanece vivo na memória de um único homem. Ele recorda o instante em que Pinga lhe esticou um passe longo e perfeito, como aquele dos velhos tempos, mas a arrancada para o gol, antes inevitável, morreu de repente nos pés de um zagueiro medíocre chamado Pavão. Ninguém percebeu, mas, a partir daquele momento, o futebol brasileiro começava a perder o maior de seus artilheiros, o homem que, até aquela tarde de domingo, jamais chegara atrasado a um encontro com a bola."

Zizinho, ainda em atividade, foi dos poucos a apoiar Ademir em sua decisão de parar, mesmo sabendo o quanto aquilo doeria no amigo, seu companheiro em tantas seleções. A sensibilidade de Ademir para quase adivinhar onde lhe seria lançada a bola — naquele espaço de ninguém que só os dois, o que passa e o que recebe, conhecem — talvez jamais se perdesse, mas a velocidade para transformá-la em ação, esta era escrava do tempo. Zizinho sabia disso. E sabia que o tempo de Ademir e a velocidade de Ademir iam chegando ao fim. Perdia-se com isso um dos seus maiores prazeres no futebol: jogar ao lado de Ademir, dar passes para Ademir, ver Ademir pressentir onde ele lançaria a bola, na medida, limpa, justa, como se eles, jogando por música, obedecessem a uma partitura imaginária que só os dois viam. Era de Ademir que Zizinho se lembrava sempre que o centroavante a quem lhe cabia servir não tinha o mesmo dom para receber seus passes quase telepáticos. Por exemplo, o Leônidas do América, maldosamente alcunhado de Leônidas da Selva, tão oposto que era do outro Leônidas, o da Silva. Jogando por uma Seleção brasileira com base em jogadores de Bangu e América, a chamada "seleção suicida", Zizinho cansou-se de enfiar, naquele que os locutores esportivos chamavam de "espaço vazio", bolas com açúcar para o da Selva concluir. Perda de tempo. Até que o simplório atacante lhe fez um apelo: nada daqueles passes inteligentes, de bolas lançadas num lugar em que ele não estaria. Que Zizinho o fizesse em seus pés, ou mesmo na direção do zagueiro adversário, para que ele, o da Selva, catarinense corpulento, 90 quilos de ossos e músculos, ganhasse a dividida numa violenta trombada com o inimigo. Lógico, Leônidas não era Ademir.

Modelo de profissional, 32 anos de vida, 11 de Vasco, recordista de média de gols pelo clube (0,738 por jogo contra a de 0,627 que Roberto Dinamite alcançaria anos depois), Ademir decidiu cumprir até o fim seu último contrato. Em 1956, enquanto a Seleção excursionava pela Europa, o Vasco fazia o mesmo por nove países. Martim Francisco era o técnico. Em parte por causa do joelho avariado, inchando e desinchando a cada jogo, Ademir poucas vezes foi lançado. Já no finalzinho da cansativa excursão, marcou o gol da vitória de 3 a 2 sobre o Español em Barcelona. E chegou a entrar por minutos contra o Sporting em Lisboa. Foi a última vez em que vestiu a camisa vascaína. De volta ao Brasil, recusou o convite de Martim para treinar os juvenis e achou melhor parar. Tinha 33 anos.

Não abandonou as peladas, chegou a dar uns chutes pelo velho Sport do Recife, que ainda lhe ergueria uma estátua. Nada para valer, nada muito sério. Acabou acrescentando a um emprego no Instituto Brasileiro do Café as atividades de comentarista de rádio e colunista de jornal. Na companhia de Wilma, sua segunda mulher, enfrentou com absoluta dignidade e sincera modéstia (uma modéstia de comover o mais frio dos torcedores) a condição de ex-maior ídolo do futebol brasileiro. Há razões para suspeitar que — até perto de sua morte em 11 de maio de 1996 — o grande Ademir não tinha a medida exata do quanto fora realmente grande. Um exemplo é a pergunta feita por ele a um repórter que o entrevistava:

— Você sabia que seu Gentil, seu Flávio e outros treinadores daquela época gostavam um bocado do meu futebol?

//Danilo

A técnica de Danilo lembra Chopin,
manso, doce, inspirado.

Ari Barroso

As fichas caíram uma a uma no fundo da caixa metálica, à proporção que o grupo de estudantes foi descendo do ônibus, bem em frente ao quartel do Corpo de Bombeiros, na Praça da Bandeira. Danilo mal havia posto o pé na calçada quando um dos amigos, o primeiro a descer, gritou:

— Depressa, lá vem o bonde!

Era preciso mesmo andar depressa, senão, pensaram todos, perderiam o bonde. O grupo atravessou a rua pela traseira do ônibus, enquanto Danilo, achando que pela frente chegaria primeiro, foi pelo outro lado. Correu sem ver o carro que passava velozmente, à esquerda do ônibus estacionado. Súbito, o baque, o grito, a queda e tudo escuro.

Quando Danilo despertou de um sono confuso, lembrou-se vagamente do que acontecera, os amigos, muita gente estranha, um guarda, bombeiros, todo mundo à sua volta, olhando espantado, e ele estendido, o corpo magro e comprido na calçada, a ambulância chegando, nenhuma dor, apenas as pernas meio dormentes, úmidas, na certa de sangue. Então, fechara os olhos de novo, perdera os sentidos e agora voltava a si, já no leito de um hospital.

— Você está no Pronto-Socorro, meu filho.

E o médico colocou-lhe a mão na testa, dizendo, ao mesmo tempo, qualquer coisa à enfermeira. Danilo custava a entender o que se passara.

— Daqui a pouco veremos o que houve com essas pernas.

Ambas fraturadas, a direita com exposição da tíbia. Nem era preciso radiografar para saber que por muito tempo ficaria sem andar e por mais tempo ainda sem poder chutar uma bola. Pela cara do médico, pelos cochichos que aqueles homens de avental branco trocavam ao lado do leito, o ar sério de todos eles, era bem possível que o caso fosse ainda mais grave. Talvez a vida inteira sem chutar uma bola. Àquela altura, Danilo já não sabia o que o fazia sofrer mais, as pernas que iam ser imobilizadas ou a possibilidade de perder o futebol para sempre. E chorou baixinho.

Grave foi, mas não tanto. Um ano e meio com as pernas no gesso, depois os primeiros passos dados com dificuldade, o tratamento, os exercícios de reeducação muscular, a cura fazendo-se aos poucos, até que um dia resolveu calçar um par de chuteiras e voltar a bater bola no campo do América, a cujo time de amadores pertencia. Um chute, uma embaixada, mais um chute, outra embaixada, parecia mesmo curado. Mas, ao tentar acelerar a corrida pela lateral do campo, sentiu que alguma coisa estava errada: a perna direita já não se dobrava como antes, não lhe permitia a aventura de um pique de longa distância, era mais teimosa do que ele. Não adiantava forçar, pois quanto mais o fizesse, mais resistência tinha.

— Então, Danilo, como vão essas pernas?

Era o médico do América, que o observava à distância.

— Perfeitas, doutor, perfeitas.

E continuou batendo bola, agora evitando correr, pensando na perna defeituosa. Se o médico descobrisse, se os outros descobrissem, certamente não o deixariam jogar mais, haveriam de inventar uma porção de coisas, novos tratamentos, massagens, repouso e até operação, mas nada de bola. Portanto, a única solução seria não dizer nada a ninguém, guardar para sempre o segredo, enganar a todos com a mesma resposta.

— Perfeitas, doutor, perfeitas.

E aquele estudante de 20 anos, magro, comprido, sem poder flexionar normalmente uma das pernas, começando ainda no time de amadores do América, seguiu enganando pela vida afora. Ninguém descobriu o segredo, nem mesmo quando ele, sempre magro, sempre alto, sempre com a perna defeituosa, transformou-se num dos mais completos médios de apoio do futebol brasileiro e naquele que um país inteiro achou por bem chamar de Príncipe.

★★★★★★

O longo tempo passado em casa, primeiro sem sair da cama, depois já andando com o auxílio de muletas, não foi tão penoso quanto Danilo supunha. Alcídio Alvim, pai cheio de atenções para com o filho único, e sua mulher Edite, mãe que conseguiria sobreviver ao maior susto de sua vida, cercavam-no de cuidados e carinhos. As duas irmãs mais moças, Délia e Dalva, faziam-lhe todas as vontades, privavam-se dos passeios para estar junto dele. Os amigos, com a família Alvim morando em Niterói, muitas vezes tomavam a barca para uma prosa do outro lado da baía.

Só agora, graças ao depoimento de um deles, justamente o primeiro que descera do ônibus, Danilo sabia exatamente como se dera o acidente, a imprudência no atravessar a rua distraído, o corpo atirado ao ar, o carro fugindo em disparada, os amigos apavorados. E pensar que tudo acontecera num dia de festa, ele e toda a turma voltando da zona boêmia da Lapa, onde foram comemorar um convite que Flávio Costa lhe fizera para treinar na seleção carioca. Alcídio ouvia calado o filho contar e recontar a mesma história.

O convite de Flávio, acreditava Danilo, poderia ter sido não apenas o fim de uma longa espera, mas o começo de uma nova vida. Em menino, morando ainda na Rua Conde de Porto Alegre, no Rocha, onde nascera a 3 de dezembro de 1921, sonhava jogar futebol de verdade, num clube grande, de preferência no América, pelo qual ele e o pai torciam. Mas não passava de um sonho, já que a bola, para os meninos que se reuniam todas as tardes no terreno baldio que havia ao lado da estação, era mais um brinquedo alegre do que outra coisa. Depois, já cursando o Ginásio 28 de Setembro, Danilo passou a levar o brinquedo a sério, talvez por sentir que o seu futebol era melhor do que o dos outros, talvez por ser de fato um centroavante habilidoso, com bom controle de bola e ótimo pique.

Cedo ou tarde — era inevitável — teria de esquecer a bola de meia, responsável pelas peladas de rua, e mesmo as de borracha, que agitavam dezenas de estudantes, no pátio cheio do colégio, para então se dedicar a uma bola de couro. Tinha apenas 15 anos quando apareceu, de chuteira nova, no campo do Garnier.

— De que você joga?

— De centro.

— De centro o quê?

— De centroavante.

Ali estava um treinador de respeito, o Sebinho, ex-jogador do São Cristóvão, que agora dirigia o time principal do Garnier com a mesma autoridade de um verdadeiro técnico. Sebinho foi fazendo perguntas ao menino alto que lhe pedia para treinar, mas as respostas, todas convincentes, só foram dadas no campo. Danilo sabia usar o corpo leve para livrar-se de um marcador, fosse com drible seco, fosse nos lances de velocidade. Sabia, também, dominar uma bola, passar com relativo desembaraço, chutar em gol no momento preciso. Além disso, a altura o ajudava nas disputas pelo alto.

Em pouco tempo era titular absoluto do centro do ataque daquele time suburbano. Gostava dos companheiros, gostava de Sebinho, gostava do Garnier, mas continuava sonhando com outras coisas. Se não morasse tão longe de um clube grande, não teria dúvidas em tentar a sorte entre seus juvenis. Andava com aquilo na cabeça, dia e noite, quando um dia o pai chegou em casa mais cedo, antes de Edite servir o jantar.

— Tenho uma notícia para vocês. Vamos nos mudar.

Alcídio era corretor de imóveis, seus negócios iam bem, os clientes aumentando, a maioria morando da Tijuca para o Centro. Continuar no Rocha, com aquela vida agitada, quase sem poder ir em casa, era um sacrifício. Daí a mudança, que a família acolheu sem protestos. O único, aliás, que chegou a se manifestar sobre o assunto foi Danilo: que fossem para a Tijuca. Entre outras vantagens, porque ele, irmãs, pai e mãe poderiam ser sócios do América. É evidente que não foi por simples coincidência que a família se mudou para um apartamento em cima do botequim da esquina da Rua Campos Sales com a Praça Afonso Pena. O que permitiu a Danilo, todas as manhãs, acordar, saltar da cama, abrir a janela e dar bom-dia ao América.

Embora ele, o pai, Délia e Dalva já fossem sócios do clube, para surpresa da família e sua própria não houve o esperado treino entre os juvenis. O América fora campeão carioca da categoria em 1938, seus jogadores eram bem melhores do que os do Garnier, e Danilo achou que a tentativa seria inútil. Por falta de confiança em seu futebol, contentou-se com as peladas que os vizinhos organizavam no meio da Afonso Pena, naquele tempo muito diferente do jardim que ainda seria um dos orgulhos do bairro. Alcídio resmungava:

— Tanta coisa, para ser craque de beira de rua...

★★★★★★

Havia na Rua Mariz e Barros uma fábrica de calçados cujo time não era formado apenas pelos operários, mas também por estudantes que viviam batendo bola na vizinhança, como o tímido filho de Alcídio Alvim. Um dos novos amigos de Danilo, beque do tal time, convidou-o a fazer parte da linha média que faria um jogo-treino com os juvenis do América. Danilo ficou indeciso.

— Na linha média?

— Você não joga de centroavante? Pois pode jogar também de centromédio, é quase a mesma coisa, só que um pouco mais atrás.

Danilo sabia que não era quase a mesma coisa, mas, se o outro achava que sim, tudo bem. O jogo-treino foi num sábado à tarde, o time da fábrica perdeu e nada de importante teria acontecido se o técnico do América, Armando Coelho Antunes, mais conhecido como Coelhão, não abrisse os olhos para o centromédio do time adversário. Depois do jogo-treino, Coelhão procurou Danilo para saber se era sócio do clube. Já que era, por que não passar a bater bola no campo do América, em vez de perder tempo com brincadeira de rua?

Nos dias que se seguiram, sempre que via Danilo no clube, Coelhão se aproximava com a mesma conversa, tentando quebrar a timidez do rapaz, usando uma porção de exemplos para provar que bola de rua não dava futuro. Nem tampouco o time da fábrica, que tinha gente crescida, já em época de largar o futebol, e vivia levando surras e mais surras da garotada do América. Para Coelhão, o futuro de Danilo estava bem ali, em frente à sua casa. Danilo lembrou que não era *center-half*, mas *center-forward*. Coelhão retrucou:

— Pois eu te vi jogar de *center-half* e me dou por satisfeito.

A insistência do técnico, os conselhos de alguns amigos, o resmungar do pai por causa das peladas na rua, a própria timidez que começava a ser vencida, uma porção de coisas juntas fez com que Danilo, de centromédio mesmo, desse um salto da Praça Afonso Pena ao time titular dos juvenis do América, em fins de 1939. Já no ano seguinte, definitivamente afastada a timidez, mais apurado o futebol, Danilo aparecia comandando o meio-campo americano no Campeonato Carioca de Amadores, seu primeiro título. Dali para frente, foi fácil se convencer de que não era atacante.

Logo nos primeiros dias de 1941, Flávio Costa e Osvaldinho, o técnico e seu auxiliar, começaram a preparar a seleção carioca para o Campeonato Brasileiro. A maior parte dos treinos foi feita no campo do América, muitas vezes com os titulares da Seleção sendo testados pelas equipes da casa.

Flávio tinha um problema na linha média: Rui estava machucado, não podia sequer treinar, e havia apenas Zarzur para a posição. A falta de um reserva preocupava o técnico. Até que, num dos treinos com os amadores do América, a solução surgiu de repente no futebol sério, versátil, liso, do centromédio que o América revelava a Flávio Costa.

— Vamos aproveitar esse menino, Osvaldinho.

— Mas nem titular do América ele é.

— Não importa. Há qualquer coisa nele, não sei se a elegância, não sei se o atrevimento, que basta para um reserva de Zarzur.

Flávio falou com Coelhão, depois com um diretor do América e por fim com Danilo. O rapaz estava convocado para o próximo coletivo, no dia seguinte, quando titulares e reservas da Seleção treinariam uns contra os outros. Se Danilo aprovasse, seria mantido.

Fazia pouco tempo que a família Alvim, pelo mesmo motivo que levara Alcídio a sair do Rocha, mudara-se para Niterói. Danilo sabia que já não lhe bastava atravessar a rua para ouvir a opinião do pai. Era preciso tomar uma condução até a Praça 15, entrar na fila, meter-se na barca, fazer a travessia e, finalmente, em outra condução do lado de lá, chegar em casa. Se tinha de enfrentar tudo aquilo para conversar com o pai, não podia dar uma resposta imediata a Flávio Costa. Foi o que ele explicou ao técnico.

— Depende do que ele disser.

— Seu pai gosta de futebol?

— Sim, muito.

— Então, amanhã à tarde, você vai estar aqui.

Alcídio de fato concordou, mas Edite, ao saber que o filho jogaria na seleção carioca ao lado de profissionais, ficou receosa.

— Sei lá, Danilo, essa gente que ganha para jogar futebol é capaz de tudo. Vai ver, na hora da raiva, um deles te machuca.

— É tudo a mesma coisa, mãe. Quem joga de graça também tem raiva de vez em quando — ponderou o filho.

A vontade de Danilo e a satisfação de Alcídio não convenceram Edite, mas, para não ser do contra, ela concordou. No dia seguinte, com todo o time de amadores do América torcendo por ele na arquibancada, Danilo treinou entre os reservas da Seleção, firme, sem errar um passe, sem se intimidar com a malícia do meia que lhe cabia marcar, um garoto do Flamengo, seu amigo de Niterói e companheiro de Exército.

— Parece que o homem gostou de você — disse o garoto assim que o treino terminou, como se para animar Danilo.

— Gostei mesmo — confirmou Flávio Costa, acrescentando que Danilo deveria aparecer na noite seguinte para se concentrar.

O garoto do Flamengo chamava-se Zizinho e seria, fora do campo, para o resto da vida, um dos maiores amigos de Danilo. Dentro, porém, quase sempre formando em times opostos, os dois ainda haveriam de travar famosos duelos, para alegria da torcida e glória de ambos. Por enquanto, assegurada a permanência na Seleção, Danilo não pensava em duelos, mas em comemorar. Foi aí que reuniu os amigos, estudantes como ele, e combinou tudo para a outra tarde. A Lapa, a farra, a festa, depois concentrar-se com os craques da Seleção, o amigo Zizinho, o mestre Domingos da Guia, o extraordinário Tim e até aquele *half*, investigador de polícia, o Afonsinho, que todos diziam dormir com uma 45 sob o colchão.

★★★★★★

Agora, em Niterói, restava a impressão de que tudo não passara de sonho interrompido no melhor momento. Nos gessos que lhe cobriam as pernas, quem o visitasse era obrigado a assinar o nome, e ali, nos gessos, havia nome de sobra para formar um grande time. O próprio Flávio Costa, que ficara surpreso quando o novo convocado não apareceu, ao saber do acidente foi a Niterói, de lá voltando impressionado com o abatimento de Danilo. Tentou consolá-lo. Afinal, muita gente quebrara a perna e nem por isso parara de jogar.

— Mas eu quebrei as duas, seu Flávio.

O tratamento a que Danilo se submeteu, orientado pelo Dr. Caio do Amaral, compreendia, após a retirada do gesso, uma série de exercícios especiais, massagens, radioterapia. O América pôs todos os recursos do seu modesto departamento médico à disposição do centromédio que queria ver recuperado, talvez para jogar ao lado de Oscar e Laxixa no time titular. No princípio, Alcídio saía de casa com Danilo, todas as manhãs, e ia ao clube acompanhar de perto o tratamento. Depois, viu que nova mudança seria melhor para todos, e a família voltou para a Tijuca, dessa vez para a Travessa São Vicente, bem atrás do América. A partir dessa época, Alcídio tornou-se popular, não apenas no clube, mas onde quer que houvesse um conhecido do filho. Homem alegre, vivo, conversador, sabia animar qualquer assunto, discutia futebol com autoridade, contava anedota e falava sério quando preciso. Uma geração inteira de jogadores do futebol carioca — a geração de Danilo — admirou o velho Alvim, como passou a ser chamado pela turma da bola.

Em fins de 1942, depois daquele primeiro reencontro com o futebol, por meio de um bate-bola solitário que lhe revelou uma perna defeituosa, Danilo foi aos poucos se reintegrando ao América, chegando mesmo a fazer algumas partidas na equipe principal. Em bases modestas, assinou naquele ano o seu primeiro contrato.

— De agora em diante, serei apenas Danilo Alvim.

E decidiu suprimir um dos nomes do registro — chamava-se Danilo Faria Alvim — ao transformar-se em profissional. Era uma antiga cisma com aquele verbo metido a substantivo, que soava esquisito e servia de motivo para trocadilhos de mau gosto. Danilo já era apenas Danilo Alvim, sem o Faria, quando Gentil Cardoso chegou ao América no início de 1943. Assim que o novo técnico assumiu, foi justamente aquele nome reduzido o primeiro a ficar numa incômoda ordem do dia. Maneco, o Saci de Irajá, ouviu e passou adiante:

— Dizem que a primeira gentileza do seu Gentil vai ser mandar uma porção de gente embora, e parece que o Danilo é o primeiro.

Maneco não sabia ao certo onde ouvira aquilo, parte de um plano de economia que o América pretendia executar, dispensando vários jogadores. Danilo, embora contratado de pouco, realmente encabeçava a lista. Vindo de longo período de inatividade, ainda não pudera mostrar ao técnico o quanto seu futebol prometia. Mas o que o preocupava não era bem a dispensa, e sim a suspeita de que Gentil descobrira o seu segredo. Não perdeu tempo e tratou de tirar a prova.

— Bem, Danilo, não está nada resolvido — explicou o técnico. — Mas é quase certo haver dispensas. O América tem gente demais e grana de menos.

Em todo caso, Gentil Cardoso não fizera referência à perna direita mais curta. Já se sentindo meio fora do América, encontrou-se com Martim da Silveira, ex-jogador do Botafogo e da Seleção brasileira, agora treinador do Canto do Rio, e desabafou.

— Não perca tempo, não, Danilo — disse Martim com firmeza. — Dê um jeito de ir para o Canto do Rio.

Quem deu o jeito foi o próprio Martim, falando com Gentil, com o diretor Antônio Dias de Paiva e até com o presidente Antônio Gomes de Avelar, conseguindo deles o empréstimo de Danilo por um ano. No Canto do Rio, formou-se no Campeonato Carioca de 1943 uma linha média de ex-americanos — Bolinha, ele e Alcebíades — e começou a revelar-se, no meio de gente já conhecida como Geraldino, Nanáti e Carango, aquele que seria o príncipe dos centromédios brasileiros.

Time pequeno tinha suas vantagens: a responsabilidade era menor, a torcida não exigia tanto, apenas o possível, e os dirigentes não sofriam de mania de grandeza. Se era dia de vitória, muito bem, todos contentes, abraços e elogios; se era dia de derrota — e o Canto do Rio perdia quase sempre — nada de desespero, saía-se para outra, tentava-se de novo. E a cada tentativa, se não se aprumava o time, aprumava-se Danilo. Seu futebol melhorava, a perna direita tornava-se mais confiável, o estilo de jogo já tinha contornos nítidos. Quem não o conhecesse e o visse entrar em campo, magro, alto, o andar desengonçado, haveria de supor que o seu corpo esguio fatalmente iria ao chão, caso viesse a esbarrar num daqueles atacantes taludos que andavam em moda no futebol carioca. No entanto, eram de Danilo todas as bolas, altas ou não, divididas ou não, fosse o duelo com quem fosse, adversário franzino ou fisicamente bem dotado. Muitas vezes, sendo ele um jogador meio de defesa, meio de ataque, obrigado a marcar o meia do outro time, o receio do drible não era seu, mas do adversário.

O Campeonato Carioca de 1943, mesmo não permitindo ao Canto do Rio colocação sequer honrosa, foi valioso para Danilo. No fim do ano, Flávio Costa voltou a convocá-lo, não mais para ser reserva de Zarzur, mas para jogar entre Ivã e Jaime na linha média titular da seleção carioca. Foi campeão brasileiro pela primeira vez, atuando numa equipe em que outros talentos despontavam, principalmente Zizinho, Heleno e Ademir. Depois, concluído o empréstimo ao Canto do Rio, reapresentou-se ao América.

— Eu estava à sua espera — disse Gentil Cardoso ao recebê-lo.

Danilo ouviu, sem comentários, os planos que o técnico tinha para o time do América em 1944, Osni passando a goleiro titular, China na ponta-direita, quem sabe o Maxwell no centro, mais Amaro, Lima, Jorginho, bons valores revelados um ano antes. O que faltava era mesmo um *center-half* de categoria, assim como ele, Danilo.

— De categoria, seu Gentil?

Gentil Cardoso sentiu qualquer coisa por trás da pergunta, talvez uma pontinha de malícia, mas não se perturbou:

— Claro, Danilo, assim como você. Eu sempre acreditei no seu futebol. Só por isso concordei com seu empréstimo ao Canto do Rio, onde seria muito mais fácil você se firmar.

★★★★★★

O América não passou de um quinto lugar em 1944 e ficou em quarto no ano seguinte. Entre um campeonato e outro, venceu de ponta a ponta o Torneio Relâmpago, que durante quatro anos serviu de abertura oficial à temporada do futebol carioca. O velho Alvim convencia-se de que o futebol era muito mais do que um simples prazer para o filho, e já então frequentava o clube com certo orgulho, pose mesmo, a dizer que aquele centromédio — para muitos o melhor do Brasil — era seu filho. Assim falava o pai orgulhoso, mas o observador neutro, que Alcídio também sabia ser, não só enaltecia o futebol de Danilo como não reconhecia outro, além de Zizinho, capaz de igualar-se ao filho no trato com a bola, na classe, na inteligência.

— É um desperdício, um desperdício!

Alcídio não se conformava em ver o filho como adversário de Zizinho, um no América, o outro no Flamengo, ambos lutando tantas vezes por uma bola que as leis do futebol deveriam dividir, irmãmente, entre eles, uma vez que não lhes era possível jogar no mesmo time. Certa vez, numa partida disputada na Gávea, Danilo e Zizinho levaram o duelo a tal ponto que, deixando o futebol de lado, passaram a usar o recurso do pontapé. À noite, ao chegar em casa, Danilo encontrou o pai esperando, cara amarrada como nunca.

— O que foi que houve lá no campo?

— Nada, pai. O Ziza me estranhou, eu estranhei ele, nós nos estranhamos, mas ficou tudo em casa.

— Pois fique sabendo que filho meu não pode estranhar Zizinho.

— Pai, isso é do jogo. Futebol é ou não é pra homem?

— Futebol, Danilo, é pra craque. E um craque não estranha outro.

Nunca mais Danilo e Zizinho trocaram pontapés. Seus duelos, que marcaram época na história dos meios de campo cariocas, passaram a ser feitos de pura arte, um drible de cá, outro de lá, passes precisos de um, passes precisos de outro, nenhum dos dois perdendo, só a torcida ganhando. O velho Alvim ficou contente, mais ainda quando Danilo e Zizinho foram convocados para o Campeonato Sul-Americano de 1945, em Santiago do Chile. Seu filho ia estrear na Seleção brasileira, jogaria ao lado de Zizinho, exatamente como já vinha acontecendo na seleção carioca.

Alcídio acompanhou, ao lado do rádio, todos os jogos do Brasil, uma torcida muda que contagiava Edite e as filhas. A torcida, porém, não era especificamente por Danilo — que nas cinco primeiras partidas foi reserva de Rui — mas pela Seleção que tentava tirar o título dos argentinos. Danilo só entrou no time contra os chilenos, o Campeonato já perdido, e

Alcídio não pôde vibrar muito com a vitória de 1 a 0, gol de Heleno. Vitória difícil, suada, valendo apenas pelo consolo do segundo lugar.

De volta ao Rio, Danilo viu o América perder cedo o interesse pelo Campeonato Carioca, o Vasco invicto, distanciando-se na liderança, já com seis pontos à sua frente. Gentil Cardoso, quando consultado pelo diretor de futebol, Joaquim Luís Pizarro Filho, concordou em levar a equipe para alguns amistosos no interior. Na volta, uma surpresa aguardava Danilo em Campos Sales.

— Sabe quem está aí à tua procura? — indagou um dos juvenis.

— Como posso saber, se estou chegando agora do meio do mato?

— Então dá uma olhadela no campo.

Ondino Viera, técnico do Vasco, praticamente o campeão de 1945, a lutar apenas por uma invencibilidade que seria mantida até o fim, estava no campo conversando com os diretores do América. O assunto era Danilo, que o técnico uruguaio queria levar para São Januário. A proposta feita por Ondino, em nome do Vasco, interessaria ao América, não fosse esse ficar sem o seu centromédio, o melhor da cidade. Mas, além de bom dinheiro pelo passe e da renda integral de um amistoso entre os dois times, em São Januário, o Vasco cederia Dino ao América. Quando Danilo foi ouvido, pouco depois, a única palavra que faltava era a sua. Os 90 mil cruzeiros de luvas e quase dois mil por mês responderam por ele, antes mesmo que o velho Alvim soubesse. Quanto ao América, vantagens financeiras à parte, e com todo o respeito ao futebol do aplicado Dino, ainda lamentaria ter feito ali o pior negócio de sua história

Foi no amistoso — Dino já com a camisa do América — que Danilo estreou no Vasco, começando logo com uma vitória de 4 a 0. Para assumir sua posição no novo clube, era preciso esperar o Campeonato Carioca terminar. Já em dezembro, temporada encerrada, Vasco campeão invicto, houve um amistoso com o combinado dos outros clubes para a tradicional entrega das faixas. Danilo foi escalado de centromédio, cabendo a Eli ser deslocado para a direita, uma vez que Berascochéa, machucado, não pôde jogar. Assim, na hora da distribuição das faixas, um dos padrinhos viu Danilo perfilado, tão com jeito de campeão que resolveu colocar uma delas, a tiracolo, no único intruso entre os 11. Depois da partida, Berascochéa apareceu no vestiário, furioso.

— Fizeram uma faixa de menos, justamente a minha!

Em casa, Danilo riu sozinho ao se lembrar do campeão sem faixa, riso que misturava marotagem com remorso. E pensou no dia em que teria a própria e merecida faixa de campeão invicto.

******

Não ganhou uma, mas duas, em 1947 e 1949, quando o Vasco voltou a conquistar sem derrota o título de campeão carioca. Os cinco primeiros anos de Danilo em São Januário seriam os mais intensos de sua vida, com várias passagens pelas seleções carioca e brasileira, muitas viagens ao exterior, vitórias atrás de vitórias, títulos e mais títulos, fama, dinheiro e o triste desfecho de uma Copa do Mundo que lhe doeu mais do que as pernas quebradas. Sua primeira volta à Seleção brasileira, então como titular, deu-se num Campeonato Sul-Americano de memória também triste, pois nele, além de perder a taça, os brasileiros foram covardemente agredidos em Buenos Aires durante a partida decisiva com os argentinos. O próprio Danilo apanhou muito.

Mas o importante é o que aqueles cinco anos significavam para ele e para o futebol brasileiro, que viu renascer, na elegância ao matar a bola, na beleza do passe, no drible sempre objetivo, no posicionamento em campo, a tradição do *center-half* clássico que parecia ter morrido com Fausto dos Santos na pequena e distante Palmira. Danilo ainda levava sobre Fausto a vantagem de viver noutra época, o futebol brasileiro amadurecendo, o profissional mais consciente e menos boêmio, ganhando bem, já podendo se manter com o que o clube lhe pagava. Quando ia chegando ao fim da década de Fausto, Flávio Costa era apenas um discípulo de Dori Kruschner, e não o "professor", como diziam em plena década de Danilo. Para Fausto, o WM tinha sido uma invenção desmoralizante; para Danilo Alvim, a diagonal não era mais do que uma variante a que Flávio chegara inspirado na vocação ofensiva de Ademir.

Inteligente e versátil, Danilo foi dos jogadores mais importantes para a execução do sistema de Flávio Costa. Enquanto foi adotada, no Vasco ou em seleções, a diagonal dependeu muito dele para funcionar. Na variação assimétrica do WM, em que já não havia o quadrado mágico, mas um losango, Danilo ocupando o vértice mais adiantado da linha de médios, incumbindo-se de marcar o meia-armador adversário e de se projetar além do meio de campo, transformando-se em peça ofensiva adicional. Nenhum apoiador de então tinha tanta vitalidade, estava em tantos lugares ao mesmo tempo, inspirava tanto respeito a outros craques, aos técnicos, aos estrategistas. Por vezes, surgiam táticas destinadas a vencer o Vasco em cima dele, como a tal linha reta que Kanela traçou para Zizinho, mencionada no capítulo de Jair. Ondino Viera, quando deixou o Vasco para voltar ao Fluminense, levou um esquema que pretendia usar mais tarde: quando os dois times se enfrentassem, a solução seria neutralizar Danilo. E assim foi feito, o centroavante Simões designado para marcar o médio de apoio do Vasco, anulando-se a si próprio, pois valia a pena perder um atacante desde que Danilo não se movesse. Era uma inversão de valores. Agora, os homens de frente é que tinham de vigiar os defensores. Por tudo isso, e também pelo seu estilo, pelo modo de dominar a bola sempre com elegância — principalmente no peito ou no bico da chuteira — pela nobreza do seu futebol, é que ele se tornou o Príncipe.

A fórmula gasta — fazer escola — não cabe no caso de Danilo, mas é indiscutível a influência que ele exerceu sobre todos os centromédios da época. Nos campos de subúrbio ou nos grandes estádios, os distribuidores de camisa ou os técnicos de verdade, sempre que lhes aparecia um sujeito magro, alto, pedindo para treinar, iam logo dizendo:

— Entre ali, de *center-half*.

— Mas minha posição não é essa — protestava o candidato.

— Não faz mal. Seu jeito é todo do Danilo.

Naqueles cinco anos, enfim, Danilo brilhou. Aos dois campeonatos invictos pelo Vasco, somou os títulos de tricampeão brasileiro pela seleção carioca; de campeão do Torneio dos Campeões de 1948, que reuniu em Santiago do Chile as equipes do Vasco, River Plate, Colo-Colo, Nacional de Montevidéu, Municipal de Lima, Emelec de Quito e El Litoral de La Paz; de campeão de um pentagonal no México; de vencedor de duas Copas Rio Branco; de campeão sul-americano em 1949, no Brasil. Esse ir e vir, daqui para o exterior, jogando não só pelas Américas, mas também em vários pontos da Europa por onde o Vasco passara invicto, parecia ter dado a Danilo e ao jogador brasileiro em geral a cancha necessária para a conquista da Copa do Mundo de 1950. Mas a história foi outra.

★★★★★★

Era uma bonita manhã de maio, como muitas outras houve naquele ano de 1949. Apesar disso, a cidade amanheceu inquieta, assustada com a notícia que os jornais publicavam na primeira página: Danilo desaparecera. Segundo o velho Alvim, que raramente perdia a calma, deviam ter sequestrado o filho. Não aparecia em casa, no Vasco, nos lugares de costume, fazia alguns dias. Todos as delegacias foram notificadas, a polícia mobilizou seus homens mais experientes, a imprensa fez alarde. O torcedor, com a sua sabedoria própria, tratou logo de arranjar explicação para o sumiço, não faltando quem o associasse à temporada que o Arsenal vinha fazendo no Rio e em São Paulo.

— Os ingleses devem ter sumido com ele, só para desfalcar o Vasco.

Mas era mês de maio, mês de casamento, e ninguém suspeitou que o namoro do filho com a moça Zelinda — namoro que a família Alvim reprovava — fora a causa de tudo. Danilo queria se casar, mas sabia que aquele era um assunto proibido em casa. Então, sem dizer nada a ninguém, arranjou dois padrinhos, duas testemunhas, levou Zelinda ao cartório, resolveu tudo às pressas e foi passar a lua de mel em Miguel Pereira. Ao saber pelos jornais da confusão que a aventura havia provocado, telefonou ao pai e avisou que chegaria, casado, pelo primeiro trem. Enquanto Alcídio pedia desculpas à polícia, tanto trabalho por nada, Danilo dava entrevistas de página inteira. A história, pelo menos, teve final feliz: Zelinda foi aceita pela família e o Vasco — com soberba exibição de Danilo — impôs ao Arsenal a primeira derrota em campos sul-americanos: 1 a 0.

Um ano depois, domingo de São João, Danilo pisava a grama novinha, verde e macia do Maracanã, para estrear na Copa do Mundo contra os mexicanos. A tal experiência que parecia haver adquirido começava a ser posta à prova, o mesmo acontecendo com o restante da Seleção brasileira, cujos componentes dividiam com ele os principais papéis de um show inesquecível. Show que começara ali e se prolongaria por duas semanas, até a espetacular exibição frente aos espanhóis. Durante 15 dias, houve festa no país inteiro, viu-se balão verde-amarelo subindo ao céu a todo instante, o futebol tomou conta do bate-papo diário, tudo foi certeza de que a taça de ouro ficaria aqui, exposta numa das vitrinas enfeitadas do Cineac Trianon, ou mesmo em praça pública, cercada por uma guarda de honra. Concentrado em São Januário, nas vésperas da final com o Uruguai, Danilo sentiu-se contagiado pela festa antecipada, sentiu-se campeão do mundo. Certo ou errado, tinha lá os seus motivos.

Os outros jogadores concordavam com ele, embora um ou outro fosse mais comedido em matéria de otimismo. Desconfiado, ou mesmo assustado, estava o massagista Johnson, quieto no seu canto, mastigando o charuto. Medo dos uruguaios? Não, respeito.

— São duros, duros de roer — costumava dizer.

Seriam? Danilo também respeitava os uruguaios, conhecia-os de longa data, jogara contra eles várias vezes, sabia como eram manhosos, bons de bola e muitas outras coisas, mas não acreditava em surpresa. Bastava analisar, uma por uma, as partidas que as duas seleções haviam disputado naquela Copa do Mundo, para ver que o Brasil dificilmente perderia.

— Olha, negão, nós ganhamos facilmente dos mexicanos, não demos bola para os iugoslavos, pusemos os suecos no bolso e arrasamos os espanhóis. Os uruguaios, fora aquela sopa com os bolivianos, andaram penando por aí.

— E o jogo com os suíços? — indagava Johnson, citando o empate no Pacaembu com a medíocre seleção suíça.

— Esse não conta. Eu joguei? Zizinho jogou? Então não conta.

De fato, no dia dos 2 a 2 com a Suíça, Danilo fora substituído por Rui — concessão feita por Flávio Costa à torcida paulista — e Zizinho, contundido, ainda não havia estreado na Copa do Mundo. Era outro argumento que justificava o otimismo. Quanto aos uruguaios, não pareciam tão valentes como Johnson dizia. Danilo recordava um amistoso que o Vasco fizera em Montevidéu, no qual ele fora agredido pelas costas pelo meia-direita José García, que os brasileiros apelidaram de Maluquinho. O mesmo García apareceu diante de Danilo como se nada houvesse acontecido, deu-lhe uma palmadinha no ombro, abriu um sorriso e perguntou:

— Amigo velho, não se lembra de mim?

Danilo batia bola com Tesourinha, Jair e Ademir, minutos antes da partida entre brasileiros e uruguaios pela Copa Rio Branco de 1947, quando o cinismo do Maluquinho o surpreendeu. Que ideia aquele sujeitinho debochado fazia dos brasileiros? Um tabefe pelas costas em Montevidéu, uma saudação simpática no Rio e García supunha que o assunto estava encerrado? Nada disso. Com apenas dois minutos de jogo, Danilo sentiu o pé esquerdo do uruguaio tocar-lhe a canela com maldade e reagiu de pronto, atracando-se com ele no meio do campo. Foram expulsos, Danilo pela primeira vez.

— Não, Johnson, os uruguaios não são tão valentes assim.

Depois da derrota, a inexplicável derrota de 16 de julho, Danilo seria obrigado a refazer seus conceitos sobre os uruguaios e a reconhecer que García era uma exceção. Cuidaria de esquecer tudo, a festa, os balões verde-amarelos, a taça de ouro, a presença dos dois — ele e Zizinho — na Seleção, as goleadas que levaram o Brasil à final com o Uruguai, o otimismo, as próprias experiências. Lembrar, mesmo, só de Johnson, o velho massagista que, mastigando o charuto, parecia sentir, longe, o cheiro da fatalidade.

★★★★★★

Fatalidade — foi assim, com uma palavra apenas, que Danilo sempre definiu a Copa do Mundo de 1950. Não adiantava perder tempo com explicações complicadas, nem tampouco culpar esse ou aquele pela derrota. Ninguém chorou mais do que ele, dentro do campo, ainda com o Maracanã lotado, no instante em que a partida acabou. Chorou feito criança, no meio da multidão, multidão que sofria demais para se importar com o sofrimento alheio. Depois — e foi preciso muito tempo — se conformou.

Não apenas porque a derrota para os uruguaios o roera por dentro, mas também porque a sua época ia chegando ao fim, Danilo nunca mais foi o mesmo depois da Copa do Mundo. Duas vezes voltou a ser campeão pelo Vasco, a primeira naquele mesmo ano, a segunda em 1952, mas já não era dele, ou só dele, que os técnicos dependiam para armar o time. Danilo era dono da mesma classe, não perdera a elegância, conservara aquele modo todo seu de dominar, conduzir e passar uma bola, chegara mesmo a evoluir taticamente da diagonal para os novos sistemas que iam surgindo. O fôlego e o entusiasmo é que não eram os mesmos. Fôlego agora de um centromédio passado dos 30 anos, que muito dependia da vitalidade para satisfazer às exigências do jogo; entusiasmo agora de um craque sem ambições. Ao deixar o Vasco para voltar ao Flamengo, em 1951, Flávio Costa deixou em São Januário um Danilo que queimava suas últimas reservas de energia. Ao voltar ao Vasco, dois anos depois, o veterano técnico encontrou outro Danilo, já cansado, vivendo seus primeiros dias de decadência. E resolveu dispensá-lo.

— Se eu tivesse ganho dinheiro com o futebol, parava por aqui mesmo — desabafou, desapontado, com o velho Alcídio.

Ninguém que o conhecesse na intimidade poderia levar o desabafo a sério. Danilo gostava demais da bola para parar por ali, na hora certa, ainda como craque. O Botafogo soube, interessou-se, procurou saber quanto o Vasco queria pelo passe, achou caro, quase desistiu. Mas alguém se lembrou de uma antiga manobra, a da "ponte", segundo a qual um jogador pedia transferência como não amador para um clube de outro estado, ficava por lá por algum tempo e depois voltava ao Rio, livre para jogar por quem quisesse. Tal manobra, hoje impraticável, levou Danilo ao Botafogo, via Fonseca de Niterói, no início de 1954. Antes disso, ele se despediu da Seleção brasileira no Campeonato Sul-Americano de 1953, em Lima, atuando contra os paraguaios na mesma partida que parecia ser, também, a despedida, esta compulsória, de Zizinho. Ele mesmo dissera ao amigo:

— Depois dessa, só se for em seleção de veteranos.

Pelo Botafogo, Danilo cumpriu duas temporadas razoáveis, jogando bem sem brilhar ou mal sem comprometer, até que Zezé Moreira foi novamente contratado pelo clube. A discutida marcação por zona que o técnico tentou, sem êxito, impor à equipe em que Danilo tomava parte mudou outra vez sua vida: se antes já lhe faltava fôlego para fazer coisas mais simples, agora, então, no sistema de Zezé, que lhe impunha a tarefa de dar o primeiro combate ao ponta adversário, nenhuma chance lhe sobrava. O próprio técnico percebeu, e ele ganhou passe livre, aproveitado para ingressar no Uberaba Esporte Clube, de Minas, mais como treinador estreante do que como médio de apoio cansado.

O treinador estreante logo se firmou, iniciando ali, naquele pequeno clube do interior, uma carreira que o levaria a vários outros centros do futebol brasileiro, Belo Horizonte, Marília, Caxias do Sul, Rio, e anos mais tarde, já em 1963, ao exterior, para onde foi contratado pela Associação de Futebol de La Paz, a fim de fazer o milagre de transformar a Bolívia em campeã sul-americana. O milagre foi feito, com a ajuda de um *mensajero* de 12 anos, garoto vivo e inteligente, que se incumbia de transmitir aos jogadores bolivianos as instruções de Danilo. Era Carlos Alberto, filho único que herdara do pai o gosto pelo futebol.

O médio de apoio cansado logo parou. Encerrou ali, naquele mesmo clube do interior, uma carreira que lhe justificava a fama. Nos últimos tempos de Uberaba, quase não jogava, preferindo deixar para os mais moços a oportunidade de lutar por sua posição. Um dia — dia de festa na cidadezinha mineira — a famosa equipe do Santos apareceu por lá, levando consigo o título de campeã paulista e um meio-campo sustentado pelo futebol de Jair Rosa Pinto. Para surpresa da gente da terra, que fora em peso assistir à partida do modesto Uberaba com o poderoso Santos, o primeiro tempo terminara em 2 a 2. Ao voltar ao vestiário, já satisfeitos por terem resistido a um tempo, os jogadores do Uberaba encontraram Danilo uniformizado.

— Mudei de ideia. Vou entrar nesse segundo tempo.

Entrou, apertou a mão de Jair, tomou posição e esperou a partida recomeçar. Dos seus pés, a partir de então, nasceram os melhores lances, as jogadas mais trabalhadas, os passes mais perfeitos, os dribles mais precisos e as manobras que conduziram o Uberaba a uma vitória por 5 a 2. Todos, os dirigentes da casa e do clube visitante, os jogadores que comandava e os adversários, a torcida e o próprio árbitro, estavam surpresos com a exibição fora do programa. Todos, menos Jair.

— Não faz muito tempo, isso era um brinquedo pra ele.

Para Danilo, porém, fazia muito tempo. Terminada a partida, enquanto a torcida comemorava a façanha do Uberaba, enquanto os outros jogadores festejavam entre si a sorte de terem Danilo como treinador e companheiro, ele embrulhou as chuteiras.

— Guardo-as para sempre e acho que em boa hora.

Perto, um amigo, sócio do clube, ouviu aquilo sem dar muita importância. Não sabia que a promessa seria cumprida e que, naquela tarde, Danilo se exibira pela última vez.

— Só queria saber o que te fez melhor do que os outros — disse o amigo.

— Os outros?

— Sim, todos os grandes centromédios que o Brasil já teve.

— Vai ver foi esta perna partida — e apontou para o local onde sofrera, 15 anos antes, a fratura que por pouco não o inutilizara.

O amigo ficou olhando, enquanto Danilo lhe falava do atropelamento, do longo tempo sem andar, do quanto sofrera pensando na bola que talvez não voltasse a chutar, do primeiro dia em que reapareceu no campo do América, da mentira que pregara ao médico, do segredo que guardara.

— Depois disso, fui atropelado mais duas vezes, mas só naquela primeira a coisa foi séria. Nunca mais pude dobrar a perna, olha só.

O amigo voltou a olhar, sem saber se Danilo falava sério ou se contava uma piada. Na dúvida, sorriu, sem vontade mesmo, só para não dizer que a piada não tinha graça.

Pena que o futuro que a cena parecia prometer ao ex-craque, agora técnico, não viesse a se cumprir. Porque, de todos os finais de história contados nestas páginas, o de Danilo foi dos mais tristes. Sem a loucura de Heleno, sem a ruína de Fausto, sem o drama de Garrincha, mas triste. Em 16 de maio de 1996, três anos depois de Zelinda, Danilo Alvim morria pobre, sozinho, num asilo, sem que se pudesse reconhecer no corpo exaurido vestígios do antigo Príncipe.

//Nílton Santos

Ella Fitzgerald interpreta Cole Porter com a mesma facilidade com que Nílton Santos joga futebol.

Sandro Moreyra

Terminado o primeiro tempo de uma partida entre Botafogo e River Plate, por um desses torneios de começo de ano na Cidade do México, Nestor Rossi está impressionado com o aspecto de seu companheiro Federico Vairo: uniforme sujo de lama, camisa encharcada de suor, cabelos desgrenhados, meias arriadas, fisionomia abatida, tudo por causa dos dribles que lhe aplicou Garrincha pela lateral da área. No vestiário, Rossi pensa no que pode dizer a Vairo de modo a devolver-lhe o fôlego, o ânimo, a coragem para voltar a medir-se com Garrincha no segundo tempo. Depois, já no campo, fala ao companheiro:

— Você está vendo aquele jogador ali?

Vairo põe os olhos no zagueiro do Botafogo, um tipo alto, forte, de uniforme limpo, meias lá em cima, tranquilo e firme como se só agora a partida fosse começar. Rossi prossegue:

— Chama-se Nílton Santos e é beque esquerdo como você. Pois vai lá perto, passe a mão nas pernas dele, que seu jogo logo melhora. Vai lá, anda, que o futebol de todos os beques do mundo está ali naquelas pernas.

Há, na "pequena mitologia" do futebol brasileiro, lendas que, apesar de improváveis, ou talvez por isso, devem ser passadas adiante para que melhor se avalie a dimensão do herói que as inspirou. A cena acima, contada por Armando Nogueira no livro *Drama e glória dos bicampeões** e lembrada pelo próprio Nílton Santos em sua autobiografia, é uma delas. Improvável se lembrarmos como os argentinos são econômicos quando se trata de elogiar jogador brasileiro. Mais improvável ainda se um dia vimos jogar Nestor Rossi, um dos maiores centromédios do mundo em todas as épocas. Deve ser passada adiante, porém, se o herói em questão é Nílton Santos.

Mesmo que o futebol de todos os beques do mundo não estivesse em suas pernas, poucos jogadores de defesa de sua época reuniram tantas virtudes: técnica, estilo, reflexos, equilíbrio, senso de antecipação, capacidade de recuperação, seriedade, intuição, coragem, antecedendo o que seriam os melhores zagueiros do futuro. Virtudes, enfim, que lhe valeram o título de "melhor lateral-esquerdo do século", em pesquisa promovida pela Fifa em 1998. Como se o mundo inteiro finalmente concordasse com Nestor Rossi.

A carreira de Nílton Santos cobre 20 anos de um período em todos os sentidos rico na história do futebol brasileiro. Vai dos últimos tempos de Leônidas da Silva ao apogeu de Pelé. Compreende quatro Copas do Mundo, duas perdidas, duas ganhas, tendo ele atuado em todas as partidas do bi brasileiro. Retrata a própria transição pela qual esse futebol passou, dentro e fora do campo, do malogro de 1950 no Brasil ao sucesso de 1962 no Chile. Nesse período, Nílton Santos impôs seu estilo e antecipou em alguns anos o que seria o papel do lateral moderno, livre para defender, atacar, criar, brilhar.

Quando ele começou, o que mais se exigia de um zagueiro, central ou lateral, é que fosse marcador implacável, o incômodo "carrapato", aquele que colava no adversário para impedir que jogasse, em vez de jogar ele próprio. Passes, dribles, avanços além da linha divisória eram exclusividades de quem atuasse do meio de campo para a frente. Passes? Muito melhor era rebater de primeira, pouco importando se de bico ou para fora. Dribles? Inadmissíveis, principalmente se dentro da área. Quem os tentasse cometia uma domingada, em alusão ao grande Domingos da Guia, o primeiro a transgredir o manual dos zagueiros num estilo que, mais do que seguir, Nílton Santos aperfeiçoaria. Avanços à área adversária? Tal audácia era coisa de beque perdido entre a inconsequência e a insanidade.

Por saber tudo de futebol, Nílton Santos foi chamado de Enciclopédia. Melhor, talvez, seria vê-lo como um tratado dos 100 anos de evolução dos

---

* Escrito em parceria com Araújo Neto.

estilos de zagueiro, do primeiro beque de escora que terá tentado marcar Arthur Friedenreich em 1909 aos mais eficientes laterais do mundo já no século XXI.

★★★★★★

Um dos pontos em que Nílton Santos difere dos outros é a idade com que começou a jogar futebol. Pelo menos o futebol sério, em campo de verdade, 11 de cada lado, todo mundo de chuteira. Na Ilha do Governador, Rio de Janeiro, onde ele nasceu em 16 de maio de 1925, a pelada era a diversão quase única da garotada. A pelada e a praia. Mas o garoto de calça curta não era exatamente uma promessa de craque, nunca o primeiro a ser escolhido na hora do par ou ímpar, nunca o responsável pela escolha. Quando muito, dava-se por satisfeito por não ganhar o meio-fio. E o meio-fio, na linguagem da pelada de rua, era sinônimo de cerca. Continuou assim até, já mais velho, criar e manter com os amigos o Fumo Futebol Clube, não mais do que um time de pelada, só que mais organizado.

No Fumo, Nílton começou a perceber que levava jeito. Por volta dos 14 anos, sobressaía nos amistosos entre times independentes, sempre jogando na frente, de atacante, driblando beques, marcando gols. Se concordava em ficar na defesa, era só para não discutir com o capitão do time. Mal começava o jogo, ia avançando, avançando, até ficar onde queria. Caso, mesmo, só criava quando alguém se atrevia a escalá-lo de goleiro. Aquela era uma posição destinada aos que nada sabiam fazer com os pés, e ele, bom na embaixada, no corte, no passe de efeito, no drible, não se sujeitaria ao gol.

O ataque, para Nílton, não era uma vocação, um temperamento, era o seu próprio destino no futebol, destino que não adiantava contrariar. Pelo menos, é o que pensava quando foi aceito entre os juvenis do Flecheiras, este, sim, clube de fato, embora modesto, que levava o nome do antigo bairro em que Nílton Santos nascera (nele, décadas depois, seria construído o antigo Aeroporto Internacional do Galeão). O Flecheiras orgulhava-se de ser uma espécie de “escrete da Ilha”. Tinha um time afiado, cheio de gente boa, Feguinho, o primo Moacir, Bininінha, Leonídio Ruas, centroavante que o jovem Nílton acreditava ter inventado a bicicleta antes de Leônidas da Silva patenteá-la. Do juvenil para o segundo time, deste para a ponta-esquerda do primeiro, numa ascensão mais rápida do que o garoto das peladas permitia prever, Nílton foi crescendo. Tornou-se atração do time nos jogos contra Freguesia, Jequiá, Cocotá, Ribeira e outros pontos da Ilha. Os amigos, e mais que todos, os irmãos, viviam dizendo que devia fazer teste num grande clube do Rio.

Todas essas primeiras experiências no futebol foram vividas em dias de pobreza, ao lado dos seis irmãos mais novos, do pai, Pedro dos Santos, pescador, e da mãe, Josélia, servente da escola pública que Nílton cursou só até o terceiro ano primário. As dificuldades da família, com tantas bocas a alimentar, o obrigaram a trabalhar cedo. Um dos empregos, de garçom na cantina do hangar que os americanos mantiveram no Galeão durante a guerra, aproximou-o da Aeronáutica, na qual se alistou para o serviço militar. Uma escolha feita menos pelos aviões, medo que carregaria por toda a vida, do que por não querer se afastar da Ilha (ainda não havia a ponte e a travessia de barca só compensava em dia de clássico no futebol).

A caserna mudou-lhe a vida. Era um soldado, não um piloto, como gostava de realçar. Aprendeu ali a dividir-se entre as obrigações na oficina e a devoção pela bola, agora na meia-esquerda do time dos oficiais, privilégio conseguido por conta de seus passes e seus gols. Entre uma atividade e outra, havia as instruções, os exercícios, os serviços forçados e as punições, uma delas séria (pela travessura que ele e alguns colegas se atreveram ao desviarem do depósito um galão de gasolina). Não era bom soldado, embora fizesse força para agradar ao major Honório Magalhães, fã do seu futebol e centroavante do time. Graças ao major — para quem o futuro de Nílton não estava nem no uniforme nem no quartel, muito menos nos aviões — a punição pela travessura não foi mais pesada. Além de livrá-lo, o major empenhou-se em convencer o mau recruta, bom de bola, de que seu futuro estava mesmo no futebol. Tanto que, quando o time dos oficiais recebeu os profissionais do São Cristóvão para um jogo-treino, vencendo com dois gols do seu meia-esquerda, e Arquimedes, técnico visitante, convidou-o para fazer experiência em seu clube, Nílton foi dissuadido pelo major:

— Seu futebol é para time grande, e não para o São Cristóvão.

Ao deixar a Aeronáutica, Nílton voltou à ponta-esquerda do Flecheiras. Sempre incentivado por amigos e irmãos, foi fazer teste num clube grande, o Fluminense, então em busca do bicampeonato carioca. Nas Laranjeiras, nem trocou de roupa. Encontrando Ademir, Rodrigues, Orlando e outros jogadores, todos posudos, olhando-o com desconfiança, parecendo mascarados, o que realmente não eram, intimidou-se. Nunca teria vez entre aqueles craques de Seleção. E foi embora.

No que o major Honório voltou a entrar em ação. Era sobrinho de um conselheiro do Botafogo, Bento Ribeiro, e não custava nada pedir-lhe uma carta de recomendação. Mesmo sabendo que, com quase 23 anos, o recomendado era "velho demais" para um pontapé inicial (os clubes, como sempre, preferiam candidato com idade para jogar nos juvenis, ainda sem vícios, mais fácil de ser moldado).

Carta na mão, Nílton foi a General Severiano. O Botafogo também era um grande clube. Nílton viu isso logo no primeiro dia, quando foi apresentado ao técnico Zezé Moreira. Como ele, outros, de todos os lugares, de todas as posições, de todas as idades, ali estavam para fazer experiência. Predominavam, porém, os garotos e os que jogavam no ataque. Enquanto assistia ao treino dos profissionais, ele prestava atenção em Zezé Moreira. Numa daquelas substituições de fim de treino, talvez tivesse uma chance. Para surpresa sua, Zezé mandou-o entrar no lugar do gaúcho Ávila, centromédio titular. Na hora, chegou a pensar num protesto, em dizer que aquela não era a sua posição, que ele estava ali para ser experimentado como meia ou centroavante. Se fosse no seu tempo de pelada, diria "não", mas ali, no Botafogo, diante de um verdadeiro técnico, o melhor era entrar em campo e treinar no lugar de Ávila. Zezé gostou e mandou que voltasse no dia seguinte. Quem sabe — pensou Nílton — dessa vez o homem o deixaria treinar no ataque? Foi o que aconteceu. Depois do segundo treino, quando Zezé mandou providenciar para que ficasse morando no alojamento do clube, Nílton Santos já se sentiu contratado. E como o mais novo atacante do elenco alvinegro.

Atacante? Estava enganado. Carlito Rocha, o lendário presidente do clube, assistira ao treino das sociais. Desceu de onde estava e foi falar com o moço que impressionara não só Zezé, mas a ele também. O primeiro diálogo entre os dois é reproduzido aqui segundo lembrança do próprio Nílton Santos:

— E aí, rapaz? Você é o recomendado do Bento Ribeiro?

— Sou, sim senhor.

— Qual é a posição em que você joga?

—De atacante.

— Você joga com a cabeça?

— O que é jogar com a cabeça, é pensar ou cabecear?

— É cabecear — esclareceu Carlito.

O presidente pediu então que Nílton desse alguns saltos, tentando cabecear uma bola imaginária. Ele obedeceu. Um, dois saltos, e Carlito se fez treinador:

— Você tem físico de defesa e é lá que você vai jogar.

No dia seguinte, treinou na lateral-direita, saiu-se muito bem e, desta feita, Carlito se fez profeta:

— Esquece o ataque, rapaz. Na defesa você vai ser campeão carioca, brasileiro, sul-americano e mundial.

★★★★★★

Depois de uma série de amistosos, um deles com o Southampton da segunda divisão inglesa, outro com o Atlético Paranaense inaugurando os refletores de General Severiano (única vez em que Nílton e Heleno de Freitas jogaram juntos, aliás, brigados; o desentendimento entre eles, num treino de aspirantes contra titulares, jamais seria superado), fez alguns jogos pelo Torneio Municipal (competição preparatória para o Campeonato Carioca, dando aos técnicos oportunidade para experimentar novos valores), em que conquistou a posição que seria sua nos 18 anos seguintes de Botafogo: a lateral-esquerda. Portanto, nada do que pretendia o atacante destro do Flecheiras e do time dos oficiais.

A conquista foi tão surpreendente quanto repentina. Primeiro contrato assinado, Zezé o escalou como centromédio contra o São Cristóvão, na preliminar de aspirantes do jogo de abertura do Campeonato Carioca de 1948, na tarde de 11 de julho, em General Severiano. Os aspirantes venceram por 2 a 1, mas o time de cima foi massacrado: 4 a 0. Um desastre. Maior ainda quando, nas sociais, já contratado pelo Boca Juniors, Heleno viu seu Botafogo sucumbir diante do modesto adversário, os torcedores ora gritando seu nome, ora quebrando cadeiras, ora xingando Carlito Rocha que acabara de vendê-lo.

Como Nílton tinha sido o melhor do time de baixo, enquanto Sarno, na lateral-esquerda, ajudara a afundar o time de cima, Zezé decidiu substituir um pelo outro contra o Canto do Rio, pela segunda rodada. A vitória por 4 a 2 convenceu o técnico de que, enquanto o time seguisse vencendo, aqueles seriam os seus titulares: Osvaldo Baliza, Gérson e Santos; Rubinho, Ávila e Juvenal; Paraguaio, Geninho, Pirilo, Otávio e Braguinha. E como o Botafogo não mais perdeu, sagrando-se campeão carioca, o time assim permaneceu, sonoro como um poema que todo botafoguense gostava de recitar.

E Nílton Santos, agora conhecido apenas pelo sobrenome? O que pensava de ter passado do ataque para a linha média e desta para a zaga?

Estariam contrariando sua vocação, interferindo em seu destino? Na primeira oportunidade, desabafou a sós com Carlito Rocha:

— Seu Carlito, até hoje eu fiz tudo o que o senhor e seu Zezé mandaram. Mas acontece que eu nunca fui jogador de defesa, não levo jeito, não gosto. Eu queria que o senhor falasse com seu Zezé para me escalar na frente.

Carlito Rocha, homem de entusiasmos repentinos, alguns realmente proféticos, acreditava-se mesmo diante do futuro melhor beque do mundo, razão pela qual, para encerrar o assunto, proibiu Nílton de sequer pensar em trocar a defesa pelo ataque. Não enquanto ele, Carlito, vivesse. E decerto viveria muito, mais 33 anos, o bastante para ver todas as suas previsões confirmadas no futebol de seu novo lateral-esquerdo.

O ano de 1948 foi de fato glorioso para o Botafogo de Carlito, de Zezé e daquele time fácil de recitar. A saída de um começo desastroso para um final apoteótico, a certeza de que a estrela solitária continuaria brilhando sem Heleno e a superstição que marcou a campanha, incluindo um vira-lata preto e branco, o Biriba, adotado como mascote em cuja mística todos acreditavam, deram ao Botafogo o título de campeão que o clube ainda não conquistara no regime profissional. Tudo isso e mais Nílton Santos, em seu também glorioso ano de estreia.

O estilo de zagueiro que surgia então — e que de início ele quis rejeitar — começava a libertar o beque brasileiro de sua passividade, da marcação cerrada, das rebatidas a esmo, tudo como consequência natural do tratamento que desde menino Nílton procurara dar à bola, sonhando em ser atacante. Porque, vale repetir, naquele tempo só os atacantes podiam arriscar-se ao drible, ao passe correto, ao futebol fino e elegante, que teve em Domingos Da Guia, dez anos antes, uma formidável exceção. Nílton Santos, pelo contrário, faria do seu futebol uma regra, reformulando o conceito lançado pelo velho da Guia. O primeiro ano de Botafogo foi tão definidor desse estilo que, em março de 1949, somente um ano depois de ter trocado a Ilha por General Severiano, ele era convocado para a Seleção brasileira, ao Campeonato Sul-Americano. Na lateral-direita, como reserva de Augusto, ficando a esquerda entregue a Bigode ou Noronha.

Logo no primeiro treino, no campo do Vasco, o técnico Flávio Costa entrou no vestiário, ar sério, atitude de grande comandante. Examinou as meias, os calções, as camisas que o roupeiro Chico arrumava nas prateleiras, foi olhando, passando o dedo onde via poeira, dando ordens aos funcionários do clube, aos jogadores que tomavam banho e até aos dirigentes da CBD. Num canto, viu Nílton Santos embrulhando o par de chuteiras, já velhas, que usava no Botafogo e levara para treinar. Flávio aproximou-se e pegou uma delas. Bateu com o nó dos dedos nas travas, puxou o cadarço, olhou fixo para o bico macio.

— De quem é essa chuteira, Santos?

— Minha, seu Flávio.

— Você por acaso sabe para que posição foi convocado?

— Sei, seu Flávio: para beque-direito.

— Pois saiba desde já que beque do meu time só usa chuteira de bico duro.

— É o hábito, seu Flávio. Com bico duro eu não sei matar uma bola, controlar, driblar, passar. Fico que nem um poste, duro também.

— Olhe, Santos, é bom você ir aprendendo que beque pra ser bom não precisa fazer nada disso. Basta saber marcar e rebater, mandar a bola pra frente, do jeito que ela vier. Deixe o bico macio para quem joga no ataque e peça ao Chico outras chuteiras pra você.

Nílton Santos não argumentou mais. Ninguém argumentava com Flávio Costa naquela época. Não que ele fosse homem difícil, intratável, mas parecia saber tudo, era o "professor" (muito antes de os jogadores generalizarem esse tratamento para os treinadores), o técnico que estava disposto a tirar o futebol brasileiro do seu primitivismo. Já conseguira abolir o uso da gorrinha, da camisa por cima do calção, da meia arriada, do amuleto, de vários outros hábitos e superstições. Até as rezas do Johnson tinham os dias contados. Nílton, em silêncio, acabou de embrulhar as chuteiras e foi pedir novo par ao Chico.

Durante todo o Sul-Americano tratou de se conformar com os bicos duros. O que não tentou — nem poderia — foi aceitar aquela história de rebater a bola de qualquer maneira, de ficar colado ao ponta adversário, impedindo-se e ao outro de jogar. Flávio conhecia o futebol, era mais experiente, devia saber o que estava falando, mas Nílton, apesar disso, desconfiou pela primeira vez da infalibilidade de um técnico. Ou talvez ele não tivesse nascido para jogar na defesa, como queria Carlito Rocha.

De qualquer forma, foi mesmo com chuteiras de bico duro e alguma desconfiança que Nílton Santos estreou na Seleção brasileira, em 17 de abril, no Pacaembu, substituindo Augusto no segundo tempo da partida com a Colômbia. O Brasil venceu por 5 a 0, mas Nílton, embora tivesse jogado bem, não ficou satisfeito. De que adiantara anular o medíocre ponta colombiano, se ele, também ele, se anulara por marcar colado? Tinha a impressão de que a vitória era menos sua do que dos companheiros, dos dois gols de Ademir, da bicicleta que Orlando acertara em cheio, das defesas de Barbosa e até de Osvaldo Baliza, que entrara no segundo tempo. Foi a única oportunidade de Nílton Santos naquela Seleção.

De volta ao Botafogo, tentou esquecer o que Flávio Costa lhe dissera e procurou ser fiel ao seu estilo de jogo. Na Seleção, conhecera Zizinho de perto, vira como ele tratava a bola, com que cuidado, com que carinho. A bola, em troca, era amiga de Zizinho, fazia o que ele queria, jamais o contrariava. Todos os jogadores de futebol, inclusive os de defesa, deviam ser obrigados a dedicar à bola aquela mesma atenção, ainda que não tivessem a classe de Zizinho. E Nílton Santos jurou fazer tudo para não ser o que se costumava chamar de "bumba-meu-boi", o rebatedor, muito menos o "carrapato", o marcador.

O Botafogo não fez boa campanha no Campeonato Carioca de 1949. Pirilo e Geninho iam perdendo o fôlego, Otávio já não era o mesmo artilheiro de um ano antes, Ávila e Juvenal não tinham a metade do dinamismo que havia sustentado o meio de campo na temporada anterior. Além disso, houve um jogo com o Madureira no qual os jogadores do Botafogo foram duramente castigados. O time voltara quebrado de Conselheiro Galvão, e Paraguaio — o melhor ponta-direita da cidade — fora o mais atingido. Parecia que Godofredo tinha raiva de Paraguaio ou que os outros beques, tão desmedidos quanto Godofredo, tinham raiva de todo o time do Botafogo. Enquanto isso, o Vasco conseguia, mais uma vez, ser campeão invicto.

Nos primeiros meses de 1950, houve o Campeonato Brasileiro de seleções estaduais. Ao ver o seu nome relacionado para integrar a seleção carioca, Nílton não pensava apenas nela: via-se, desde então, com possibilidade de ser chamado depois, quando se requisitassem os jogadores para a Copa do Mundo. Sabia, contudo, que teria fatalmente dois adversários difíceis na luta por um lugar. Se fosse convocado para a lateral-esquerda, Bigode e Noronha estavam à sua espera; e se Flávio Costa resolvesse aproveitá-lo, mais uma vez, na direita, lá estariam Augusto e Píndaro.

No Campeonato Brasileiro, no qual os cariocas levantariam o título pela quarta vez consecutiva, Nílton foi mesmo lateral-direito, chegando a jogar várias partidas. Inclusive a última com os paulistas, na qual o excesso de entusiasmo, a preocupação de jogar bem e alguma inexperiência lhe valeram uma expulsão de campo: quis marcar colado, duro demais, sem dar folga a Friaça, e o árbitro acabou punindo-o por jogo violento.

Depois, viu seu nome no meio de outros chamados para os primeiros treinos visando à Copa do Mundo. A concentração em Araxá era, para ele, mais um bom começo. Mas os primeiros coletivos deram-lhe a impressão de que dificilmente ficaria entre os 22. Augusto — todos diziam — seria o titular, o capitão do time, o representante de Flávio Costa dentro do campo. E Píndaro, na forma em que se encontrava, só por castigo deixaria de ser o reserva de Augusto. O castigo aconteceu durante a Taça Osvaldo Cruz e a Copa Rio Branco, a um mês da abertura da Copa: Píndaro foi driblado por uma contusão e pela impaciência. A contusão afastou-o dos treinos; e a impaciência, da Seleção. Quando os jogadores voltaram de Araxá, Píndaro já estava recuperado. Deveria, portanto, participar dos jogos com o Uruguai ou o Paraguai, pelas Copas Rio Branco e Osvaldo Cruz. Entre ele e Nílton Santos estava a suplência de Augusto, de modo que aqueles jogos deveriam levar Flávio Costa a uma escolha. O primeiro jogo, num sábado, em São Paulo, teve o chamado escrete branco enfrentando o Uruguai. Nílton jogou o tempo todo e o Brasil perdeu por 4 a 3. No mesmo dia a delegação embarcou para o Rio, pois o jogo com o Paraguai estava marcado para o domingo, no campo do Vasco, pondo em ação a turma do escrete azul.

Muitas explicações foram dadas por Flávio Costa, mas ninguém conseguiu compreender por que Píndaro não foi escalado. Nem Augusto, uma vez que Flávio Costa resolveu manter Nílton Santos no time — o único a participar dos dois jogos. E o Brasil venceu por 2 a 0. Como, na quarta-feira, novamente contra o Paraguai, em São Paulo, Flávio Costa não escalou Píndaro, nem Augusto, nem Nílton Santos, preferindo deslocar o central Juvenal para a lateral-direita, Píndaro, inconformado, pediu dispensa e garantiu a vaga de Nílton.

★ ★ ★ ★ ★ ★

Durante a Copa do Mundo, Nílton Santos foi apenas um torcedor privilegiado, que viu tudo de perto, na concentração, no vestiário, nas cadeiras de um Maracanã saído da forma. Viu tudo sem entender nada, as vitórias tão fáceis, o fanatismo dos dirigentes, a vaidade dos cartolas, o otimismo exagerado dos companheiros e a derrota para o Uruguai. Faixas, flâmulas e medalhas fabricadas de véspera, homenagens que ele próprio recebera sem saber por quê, como futuro campeão do mundo. Sem saber, também, que aquele fracasso livraria o futebol brasileiro de algumas coisas, uma delas o poder absoluto que se dava ao treinador. No caso, Flávio Costa.

Ainda em 1950, o Vasco voltou a ser campeão, perdendo o título de 1951 para o Fluminense. O Botafogo, nas duas temporadas, teve de se conformar com o quarto e o terceiro lugares. Do Campeonato Carioca de 1951, se não ficou boa memória para Nílton, ficou uma, ruim, que acabaria se tornando boa. Foi na partida com o São Cristóvão, em General Severiano, disputada ao impulso dos pontapés e dos bofetões. Não houve quem não brigasse naquele dia. No meio da confusão, Nílton foi apanhado de surpresa, um soco aqui, uma gravata ali, uma rasteira mais adiante. Ao deixar o campo, tinha um corte fundo no lábio. Enquanto o médico, na enfermaria, ocupava-se da sutura, um dos companheiros assegurou:

— Foi uma dentada do Tórbis, na hora daquela gravata.

Nílton não tinha certeza se fora mesmo uma dentada de Tórbis ou se alguém, ao vê-lo no chão, chutara-lhe a boca. No dia seguinte, o lábio muito inchado, esparadrapo espalhado pelo rosto, viu seu retrato nos jornais, nos quais aparecia também uma curiosa entrevista de Tórbis: o jogador do São Cristóvão, exibindo como prova de inocência uma dentadura postiça, jurava que uma mordida sua não seria capaz de tanto estrago. Alguém mais viu o retrato de Nílton Santos nos jornais. Principalmente a moça que durante tanto tempo ele perseguia com os olhos, na esperança de uma aproximação. A moça frequentava o Botafogo, mas não gostava de jogador de futebol. Sabia do interesse de Nílton, simpatizava com ele, porém preferia guardar distância, distância essa que a dentada de Tórbis ou lá o que fosse viria a quebrar com um simples telefonema. Para saber como Nílton ia passando, a moça discou para a enfermaria do clube. Nílton não soube o que dizer quando ouviu do outro lado:

— É a Abigail.

Assim, ao deixar o Brasil para o Campeonato Pan-Americano de 1952, em Santiago do Chile, Nílton levou com ele uma saudade nova. A frieza permanecia, ninguém fazia fé numa Seleção armada às pressas, base na turma paulista, Zezé Moreira como técnico. Com apenas um treino, um dia depois do término do Torneio Rio-São Paulo, a delegação embarcou. Mais parecia uma aventura. Em Santiago do Chile, o Brasil estreou vencendo o México por 2 a 0. O empate com o Peru, logo em seguida, bastou para que se pusesse de lado a primeira vitória. Os jornais do Rio e de São Paulo atacaram duramente a Seleção, os torcedores não se conformaram, chegaram a malhar Zezé Moreira como judas no sábado de Aleluia. O torcedor, bem ou mal, esquece rapidamente. Por isso pôde vibrar com os resultados subsequentes, em especial os 4 a 2 sobre o Uruguai e os 3 a 0 contra o Chile. O Brasil conquistara, invicto, o seu primeiro título no exterior. Não havia mais motivos para queixas. Houve festa quando a Seleção chegou, desfile pelas ruas da cidade, condecoração pelo presidente Getúlio Vargas. Nílton Santos, titular absoluto, era um dos campeões.

O pouco que o futebol brasileiro havia reconquistado, em Santiago do Chile, perderia um ano depois, em Lima, naquele Campeonato Sul-Americano tão ligado à história de Zizinho. Nílton Santos, dos sete jogos disputados pelo Brasil, só não participou do segundo, contra o Equador. Em meio a tantas recordações desagradáveis, ele traria uma — importante para si próprio e inútil para a Seleção. Na primeira derrota para o Paraguai, vendo que o ataque se deixava destruir com incrível facilidade, arriscou-se a avançar pela esquerda e marcou o único gol brasileiro. O Paraguai, por sua vez, fez dois, ganhou a partida e aproximou-se do título que seria seu.

O casamento com Abigail — pelo qual devia a Tórbis um agradecimento — e a Copa do Mundo que seria realizada um ano depois, na Suíça, fizeram Nílton Santos esquecer depressa o Sul-Americano de 1953. Os dirigentes da CBD é que não esqueceram, fazendo nova troca em família, para que Zezé Moreira reassumisse o comando no lugar de Aimoré. Nílton Santos confiava em Zezé Moreira e acreditava no êxito do Brasil. Mesmo com a Hungria no meio do caminho.

★★★★★★

O Brasil, para assegurar o direito de ir à Suíça, teve de disputar quatro partidas eliminatórias, duas com o Chile, duas com o Paraguai. A convocação foi feita, Nílton Santos estava novamente requisitado e, entre as omissões, os jornais só se prenderam à de Zizinho. O período de concentração em Friburgo e a fase de eliminatórias foram muito agitados, consequência da falta de organização. Em Friburgo, Zezé teve de cuidar sozinho da parte disciplinar. Os jornalistas rondavam o Hotel Sans Souci, observando tudo, colhendo notícias, descobrindo garrafas de bebida alcoólica no porão do hotel, as fugas noturnas de alguns boêmios. A turma que entrava nos bares pedia um mundo de coisas e saía sem pagar. Era Zezé brigando com os jogadores de um lado e os jornalistas denunciando a bagunça do outro, numa tentativa inútil de dar à Seleção o espírito de quem quer ser campeão do mundo.

O Brasil venceu as quatro partidas das eliminatórias. A última — os brasileiros com a vantagem do empate com o Paraguai no Maracanã —

foi a de placar mais cômodo e aquela em que o Brasil jogou melhor. Houve até excessos, pois nossos jogadores quiseram vencer na bola e no pontapé. Gérson, que entrou no lugar de Pinheiro — por causa do desastre que este havia sofrido dirigindo seu automóvel — passou a maior parte do jogo perseguindo Angel Romero, o Romerito, e acabou fraturando-lhe a perna. Apesar disso, não se podia discutir o mérito dos 4 a 1 e da classificação. Nílton Santos, tanto nas quatro partidas das eliminatórias como nos dois amistosos com a Colômbia, logo em seguida, foi o titular. O tão discutido sistema de Zezé Moreira, atribuindo aos médios de apoio a tarefa de combater os pontas e deixando os zagueiros encarregados da cobertura, permitia a ele e ao outro lateral, Djalma Santos, certa comodidade. Quase sempre eles recebiam a bola limpa, tinham tempo de prepará-la ao seu modo, de passá-la em condições, a missão facilitada pelo sacrifício de Bauer e Brandãozinho. Podia não ser um bom sistema, mas Nílton Santos sentia-se à vontade nele.

Cheios de responsabilidade, quase com a obrigação de trazer a Copa do Mundo para o Brasil, Nílton e alguns jogadores embarcaram para a Suíça, numa noite de maio, antecipando-se ao restante da delegação. Getúlio Vargas, ao recebê-los dias antes no Catete, dissera: “Se perderem, quem perderá é o Brasil; se vencerem, será do Brasil a vitória.” Portanto, não se tratava apenas de futebol, mas de coisa muito mais séria.

Não houve problemas na estreia, em Genebra, contra a inofensiva equipe do México. A vitória foi garantida ainda no primeiro tempo, tudo dando certo, a defesa firme, o ataque jogando fácil: 5 a 0. A segunda partida, em Lausanne, seria difícil, pois a Iugoslávia não tinha a ingenuidade do México, jogava duro, não se descuidava. O empate era o bastante para que os dois países se classificassem às quartas de final. Os brasileiros desconheciam o regulamento daquela Copa, queriam jogar pela vitória, temiam que só a vitória os classificasse. Nem o chefe da delegação, o omisso João Lira Filho, deu-se ao trabalho de passar os olhos pelas regras da Copa. Por isso, todos sofreram quando o jogo terminou 1 a 1. Se o Brasil não fizesse mais um gol na prorrogação, seria obrigado a disputar nova partida, gastar energias antes da hora. Era o que pensavam técnico, jogadores e dirigentes. Os iugoslavos, por seu lado, estavam tranquilos. A prorrogação começou e eles não se apressaram em ir à frente. Pelo contrário, estranharam quando os brasileiros começaram a perder a cabeça, a gritar uns para os outros, a correr desesperadamente por todo o campo. A certa altura, o médio Zlatko Cajkovski ergueu os dois indicadores para Nílton, enrolando a língua, chamando a atenção do jogador brasileiro para o 1 a 1 que servia a ambos. Nílton não quis saber de conversa e continuou correndo, gritando para que o ataque fizesse mais um gol. O empate persistiu e só depois, no vestiário, alguém disse aos brasileiros que eles estavam classificados. E os iugoslavos também.

Sofrimento, mesmo, foi o da semana seguinte. O adversário do Brasil nas quartas de final seria indicado por sorteio. Talvez fosse a Hungria, a grande atração do momento com seu futebol científico, seus supercraques, seus 31 jogos invictos. Na Copa do Mundo mesmo, já havia derrotado a Coreia do Sul por 9 a 0 e a Alemanha Ocidental por 8 a 3. Ninguém acreditava que outra equipe pudesse vencê-la. A possibilidade de enfrentar a Hungria, logo nas quartas de final, passou a ser encarada pelos brasileiros como azar, um pesadelo, o fim do mundo.

No dia em que foi feito o sorteio, Zezé Moreira e os dirigentes deixaram o hotel para a reunião da Fifa. Os jogadores, enquanto aguardavam, conservaram-se mudos. Alguns fizeram promessa, rezaram, pediram ajuda aos santos por um sorteio mais camarada. Tudo, menos a Hungria. E Zezé Moreira chegou, já à noite, com a terrível notícia.

— Será mesmo a Hungria!

— Estamos perdidos — murmurou Rubens entre dentes.

No dia seguinte, Zezé Moreira procurou Nílton Santos.

— Os húngaros vão treinar hoje. Seria bom que você fosse comigo ver o treino.

— Não, seu Zezé, prefiro ficar aqui. Andam dizendo o diabo deles, a gente já anda nervoso, acho que ir lá pode ser pior.

Zezé Moreira foi e voltou, calado, abatido, espalhando com seu silêncio o medo entre os jogadores. Dois deles, diante da possibilidade de ser escalado, ou seja, de "ir para o sacrifício", chegaram a se empanturrar de pasta de dente ou de outro laxante improvisado, na esperança de que um providencial distúrbio intestinal os deixasse sem condição de jogo.

No vestiário do Estádio Wankdorf, em Berna, minutos antes da partida com a Hungria, alguns bem-intencionados tentaram dar coragem aos jogadores do Brasil. Sabiam que grande parte passara a noite em claro, apavorada. Um pouco de ânimo não faria mal. Luís Vinhais exigiu que todos beijassem a bandeira brasileira, fez discurso vibrante, lembrou as famílias distantes, evocou a pátria amada, deu vivas ao Brasil. O locutor paulista Geraldo José de Almeida foi ainda mais longe:

— Vamos vingar hoje os nossos mortos de Pistoia!

Estava declarada a guerra. Mas a Hungria não pensava em guerra, só na bola, nos dois gols que iria marcar com apenas cinco minutos de jogo, no domínio total, de nervos e de músculos, que exerceria sobre um Brasil em que Castilho sofria, Didi escorregava, Bauer não sabia aonde ir. O Brasil fez o seu primeiro gol, tentou reagir com o coração, mas a Hungria estava firme, fez outro, mais outro, dando-nos somente a chance de um desconto. Resumo da história: 4 a 2 para a Hungria.

Nílton Santos, também traído pelos nervos, não jogou até o fim. Havia entrado com violência em Joszef Bozsik: agredido por ele, revidara, e os dois foram para o vestiário mais cedo, expulsos por um árbitro, o inglês Arthur Ellis, a quem o jornalista Paulo Planet Buarque tentara agredir. Impedido por um guarda suíço, aplicou-lhe uma rasteira cuja foto estaria nos jornais de todo o mundo (outros brasileiros também viram na arbitragem a causa da derrota, os mais paranoicos convencidos de que Ellis certamente era um comunista a serviço dos adversários, ou melhor, inimigos). Pouco depois de Nílton, Humberto entrou no vestiário:

— O jogo já acabou? — perguntou Luís Vinhais.

— Nada disso. O juiz me viu acertando um gringo e resolveu me expulsar.

Terminada a partida, Maurinho deu um soco em Czibor, Czibor reagiu, outros jogadores, brasileiros e húngaros, se meteram no meio, as coisas se complicaram. No meio da confusão, Zezé Moreira arremessou uma chuteira na cabeça do ministro Gusztav Sebes, o todo-poderoso dirigente da seleção húngara. Vários jogadores saíram machucados. Tudo num lastimável desfecho a que a imprensa internacional deu o nome de "batalha de Berna". Da qual, em termos de Brasil, só uma verdade ficaria: mais uma Copa do Mundo perdida.

★★★★★★

Em 1954, nasceu Carlos Eduardo. Três anos depois, Andreia. O dinheiro que Nílton Santos havia ganho com o futebol não dava para uma aposentadoria — ele ainda precisava da bola para viver. E a bola, afinal, tinha sido sua vida, desde os tempos de garoto, desde os tempos de titular do Flecheiras. Os filhos, entre outras coisas, serviram de pretexto para continuar jogando. De outra forma, como conseguiria justificar a si mesmo aquela "teimosia"? Para ele, os que perderam para a Hungria nunca mais deveriam pensar em futebol.

Quatro anos se passaram depois da derrota na Suíça. Durante os quatro anos, ele aprenderia a conhecer como ninguém o futebol brasileiro, seus defeitos e qualidades, seus segredos e absurdos, suas possibilidades e limitações. Jogando pelo Botafogo, novamente pelas seleções carioca e brasileira e até nas peladas — das quais não desistiria nunca — transformou-se não apenas no nosso maior jogador de defesa, mas em um dos mais completos craques do Brasil. Craque no verdadeiro sentido, beirando cada vez mais a perfeição. Foi o locutor esportivo Valdir Amaral quem, numa tarde de entusiasmo pelo seu futebol, chamou-o de Enciclopédia, e o termo ficou para ser usado quando se quisesse saudar Nílton Santos, beque frustrado e temporão.

Durante os quatro anos — tempo de muitas interrogações entre duas Copas do Mundo — ele aprendeu a amar ainda mais a bola. E quanto mais amava a bola, mais fino se tornava seu futebol. Às vezes, ao sentir-se realmente grande e ao ver que sua grandeza era a mesma de muitos outros jogadores, perguntava-se por que o Brasil não era campeão do mundo. Excesso de confiança, disseram os entendidos em 1950; falta de confiança, disseram os mesmos entendidos em 1954. Nada daquilo o convencia. Explicavam parte, não o todo. Durante aqueles quatro anos, ele viu, viveu e sentiu toda a evolução do futebol brasileiro — uma evolução que não bastava, porque os outros, afinal, evoluíam da mesma forma. E o futebol brasileiro, para Nílton Santos, não precisava de evolução dentro do campo. Que outro jogador da sua época, aqui ou lá fora, conseguia superar Didi ou Garrincha? Que evolução poderia haver, em matéria de cabeça, pés e coração, depois de Zizinho? Não, também não estava ali a resposta.

Faltariam técnicos? Flávio Costa e Zezé Moreira tinham defeitos, sem dúvida. O primeiro, porém, conhecia o futebol como poucos, muitos anos de comando, autoridade, méritos como disciplinador. O segundo trabalhava com critério, sabia tirar o melhor de cada jogador, era competente. Outros, que não tiveram a responsabilidade de dirigir o barco brasileiro no mar agitado de uma Copa do Mundo, nada deviam àqueles que, no estrangeiro, tinham fama de grandes táticos e estrategistas. Não, também não eram os técnicos que estavam faltando.

Durante aqueles quatro anos, enfim, Nílton Santos pôde encontrar — e outros também puderam — a resposta para a grande pergunta que o intrigava. Várias temporadas com o Botafogo, no Campeonato Carioca, no Rio-São Paulo ou no exterior, outras com a Seleção brasileira, na excursão fracassada à Europa em 1956, em amistosos internacionais, em outro Campeonato Sul-Americano em Lima, nas Copas Roca, Osvaldo Cruz, O'Higgins, do Atlântico e nas eliminatórias para a Copa do Mundo de 1958 — tudo naqueles quatro anos — fizeram Nílton Santos conhecer de perto os homens que administravam o nosso futebol, os pseudodirigentes, os cartolas. A eles cabia a culpa, concluía. Por mais discutível que a conclusão fosse.

Para compensar tantas decepções, para amenizar o pessimismo que os insucessos seguidos fizeram nascer nele, para que aquele longo tempo não fosse um vazio em sua vida, Nílton Santos teria uma única alegria naqueles mesmos quatro anos: voltaria a ser campeão carioca em 1957, nove anos depois de seu primeiro título. Os 6 a 2 sobre o Fluminense na final eram inesquecíveis. Mas ali, naquele dia, mais do que o placar, o que fazia Nílton Santos voltar a acreditar de novo em melhores dias era a confirmação de algo que já sabia havia tempos: que o futebol brasileiro tinha uma arma capaz de superar a falta de organização e de destruir qualquer escrete húngaro — Garrincha. Talvez fosse apenas uma crença, talvez fosse mais.

Por menos que acreditasse na cartolagem, uma novidade Nílton seria obrigado a reconhecer em 1958: a comissão técnica da Seleção brasileira — formada a partir do fato de o novo presidente da CBD, João Havelange, não ser homem do futebol, preferindo entregar o futebol a quem era do futebol — era quase uma revolução. Punha fim ao reinado do treinador faz-tudo, como tinham sido Flávio e Zezé nas Copas do Mundo anteriores. Nela, técnico era somente técnico; médico, médico; preparador físico, preparador físico, este uma novidade. O chefe da delegação não seria um cartola omisso, mas homem com larga experiência no futebol. O mesmo podia ser dito do supervisor e do assessor. Até um dentista e um psicotécnico vinham reforçar a comissão. Por menos que algum deles correspondesse ao esperado — caso do psicotécnico (requisitado a partir do relatório da excursão de 1956, em que as condições psicológicas e emocionais do jogador brasileiro, principalmente o negro e o mulato, eram questionadas) —, uma comissão de especialistas tinha tudo para funcionar. Criava-se com ela, em lugar do poder absoluto conferido a um só profissional, um ambiente de respeito mútuo, de boa relação comandantes-comandados, de companheirismo entre os jogadores. Enfim, o espírito de Seleção, o que só se descobriu mais tarde. Mas Nílton Santos, com a experiência que adquirira em dois outros mundiais, sentiu logo que as coisas estavam sendo feitas com acerto, que havia diferenças fundamentais de 1950 e 1954 para 1958.

Apesar de tudo, foram incertos os tempos de treinamento. A torcida paulista, que queria Moacir no lugar de Didi e Mazzola no de Vavá, incentivava Oreco e hostilizava Nílton Santos. Todos têm o direito a uma preferência, inclusive os torcedores. Nílton Santos sabia disso e não ligava. O importante era ficar mais uma vez entre os 22. Quando a Seleção deixou o Brasil para os amistosos na Itália, Nílton tinha certeza de que seria campeão do mundo, mas não sabia se seria ou não titular. Soube-o em Florença, marcando Julinho, o mesmo Julinho que anos antes o dominara no Maracanã e que agora era o ídolo da Fiorentina. Oreco que se conformasse com a reserva.

Na primeira partida da Copa, contra a Áustria na cidade de Udevala, Nílton Santos marcou um gol, o segundo dos 3 a 0. Gol que, logo no princípio do segundo tempo, tranquilizou a Seleção. Uma escapada pela esquerda, antes parecendo ousadia ("Volta Nílton! Volta Nílton!", teria gritado Vicente Feola ao vê-lo avançar), seria concluída com uma tabela com Mazzola e a bola na rede. Nílton Santos tinha consciência de quando podia fazer o que Feola não permitia. Além do que, era um modo de se rever menino, um menino cheio de saúde e disposição, cumprindo seu destino rumo ao gol.

O empate de 0 a 0 com a Inglaterra, na segunda rodada, mostrou que a Seleção ainda não estava pronta para ser campeã. O ataque, principalmente, precisava mudar. Joel quase não avançava, preocupado com a contusão de Dino, e Mazzola vivia com a cabeça cheia das liras que o Milan lhe oferecia. Nílton Santos lembrava-se de Mazzola: contra os ingleses, não fosse Belini trazê-lo a si com dois ou três safanões, e ele teria abandonado o jogo no meio, chorando, tremendo, não se sabia por quê. Sim, a Seleção precisava mudar. Mas onde? Em primeiro lugar, na ponta-direita. Depois, se possível, na ponta de lança — sempre o ataque. Como essas mudanças se processaram vai contado no capítulo sobre Didi. O importante é que, contra a União Soviética, por algum motivo incluída entre as favoritas ao título, entrariam Zito, pela contusão de Dino, e Pelé e Garrincha (Feola acabou por concordar). Todos sabiam o que o técnico pensava de Garrincha: individualista, taticamente indisciplinado, irresponsável a ponto de, no amistoso de Florença, com o gol vazio à sua frente, voltar de novo para driblar os beques da Fiorentina e só então marcar. Ainda por cima, Garrincha fora reprovado em todos os testes científicos a que o psicotécnico João Carvalhais o submetera.

Em suma, entraram Zito, Pelé e, como irresistível demolidor de defesas, Garrincha. O Brasil venceu a União Soviética, como venceria o País de Gales, a França e a Suécia, para ser campeão do mundo pela primeira vez. O título nas mãos e no coração, já não havia perguntas a responder. Já não interessava a Nílton Santos fazer um estudo dos problemas do futebol brasileiro, do que faltava, do que precisava mudar. Os cartolas tinham amadurecido, é fato, mas o amor do brasileiro à bola, que foi sempre o segredo do lateral-esquerdo do Botafogo, era a única resposta certa. Um amor que exigia equilíbrio, método, músculos, cérebro. Quando isso foi conseguido, fomos campeões do mundo. Descoberta da pólvora? Não importava mais.

Em 1962, nova Copa do Mundo, nova convocação. O aparecimento do jovem Rildo e os anos que começavam a pesar nos músculos e no fôlego haviam-no deslocado para a quarta zaga no Botafogo. A Seleção, porém, queria-o como lateral. Para que contrariar? Na fase de treinamentos, o medo do corte perseguia vários jogadores. Zagalo, por causa de Pepe e Germano, mal dormia, mal comia. Queria ir ao Chile de qualquer maneira. O próprio Nílton estava ameaçado. No teste decisivo, véspera das últimas dispensas, ele procurou Zagalo:

— Olha, vamos ficar ali pelo nosso lado, brincando com a bola, eu passo pra você, você devolve pra mim. Vai ver como tudo corre bem.

No dia seguinte, Germano e Rildo seriam cortados, para que Zagalo e Nílton Santos fossem titulares no Chile.

Ao voltar de Santiago como bicampeão do mundo, Nílton Santos evocou os seus 14 anos de jogador profissional: uma eternidade. Outros iam passando — como passaram aqueles meninos que torciam por ele no Flecheiras — e ele ficava. As peladas na Ilha do Governador, o incentivo dos irmãos, o major Honório, o Galeão, a bola, o mar. Carlito Rocha negando-lhe a vocação de atacante para fazer dele o Nílton Santos definitivo. O Botafogo, o cachorrinho Biriba, as chuteiras de bico duro, Zizinho, a briga com Bozsik, a tarde triste da partida com a Hungria, quatro vezes campeão carioca, uma brasileiro, outra sul-americano, mais uma do Rio-São Paulo, títulos aqui e ali, duas Copas do Mundo conquistadas e — acima de tudo — o amor pela bola.

Não ficou triste quando a comissão técnica omitiu seu nome numa Seleção que se propunha renovar o futebol brasileiro, durante uma excursão à Europa em 1963. Não ficou triste, ainda que daquela Seleção fizessem parte Mauro, Djalma Santos e outros veteranos. Triste ficou ao ver por terra, numa série de amistosos sem importância, tudo aquilo que ele ajudara a construir, pacientemente, com suor, em tantos anos de luta.

Estava ficando velho. Tivera consciência disso numa partida com o

Vasco, ao ver Quarentinha anulado por um beque jovem, vigoroso, com futebol para qualquer preço. Ficou surpreso quando lhe disseram que era o Brito, filho do Leonídio Ruas, o da bicicleta no Flecheiras. Agora, o filho do Ruas era seu adversário no Maracanã. Velho ou não, era ainda um craque. O mesmo estilo elegante, a corrida firme, a perfeita noção do passe, o drible arriscado sempre dado com segurança, a bola morta mansamente entre os pés, a cobertura substituindo a marcação colada, os avanços arrojados em busca do gol, já agora um trunfo usado por todo lateral moderno. Fez muitos gols assim, um deles no último minuto de uma partida com o Alianza de Lima, classificando o Botafogo na Taça Libertadores da América. E já era um velho — um velho craque.

Em 18 anos, perdeu muitas vezes a cabeça, reclamou do árbitro, fez faltas violentas, foi expulso de campo. Sua ficha disciplinar não é nada exemplar. Certa vez, no Pacaembu, reagiu contra a marcação de um pênalti contra o Botafogo. Armando Marques, o árbitro, irritou-se, ameaçou-o de expulsão, o dedo erguido, a fala de homem zangado. Nílton Santos aceitou a zanga sem aceitar o dedo: agrediu-o e saiu de campo, expulso. Naquele instante, seu único pensamento foi para o filho de nove anos, menino acostumado a ouvir dos amiguinhos coisas sobre o pai famoso. Que Carlos Eduardo jamais ouvisse alguém chamá-lo de covarde (anos depois, como diretor do Botafogo, voltaria a agredir Armando Marques, desta feita no Maracanã, um soco cinematográfico atirando-o escada abaixo no vestiário dos árbitros).

★★★★★★

Ia-se tornando lugar-comum dizer que o futebol de Nílton Santos desafiava o tempo. Nada mais falso. Bem que ele, antes de o despedirem da Seleção, despediu-se dela várias vezes, por conta própria, uma delas descendo de helicóptero no Maracanã, por imposição dos que queriam dar ao fato um caráter solene. Foi obrigado novamente a manter entre os dentes a medalhinha de São Judas Tadeu — sua tão castigada protetora em muitos voos — para um adeus que ficou na ameaça. Bem que ele, também por várias vezes, prometeu largar o futebol tão logo terminasse o contrato com o Botafogo. Mas o clube não deixava e o coração de alvinegro levava-o a adiar por mais um ou dois anos a despedida prometida. O futebol de Nílton Santos não desafiava o tempo, o tempo é que desafiava seu futebol e perdia para ele todos os *rounds*.

Um dia, porém, a vaidade de alguns dirigentes — sempre ela — criou entre Nílton e o Botafogo um impasse: um grupo de jornalistas cariocas, a exemplo do que era feito na Europa com velhos ídolos, idealizou um amistoso festivo em sua homenagem. O Botafogo foi contra. Oficialmente, o clube alegou que, sendo a renda da partida para o homenageado, podia parecer que ele ia mal de vida, quem sabe por culpa do próprio Botafogo. Sequer foram levados em conta os vários contratos em branco que ele assinara quando tinha o direito de fazer qualquer exigência à altura de um Nílton Santos. A vaidade somou-se à ingratidão, não houve o tal amistoso e Nílton Santos, o craque, foi-se embora assim mesmo, sem festa.

Envelheceu tão realizado quanto as ingratidões permitiam. Realizado, reconhecido, sem muitas mágoas, embora com os atropelos financeiros de uma aposentadoria indigna de um craque. Não deu certo como dono de loja de artigos esportivos. Tentou ser técnico, até do Bonsucesso, mas não gostou da experiência (um dos motivos foi ter desagradado ao diretor bicheiro do Bonsucesso que, querendo fazer uma gentileza ao diretor bicheiro do Bangu, preferia que seu time tivesse perdido a partida que o técnico Nílton Santos fez questão de ganhar). Mais sorte teria com suas escolinhas de futebol, uma das quais foi a primeira para crianças carentes, bancada pela LBA. Iniciativas como as de Uberaba e Brasília não duraram o que deveriam, sempre esbarrando na falta de verba, mas o resultado compensou o esforço.

Casado pela segunda vez — com Maria Coeli, companheira por quatro décadas, cuja comovente dedicação o ampararia quando, aos 82 anos, o mal de Alzheimer o afetasse — Nílton Santos jamais deixou de ser Nílton Santos (da vida com ele, Maria Coeli só lamentaria nunca tê-lo visto jogar, a não ser nas peladas de veteranos). Continuaria sendo Nílton Santos como nome de estádio em Botafogo e em Tocantins; como placa de bronze em Belo Horizonte; como ícone tamanho gigante no Museu do Futebol inaugurado em 2008 no Pacaembu; como exemplo que a Assembleia Legislativa do Estado do Rio de Janeiro citou aos moços de hoje, simbolizando o futebol bicampeão mundial; como ídolo, modelo, referência; e como o maior entre os maiores do mundo, como atesta a pesquisa da Fifa. Para o futebol brasileiro, sempre, como enciclopédia repleta de ensinamentos.

Nílton Santos é, numa palavra, eterno. Entre os troféus e medalhas ganhos, um há de ficar, por sua singeleza, como a mais perfeita definição de uma vida dedicada ao futebol — a bola com que os amigos o presentearam, em 1983, com a seguinte dedicatória: “Mestre Nílton, hoje estou realizando o sonho de felicidade de todas as bolas do mundo: ser só sua para sempre.”

CBD

//Didi

Como o poeta limpando as lentes do verso, como o microscopista debruçado sobre o câncer, como o camponês a separar o joio do trigo. Como o compositor a perseguir a melodia, o futebol de Didi é lento, sofrido, difícil, inspirado, idealista. Eis um homem que quase achou o que não existe: perfeição.

PAULO MENDES CAMPOS

Belini pega a bola no fundo do gol de Gilmar e a passa às mãos de Didi, que faz meia-volta e caminha na direção do centro do campo. Passos lentos, cabeça erguida, fisionomia serena, ele leva com cuidado esse objeto precioso que costuma chamar de "criança". Ao contrário dos companheiros, para os quais o gol sueco, aos 4 minutos da final da Copa do Mundo de 1958, é o que os locutores costumam chamar de "ducha fria", Didi não se perturba. Outros têm pressa, Zagalo pode vir aos gritos pedir que reponha logo a bola em jogo, esse ou aquele talvez tema o pior, mas não Didi. Passos lentos, cabeça erguida, fisionomia serena, ele sabe mais do que ninguém que caminha para uma vitória pela qual o futebol brasileiro espera há 28 anos.

Essa imagem, tão bem perpetuada pelo cinema (e tantas vezes descrita pelos cronistas do futebol), ilustra não só as qualidades que levaram a imprensa internacional a eleger Didi o melhor jogador daquela Copa — *Monsieur Football*, como o chamaram os franceses, ou *Mister Football*, de acordo com os ingleses — mas também algumas das características que fazem do jogador brasileiro como ele um misto de craque e artista: estilo, técnica, criatividade, elegância, malícia, experiência, frieza, sabedoria.

Vejamos uma a uma, começando pelo estilo. Quem quisesse ver na prática o melhor exemplo do que Gilberto Freire teorizou sobre a criação pelo brasileiro de nova maneira de jogar futebol (um futebol dionisíaco em oposição ao apolíneo do europeu) era só prestar atenção ao estilo de Didi. Em 1938 — portanto, 20 anos antes da histórica vitória do Brasil na Suécia — Freire escreveu:

"O nosso estilo de jogar futebol me parece contrastar com o dos europeus por um conjunto de qualidades de surpresa, de manha, de astúcia, de ligeireza e ao mesmo tempo de espontaneidade individual em que se exprime o mesmo mulatismo de Nilo Peçanha, que foi até hoje a melhor afirmação na arte política. Os nossos passes, os nossos pitus, os nossos despistamentos, os nossos floreios com a bola, há alguma coisa de dança ou capoeiragem que marca o estilo brasileiro de jogar futebol, que arredonda e adoça o jogo inventado pelos ingleses e outros europeus, jogado tão angulosamente."

Enfim, a negritude manhosa e o mulatismo flamboaiã de que nos fala o sociólogo podem ser resumidos em duas sílabas: Didi.

A técnica era requintada. A folha-seca que inventou e o passe de curva que aperfeiçoou são dois exemplos. A folha-seca não foi adotada de pronto, nem pelos executantes, nem pelos observadores. Estes, sem entenderem o jeito de fazer a bola traçar uma curva sobre a barreira para cair vagarosa, mansa, dentro da meta de um goleiro estático, confundiram seu efeito insidioso com uma falha, um frango. E os executantes custaram um pouco mais a descobrir o segredo de Didi. Já não é possível precisar quando foi a primeira vez que ele marcou um gol desse tipo (pode-se lembrar, talvez, de como o botafoguense Gílson foi rotulado de "frangueiro" quando Didi, então no Fluminense, castigou-o com uma folha-seca no Campeonato Carioca de 1950). Contudo, a se ter de determinar uma data histórica, que seja mesmo a de 21 de abril de 1957, quando o Brasil venceu o Peru por 1 a 0, no Maracanã, classificando-se para a fase final da Copa seguinte. O gol foi marcado por Didi, de falta, a bola descrevendo a mesma curva traiçoeira sobre a barreira e caindo como uma folha, leve, caprichosa, seca, no fundo da rede do excelente mas imóvel goleiro Rafael Asca. Muito depois, Didi ainda tentaria explicar de várias maneiras como inventara aquele chute e como aperfeiçoara seu passe, mas, como as melhores obras de arte, tais coisas não se explicam. Outros jogadores que tentassem aperfeiçoar seus próprios passes de efeito, o que acabariam fazendo. Outros que tratassem de descobrir sozinhos a técnica da folha-seca, o que de fato aconteceria. Mas, por enquanto, o segredo era só seu.

Criatividade é tudo que se exige de um jogador de meio de campo, responsável pela armação das ações de ataque de todo bom time que se preza. Esclareça-se: jogador de meio de campo dos tempos de Didi, e não dos primeiros anos do século XXI, em que médios e meias pensam primeiro em marcar o oponente, destruindo jogadas, em vez de marcar gols, construindo vitórias. Didi é o mais ilustre continuador da tradição brasileira de criativos arquitetos de jogada, sucessor de Romeu, Tim, Jair, Zizinho e antecessor de Gérson, Rivelino, Falcão. Quantos meios de campo como estes ainda restarão no melhor elenco do futebol globalizado?

A elegância remete a uma das muitas histórias que se contam sobre o jovem Didi nas ruas de sua cidade natal, Campos, no norte fluminense. Ao vê-lo passar na outra calçada, provavelmente com o mesmo aprumo que se seguiria ao gol sueco, um cidadão teria se virado para outro e arriscado uma profecia: "Aquele crioulo ainda vai ser algum troço na vida." Uma elegância no andar, no vestir-se, no falar, na maneira de tratar a bola como um brinquedo precioso, a "criança" cujos efeitos mais sutis é preciso conhecer para não ser traído por eles. Havia algo de principesco na elegância com que Didi jogava. Não por acaso, já o compararam a um príncipe etíope de rancho carnavalesco, o uniforme ajustado ao corpo esguio como o manto de um nobre folião negro. Nada do que ele realizava em campo — passes, dribles, cobranças de falta, matadas de bola — era feito burocraticamente, sem um contorno de arte, beleza, elegância. Se fosse bater um escanteio ou um lateral, lances nos quais nunca o víamos, provavelmente descobriria um jeito de fazê-lo plasticamente, escanteios e laterais ganhando toques de classe.

Malicioso, Didi seria sempre, para o bem ou para o mal. Sem ser tímido ou medroso, desses que fogem das bolas divididas e se assustam à simples proximidade do marcador, passou seus mais de 30 anos de vida profissional sem sofrer uma distensão, uma lesão mais grave, qualquer coisa que o obrigasse a ficar de fora por muito tempo. Devia isso a uma malícia aprendida talvez em menino, ao levar a pior em disputa de bola com um beque violento. Homem feito, saberia sempre como evitar o choque com o adversário, valendo-se de arredio e sinuoso jogo de corpo para ficar com a bola sem que o inimigo o tocasse. Malicioso ao tirar proveito de descuido, cochilo ou inabilidade do outro, roubando-lhe sorrateiramente a bola, mas malicioso, também, ao duelar com marcadores em cuja ação antevisse intenção maldosa. Na primeira partida da melhor de três entre Fluminense e Bangu, decidindo o Campeonato Carioca de 1951, ao carrinho suspeito do lateral Mendonça respondeu com uma trava, mais do que maliciosa, implacável. Didi saiu de campo vitorioso e inteiro. Mendonça, perna fraturada, nunca mais jogou futebol. Malícia, finalmente, de malandro bom de briga como os dos subúrbios cariocas, que nocauteou, com uma tesoura voadora, dois uruguaios que o desafiaram em Buenos Aires, no Campeonato Sul-Americano de 1959, em célebre pancadaria entre as duas seleções.

Sabedoria e experiência, no futebol como em tudo, andam de mãos dadas. Didi chegou à Suécia como parte de uma geração que sentiu na carne (ou, pelo menos, na pele) a perda de duas Copas do Mundo e três Campeonatos Sul-Americanos. Na Copa de 1950, ele e Djalma Santos foram apenas torcedores, depois de participar, um contra o outro, das seleções carioca e paulista de novos que inauguraram o Maracanã, cabendo justamente a ele, Didi, marcar o primeiro gol da história do estádio. Mas, na de 1954, com o mesmo Djalma — mais Nílton Santos, reserva em 1950 — já estava em campo como um dos soldados derrotados pelos húngaros na chamada "batalha de Berna". Os três sofreram juntos, também, dois dos três reveses brasileiros em Sul-Americanos, os de 1953 e 1957, ambos em Lima. Portanto, Didi, Djalma e Nílton entrariam em campo na final de Estocolmo com oito anos de experiências acumuladas em erros, derrotas, decepções, tentativas frustradas, deixando em todos a desconfiança de que ganhar Copa do Mundo não era para o Brasil. Da experiência à sabedoria foi um passo. Experiência e sabedoria de mestre, o Mestre Didi, como seria tratado depois de 1958.

Quanto à frieza, a sua era apenas aparente. Os companheiros a conheciam de perto, como na caminhada do gol de Gilmar ao centro do campo, e os torcedores a reconheciam de longe, craque que parecia alheio às tensões do jogo, que nunca perdia a fleuma, que pouco falava em campo, que não reclamava do árbitro, que sequer vibrava na hora do gol e que fugia dos abraços quando o gol era seu. Agia assim por frieza e por detestar qualquer contato físico em campo, fosse o cumprimento do companheiro, fosse, como vimos, a marcação cerrada do adversário. Mais de um teórico do futebol já atribuíram a esse não vibrar, a essa indiferença, o fato de Didi nunca ter sido um ídolo das multidões. Não era do tipo de jogador que o homem das arquibancadas gosta, ama, idolatra. Admirar, sim. Reconhecer-lhe o gênio, também. Mas, entre um frio artista da bola e outro de temperamento arrebatado, vibrante, dinâmico, heroico, capaz de qualquer sacrifício pela camisa que veste, o coração do torcedor bate mais forte pelo segundo. É o que fazia de Didi um jogador por vezes contestado. Como conseguia ser tão assombroso em algumas partidas e tão apagado em outras? Como entender que o comandante das vitórias brasileiras sobre austríacos, soviéticos, galeses, franceses e suecos fosse o mesmo que uma tarde, jogando pelo Fluminense, perdera por displicência dois pênaltis contra o Madureira? Como explicar que jogasse tão bem no domingo, tendo treinado tão mal durante a semana? Sua famosa máxima — "Treino é treino, jogo é jogo", querendo dizer que não importa se treinar mal, desde que se jogue bem — tem contribuído para ocultar detalhe pouco conhecido: para Didi, toda partida, amistosa ou decisiva, começava na véspera. Não assim que a bola rolasse, ao primeiro apito do árbitro, mas quando ele, depois do jantar, recolhia-se ao seu quarto para meditar sobre os 90 minutos que o aguardavam no dia seguinte. Eram essas meditações, sobre as quais mais se falará, que decidiam qual dos dois Didis entraria em campo na hora da verdade, se o craque contestado ou se o gênio da bola.

★★★★★★

Valdir Pereira, Didi desde menino, nasceu em Campos dos Goitacases, Estado do Rio de Janeiro, em 8 de outubro de 1929, uma terça-feira. Um dos sete filhos de Artur e Maria Pereira, neto da rezadeira Creusolina e irmão mais novo de Dodô, futuro ídolo do Goitacás e do Rio Branco, Didi já era uma promessa nos tempos das peladas na Rua Aquidabã, do São Cristóvão do "professor" Derengo e dos juvenis do Industrial, time da fábrica de tecidos onde um dia trabalharia. Tinha 14 anos e já levava gente aos campos só para vê-lo driblar. Nessa época, o drible era o que tinha de melhor.

Péris Ribeiro, seu primeiro biógrafo, conta em detalhes o episódio que por pouco não priva o futebol de um de seus gigantes. Numa pelada de terreno baldio, um beque mau, descontrolado pelos dribles que o vinham humilhando, solou covardemente o joelho direito de Didi. Dor, edema, inchação, o joelho foi adquirindo aspecto tão assustador que um médico, suspeitando de gangrena, chegou a aconselhar a amputação da perna, ideia que a família prontamente rejeitou. Dispensou-se o médico e passou-se o joelho às mãos de vovó Creusolina. Fato ou não, teriam sido suas rezas, acompanhadas de aplicações de um preparado na base de sebo de rim de carneiro, que salvaram Didi. Fato ou não, o próprio Didi acreditaria que o problema no joelho seria o responsável por, já adulto, calçar 41 no pé direito e 40 no esquerdo. E, também, por ser a perna direita um centímetro mais curta do que a esquerda.

A recuperação foi lenta, meses até largar a bengala, outros tantos até quase não se perceber que mancava. Mais de um ano depois, deu-se o reencontro com a bola, já agora no time de cima do Industrial. Pouco a pouco, voltava a ser o negro magro, vivo, cujos dribles as pessoas iam ao campo ver. Os dois principais clubes de futebol da cidade, Americano e Goitacás, passaram a pedi-lo por empréstimo para reforçar seu meio de campo em amistosos contra times que excursionavam pelo interior fluminense, em geral nos dois primeiros meses do ano (entre torneios regionais e o campeonato propriamente dito, a temporada oficial carioca ia de março a dezembro). Para os visitantes, as excursões tinham dois objetivos: manter seus jogadores em atividade naqueles dois meses de folga e observar, entre os locais, possíveis reforços novos.

Benedito Rosa era uma curiosa combinação de olheiro e empresário que vivia correndo o interior atrás de promessas como Didi, especialmente para o Madureira, cujo presidente, o bicheiro português Aniceto Moscoso, pagava-lhe gordas comissões para que descobrisse novos lelés, isaías e jaíres, até então as maiores revelações saídas de Conselheiro Galvão (honrando suas origens, Moscoso era no fundo um bom vascaíno, motivo pelo qual fazia do clube que presidia um fornecedor de craques para São Januá-rio). Campos era uma das escalas preferidas do olheiro Benedito. Foi ele quem, em março de 1947, levou para o Madureira os irmãos Pereira, agora atuando juntos no ataque do Rio Branco. Na verdade, Benedito só estava interessado em Dodô. Mas, na base do só-vou-se-meu-irmão-for, Dodô convenceu o empresário a também levar Didi para um período de experiência no estadinho que um dia ostentaria pomposamente o nome de Aniceto Moscoso. Qual não foi a surpresa do até então infalível olheiro Benedito Rosa quando, depois de alguns treinos e amistosos, Moscoso mandou Dodô de volta para Campos e determinou a imediata contratação de Didi.

O Rio era tudo que o jovem craque queria. Se não exatamente o Rio, ao menos um grande centro onde as coisas pudessem acontecer. Sua vontade de sair de Campos, em busca de uma oportunidade, era tanta que, ainda no Rio Branco, fugira com dois amigos para tentar a vida no Lençoense Futebol Clube do interior paulista. Tinha esperança de que um grande clube da capital o descobrisse, mas o Rio Branco apelou para a Justiça Desportiva e mandou buscá-lo em Lençóis. Agora, o trampolim bem poderia ser o Madureira. Pois não era o clube suburbano o atalho mais curto para se chegar ao Vasco? Só que o Vasco sequer pensou em contratar Didi.

Nem podia. Flávio Costa estava mais do que satisfeito com o elenco que, naquele mesmo ano, daria ao Vasco o seu segundo campeonato invicto.

Ficou dois anos no Madureira. Neles, o casamento com a namorada de adolescência, Maria Luísa, a Joinha, e o nascimento do filho, Adílson, o Bibi. Neles, também, o excelente futebol que levou o Fluminense a querer contratá-lo após o Campeonato Carioca de 1948. O Fluminense não era o Vasco, mas também não era o Madureira. Tricolor como o Madureira, mas tricolor do aristocrático bairro das Laranjeiras, e não um tricolor dos subúrbios. Era assim que Didi via a troca de camisas. Para ele, largo passo adiante.

★★★★★★

Didi estreou no Fluminense na tarde de 15 de maio de 1949, em São Januário, na abertura da primeira excursão do Arsenal de Londres ao Brasil. O Fluminense perdeu por 5 a 1, e Didi, entrando no segundo tempo no lugar de outro estreante, o mineiro Carlyle, pouco fez. Os jornais ficaram tão impressionados com os visitantes — grandalhões, fortes, muito brancos, calções batendo nos joelhos, mas com surpreendente precisão nos passes — que pouco espaço deram ao time brasileiro. Seriam os ingleses, como eles próprios propalavam, "os reis do futebol"? Claro que não. Mas, até prova em contrário, era bom ficar de olho. Afinal, dali a um ano, o soberano English Team viria ao Brasil para sua primeira Copa do Mundo.

Didi, como todo o time brasileiro, mal foi notado na estreia. Como a primeira impressão deixada pelo Arsenal não se confirmaria no restante da excursão (três derrotas, dois empates e apenas mais uma vitória), era possível concluir que os 5 a 1 se deviam mais às limitações do Fluminense do técnico Ondino Viera do que às virtudes do Arsenal do *manager* Tom Whitaker. Com o mesmo Ondino, o Fluminense teria desempenho pouco melhor no Campeonato Carioca iniciado três meses depois: vice-campeão com sete pontos atrás do Vasco. Aqui, a conclusão se inverte, o segundo lugar devendo-se menos às limitações do Fluminense do que ao poderio do Vasco, em cujo time atuavam nada menos do que seis jogadores da Seleção brasileira que acabara de ser campeã sul-americana, mais o ainda notável Heleno de Freitas, recém-chegado de mau ano no Boca Juniors de Buenos Aires. Com um supertime, base da Seleção para a Copa de 1950, o Vasco foi campeão invicto pela terceira vez. Logo, apesar dos sete pontos que o separaram do Vasco, o Fluminense foi mesmo um pouco melhor do que o dos 5 a 1 para o Arsenal.

O Didi de 1950, assim como o de 1949, foi o que por muito tempo haveria de ser: um craque volta e meia discutido. Craque, sim, mas discutido. Ao mesmo tempo em que lhe criticavam a frieza, o ritmo aparentemente lento, o não suar mais do que o preciso, reconheciam-lhe o talento. Pouco significaria a convocação para a seleção carioca de novos que enfrentou a paulista no amistoso inaugural do Maracanã, não fosse o privilégio de ter marcado o primeiro gol no estádio, um chute de fora da área que venceu o goleiro Osvaldo na baliza à direita das tribunas. Pouco significaria porque, afinal, quase todo jogador disponível, mais ou menos bom de bola, foi convocado com ele. Nem significou muito o que Didi fez pelo Fluminense na temporada daquele ano, a primeira do novo estádio. Afinal, até sua pioneira folha-seca foi mesmo creditada a um frango do botafoguense Gílson. Além do que, 1950 foi desastroso para a dupla Fla-Flu. O Fluminense acabou em sexto lugar, atrás do Vasco (bicampeão), América, Bangu, Botafogo e Olaria, com apenas um ponto à frente do sétimo, o Flamengo. E Didi? O que esperar de Didi?

Pelo menos um homem, Alfredo Moreira Jr., o Zezé Moreira que dirigira o Botafogo na conquista do título carioca de 1948, sabia exatamente o que esperar de Didi. Contratado pelo Fluminense, Zezé armaria uma equipe altamente competitiva, com uma defesa que se propunha a enterrar de vez a marcação "por homem" (fatal à Seleção brasileira na Copa de 1950), um meio de campo trabalhador e um ataque irregular. Batizou-se de "timinho" aquele Fluminense que seria campeão carioca de 1951. Injusto para com um time em que atuavam Castilho (o melhor goleiro do país), Pinheiro (zagueiro em nível de Seleção), Carlyle (em grande forma como artilheiro), Orlando Pingo de Ouro (ainda ágil, vivo, esperto), Telê Santana (revelação dos juvenis, ponta com vocação de armador) e, alma do time, Didi.

No ano seguinte, realizou-se no Maracanã e no Pacaembu a II Copa Rio, dessa feita reunindo os campeões carioca e paulista de 1951, Fluminense e Corinthians, mais o Áustria de Viena, o Sporting de Lisboa, o Saarbrücken da Alemanha Ocidental, o Grasshopper da Suíça, o Libertad do Paraguai e o Peñarol do Uruguai. O Fluminense foi o campeão, conquista que, presente de aniversário pelo cinquentenário de sua fundação, era a afirmação definitiva da chamada "marcação por zona" de Zezé Moreira e também de Didi como membro da galeria de maiores craques do país.

* * * * * *

Entre os dois títulos do Fluminense, o carioca de 1951 e o da Copa Rio de 1952, houve outro ainda mais importante para Didi e para o futebol brasileiro. Como que traumatizada com a perda da Copa do Mundo de 1950, a CBD mantivera a Seleção brasileira inativa de 16 de julho de 1950 a 6 de abril de 1952, data da estreia contra o México no primeiro Campeonato Pan-Americano, idealizado e organizado pelo Chile. Zezé era o técnico da vez. O primeiro a dar a Didi — e a 13 outros que não estavam entre os 22 de Flávio Costa em 1950 — a chance de vestir pela primeira vez a camisa ainda branca da Seleção. Pela primeira vez, também, a Seleção brasileira era campeã fora do país. Por esse detalhe — e por ser uma conquista sem derrota, ainda mais com uma categórica vitória de 4 a 2 sobre o Uruguai de Máspoli, Matias González, Rodríguez Andrade, Míguez, Julio Pérez e Gigghia, seis carrascos de 1950 — o título pan-americano foi muito festejado. Como Didi diria em entrevista de meio século depois, nascia ali a certeza de que jamais deixaria de ser o titular absoluto daquele time (certeza que se confirmaria com uma coincidência: tanto a estreia como a despedida dele da Seleção brasileira seriam no mesmo gramado, o do Estádio Nacional de Santiago do Chile).

Titular continuaria sendo, inclusive no indefinido elenco que Aimoré Moreira, irmão de Zezé, levou a Lima para o Sul-Americano de 1953. Preso a seus negócios no Brasil (num tempo em que não se exigia dedicação integral ao técnico da seleção), Zezé indicou Aimoré para substituí-lo. Irmãos parecidos, técnicos não. Enquanto um, Zezé, era metódico, coerente, com táticas e sistemas na cabeça, e mais ainda sabendo escolher os homens certos para executá-los, o outro, Aimoré, era todo insegurança. Como armar o time? Quem escalar de saída? Qual a melhor forma de enfrentar esse ou aquele adversário? As dúvidas levavam Aimoré a fazer experiências demais. Não em treinos, mas em jogos de verdade. Naquele Sul-Americano, em que o setor de apoio ainda era formado por dois médios e um meia, jamais escalou os mesmos três. Didi atuou em quatro das oito partidas. Na primeira, ao lado de Eli do Amparo e Brandãozinho; na segunda, de Bauer e Danilo; na terceira, de Danilo e Zizinho; e na quarta, a da derrota na decisão com o Paraguai, de Bauer e Brandãozinho. Como ser titular em tamanho caos tático?

Quando embarcou para Lima, Didi já tinha sua vida pessoal virada ao avesso. Pouco depois de voltar do Pan-Americano, conhecera a baiana Guiomar Batista, morena bonita, sensual, ex-cantora de rádio e agora assistente de Ari Barroso no programa "Calouros em Desfile", da TV Tupi. Vestida de oriental (uma odalisca de formas generosamente insinuadas por trás da fantasia semitransparente), Guiomar tinha por missão conduzir os candidatos dos bastidores até o microfone, no qual, antes de mais nada, o pretenso cantor era impiedosamente sabatinado pelo mau humor de Ary.

Didi e Guiomar apaixonaram-se. Intensamente e para sempre. Não foi um romance passageiro, ocasional, mas uma paixão que mudou suas vidas, ele fazendo Guiomar trocar a rotina de artista pela de dona de casa, ela se tornando influência decisiva em todos os passos que o marido daria dali em diante. Quem não gostou da história foi Ary Barroso. Consta que, ao saber que o caso iria roubá-la dele, ou melhor, do "Calouros em Desfile", o compositor teria feito para ela seu primeiro samba-canção de fossa: "Risque meu nome do seu caderno/Pois não suporto o inferno/Do nosso amor fracassado."

Quem não gostou, também, foi Joinha. Não que tivesse esperanças de reconquistar Didi, sobretudo depois das brigas feias causadas por seus ciúmes. O que ela não aceitava era a separação definitiva, no papel, Didi livre para viver com Guiomar. A saída de casa deu-se após episódio quase trágico, Didi dormindo, Joinha embebendo seu corpo e a cama em querosene e indo à cozinha atrás de uma caixa de fósforos. Por sorte, Didi despertou com o cheiro do querosene, se levantou apavorado e se foi para nunca mais.

Quando da convocação para a Seleção que disputaria a Copa do Mundo de 1954, na Suíça, ele já morava com Guiomar e a primeira filha dos dois, Rebeca, num apartamento da Rua Coelho Neto, próximo ao estádio do Fluminense. Depois do fracasso do irmão Aimoré, Zezé Moreira estava de volta. E, com ele, a base vitoriosa do Pan-Americano. Ou seja, Didi como homem-chave do meio de campo, papel que em Lima ele tivera de dividir, principalmente, com Zizinho. Não que Zezé preferisse Didi a Zizinho. Na verdade, gostaria de contar com os dois, lado a lado, não estivesse Zizinho, desde Lima, absurdamente banido da Seleção (ver capítulo a ele dedicado).

Didi, é claro, ficou feliz com a nova convocação, mas nada satisfeito ao saber que não poderia levar Guiomar à Suíça, como era plano dos dois. Foi seu primeiro desentendimento com Zezé Moreira e, por tabela, com o Fluminense. Na época, técnico de seleção ainda era um faz-tudo, traçava os esquemas táticos, convocava e treinava os jogadores, cuidava dos exercícios físicos, escalava o time e ainda se ocupava de questões extracampo, da dieta à disciplina, dos horários a serem cumpridos ao quê ou quem podia ir à Suíça. E mulher, decididamente, não estava incluída. Para surpresa geral, certa manhã Guiomar apareceu. Onde? Na pista do campo em que a seleção treinava em Magglingen (Macolin para a comunidade francesa), cidade a menos de três quilômetros de Biel. Alertado por Zezé Moreira, um dos dirigentes foi até ela e pediu que voltasse para o hotel. Nem por telefone as mulheres podiam se aproximar de seus maridos. Didi não gostou. Inconformado, decidiu fazer greve de fome. Por alguns dias, nem no café de manhã ele foi visto à mesa de refeições. Greve inútil, já que uma das qualidades (ou defeitos) de Zezé era o não se deixar dobrar. A firmeza com que mantinha suas decisões era justamente o oposto das idas e vindas que rondavam as dúvidas do irmão. Greve, além de inútil, marota, já que o companheiro Nílton Santos, em segredo, levava almoço e jantar para que Didi não prolongasse o protesto de barriga vazia.

Algumas passagens da Copa do Mundo de 1954 já foram lembradas a propósito do mesmo Nílton Santos: as eliminatórias, a estreia na Suíça com goleada sobre o México, o insólito empate com a Iugoslávia, a tumultuada derrota para a Hungria. Nas indefectíveis desculpas, sempre em tom de choro de perdedor, os brasileiros só não incluíram uma, a principal: a equipe húngara do ministro Gusztav Sebes e de craques como Jozsef Bozsik, Sandor Kocsis, Nandor Hidegkuti, Ferenc Puskas, este ausente do jogo com o Brasil, era muito superior à excelente equipe de Zezé Moreira e de craques como Nílton Santos, Castilho, Bauer, Julinho Botelho e Didi. Superior não no talento individual, mas no preparo coletivo, Sebes tendo trabalhado com seus jogadores por quatro longos anos até eles chegarem às quartas de final com os brasileiros invictos há 31 jogos. Enquanto os húngaros se prepararam para ganhar a Copa do Mundo jogando futebol (pouco importa se, por um dos maiores imprevistos da história do esporte, a Alemanha Ocidental viesse a ficar com a taça), os brasileiros foram preparados para trocar a "falta de raça" de 1950 por uma equivocada exacerbação patriótica. Todo o alto-comando da seleção, dirigentes, chefe de delegação, auxiliares, médico, técnico, acreditava que, se os brasileiros seguissem o exemplo uruguaio de quatro anos antes (a camisa celeste olímpica convertida em símbolo da pátria), maiores seriam suas chances. Então, cantou-se o hino, beijou-se a bandeira, ouviu-se discurso, enfrentou-se o time húngaro como numa guerra, pontapés, socos e chuteiradas em lugar de dribles e gols. A Seleção brasileira saiu da triste "batalha de Berna", como a imprensa internacional classificou a partida, sem fazer bonito no patriotismo e fazendo feio no futebol.

Didi, embora sua proverbial frieza o tornasse imune àquilo tudo, esteve especialmente mal contra a Hungria. A chuteira com que Zezé atingiu a cabeça de Sebes não estava com ele por acaso: com travas baixas demais para o campo pesado, Didi passou a maior parte do jogo escorregando. Até que, já no segundo tempo, trocou as chuteiras por duas mais adequadas, entregando as outras a Zezé. No Brasil ainda não se conheciam as travas de atarraxar, as quais, por ironia, os alemães ocidentais, futuros campeões, foram os primeiros a usar naquela Copa. Aliás, em 1954 o Brasil pouco sabia do futebol europeu. Zezé Moreira e outros técnicos de seleção nunca tinham atravessado o Atlântico para conhecer e estudar equipes como, por exemplo, os Mágicos Magiares do ministro Sebes. Era inevitável que esbarrassem em desagradáveis imprevistos.

Desentendimentos começaram a afastar Didi do Fluminense nos dois anos seguintes. E, direta ou indiretamente, ou tiveram a ver com Guiomar, ou foram, por desinformação ou preconceito, a ela imputados. Por exemplo: terá sido Guiomar quem convenceu Didi a nunca mais usar o portão de serviço da sede de Álvaro Chaves, quebrando assim tradição que o clube mantinha desde a implantação do profissionalismo em 1933? Talvez não. É fato que por muitos anos o Fluminense não viu em seus jogadores mais do que empregados. Empregados famosos e bem de vida, mas apenas empregados, para os quais existia o portão de serviço. E que a partir de certo momento, sempre de paletó e gravata, Didi só usou o portão principal, exclusivo de sócios e convidados. Mas não foi o único. Jogadores de prestígio como Castilho, Orlando, Carlyle e até o garoto Telê estavam cansados de fazer o mesmo, com oportuna vista grossa de porteiros e dirigentes. Por que, então, Didi precisaria da mulher para entrar e sair por onde quisesse?

Mas Guiomar foi mesmo personagem decisiva nos acontecimentos que levaram Didi a deixar o Fluminense. Na ocasião da assinatura de novo contrato, após o Campeonato Carioca de 1955, ele foi aos dirigentes se queixar de que os salários, e até os prêmios por vitória, vinham descontados da pensão alimentícia que era obrigado a dar a Joinha e Bibi. Para ele, não era justo.

— Mas é a lei! — observou o presidente Jorge de Freitas.

Ao que Didi, orientado pela mulher, respondeu com uma proposta: que tal o Fluminense lhe pagar em folha um salário menor e outro, livre de descontos, por baixo da mesa? Negativo. Outro clube poderia concordar, mas não o Fluminense. Criou-se ali um impasse. O primeiro a desistir de um acordo foi Didi. Começou a faltar aos treinos, a fazer corpo mole, até mesmo a não comparecer ao embarque do Fluminense para uma excursão pelas Américas. O técnico agora era Francisco dos Santos, o Gradim. Mais afável, mais flexível que Zezé, Gradim compreendia a atitude de Didi e o perdoava. Mas o Fluminense, não.

Não muito longe dali, pelas bandas do Mourisco, botafoguenses de fé viram na situação um caminho para realizar o velho sonho de levar Didi para General Severiano. O que conseguiriam pela soma recorde de 1 milhão e 800 mil cruzeiros. No folclore do futebol carioca há lugar para duas versões sobre a conclusão do negócio. A primeira, alvinegra, defende que, tendo o Fluminense exigido pagamento em dinheiro, os diretores João Saldanha e Renato Estelita, mais o jornalista Sandro Moreyra, teriam trocado a vultosa soma em notas pequenas e as levado em malas ou sacos à sede do Fluminense. Funcionários da tesouraria do clube teriam passado a madrugado contando, uma a uma, centenas, milhares de cédulas. Era uma das histórias favoritas de Saldanha, que pela vida afora a recontaria com detalhes cada vez mais ricos. A segunda versão, tricolor, garante que o Fluminense jamais se sujeitaria a tal coisa. Apenas, conhecendo a fama de bons malandros dos botafoguenses de fé (não era à toa que alguns deles pertenciam ao Clube dos Cafajestes), o Fluminense quis confirmar se o cheque tinha fundos antes de liberar o jogador. A verdade? A única que realmente importa é que, em março de 1955, Didi assinou contrato com o Botafogo.

★★★★★★

Com a chegada de Didi — mas não apenas por causa dela — o Botafogo deu início à escalada que faria do seu time o melhor do Rio nos próximos dez anos e, certamente, um dos mais admirados do Brasil, só tendo um rival em excelência: o Santos, de Pelé. Ao contrário deste (oito vezes campeão paulista, três do Rio-São Paulo, duas da Libertadores da América e duas do Intercontinental de Clubes, de 1955 a 1965), o número de conquistas do Botafogo no mesmo período não refletiu sua supremacia, pelo menos em relação aos adversários cariocas. Nenhum título foi conquistado nas temporadas de 1955 e 1956. E quando se recorda que jogavam juntos naqueles times Nílton Santos, Bauer, Paulo Valentim, Garrincha, aos quais viriam se juntar Didi, Quarentinha, Amarildo, Zagalo, não se compreende como o Botafogo não conseguiu em sua fase mais gloriosa um título invicto ou um tricampeonato.

Mas, com sua chegada ao Botafogo — e certamente por causa dela — Didi enfim deixaria de ser um jogador discutível para se consagrar nos seis anos que ainda lhe restavam como craque. A começar pelo Campeonato Carioca de 1957, ganho com uma goleada histórica de 6 a 2 sobre seu antigo clube, o Fluminense.

Muito se falou sobre as meditações de Didi na véspera de cada jogo. Por insondáveis, elas sempre deram origem a especulações. Uns acreditavam que eram pensamentos meramente estratégicos, o jogo antevisto como um *match* de xadrez, o campo servindo de tabuleiro, os jogadores movendo-se como peças. Outros só achavam esquisitos aqueles longos silêncios a que ele se recolhia após o jantar. Nílton Santos, em várias ocasiões seu companheiro de quarto, não interferia. Limitava-se a aguardar o resultado no dia seguinte.

— Na maioria das vezes — lembrou Nilton —, o homem só faltava fazer chover em campo. Jogava mais do que qualquer um de nós. Mas, quando cismava que as coisas não iam dar certo pro seu lado, nem tentava. Algo ou alguém parecia ter invadido sua cabeça dizendo: "Amanhã não é teu dia, Didi." E não era mesmo.

Entravam em cena, como o próprio Didi acreditava, "as forças ocultas". Com as quais os companheiros nem sempre eram compreensivos (ou tolerantes). Pampolini, dos mais aplicados de seus parceiros no meio de campo no Botafogo, não suportou vê-lo frio, de camisa tão seca, em complicado jogo com o Madureira. Apático, entregue, nada fazendo para driblar a má sorte — como se a nefasta sentença, "... não é teu dia, Didi", mais uma vez lhe tivesse sido soprada — o homem parecia dormir em pé. Só despertou, ajudando seu time a vencer, quando Pampolini reclamou:

— Crioulo, vê se põe um pouco de suor nesse talento, pois este jogo está difícil pra cacete.

Didi acreditava em tais forças. Não chegava a ter um temperamento místico, de frequentar igrejas e centros. Ou de cultuar santos e bruxos. É verdade que, na véspera da final com a Suécia, dedicara parte de suas meditações a São Pedro (a chuva que caíra sobre Estocolmo, no sábado, encharcaria campo e bola, ameaças mortais à precisão milimetrada de seus passes e dribles, mas São Pedro, ao que parece, ouviu-lhe as preces: não choveu mais no dia seguinte). É verdade, também, que se benzia antes de entrar em campo e que pagava religiosamente suas promessas para ser campeão, como ir a pé do Maracanã a General Severiano, mas ambas, promessas e orações, eram comuns entre a grande maioria dos jogadores brasileiros. E é verdade, ainda, que já no fim da vida recorreria ao "Doutor Fritz" para operar-lhe a coluna (sem anestesia, sem assepsia, sem um mínimo de rigor científico, o médium lhe rasgaria as costas com uma faca e, segundo os jornais, o livraria das dores). Tudo isso, porém, era ocasional, atitudes para de vez em quando. Já as meditações, ou as "forças ocultas", estas faziam parte da rotina nas vésperas de Didi.

★★★★★★

Houve rumores, não confirmados, de que gente do alto-comando brasileiro para a Copa de 1958 pretendia acrescentar uma novidade às tantas já adotadas no preparo da Seleção: permitir que os jogadores levassem suas mulheres à Suécia. Quem sabe não se evitaria aquele banzo sugerido pelo relatório racista entregue à CBD depois da excursão à Europa em 1956? De acordo com o relatório, mulatos ou negros como Didi eram mais sensíveis às saudades de casa quando no exterior. E aquilo, o próprio técnico Flávio Costa concordava, fazia deles soldados despreparados para a grande guerra de uma Copa do Mundo. Faltaria ao jogador brasileiro, em especial o não ariano, a maturidade, o equilíbrio, a frieza do europeu. Com tudo isso, se a ideia de se levar a família chegou a passar pela cabeça de alguém, o que é improvável, foi arquivada assim que os jornais publicaram entrevista de Didi dizendo que já estava providenciando passagens e hospedagem para Guiomar e Rebeca. A nota oficial em que a CBD proibia "qualquer jogador" de interferir com "os necessários rigores da concentração" era, segundo crônica de Nélson Rodrigues, de cândida transparência: "Só um cego de nascença não vê que se trata de separar Didi de Guiomar."

Vendo repetir-se a frustração de 1954, Didi chegou a pensar em deixar a seleção, em pedir dispensa à CBD, no que foi demovido pela mulher. Mesmo porque seria perda de tempo. O chefe da delegação, Paulo Machado de Carvalho, jamais abriria mão daquele que, com todo o respeito ao Moacir Canivete, ele via como o único insubstituível entre os 22 jogadores sob seu comando.

Nunca se conhecerá ao certo o resultado da avaliação psicológica a que Didi foi submetido pelo Dr. João Carvalhais, o homem incumbido de dizer quem era, ou não, bom de cabeça entre os convocados de 1958. Sabia-se, porém, que um dos membros da comissão técnica estava convencido de que a influência de Guiomar sobre o marido era uma das causas de suas cismas de véspera. Como se Guiomar tivesse o estranho poder de penetrar-lhe o pensamento em suas indevassáveis noites de meditação.

Não tinha. Mas, autoritária como Guiomar era e obediente como era Didi, o melhor seria ela sequer passar pelos jardins de Hindas. Na mesma crônica, Nélson Rodrigues acusava os dirigentes de preconceito militante e agressivo contra Guiomar. E acrescentava: "... ninguém consegue imaginar Didi sem Guiomar e vice-versa. Dir-se-ia que os dois constituem um ser único, indivisível. E o que a CBD quer é justamente amputar um do outro."

E lá se foi Didi para a Suécia. Obviamente, sem Guiomar.

Incontáveis lances e momentos provam que, para felicidade geral da nação, os pensamentos de Didi foram sempre positivos nas frias noites suecas, culminando com sua eleição como melhor jogador da Copa. Dois dos lances são os passes medidos para dois dos três gols contra a Áustria. O terceiro, o chute com o qual, de longe, ele venceu o goleiro francês Claude Abbes. O quarto, aquela fria e lenta caminhada ao centro do campo, apoiada na certeza de que, para acabar com a festa antecipada dos donos da casa, bastava lançar a bola a Garrincha, esperar que Garrincha driblasse uma fila inteira de suecos, chegasse quando quisesse à linha de fundo e dali cruzasse para Vavá na porta do gol. Somam-se a esses lances os passes, os dribles, as invenções, a organização do meio de campo, para a qual o inesgotável Zito foi parceiro perfeito. Há, porém, um momento e outro lance que devem ser citados na medida em que, favoritos de cronistas e historiadores, cada qual é contado de um jeito.

Para o momento, uma pergunta: quem terá convencido o técnico Vicente Feola de que Garrincha, em vez de driblador irresponsável, sem lugar numa seleção séria, era um fenômeno e que, como tal, deveria ser escalado na partida contra os soviéticos, decisiva das oitavas de final? Nílton Santos, o capitão Belini, o próprio Didi, juntos ou separados, são os personagens das várias versões, quando na verdade quem convenceu Feola foi Paulo Machado de Carvalho. Mas quem convenceu Paulo Machado de Carvalho? Vamos a mais uma versão. O chefe da delegação não tirava os olhos de Didi, parecia ver em Didi o próprio espírito da seleção, o maestro que iria determinar ritmo e disposição dos 11 em campo. Era como se também ele, chefe da delegação, dependesse das meditações de Didi, das vésperas de Didi, das cismas de Didi, para confiar menos ou mais na vitória. E Didi, depois do 0 a 0 com a Inglaterra, andava pelos cantos, calado, grave, nitidamente apreensivo. Paulo Machado de Carvalho achou que era hora de uma conversa. Sobre a mesa entre eles, colocou dois copos com uísque.

— Como você sabe, Didi, eu não bebo. Mas somos amigos e esta é uma conversa entre amigos. Diga-me lá... o que o preocupa?

Com os uísques funcionando como atestado de que ali estavam dois bons amigos a abrir corações num íntimo e franco papo de bar, Didi desabafou: o ataque não funcionara contra os ingleses, Mazzola e Joel não tinham conseguido furar a retranca dos homens, nada dera certo. O que faltava? A resposta ao "doutor" Paulo vinha incisiva, clara, numa palavra: Garrincha. Didi era capaz de apostar que, com Garrincha na ponta e um atacante mais ligado na Copa do que um Mazzola praticamente já contratado pelo Milan (por exemplo, o garoto Pelé), a Seleção brasileira passaria firme às quartas de final. Paulo Machado de Carvalho levantou-se, deixou os uísques com Didi e foi falar com Feola.

Para o lance, uma lembrança: os três primeiros minutos de jogo com os soviéticos são considerados dos mais sublimes da história do futebol brasileiro, especialmente porque, logo no primeiro, Didi lançou Garrincha, Garrincha driblou um punhado de marcadores à sua frente e chutou a bola na trave do goleiro Lev Yashin. Naquele instante, o mundo descobrira Garrincha e a taça de ouro começaria a brilhar mais perto da Seleção brasileira. Mas o minuto seguinte, menos notado, é tão memorável quanto. Didi recebeu a bola a poucos metros da congestionada grande área soviética. Sua primeira intenção foi a de novamente lançar Garrincha na direita, mas, ao vê-lo cercado por um batalhão de marcadores, mudou de ideia. Girou o corpo para o lado esquerdo do campo, viu Vavá correndo para a área e, com a face externa do pé direito, lançou com efeito a bola que foi cair, na medida, nos pés do artilheiro. Gol do Brasil. E o brilho da taça ficou ainda mais perto da Seleção.

★★★★★★

Campeão do mundo, depois de disputar o Campeonato Carioca de 1958 pelo Botafogo, Didi assinou contrato milionário com o Real Madrid. O que se dizia é que — com um ataque formado pelo francês Raymond Kopa (o segundo mais votado como melhor jogador da Copa de 1958), Didi, o argentino Alfredo Di Stefano (deus supremo dos estádios espanhóis), Ferenc Puskas (o da lendária seleção húngara, agora livre da suspensão que lhe fora imposta pela Fifa por ter abandonado seu clube, o Honved) e Francisco Gento (cria da casa) — com esse ataque, enfim, o Real Madri seria imbatível. Mas não foi bem assim. Não só porque não existe, nunca existiu time imbatível, mas também porque supercraques são, antes de tudo, homens, de modo que o perfeito entendimento que podem ter em torno da bola, assegurado pelos respectivos talentos, talvez seja irremediavelmente afetado por conflitantes relações pessoais. Exemplo: Didi e Di Stefano. Por nunca terem se entendido, dentro e fora do campo, os dois privaram o Real Madrid, o futebol e eles próprios das maravilhas que poderiam ter produzido juntos.

O ataque que tornaria o time imbatível nunca se formou. Primeiro, porque Kopa voltou para a França, abrindo vaga para o brasileiro Canário. Depois, porque Didi provaria, pela primeira vez na vida, o insuportável gosto da reserva. Fleitas Solich e depois Miguel Muñoz, técnicos do Real Madrid na temporada de 1959-1960, deixaram-se influenciar pela opinião de Di Stefano sobre Didi e só o escalaram em 19 partidas oficiais e 12 amistosas, das 51 jogadas naquele período. E qual a opinião de Di Stefano sobre Didi? Ele mesmo nos informa no livro autobiográfico *Gracias, vieja*:

"Didi chegou como uma grande estrela. Ninguém duvidava de sua qualidade técnica, de seu exímio toque de bola, mas nós precisávamos de um rompedor, de um jogador de impacto. Era homem do passe e do ataque, tinha grande visão de jogo, mas recusava-se a fazer o trabalho pesado. Não se adaptou ao ritmo do Campeonato Espanhol, mais rápido e vivo do que o brasileiro. Nem quis se dar conta de que a equipe não podia trabalhar para ele."

Enquanto Guiomar convencia Didi de que Di Stefano, enciumado, liderava um boicote a ele, Di Stefano acusava Guiomar de, enciumada, mandar mentiras para o Brasil, entre elas a de que ele, Di Stefano, subornava jornalistas para criticar as atuações de Didi. Guiomar afirmava que outros jogadores, menos por ciúme do que por racismo, tinham aderido ao boicote. Conta o argentino, agora cidadão espanhol, que um dia, durante uma viagem a Sevilha, foi franco:

— Tudo que você tem a fazer, Didi, é dar um pontapé na bunda da tua mulher e mandá-la de volta para o Brasil.

Guiomar voltou, sim, mas não sozinha. Liberado por Santiago Bernabeu, o presidente de honra e uma espécie de dono do Real Madrid (mas que não fazia nada sem ouvir Di Stefano, como este conta a propósito de sua objeção a se contratar o famoso Helenio Herrera para substituir Miguel Muñoz), Didi pôde voltar ao Botafogo em tempo de disputar o Campeonato Carioca de 1960.

Uma volta para lavar a alma. Dois títulos com a camisa alvinegra — o carioca de 1961 e o do Rio-São Paulo de 1962 — marcavam o reencontro de Didi com seu destino, mais a esperança de que tinha tudo para ser bicampeão do mundo no Chile. Esperança ou certeza que, por estranho acaso, ele transformou em obsessão. Que seleção o sorteio da Fifa indicara para terceira adversária da brasileira nas oitavas de final de Viña Del Mar? A da Espanha. E quem era o capitão, líder e mais famoso jogador da seleção espanhola? Di Stefano. Didi mal podia esperar.

A Copa de 1962, como a história já sacramentou, foi a Copa de Garrincha. Aquela em que, tendo Pelé ficado fora de combate logo na segunda partida, Garrincha jogou por si mesmo, por Pelé e pelo Brasil inteiro. Tudo mais, duelos, rivalidades, pinimbas, questões pessoais, viria depois. Como o próprio Didi confessaria em entrevista comemorativa dos 30 anos daquela Copa, ele chegou ao Chile pensando mais em enfrentar Di Stefano do que em ser bicampeão. Na tarde de 5 de junho, véspera da decisão do grupo com a Espanha, os brasileiros foram assistir a uma tourada. Na tribuna, Didi encontrou-se com Puskas, agora espanhol (a Copa de 1962 foi a última em que jogadores naturalizados podiam ser inscritos tendo atuado antes pela seleção do país natal, como era caso, também, do brasileiro Mazzola, agora, como *oriundo*, o José Altafini da Itália).

— E o homem? — perguntou Didi a Puskas, deixando claro quem era "o homem".

— Está gripado — informou Puskas. — Não jogou contra os tchecos, não jogou contra os mexicanos e talvez não jogue amanhã.

Didi voltou frustrado para o hotel, mas, lá no íntimo, torcendo para que Di Stefano se recuperasse e fosse escalado por Helenio Herrera (Di Stefano mandava no Real Madrid, mas não na seleção espanhola, daí Herrera como técnico). Não é difícil saber em quem Didi concentrou suas meditações na noite de véspera. Inútil, porém, porque Di Stefano não jogou. Sorte de Didi, porque, pelo pouco que fez em campo, pensando no rival, aquele não era mesmo o seu dia.

Era o dia de Amarildo, cujos conselhos de Didi ("Não fique nervoso só porque vai substituir o Pelé... Você é bom, joga muito, é só fazer o que faz no Botafogo") foram fundamentais. Resultado: Brasil dois, Espanha um, dois gols de Amarildo.

★★★★★★

Bicampeonato mundial conquistado, Didi ainda tinha um objetivo: ser técnico de futebol. Proposta do Sporting Cristal, clube de Lima ligado à conhecida fábrica de cerveja, abriu-lhe caminho para o novo ofício. O

Botafogo, como prêmio, liberou-o em troca da promessa de que, se não desse certo, voltaria. Só voltou dois anos depois, mesmo tendo levado o Sporting Cristal a boa colocação no Campeonato Peruano. Fez algumas partidas com a camisa alvinegra em 1964, foi cedido por empréstimo ao São Paulo e, em 1966, com 37 anos, parou de vez. Seguiu como técnico em clubes do Rio, de Minas, do México, da Argentina, da Arábia Saudita, da Turquia. Voltou a Lima, para dirigir de novo o Sporting Cristal e o rival Alianza. Mais importante: foi o técnico da seleção do Peru que, superando a da Argentina, classificou-se para a Copa de 1970. Sua campanha no México só não foi melhor porque, nas quartas de final, o Brasil de Pelé, Tostão, Gérson e Rivelino a interrompeu. Mas, por ter chegado tão longe, Didi ganhou uma comenda do governo peruano.

A homenagem era um de seus orgulhos. Razão pela qual, de visita ao Rio, fez Pinheiro esperar meia hora até recebê-lo na suíte que ocupava no Hotel Novo Mundo. Ao ver o antigo companheiro, de Fluminense e de Seleção brasileira, abrir-lhe a porta envolto em elegante robe de chambre cor de vinho, Pinheiro não resistiu:

— O que é isso, crioulo, ficou besta?

Ao que Didi respondeu:

— Olha, Pinheiro, crioulo eu era quando jogava com você. Hoje eu sou o comendador Valdir Pereira.

O adeus definitivo ao futebol veio anos mais tarde. A artrose na coluna vertebral, diagnosticada quando ainda era técnico, foi-se agravando progressivamente. Submeteu-se a duas cirurgias, uma com o Doutor Fritz. Passou a caminhar com dificuldade, a usar bengala e, por último, cadeira de rodas. Mas não perdia a classe. Sempre de paletó e gravata, sempre falando baixo e pausadamente, sempre cordial com os que chegavam para saudá-lo.

— Boa-tarde, mestre — dizia Gérson, o Canhotinha de Ouro, quando Didi chegava para o programa de rádio que faziam juntos aos domingos.

Saudação de pé, reverente, de aluno para professor.

Em fins de abril de 2001, queixando-se de dores que supôs ser apendicite, internou-se para exames no hospital Pedro Ernesto, em Vila Isabel. Uma junta médica, diagnosticando câncer no intestino, com comprometimento do pâncreas, decidiu-se pela cirurgia. Teve, em seguida, ligeira melhora, mas, na manhã de 12 de maio, após quase dois dias de coma profundo, descansou. Guiomar estava ao seu lado. Como estaria outra vez, e para sempre, 36 dias depois, quando um enfarte a matou no mesmo hospital.

ique

//Garrincha

Se há deus que regula o futebol, esse deus é sobretudo irônico e farsante, e Garrincha foi um de seus delegados incumbidos de zombar de tudo e de todos, nos estádios. Mas como é também um deus cruel, tirou do estonteante Garrincha a faculdade de perceber sua condição de agente divino. Foi um pobre e pequeno mortal que ajudou um país inteiro a sublimar suas tristezas. O pior é que as tristezas voltam, e não há outro Garrincha disponível. Precisa-se de um novo, que nos alimente o sonho.

CARLOS DRUMMOND DE ANDRADE

É inglês sentado, inglês deitado, inglês ajoelhado. Ingleses fazendo fila indiana diante daquele demônio "de outro planeta" (no dizer do principal jornal chileno, *El Mercurio*). Ingleses surpresos, ridicularizados, ingleses derrotados. Derrotados por Garrincha. Um demônio que ninguém sabe de onde saiu, um espantalho — para os adversários — de número 7. Garrincha. Naquele 10 de junho de 1962, em Viña del Mar, no Chile (Brasil 3 x 1 Inglaterra), a Seleção brasileira começava a ganhar a sua segunda Copa do Mundo.

E no entanto ele não é mais do que um passarinho. De demônio não tem nada. Dribla, derruba, tonteia, mas tudo isso apenas como um passarinho que esvoaça no meio de um bando de outros, zombando do alçapão inútil que o time inglês tentara armar contra ele.

Só uma vez ele seria demônio: no jogo seguinte daquela VII Copa do Mundo, em que o Brasil buscava o bicampeonato. Naquele dia (13 de junho), no Estádio Nacional de Santiago, ele não foi só o passarinho, a driblar as armadilhas inúteis, como eram todas as tentadas contra ele. Driblou, cabeceou, chutou de esquerda (ele que "não tinha" perna esquerda), jogou na direita, jogou no centro e até agrediu. Garrincha, o passarinho da Raiz da Serra, com raiva, jogando nervoso, cavando gols, ganhando o jogo, começando a ganhar a Copa e sendo expulso por agressão pela primeira vez em sua carreira. Agressão — é bom deixar claro — de revide. Mas sempre agressão, em qualquer circunstância, coisa estranha para um passarinho.

O chileno Eladio Rojas, zagueiro humilhado por ele em todos os lances de disputa entre ambos até ali, animou-se diante do coro de 80 mil vozes que incentivavam seu time, cresceu em audácia diante da complacência do juiz peruano (na verdade, nipo-peruano) Arturo Yamasaki e aproximou-se traiçoeiramente de Garrincha. Um tapa na cara do adversário lavou-lhe a alma. Tinha sido vítima até então de dezenas de dribles do ponta-direita brasileiro. Garrincha, pela primeira vez na vida, naquele jogo era demônio mesmo. Não entrara em campo com a simplicidade das outras vezes, apenas o driblador para não tomar conhecimento do adversário. Desta vez entrara para cumprir uma missão, ciente de que era o Garrincha de sempre — que um passarinho não pode deixar de ser autêntico —, mas carregando alguma coisa mais do que a pureza do seu futebol instintivo. Alguma coisa menos incorpórea, mais palpável, que não desajustava nada naquele estranho conjunto em que as pernas eram tortas. Ao contrário, estabelecia o equilíbrio perfeito.

Garrincha, pela primeira vez em sua carreira, naquele jogo reagiu. Respondeu com um pontapé de derrubar no chão o tapa na cara que levara do chileno. Eladio ficou se contorcendo na grama verde-verdinho do Estádio Nacional e Garrincha foi expulso pelo magro, seco e, na óptica da imparcialidade, vesgo peruano Yamasaki. Mas o tapa na cara que dera início a tudo não tirou de Eladio Rojas o direito de permanecer em campo provocando.

Atordoado, Garrincha, para quem a expulsão de campo era uma situação estranha, perdeu em um segundo a condição de demônio e começou a dar voltas pelo gramado, zonzo, sem saber o que fazer. Não, não podia sair, aquele era o seu jogo, tinha um determinado papel a cumprir e precisava ir até o fim. Expôs-se, nessa zonzeira, à raiva da torcida, que evidentemente o vaiava, muito humanamente cega de paixão, pois aquela expulsão podia dar ao Chile — quer dizer, a cada um daqueles torcedores — uma vitória, três dias depois, que valeria a Copa do Mundo. E, expondo-se, Garrincha foi atingido por uma pedrada na cabeça, depois de ter dado quase uma volta completa (afinal, era uma volta triunfal) no campo e só perceber que tinha mesmo de sair ao ser levado pela mão do técnico Aimoré Moreira.

Mas, ao sair, deixara o jogo definido. Tinha ido até o fim no desempenho de seu papel, embora não fosse até o fim da partida. Quatro a dois no placar. Dois gols de sua autoria, um terceiro de que fora colaborador direto. O Brasil era a equipe dona da situação, não tinha mais condição de perder.

Em todas as partidas, mas sobretudo naquela e na vitória anterior sobre a Inglaterra, Garrincha ganhara mais uma vez uma Copa do Mundo para o Brasil. Contra a Inglaterra, três dias antes, deixando ingleses no chão, sentados ou deitados. Como na Copa anterior, contra a então União Soviética, quando desnorteou e derrubou russos nos inesquecíveis 2 a 0 de Gotemburgo. Naquele jogo, entrara no time para abrir o caminho da primeira conquista do Brasil.

Três dias depois dessa vitória de Garrincha sobre o Chile (pois foi isso que aconteceu: Garrincha venceu o Chile), o Brasil ganharia sua segunda Copa do Mundo, derrotando a então Tcheco-Eslováquia no jogo final. E pela segunda vez o elemento-chave da Seleção brasileira tinha sido aquele mesmo moço de conformação física esquisita, de pernas tortas, com nome de passarinho e a simplicidade deles, que era dado a caçá-los embrenhando-se nas matas de Pau Grande, e era dado a desvencilhar-se com gingas de corpo dos marcadores que se interpunham entre ele e a linha de fundo que buscava sempre nos campos de futebol. Livrando-se deles, driblando-os, começou a ganhar uma e duas Copas do Mundo para o Brasil. E terminou por ganhá-las como demônio "de outro planeta", driblando, cabeceando, chutando com os dois pés, jogando em todas as posições do ataque, revidando agressões.

Ganhou duas Copas do Mundo para o Brasil. Garrincha.

★★★★★★

— É um passarinhozinho vagabundo — Garrincha vai explicando e ri. — Eu caçava muito, caçava só de molecagem. Tinha tanto, era tão fácil. Conheço gente por aí que trata por outro nome, mas lá em Pau Grande é garrincha mesmo. Tenho esse apelido desde pequeno. De tanto perseguir os bichinhos.

A infância de Garrincha foi pouco mais do que isso. Esquecer-se nas matas da região de Pau Grande na Raiz da Serra, caminho de Petrópolis, e caçar, caçar muitas garrinchas (o passarinho é substantivo feminino, no tratamento de lá como no dicionário). De quebra, um futebolzinho, sempre que trocava o mato pela cidade, se é que essa classificação cabe àquele humilde arraial do município de Magé, no Estado do Rio. Rigorosamente, não passava de um aglomerado de pessoas, vivendo todas em função da fábrica de tecidos local. A escola, só como acessório. O essencial mesmo para o menino Manuel dos Santos era a bola, assim como o passarinho que fez com que, miudinho ainda, todo mundo esquecesse aquele nome para chamá-lo só de Garrincha.

Todos os irmãos de Garrincha — José, Cícero e Jorge (havia também as meninas Josefa, Rosa, Antônia e Lourdes) — gostavam de futebol e de passarinho, mas aquele terrível Manuel, as perninhas mais tortas que as do pai, exagerava numa coisa e noutra. Às vezes o pai, Seu Amaro, ia buscá-lo no campinho de futebol e, por causa desse vício da bola, o menino apanhava em algumas dessas ocasiões. Parecia até que o pai não gostava de futebol. Não deviam ser verdadeiras aquelas histórias que vivia contando: "Joguei um bocado de bola em Alagoas." Mas hora de trabalho era hora de trabalho — e, para o pai de Garrincha, quase todas as horas dos dias dos filhos tinham que ser de trabalho. Quando para outra coisa não fosse, ao menos para que estivessem auxiliando o pai no servicinho caseiro. Muita gente, muita coisa para fazer. As quatro meninas estavam sempre ajudando Dona Maria Carolina, por que é que os meninos não podiam estar ajudando o velho Amaro (Garrincha não se lembrava quantos anos, mas o pai era bem mais velho do que a mãe)?

Amaro Francisco dos Santos saíra de Alagoas já casado com Dona Carolina, para tentar a vida no Rio. Acabou não ficando na cidade grande, mas nos arredores, trabalhando na fábrica de tecidos, em Pau Grande. E os filhos foram chegando. Primeiro José, depois Cícero. O terceiro foi aquele caçadorzinho de passarinhos, que nasceu com as pernas mais tortas do que as do pai e as pronunciadamente tortas de seu tio Manuel: 28 de outubro de 1933*. Esse ia ser a luta maior do pai. Os dois mais velhos e o caçula, Jorge, não eram tão exagerados. Só Garrincha era arrastado do campo de futebol para casa — e obrigado a trabalhar mais naquele dia. José, por exemplo, que agarrava no gol, continuava no jogo tranquilamente, mesmo quando o irmão era levado à força pelo pai.

Aos 13 anos, Garrincha já era o grande artilheiro das peladas em Pau Grande, meia-direita inigualável. Atingiu um *status* tal que exigiu a entrada para um time juvenil organizado e foi admitido no juvenil do Pau

---

*Fiz longa entrevista com Garrincha, em 1964, para a 1ª edição deste livro. Não tinha o hábito de usar gravador no meu trabalho, mas anotava as coisas com escrupuloso rigor. Ele me disse com toda a clareza que nascera a 28 de outubro. Mais tarde viria a conhecer sua certidão, em que 18 de outubro é que consta como dia do nascimento de "Manuel dos Santos" (o prenome grafado com "o" depois do "n"). Fica a controvérsia, mais um drible de Garrincha.

Grande Futebol Clube, onde continuou jogando na frente, meio do ataque (posição que iria se chamar centroavante e depois ponta-de-lança e hoje até esses nomes já perdeu). E apesar de estar num time com jogo de camisas e tudo, portanto entre jogadores melhores, não desmereceu as qualidades de artilheiro. Com 14 anos começaria a trabalhar na fábrica de tecidos, como aprendiz, e pouco depois deixava o juvenil do Pau Grande. Passou-se então para o Palmeira, time organizado por seu irmão José. Mas permaneceu no centro do ataque. Gostava dessa posição, gostava de jogar bem à frente, pois fazer gols era a sua grande paixão e, lá, tinha mais oportunidade de marcá-los. Nem sonhava com a ponta-direita ainda.

Só três anos depois, com 17 anos — idade com que Pelé já era campeão do mundo, e eis a diferença fundamental entre as carreiras desses dois jogadores que marcaram uma nova fase no futebol brasileiro —, só, portanto, com 17 anos, Garrincha jogaria pela primeira vez na ponta-direita, de volta ao Pau Grande, mas agora no primeiro time, organizado e treinado por um funcionário da fábrica, Sr. Carlos Pinto, autor da sugestão de deslocar o jogador para a ponta.

Embora Garrincha achasse, como continuou achando pela vida toda, que jogar no meio era mais gostoso, porque lá fazia mais gols, só quando passou para a ponta-direita é que começou a ficar mais famoso. Sua fama, se não começou logo a correr mundo, pelo menos subiu a serra. Subiu até Petrópolis, de onde o mandaram chamar para jogar, primeiro no Cruzeiro do Sul e depois no Serrano, dois dos times mais famosos da cidade. Mas nem por isso Garrincha deixou Pau Grande: meia-hora de trem o levava a Petrópolis, onde ele jogava de manhã, meia-hora de trem o trazia alegremente de volta na hora do almoço, e era alegremente ainda que ele jogava sua segunda partida do dia, no primeiro time do Pau Grande. E nesse jogo ele tinha maior prazer ainda, porque lá era ídolo. Como quase toda a cidade ia ao futebol, inclusive as moças, era ídolo de uma cidade. E ídolo principalmente por seus dribles (mais do que pelos gols). Os mesmos dribles com que seria depois ídolo de multidões no mundo todo, artífice maior de vitórias incontáveis e dos títulos mais importantes para o Botafogo e para o Brasil.

Nessa mesma época em que chegara à consagração em sua pequenina Pau Grande (e em Petrópolis, de cujo trenzinho em movimento saltava, sorridente, na chegada à Raiz da Serra, sem esperar a parada na estação), Garrincha desceu à cidade grande para fazer uma experiência no Vasco. Era a segunda vez — e pela segunda vez voltava sem nem sequer se uniformizar. Da primeira, quando ia completar 15 anos, pouco antes de perder a mãe, foi levado ao Vasco por aquele tio de afinidades tão grandes com ele, que nisso suplantava até mesmo o pai do menino. Até no nome, pois se Garrincha era só Manuel dos Santos, segundo seus documentos, muitas vezes iria assinar o nome completo do tio, Manuel Francisco dos Santos, para não criar confusão com uma porção de pessoas com nome igualzinho ao seu, que começou a encontrar em vários lugares. Além disso, esse seu tio Manuel tinha, já o vimos, as pernas iguaizinhas às suas, bem tortas, e jogou futebol de verdade. Não era como Seu Amaro, que dizia que jogara muito em Alagoas, mas em Pau Grande nunca fez uma única embaixada. O tio Manuel muitas vezes provara, em Pau Grande, que em Alagoas não devia ter feito feio com seu futebolzinho vistoso.

O tio Manuel era amigo de Gradim. Falou com o técnico do Vasco e ele consentiu que Garrincha fosse treinar entre a garotada de São Januário:

— Leva o menino lá. Vamos ver se ele tem pinta.

Mas ao chegar ao clube grande Garrincha já foi ficando desanimado. Havia tanta gente para treinar naquele dia que nem iriam dar bola para um pobre menininho, miúdo, 15 anos incompletos, saído dos cafundós da Raiz da Serra. Foi muito bem atendido, é verdade, mas isso porque Gradim era um homem educado. Garrincha, entretanto, é que não estava para essas coisas. Não. Meter-se naquilo pra quê? Tinha gente demais, eles que brigassem por seus lugares. E ele não tinha mesmo muita esperança de progredir num time de cobras como era o Vasco, aquele grande Vasco de 1948, um dos maiores esquadrões do Brasil. Como é que ele iria chegar a ter um lugar no primeiro time?

Nem muita esperança, nem grandes ambições — ambições que sobravam nos outros meninos que estavam em São Januário. Quanto a ele, vivia muito bem lá na sua tranquila Pau Grande. Bobagem esse negócio de jogar futebol na cidade grande. Se em Pau Grande seu futebol era tão festejado...

— Não, meu tio. Fica para outra vez. Vamos embora.

Foi, mas dois anos depois (1950) voltou. Ao mesmo Vasco. Agora, mais do que menino de futebol festejado, era realmente o ídolo em Pau Grande — e sentia isso. Quem sabe se desta vez não iria conseguir uma vaguinha? Levava uma esperança maior quando desceu para São Cristóvão (o bairro do Vasco), mas uma total ingenuidade. Tanto que nem levou chuteira. Descalço, não quiseram que ele treinasse. E ninguém tinha chuteira para emprestar. Só mesmo um ingênuo podia ter ilusão de que deixassem alguém treinar descalço no Vasco. Apesar de apresentado por um sócio com mais de 20 anos de clube, teve de se conformar e voltar frustrado para Pau Grande.

Parecia que, definitivamente, Garrincha não estava destinado ao futebol profissional. Por duas vezes descera ao Rio para tentar treinar num grande clube, por duas vezes nem chegou a ser incluído entre os que tiveram a oportunidade mínima de bater bola. E houve ainda uma terceira vez. Num clube menor, mas houve. Desta vez Garrincha lavrou um tento: conseguiu treinar durante uns 10 minutos. Foi no São Cristóvão, estava com um grupo de amigos. Mas havia gente demais esperando para treinar, como na primeira vez em que fora ao Vasco. Garrincha achou a coisa meio marota, muita gente para experiência. Treinou seus 10 minutos e resolveu ir embora. Foi mesmo, nem se despediu do técnico.

Mas, daí para a frente, sua cabeça mudou. Ao contrário do que sucedera até então, jogar num clube do Rio começou a ser seu objetivo maior. Continuava fazendo o maior sucesso no seu clubezinho, lá na Raiz da Serra, mas na fábrica ganhava muito pouco. Em 1952, resolveu pedir licença de um ano, continuar treinando aqui e ali, onde conseguisse uma indicação, mas licenciado de seu emprego. Uma indicação, porém, não era fácil.

Quase um ano depois, em 1953, Arati, ex-jogador do Botafogo, apareceu lá em Pau Grande para funcionar como juiz num jogo entre o time do banco em que trabalhava e o Pau Grande. Enquanto apitava, observava o jogo de Garrincha. Gostou tanto que resolveu levá-lo para o Botafogo, onde deixara muitos amigos.

Dessa vez a coisa seria diferente — Garrincha teve certeza. Pelo menos iria treinar até o fim, Arati tinha prestígio lá e ele poderia agradar e ficar. Mas não foi boa a impressão do pessoal do Botafogo quando viu chegar aquela figura desconjuntada, as pernas tortas. Tinha jeito de tudo, menos de jogador de futebol. E depois, levado por Arati, não era bom sinal. Devia ser mais um distribuidor de botinadas. Arati fora um alfe (como então se dizia para o jogador do meio-campo, ou "linha média", um *half*) de jogo duro, devia ter pouca sensibilidade para descobrir um bom jogador. O que ninguém suspeitou é que entrava ali, naquele momento, quem viria a ser a maior caixa de pancadas dos beques pesadões do futebol brasileiro e do mundo inteiro, sem nunca reagir. Ou melhor, com um único jogo como exceção, reagindo sempre apenas através dos dribles limpos, claros, cristalinos, alegres.

Apesar da péssima impressão daquela gente que o viu chegar a General Severiano (o campo do Botafogo era, como é, nessa rua, embora não haja mais o pequeno estádio), Garrincha treinou até o fim, agradou e ficou mesmo. Ia fazer 20 anos, mas apesar disso treinou entre os juvenis (hoje chamados de juniores), contra os aspirantes, categoria que não existe mais. Tinha pela frente Nílton Santos, a marcá-lo. O grande Nílton Santos, já consagrado na época, campeão pan-americano pela Seleção brasileira, um ano antes, no Chile. Na visão geral, um dos maiores zagueiros do Brasil e sem dúvida o maior na sua posição, lateral-esquerdo (a linha de zagueiros era composta, como em muitos casos ainda hoje é, por dois centrais e dois laterais).

Mas Garrincha não prestava atenção a essas coisas. Nem viu que era Nílton Santos que tinha pela frente e, se visse, não ia se impressionar com isso. Nílton Santos, ou quem quer que fosse, significava muito pouco para ele, bom de bola dentro de campo, pouco afeito à matéria futebol fora dele. Deu meia dúzia de dribles nele durante o treino e, na sequência de um desses dribles, fez um gol.

O técnico Gentil Cardoso, aquele que se autodenominava o Moço Preto, diretores, a pequena torcida formada de sócios, todo mundo que viu o treino mudou de repente de opinião sobre Garrincha, em relação ao caboclo desengonçado que viram chegar. Não é que aquele ponta-direita de pernas tortas era melhor do que a encomenda? Driblar Nílton Santos daquele jeito não era coisa para qualquer um. Não, aquele ponta não podia ser qualquer um. Ele mesmo, Garrincha, quando soube depois do treino que aquele marcador pelo qual tinha passado tantas vezes era Nílton Santos, sorriu baixinho, pensou: "Para mim é a mesma coisa. Mas, se eu não tive dificuldade em passar por esse Santos [era assim, simplesmente, que o grande Nílton Santos era conhecido na ocasião], acho que vencer no futebol aqui embaixo não vai ser muito difícil, não..."

No terceiro treino já foi lançado na ponta-direita da equipe principal. Mas Gentil Cardoso ainda não o lançou no primeiro time. Resolveu deixar na equipe de aspirantes o principiante de tanto sucesso. Na semana seguinte a esse terceiro treino, vestiu a camisa do Botafogo pela primeira vez em partida oficial. Um caso singular de aspirante de um jogo só. O jogo era contra o São Cristóvão e ele fez três gols. Foi logo promovido. Na semana seguinte estreava entre os titulares: Botafogo x Bonsucesso, Botafogo 5 a 2. Garrincha voltou a fazer três gols. Dessa vez, uma comissão de diretores do Botafogo foi a Pau Grande levando um contrato pronto para convencê-lo a assinar. Houvera uma primeira conversa no Rio, mas ele não quis voltar ao clube, achando, pelo jeito, que não lhe iam pagar pelo menos tanto quanto ele ganhava na fábrica: salário mínimo de operário.

As coisas se arrumaram, afinal, e ele ficou no Botafogo. E foi bom que ficasse, os filhos começavam a chegar. Ou melhor, as filhas. Sua mulher era uma moça lá de sua cidadezinha mesmo, Nair. As filhas viriam uma atrás da outra, até completar oito, quase sem interrupção. Pela ordem: Teresa, Edenir, Marinete, Juraciara, Denise De Maria, Cecília, Site e Teresinha da Conceição, a última, que nasceu em 1963. Garrincha sempre teve uma paixão danada para ter um filho homem. Não deu certo. "Deus é quem sabe", dizia ele, num comentário único. [Fora do casamento, Garrincha teria um filho homem na Suécia, que, porém, nem conheceu, e um com a cantora Elza Soares, já falecido.]

Não largou mais o lugar de titular no Botafogo. E foi subindo, subindo. Em 1956 já era um cartaz nacional, seus dribles desconcertantes o transformaram numa das grandes figuras do futebol brasileiro. Figura de características muito pessoais e raras, dessas cujo jogo encanta o torcedor brasileiro, que vê no drible a coisa mais saborosa do futebol (há no Brasil quem ache mais gostoso apreciar uma boa sequência de dribles do que um gol). Em princípios de 1957, já estava convocado para a Seleção brasileira. Não era ainda titular, esse lugar pertencia a Joel, do Flamengo, ponta-direita eficiente de um eficiente ataque que, em 1953, 1954 e 1955 tinha ganho o tricampeonato carioca. Garrincha fora chamado para a Seleção que iria a Lima disputar o Campeonato Sul-Americano de Futebol em março e abril. Por duas vezes substituiu o titular: no segundo e no terceiro jogos, quando o Brasil ganhou respectivamente do Equador e da Colômbia, por 7 a 1 e 9 a 0 (eram outros tempos!). Sua participação foi sempre brilhante. Nos outros jogos (seis no total) nem chegou a entrar, mas nessas partidas o Brasil caiu muito de produção, perdendo para seus grandes rivais: do Uruguai, por 3 a 2, e, na final, da Argentina, por 3 a 0.

Mas a Seleção ainda tinha de ficar uns dias em Lima, para fazer a primeira partida da série eliminatória entre Brasil e Peru, a fim de decidir uma vaga sul-americana para a Copa do Mundo do ano seguinte, na Suécia. Como no Sul-Americano, o Brasil fracassou mais uma vez nesse jogo: 1 a 1. Era um dia 13 de abril e dessa vez Garrincha foi lançado desde o início, mas improvisado como ponta-esquerda, onde não rendia nem a metade em relação à ponta-direita. Pepe (do Santos) estava contundido, e Garrincha cumpriu sua missão, dadas as circunstâncias, muito bem.

Uma semana depois, desta vez no Rio, o Brasil voltava a jogar com o Peru, precisando de uma vitória para decidir a série com direito de ir à Suécia. O público se comprimia no Maracanã, por amor ao futebol e até pelo hábito de acompanhar sempre a Seleção (hábito que deixaria de existir nas eliminatórias para a Copa de 2010, quando a torcida perdeu o amor por sua Seleção, composta quase que só por gente que joga lá fora e absolutamente vazia de talentos fora de série, como Garrincha). Mas, na verdade, naquela ocasião, como viria a ser no início do século XXI, ninguém tinha muita confiança no time brasileiro, mesmo sabendo que o adversário não era de meter medo em circunstâncias normais. Garrincha agora entrava como titular, na ponta-direita, e Joel é que foi deslocado para a esquerda, pois Pepe continuava sem condições de jogo. A Seleção, dado seu retrospecto, era um conjunto moralmente arrasado, não havia como jogar bem. Ganhou e se classificou para a Copa do Mundo, mas ganhou como? Graças exclusivamente a um prodígio de técnica de Didi, batendo uma falta com a perfeição que só ele sabia dar a seus chutes de curva, consagrando ali, de maneira definitiva, a folha-seca que ele mesmo criara e ele mesmo celebrizava.

Garantia-se, com essa magra vitória sobre um medíocre Peru, a ida à Suécia no ano seguinte, para uma Copa que seria a consagração definitiva de Garrincha, ainda que poucos até então desconfiassem disso. Mas alguns já vislumbravam a possibilidade, com uma visão profética. Depois do fracasso de Lima, os responsáveis pela Seleção começaram a levá-la mais a sério. E Garrincha esteve presente no início público dos preparativos para a Suécia, um amistoso contra Portugal, vitória do Brasil por 2 a 1, no Maracanã, em junho de 1957. Houve um segundo jogo entre os mesmos adversários, em São Paulo, poucos dias depois, Garrincha já era como que o dono da ponta-direita e o Brasil venceu com mais facilidade: 3 a 0. O meio-campo estava muito melhor, agora com Zito e Didi, que formaram uma das melhores duplas, senão a melhor, que o Brasil já teve nesse setor (considerando-se a Seleção escalada, como de fato era, no 4-2-4). O ataque, além de Garrincha, tinha a excelente dupla Pagão-Del Vecchio, do Santos, e a ponta-esquerda na primeira partida foi de Canhoteiro, do São Paulo, e na segunda de Tite, do Santos.

Mas Garrincha, que acabaria como artífice maior da vitória do Brasil na Suécia, ainda iria conhecer uma fase complicada antes da Copa do Mundo. Não no Botafogo, que nesse ele brilhou e foi campeão em 1957. Mas os homens da Seleção determinaram que ele voltasse a ser reserva, e na reserva ele ficou na disputa das Copas Roca (jogos no Rio e em São Paulo, em junho de 1957), Osvaldo Cruz (Rio e São Paulo, maio de 1958) e no primeiro dos dois amistosos contra a Bulgária (Rio, logo a seguir, ainda na primeira quinzena de maio de 1958). No segundo ele voltou a jogar como titular (em São Paulo, a 18 de maio de 1958) e o Brasil venceu a Bulgária por 3 a 1.

Logo depois a Seleção arrumou as malas para a Copa e partiu. Antes da Suécia, haveria dois amistosos na Itália (Florença e Milão). Em Florença, Garrincha ainda titular, o ataque do Brasil teve uma atuação brilhante e fez quatro gols, um deles de Garrincha. Mas o estranho critério da Comissão Técnica (à frente o gorducho treinador Vicente Feola, do São Paulo) resolveu mudar o ataque para o jogo seguinte, em Milão, e Garrincha voltou à reserva.

Essa escalação, com Garrincha na reserva, que ninguém entendia nem justificava, continuou a vigorar na Suécia, ainda mais depois de o Brasil ter passado com facilidade pela Áustria (3 a 0), no primeiro jogo da Copa do Mundo. A vitória abafou um movimento de protesto que já se esboçava. Mas no segundo jogo o Brasil não passou de um empate sem gol com a Inglaterra e começou uma grita pela imprensa pela inclusão de Garrincha e Pelé no jogo seguinte. Reza a história de bastidores — uma delas — que até uma comissão de jogadores, formada por Didi, Nílton Santos e o capitão do time, Belini, foi pedir ao técnico Feola que incluísse Garrincha e Pelé no jogo seguinte, que seria contra a União Soviética. Movimento vitorioso, Brasil também, 2 a 0, com dois gols de Vavá, mas graças sobretudo à atuação desconcertante de Garrincha, que deixou tonto o russo incumbido de marcá-lo e muitos outros que se dedicaram à inglória tarefa de fazer a cobertura. Todos eles iam sendo driblados, ridicularizados. Garrincha não poderia mais sair do time. Ele mesmo considerava esse o melhor jogo de sua vida profissional. Contou que sentiu, ao ser escalado, que entrava para ficar, numa competição em que a vitória seria uma consagração.

E, a partir daí, até o fim foram apenas vitórias. Finalmente o Brasil ganhava a Copa do Mundo, conquista tão sonhada, sobretudo depois do fracasso no Maracanã, na final de 1950. Depois da União Soviética (que todo mundo chamava mesmo de Rússia), vieram País de Gales, França e Suécia, mais três vitórias do Brasil. A Seleção, com Garrincha e Pelé, encontrara seu caminho, dos gols de um (Pelé fez o gol único contra o País de Gales, três nos 5 a 2 contra a França e dois nos 5 a 2 finais contra a Suécia) e dos dribles (inacreditáveis, diziam os jornais europeus) de outro. A carreira de Garrincha começava a partir daí a colher um punhado de glórias, até o começo de 1963, quando seu joelho direito, com a célebre artrose, começou a incomodar. Dois anos depois, quando o operou, o Dr. Mário Tourinho afirmou que Garrincha tinha apenas uma séria lesão nos meniscos, contrariando os médicos anteriores, que falavam em artrose.

Como Pelé, no Santos, Garrincha transformava-se numa figura à parte no Botafogo. Os empresários estrangeiros pagavam mais para vê-lo, e o Botafogo passou a valer uma quantia sem ele, e o dobro com ele. Mas, perdendo Didi, que em 1959 foi para Madri, o Botafogo andou com seu ataque desarticulado até 1960, e apesar de ter uma grande equipe só em 1961 voltou a levantar o Campeonato Carioca. Conseguiu o bicampeonato em 1962, tendo sempre em Garrincha a sua maior figura. Sobretudo no primeiro desses dois campeonatos, ele foi peça de uma regularidade impressionante. No segundo, embora sem uma linha uniforme de produção, ainda foi o homem decisivo. Basta dizer que, praticamente sozinho, ganhou do Flamengo no jogo final, em que só a vitória interessava ao Botafogo. Foi um magnífico 3 a 0, dois gols feitos diretamente por seus pés e outro que ele entregou quase feito a Amarildo. Esse 1962 foi o ano de maiores glórias na história de Garrincha.

★★★★★★

A história da Copa do Mundo no ano de sua segunda conquista consecutiva pelo Brasil, em 1962, no Chile, é a história da medida incomparável de um craque para ficar como legenda em todos os tempos. Seis jogos em que ele foi a presença incansável, elevando a altura nunca antes atingida a eficiência de seu drible, padrão da picardia do futebol brasileiro. Do segundo jogo em diante, quando Pelé saiu para não mais voltar, vítima da mais célebre distensão num músculo da coxa dos arquivos do futebol brasileiro, Garrincha transformou-se na esperança maior de todo o país, que via nele o único homem capaz de manter o ritmo de uma Seleção até então irresistível, mas de qualquer maneira quatro anos envelhecida em relação aos campeões de 1958, na Suécia (que continuavam sendo a sua base). E Garrincha conduziu como ninguém aquela esperança, até transformá-la em realidade, dando ao Brasil seu segundo título consecutivo.

É perfeitamente correto dizer que em dois desses seis jogos, aqueles inesquecíveis contra a Inglaterra e contra o Chile, Garrincha foi, sozinho, a glória dos bicampeões. Na partida final, contra a Tcheco-Eslováquia, jogou com febre, consequência da tensão dramática que carregou consigo durante os dois jogos-chave anteriores (3 a 1 contra a Inglaterra e 4 a 2 contra o Chile). Seu drama — e o de todo um povo que sofria na retaguarda — chegou ao auge após a expulsão de campo no lance com o chileno Eladio Rojas. Vai ser suspenso, não vai, joga, não joga.

O Brasil, já então voltado inteirinho para ele, sem ele não poderia ser o mesmo naquela partida final que se aproximava. Garrincha cuidara de acumular em torno de si todas as responsabilidades da Seleção, transformara-se em seu centro nervoso. O presidente do Conselho de Ministros do Brasil — pois o país vivia naquela época sua passageira experiência de um governo parlamentarista — telegrafou para a delegação nacional, no Chile, dizendo de seu interesse em que Garrincha não fosse punido. Foi um modo discreto de tentar o perdão politicamente junto à Fifa, a quem cabia o julgamento do jogador. O telegrama do Sr. Tancredo Neves, em nome do governo brasileiro, lembrava (e o endereço certo era a Fifa), de modo insinuante, que aquela era a primeira falta da vida esportiva de Garrincha e que isso devia pesar na balança, como já tinha acontecido tantas vezes com réus primários. E valeu a interferência indireta do governo do Brasil: Garrincha não foi suspenso. Entrou no jogo final valendo como a própria manutenção do espírito do time do Brasil, inalterado com a sua presença tranquilizadora. Não foi o mesmo dos dois jogos anteriores. Jogou com febre, já se disse. A tensão acumulada em cinco jogos explodira ali. Mas foi o grande Garrincha em meia dúzia de jogadas que marcaram sua presença com o toque pessoal inigualável. E o time brasileiro, sem sofrer mudanças, não sofreu brechas em sua estrutura. Garrincha dava, pela segunda vez seguida, desta vez com um peso mais evidente, um título mundial para o Brasil.

Depois veio o drama iniciado em princípios de 1963, quando seu joelho direito, cansado de sustentar durante tantos anos o peso do drible mais festejado do mundo, calcado sempre no mesmo pé de apoio, curvou-se ao jugo insidioso de uma artrose.

Essa artrose afinal foi um mistério, pois não chegou a ser constatada na operação feita no joelho, dois anos mais tarde, manchete por dias seguidos das páginas de esportes dos jornais de todo o Brasil nesse período. E vinham as explicações científicas, das quais se podia compreender que havia um irreversível apodrecimento — se me permitem o termo duro, mas perfeito para a compreensão popular — dos tecidos ósseos. Tecidos que constituem, segundo explicação médica, a cartilagem, espécie de almofada a suavizar a articulação entre o que então se chamava rótula, mas modernamente virou patela, e os ossos da coxa (para o alto) e da perna (para baixo). Estavam gastos esses tecidos do joelho de Garrincha, o craque pagando caro pela morfologia de suas pernas tortas.

A luta se desenvolveu durante dois anos, de 1963 a 1965. Cada vez mais cruel, a cada lance mais dramática. Cura definitiva não há, diziam os especialistas. Paliativos existiam — e Garrincha, rebelde à operação, foi se ajeitando com eles, parecia já que as coisas seguiriam indefinidamente assim. Às vezes melhorava, às vezes piorava. Nas ocasiões de melhora ele se animava todo. A visão de um tricampeonato em Londres, 1966, enchia os seus dias.

Dessa esperança Garrincha falava com o mesmo ar desligado com que caçava passarinhos, esquecido do mundo, em Pau Grande.

— Tenho fé de ficar bom para a Copa. É só não exagerar muito, jogar uma vez por semana, como me recomendou o médico. Assim poderei chegar até lá, que esse é o meu desejo maior — dizia ele em 1963, quando começou o drama.

Era a vontade de fugir da operação que fazia Garrincha firmar-se nessa esperança. E as coisas se prorrogaram por muito tempo, numa espécie de ópera bufa. De um lado, o terror que Garrincha tinha à cirurgia e o fazia forçar a barra e continuar jogando nos períodos em que as dores o permitiam; de outro, a estrutura criminosa do futebol brasileiro, com jogos excessivos — e tudo se complicava. Quando Garrincha melhorava um pouco, era obrigado a jogar até três vezes em 10 dias, como aconteceu no comecinho de julho de 1964, o Botafogo viajando a Buenos Aires (e até atrasando sua estreia no Campeonato Carioca) por um preço que só podia conseguir com Garrincha no time. Por três vezes seguidas ele não sentiu nada e continuou sendo escalado. Mas, depois da terceira vez, sentiu dores profundas e teve de ficar de fora por mais uma longa temporada, a exemplo do início de 1963.

Voltemos um pouco a esse início de 1963, logo depois de manifestada a sua artrose, ou o seu mal assim diagnosticado. Garrincha jogou algumas partidas antes do longo afastamento exigido pelos médicos. Entre esses jogos há um Botafogo x Santos tão melancólico para os torcedores alvinegros que eles nunca mais se esqueceram daquele triste espetáculo, o ídolo dos estádios fazendo figuração em campo, impotente para dar um único drible que fosse. Nesse dia, muita gente desejou que Garrincha parasse ali mesmo. Se estava tão evidente o fim de sua carreira, por que insistir nessa caminhada cruel, que ameaçava apagar cruelmente a alegre imagem dos primeiros tempos?

Foram, então, muitos meses de afastamento, Garrincha ficou de fora por todo o primeiro turno do campeonato de 1963. Fez alguns jogos no segundo turno, mas, visivelmente, não era mais o Garrincha da Copa do Mundo do ano anterior. Sua carreira arrastou-se, então, num doloroso joga-sente-sai-volta, joga-sente-sai-volta. Por essa época assinou um contrato diferente com o Botafogo: passou a ganhar por partida de que participasse. Nessas condições contratuais, era humano que se esforçasse para jogar, mesmo quando, rigorosamente, não poderia fazê-lo, o que levou a situação a se complicar cada vez mais. Como suas entradas no time eram sempre mais arriscadas e até certo ponto irresponsáveis, embora explicáveis, em 1964 o Botafogo acabou por exigir de seu médico responsável pelo futebol uma declaração por escrito de que Garrincha tinha condições de entrar em campo, a cada novo jogo de que o bicampeão do mundo pretendesse participar. Mas é claro que o médico não podia arriscar sua reputação profissional — e Garrincha voltou a ficar muitas vezes de fora, isto é, sem jogar e sem receber. Tão complicado era o seu caso que os boatos começaram a rolar. Um desses boatos dizia que Garrincha tinha tomado um remédio que "cura até cavalo". Em meio às tristezas todas, houve muita brincadeira dos companheiros de clube, nessa hora.

Garrincha continuava sonhando com a Copa de 1966. O Brasil sonhava ainda mais com a possibilidade de vê-lo bom na ocasião. Porque ele bom, bom de verdade, iria amedrontar de novo os europeus e todos os adversários. Afinal, quem tinha ganho duas Copas do Mundo poderia ganhar três.

Antes da operação, afinal feita em 1965, Garrincha foi acusado muitas vezes de irresponsável, "não sara porque não se cuida", "é um moleque", coisas assim. Mas os que conheciam de perto o drama de Garrincha sabiam que nada disso era verdade. Antes dessa quase novela em torno de seu joelho, nas contusões de rotina de sua carreira, ele procurara várias vezes uma certa Dona Maria, rezadeira de São João de Meriti, município da Baixada limítrofe com o Rio. Mas nesse problema mais grave nunca a procurou, seguiu apenas as indicações médicas, apesar das muitas inverdades espalhadas sobre o caso.

Teve, sim, uma grande disposição de encarar com seriedade o tormento que o perseguia. Tanto que disse aos jornais, sobre a rezadeira:

— Não precisa. Para o meu joelho, não preciso de Dona Maria. Eu sei bem do que ele precisa: repouso depois das partidas, para evitar derrames e inchações, e exercícios especiais durante toda a semana para impedir o avanço da doença.

Era verdade. Nesse caso esteve sempre distante de Dona Maria e mais próximo de São Jorge e Santa Rita de Cássia, devoções que nunca abandonou. Mas ninguém conseguia convencê-lo a deitar-se na mesa de operação. Por outro lado, a fé nunca permitiu que chegasse ao desespero:

— A culpa é da minha perna. Que é que eu posso fazer? É herança de família. Meu pai e meu tio também têm pernas tortas. Meu tipo de jogo, driblando com apoio sempre na perna direita, acabou por forçar o joelho. Agora é me tratar.

De fato, diariamente fazia exercícios com peso na perna direita, só tomava os remédios receitados pelo médico. Mas continuava driblando a operação. Primeiro por seu horror a cirurgias. Depois porque — e nesse ponto sua argumentação era correta —, sem contar o Dr. Mário Marques Tourinho, cirurgião prestigiado, mas de fora do Botafogo (era do América), nenhum de seus médicos afirmava de modo absoluto que a operação seria uma garantia de cura definitiva.

Foi difícil, mas Garrincha chegou afinal à operação. Não era possível adiar mais, passaram-se dois anos desde que a cirurgia fora recomendada. Aquele joelho estava prejudicando seriamente a sua carreira — e ele tinha encargos de família, não pequenos, com D. Nair e as oito filhas, lá em Pau Grande. Na roça, por assim dizer.

O Dr. Mário Tourinho conseguiu convencê-lo de que, se não o livrasse definitivamente do problema nos meniscos, a operação também não podia prejudicá-lo em nada. Garrincha, que estava levando uma vida infernal para um profissional de futebol, afinal resolveu tentar a cartada. Tudo foi muito simples, a operação correu normalmente. Ao fim dela, o cirurgião afirmou que, como dissera desde o início, Garrincha tinha, sim, uma séria lesão nos meniscos, que o poria fora do futebol em pouquíssimo tempo, se não os extraísse. Mas de artrose, artrose mesmo, como disseram outros médicos, não tinha nada.

★★★★★★

A partir da Copa de 1962, quando virou herói nacional, mudou muito a vida de Garrincha, que chegou a inspirar um filme produzido por Luís Carlos Barreto e dirigido por Joaquim Pedro de Andrade: *Garrincha, alegria do povo*. Por essa época surgiu o seu romance com a cantora Elza Soares. Um tórrido romance, como diria a linguagem de um *trailer* de cinema. O casal que então se formou foi morar na Ilha do Governador. E o governador do então Estado da Guanabara (cujos limites geográficos coincidiam com os que até 1960 eram os do Distrito Federal e são hoje os do município do Rio de Janeiro), Carlos Lacerda, deu-lhe de presente um mainá, uma espécie de *passo preto*, como se diz na roça. E é preto mesmo, preto feito carvão. Um passarinho alegre, inteligente, se assim se pode dizer. Falava um bocadinho, cantava, gritava, assobiava.

A vida mudara, o homem mudara, o lar também mudara, até o passarinho mudou. Não mais as garrinchas voando pela mata que o menino caçava, mas o mainá preso na gaiola. Coisa muito esquisita, um dia mataram-lhe o mainá. Garrincha contou:

— Numa certa manhã, estranhei que ele não cantasse e fui lá fora ver. Estava de pescoço torcido, quentinho ainda. Não pensei que alguém pudesse matar o meu mainá. Foi muita maldade.

Foi maldade, sim, muita maldade, Garrincha nunca entendeu. Mas houve gente, não pouca gente, que explicou o caso como vingança. Vingança de quê? Do fato de Garrincha ser pai de oito meninas pequenas que deixara com a mãe na Raiz da Serra para passar a viver com Elza Soares. O pobre do mainá pagou o pato. Mas quem fez isso sem dúvida levou em conta o amor de Garrincha por pássaros. Queria ferir-lhe bem no seu ponto fraco. Conseguiu. Garrincha ficou amargurado.

★★★★★★

Relembremos que a operação foi um sucesso. Mas, como jogador, Garrincha nunca mais foi o mesmo. Nunca mais aquele Garrincha da Copa de 1962, diante do qual o mundo do futebol se curvou, boquiaberto. Nunca mais o Garrincha dos "joões". É preciso explicar: no auge da carreira de Garrincha, ele desmoralizava todos os jogadores da posição a que hoje chamamos lateral-esquerdo; sua vítima maior era o lateral-esquerdo — à época conhecido como *half*-esquerdo (pronuncie-se à moda popular, *alfe*-esquerdo).

Um dos que sofriam mais era o jogador dessa posição no Vasco, tido como grande *half*-esquerdo, chamado Coronel. Depois de uma noite de Botafogo x Vasco (isso antes da Copa de 1962) em que os dribles de Garrincha foram dos mais desmoralizantes para Coronel, um repórter perguntou:

— Garrincha, você sabe quem é aquele *alfe*-esquerdo que você desmoralizou esta noite?

— Não, não sei o nome dele, não.

Garrincha era assim mesmo, não se importava em saber quem iria marcá-lo, nunca se preocupou em saber o nome da, digamos, vítima, se era jogador famoso ou não. Mas o repórter continuou:

— É o grande Coronel.

E Garrincha:

— Não quero saber se era coronel ou general. Pra mim é tudo João.

A partir dessa noite, todo jogador que marcava Garrincha passou a ser *João*. E esse apelido para o lateral-esquerdo do dia passou a ser um dos maiores divertimentos da torcida botafoguense nos dias dos jogos de Garrincha, até surgir o problema no joelho, em 1963.

Pode-se dizer que a Copa do Chile e os jogos pelo Botafogo até o fim de 1962 foram o canto-de-cisne de Garrincha. Nem sua carreira sofreria nada (pelo contrário) se ele parasse ali, ao terminar o Campeonato Carioca de 1962, iniciado 15 dias depois do fim da Copa do Mundo, a 10 de julho, com um Botafogo x Campo Grande, o Botafogo (sem Garrincha, substituído por Luís Carlos) derrotado por 1 a 0. Mas Garrincha participaria de 21 dos 24 jogos do Botafogo no campeonato e foi o grande construtor do título carioca do alvinegro naquele ano. Sobretudo no último jogo, no dia 15 de dezembro, em que o Flamengo, grande favorito, foi derrotado pelo Botafogo (talvez fosse melhor dizer derrotado por Garrincha) por 3 a 0, dois gols de Mané (como a torcida gostava de chamá-lo), já o vimos.

★★★★★★

Depois disso não houve mais Garrincha, se é do Garrincha criador de *Joões* que se fala, do Garrincha-alegria-do-povo. Sua carreira se arrastou penosamente até 1972, mas era um Garrincha decadente aquele que jogou no Corinthians em 1966 (foram 13 jogos e apenas dois gols) e no Flamengo, em 1968 (20 jogos, quatro gols). De qualquer maneira, ao estrear no Corinthians em 2 de março de 1966, levou 44 mil pessoas ao Pacaembu, com um recorde de renda de 66 mil cruzeiros (a moeda da época). Os torcedores do Corinthians viram, desanimados, seu time perder do Vasco por 3 a 0 (era um Rio-São Paulo) naquela noite de quarta-feira.

Sua passagem pelo Flamengo, dois anos depois, não seria menos melancólica. Porém, mais lamentável de que tudo foram os últimos jogos de sua carreira, no Olaria, aos 38 anos, a partir de 23 de fevereiro de 1972 (em outubro ele faria 39).

Não era uma total ausência de autocrítica que o fazia continuar. Era a necessidade, pois ele tinha plena consciência de que aquele fim de carreira era indigno do Garrincha que arrastara multidões aos estádios alguns anos antes. O problema do alcoolismo também ia se agravando — e atingiu proporções dramáticas depois de 1973, ele já um ex-jogador.

Garrincha morreu no Rio de Janeiro, no dia do padroeiro da cidade, São Sebastião, em 20 de janeiro de 1983, aos 49 anos. Só com a morte se livraria de seus problemas. Descansa em paz, numa sepultura simples em Pau Grande.

//Pelé

A capacidade de criar tais situações (um gol, um lance perfeito, que nem os companheiros de equipe esperam) — em contraposição às vantagens obtidas quando uma delas simplesmente acontece — é que distingue o gênio do futebol. É exatamente como um repentino arranjo de palavras, pensamentos e sentimentos, que cria a verdadeira poesia. Para o escritor, a linguagem é tão obstinada quanto a mais teimosa defesa. Um Pelé, por conseguinte, é para o futebol o que Shakespeare foi para a poesia: depois de sua passagem, a arte, o jogo, nunca mais serão os mesmos.

KEITH BOTSFORD

O foca chegou muito preocupado ao hotel. É verdade que já fora apresentado a Pelé, na véspera. Mas tinha sido uma apresentação rápida, no minúsculo salão de barbeiro daquele hotel carioca, cerca de 10 ou 12 fotógrafos a se acotovelarem, Pelé de olhos semifechados, preguiçosamente, enquanto o barbeiro fazia a navalha vagarosa deslizar sobre sua barba.

— Muito prazer — Pelé abrira os olhos ao chamado do amigo comum e cumprimentara o foca.

O amigo explicou a situação, a necessidade da reportagem, e o foca, solícito, foi logo dizendo a Pelé que marcasse a hora que bem entendesse, tudo do jeito que ele achasse melhor (para aquela reportagem, coisa mais trabalhosa, não havia tanta corrida contra o tempo como acontece habitualmente em jornal). O encontro ali não durou mais do que um minuto. A oportunidade melhor, para Pelé, era na manhã seguinte. Dez, dez e meia, onze, Pelé encerrou logo o assunto:

— Onze horas é o ideal.

Tudo acertado, seguiu-se a despedida rápida, sempre no meio de uma multidão de fotógrafos e curiosos que não deixam Pelé nunca. Corria o ano de 1964, Pelé tinha 21 anos de idade e seis de carreira profissional no time de cima do Santos. O repórter partiu com um misto de confiança e apreensão. Marcada a entrevista estava, mas Pelé se lembraria no dia seguinte daquele diálogo de poucos segundos, no meio de tanta gente, uma coisa tão rápida? E ele ainda atenderia a dezenas de pequenos compromissos logo depois...

Às 11 em ponto da manhã seguinte, o repórter bateu à porta do apartamento de Pelé. Ninguém respondeu. Levando sua ousadia ao extremo, o repórter venceu o mal-estar e arriscou abrir a porta. Ouviu uma voz alegre cantando um chá-chá-chá (estava na moda) lá no fundo. E gritou:

— Posso entrar?

O cantor interrompeu o chá-chá-chá e gritou lá do fundo:

— Quem é? É o Dalmo? [Zagueiro do Santos, companheiro de quarto de Pelé.]

— Não. Eu marquei uma entrevista ontem... — e o diálogo continuou, um diante da porta de entrada, semiaberta, outro respondendo de longe, sem ser visto.

— Ah, sei! Espera no saguão, lá embaixo, que eu já vou descer.

— Tá bom. Até já.

Desceu e ficou esperando. Aquele "já vou descer" prolongou-se por mais de meia hora e o repórter foi ficando desanimado. Até porque, muitos jornalistas estrangeiros — principalmente portugueses, entre os quais uma moça, e argentinos — também esperavam Pelé no salão perto do *hall* de entrada. No grupo de argentinos, nem só repórteres queriam falar com Pelé, mas também um grupo de jogadores do time que enfrentaria o Santos, à noite, no Maracanã, e o técnico. Ah, entre os jogadores, um que tinha vindo de Buenos Aires de pé engessado! Viajara só como mascote, uma superstição dos companheiros. Também queria conversar com Pelé. Sem contar os jogadores do próprio Santos, aos quais se juntara um do Fluminense, em visita.

"Bem, vou-me embora", disse a si mesmo o repórter. "Ele nem vai lembrar que eu existo, encolhido aqui neste cantinho. E, ainda que se lembre, é tanta gente a esperá-lo para conversar com ele que a entrevista não vai sair mesmo como eu quero. O melhor é zarpar."

Disse e foi logo se levantando, mas nesse exato momento entrou Pelé. Aí o repórter parou, sentou-se de novo e permaneceu quieto no seu canto, incapaz de fazer alguma coisa para vencer sua insuperável timidez. Os portugueses, ao contrário, avançaram céleres, ganhando dos argentinos pela posição que ocupavam no salão. Abordaram Pelé já de gravador na mão, explicando o que queriam. O jogador atendeu-os com toda a solicitude e pediu licença, apontando para o foca imóvel no canto:

— Desculpem-me, mas eu tenho hora marcada com aquele rapaz. Logo depois eu atendo vocês.

Livrou-se deles e foi avançando, mas seus passos foram mais uma vez cortados, dessa vez pelos argentinos. O jogador de pé engessado e o técnico por pouco não cobriram Pelé de beijos, tal a efusão com que avançaram sobre ele, enquanto um repórter-fotográfico de Buenos Aires, incansável, estourava *flashes* sobre *flashes*.

Pelé demorou-se quase cinco minutos a livrar-se deles e repetia sem parar a explicação, apontando sempre para o atarantado repórter:

— Um momento que eu converso com vocês já. Tenho hora marcada com aquele rapaz.

Fez um aceno para os seus companheiros do Santos, cumprimentou mais vivamente o jogador carioca que o visitava e afinal chegou ao canto do salão onde o pobre repórter tímido o esperava meio sem saber o que fazer. Pelé tomou logo a iniciativa:

— Como vai? Desculpe o atraso, mas fiquei preso um pouco mais do que previa, lá em cima.

E quis saber de uma porção de detalhes sobre a reportagem, como seria ela, quando iria sair, sua posição na série de que faria parte. Mostrou logo que era um sujeito atento, pois não esquecera que o repórter estava entregue aos cuidados de uma série de reportagens. Atendeu-o com a mais absoluta tranquilidade, indiferente ao fato de que outras pessoas o esperavam. Sensível, viu logo que o jornalista estava às voltas com um trabalho de fôlego e responsabilidade. Depois de terminada a longa conversa, atenderia a todos que o esperavam com o mesmo cuidado e a mesma atenção.

Interessado pelas coisas, simples, fazendo perguntas sobre o trabalho de que era objeto, Pelé salvou com isso a situação difícil do repórter, para quem aquele compromisso tinha uma importância inestimável. Dialogou sempre bem humorado, foi criterioso nas respostas, ágil no diálogo, delicado no trato.

A entrevista correu na sobreloja. Enquanto lá embaixo, na acanhada entrada do hotel, dezenas de garotos, levando cadernetas, pedaços de papel, flâmulas e fotos nas mãos, esperavam Pelé desde cedo. Já haviam colhido o autógrafo de muitos dos jogadores do Santos — não nos esqueçamos de que, nos anos 1960, o Santos de Pelé era o time mais famoso do mundo e só o Botafogo, de Garrincha, se aproximava dele, assim mesmo só no início do decênio —, mas a cada novo que conseguiam diziam sempre:

— Agora falta o Pelé!

E Pelé iria atendê-los a todos quando descesse. Sofre cerco igual não só no Rio, mas em todas as grandes cidades do mundo. E também nas pequenas. Sem mudar nunca, mantendo-se sempre o mesmo, principalmente com as crianças, pelas quais sempre teve um carinho especial, mas também com os repórteres novos, com os presidentes da República, com os figurões de todas as áreas ou com o povinho miúdo, pois por todos é procurado e solicitado, a todos é apresentado.

O cerco se repete sempre — e Pelé é sempre o mesmo. Tinha tudo para não sê-lo. Não ganha "a fortuna que muitos imaginam", como ele mesmo diz, mas ganha o suficiente para deformar as atitudes de qualquer moço sem maior firmeza de caráter. Sobretudo quando esse moço começou jogando descalço numa humilde e esburacada rua do interior do Brasil, menino que engraxava sapatos e se entregava, no impulso infantil, à ousada aventura de diminuir o montante das partidas de amendoim a serem despachadas pela Estrada de Ferro Sorocabana e vendê-lo torradinho à porta dos cinemas de Bauru (com o pequeno lucro, "comprava uniforme de profissional"). Sobretudo quando esse moço, depois de passar duras necessidades com sua família humilde, chegou a ser ídolo de muitos jovens negros das novas nações africanas que surgiam àquela altura. Ninguém nunca conseguiu no Brasil igual índice de popularidade. Lá fora, talvez Brigitte Bardot na França, espécie de rainha dos anos 1960.

É verdade, Pelé nunca mais teve sossego desde a Copa de 1958, na Suécia, quando, aos 17 anos, saiu coberto de glória. O cerco dos repórteres passou a ser permanente. E nunca cessou o agudo coro de vozes infantis:

— Pelé! Pelé! Pelé!

★ ★ ★ ★ ★ ★

No fim de 1958, a pequena cidade de Três Corações, Minas Gerais, preparou-se em festas para receber um moço que estava completando seus 18 anos e de lá saíra pequenino para não mais voltar. Édson Arantes do Nascimento, no livro de registro civil daquela cidade, voltava agora cidadão do mundo e, para o mundo todo, apenas Pelé. A festa era merecida, Pelé fora uma das peças principais na conquista da primeira Copa do Mundo de futebol pelo Brasil, no meado daquele ano, na Suécia.

O Pelé que lá chegava — ninguém dava, nem podia se dar conta disso na ocasião — viria a ser o marco de uma nova era no futebol do Brasil, cuja história a partir dele tem de ser dividida em duas partes: antes de Pelé e depois de Pelé. O Santos, que antes de Pelé era um clube médio (nada tinha do grande Santos posterior), na era de Pelé tornou-se o bicho-papão dos campeonatos paulistas e de todo o futebol brasileiro. Não se cansava de ganhar a Taça Brasil, até os anos 1960 o maior título do futebol brasileiro.

Seis anos depois daquele primeiro título mundial, Pelé voltou pela segunda vez à sua Três Corações natal. Mais famoso ainda, mais consagrado ainda do que em 1958. Mas dessa vez ele voltava discretamente. Quase anônimo, e só não de todo porque em 1964 já era impossível para ele ser anônimo por completo. Ia apenas em busca, a pedido de sua mãe, Dona Celeste, de um pedaço de suas origens. Pedaço de uma origem miúda que a mãe fazia questão de que o filho não esquecesse: voltava para comprar o terreno da casa onde nasceu. Comprou-o do avô. Dona Celeste queria que ele guardasse um pedaço de estimação de sua cidade, e acabou por entusiasmá-lo com essa ideia.

Em Três Corações, sim, na humildade de Três Corações é que estão essas origens. Pelé nasceu lá — que também é a cidade de sua mãe — no dia 23 de outubro de 1940. Pulando de clube em clube, na carreira modesta do futebol semiprofissional de interior naqueles tempos, o atacante Dondinho conheceu lá a moça Celeste — Celeste Arantes — que não gostou do Dondinho jogador de futebol, mas gostou do simpático João Ramos do Nascimento. E, se gostou, não fez mais do que corresponder à paixão que Dondinho sentiu desde logo. Dondinho, mineiro também, pois saíra da cidade de Campos Gerais, onde nasceu, para iniciar suas andanças atrás da bola, casou e fixou-se em Três Corações. Fixou-se não é bem o termo, porque, embora contra a vontade de Dona Celeste, que desejava uma situação mais estável para o marido, Dondinho ainda dependia fundamentalmente do magro futebol das pequenas cidades. Qualquer proposta ligeiramente mais vantajosa o levaria de lá. E Pelé ainda não tinha nem dois anos quando surgiu uma, da capital do estado. Do Atlético Mineiro. Pela primeira vez Dondinho iria jogar num grande clube, pois, ainda que não se igualasse naquela época aos maiores do Rio e de São Paulo, o Atlético, sobretudo levando-se em consideração aqueles em que Dondinho tinha jogado até então, era sem dúvida um grande clube. E, além do mais, passava por uma boa fase. Melhor ainda, fazia muitas partidas interestaduais, contra vários clubes de centros maiores, como o Rio e São Paulo.

Dondinho estreou numa delas: Atlético x São Cristóvão, numa viagem do pequeno time do Rio a Belo Horizonte. Começou e acabou aí seu sonho de permanecer com sucesso no futebol dos grandes centros. Nos primeiros minutos, impetuoso centroavante que era, Dondinho, numa jogada mais dura, chocou-se com o zagueiro Augusto e feriu-se seriamente no joelho direito, joelho que viria a ser o seu tormento daí por diante. Já não pôde participar do jogo seguinte de seu novo clube. Aquele choque com Augusto, o mesmo Augusto que depois iria para o Vasco e jogaria na Seleção brasileira (inclusive na Copa de 1950), arruinou sua carreira. Pouco depois Dondinho voltava para Três Corações, o compromisso com o Atlético já cortado, esperanças murchando. Quis prosseguir, por pura teimosia. O joelho já não ajudava mesmo. Por essa ocasião nasceu Jair, segundo filho do casal, que mais tarde seria, como nuvem passageira, companheiro de Pelé no Santos, com o apelido de Zoca.

A família saiu de Três Corações, começou a pular de cidade em cidade. Dondinho assinava pequenos contratos que clubezinhos inexpressivos lhe ofereciam. O primeiro era de Lorena, cidade paulista do Vale do Paraíba. Pouco tempo de demora. São Lourenço, uma volta a Minas, foi a segunda cidade dessa espécie de roteiro da insegurança. Lá nasceu o terceiro filho do casal, Maria Lúcia, a única menina. Algum tempo ainda em São Lourenço e, enfim, novamente uma proposta que tentou Dondinho. Com razão, era a melhor que surgia desde que deixara o Atlético Mineiro: um convite do Bauru Atlético Clube. Mas Dona Celeste estava cansada de ser judeu errante. Não queria sair de São Lourenço. A oferta do clube de Bauru, porém, era tentadora, incluía também um emprego público. Aí ela se entusiasmou e apressou a mudança.

Lá, o contrato veio logo, mas o emprego público ainda demorou. Dona Celeste já estava ficando impaciente. Quase um ano — e nada. O dinheiro do clube de Bauru era pouco, mal dava para a família ir se aguentando. E a família aumentara. Não com um novo filho, mas é que Vovó Ambrosina, mãe de Dondinho, fora morar com eles. Afinal saiu o emprego e Dondinho, além de jogador do Bauru Atlético Clube, passou a ser também funcionário do posto de saúde local.

Só assim Dona Celeste sossegou. Agora a família teria segurança. Ela sabia que o futebol acabava, mas o emprego ia ficar. O futebol, porém, começava a preocupá-la por causa do filho mais velho, o Dico (Pelé era apelido só no futebol, em casa continuou sendo sempre Dico), que desde os cinco anos vivia agarrado a uma bola de meia, as brincadeiras de rua eram só com bola, qualquer tipo de bola. Isso até os sete anos. Aos oito, as coisas pioraram, Dico entrou pela primeira vez para um time organizado, vá lá o termo, o Canto do Rio. Infantojuvenil do Canto do Rio. Eram peladas, ainda, Dico jogava descalço, como o resto da garotada, só que os outros tinham 12, 13 anos. E o Dico não fazia feio no meio dos marmanjos. Pelo contrário, até brilhava.

Do Canto do Rio, Dico passou para o Sete de Setembro, ia firmando reputação de bom entre a garotada maior, mas nada de chuteiras ainda. Com elas, só no Ameriquinha, time para o qual Pelé passou mais tarde. Por pernas, uns gambitinhos tão finos que chegavam a ser ridículos no meio do resto da turma. Quem via, temia por aquelas perninhas, entregues à dureza dos pesados beques adversários, bem mais taludos. É dessa época de Ameriquinha a primeira fotografia de Pelé como "jogador de futebol". Uniforme igualzinho ao do América do Rio. As meias, para não subirem até as coxas, tinham de ser enroladas, formando duas grossas circunferências logo abaixo dos joelhos. As chuteiras eram amarradas até quase o meio das canelas. Com todo esse aparato, tinha de ser muito compenetrada a foto de quem estava "posando para a posteridade". Tinha 12 anos aquele Pelé pela primeira vez com pose de craque.

O Ameriquinha criou fama, ganhou um torneio na cidade. Foi a primeira grande festa que o futebol fez a Pelé. Tão alegre ele ficou que até Dona Celeste participou da vibração, junto com o marido e o Zoca (Maria Lúcia era muito pequena). Pela primeira vez Dona Celeste sorria de alegria com o futebol. Pelé não parava de falar, contava que tinha sido até aplaudido em alguns lances.

Mas o Ameriquinha logo se desagregou, os jogadores se dispersaram. Foi aí que Pelé passou para o clube de Dondinho, o Bauru Atlético Clube. Pelé se sentiu muito importante no clube do pai. Mas o time das crianças não passava de uma sigla e, pior ainda, uma sigla no diminutivo: Baquinho (de BAC). Mas, de qualquer maneira, sentia-se parte de um clube de verdade, um clube que além de ter seu pai como jogador tinha até um técnico famoso: Valdemar de Brito, cuja história deixara marcas no futebol do Rio, no de São Paulo e até na Argentina. Valdemar treinava os profissionais e o infantil, o Baquinho, e costumava dizer que gostava mais de dirigir as crianças.

Futebol sério começou aí para Pelé. Logo nos primeiros treinos, pois agora havia treinos marcados e hora certa para tudo, uma diferença grande: os compromissos tinham que ser encarados com responsabilidade. Valdemar de Brito era o primeiro a chamar a atenção, sempre, para o fato de que futebol não era brincadeira, exigia disciplina. Para Pelé, isso não foi difícil. Tinha em casa o grande exemplo. Dondinho nunca dera sorte com futebol, mas sempre o encarou com seriedade. Sonhava para os filhos a glória no futebol que nunca chegou a alcançar, por isso falava sempre na necessidade de sacrifício, de levar o futebol a sério. Pelé não fumava, como alguns garotos do time já faziam, não dormia tarde. Ouvia interessado as recomendações de Valdemar de Brito. Estava com 13 anos, ia passando o tempo de fazer gazeta na escola, o futebol começava a ser coisa importante na sua vida: seu time ia disputar o campeonato infanto-juvenil da cidade. Peça fundamental de um time de verdade, tinha uma alegria muito especial quando Valdemar de Brito repetia que ele levava jeito para a coisa.

Começou a se lembrar dos tempos do Canto do Rio, do Sete de Setembro. A bola e os uniformes eram coisas difíceis de conseguir, apelava-se para tudo. Até mesmo roubar amendoim dos vagões da estrada de ferro encostados no pátio de manobras depois do carregamento, ideia do mais ousado da turma. O amendoim era vendido torradinho na porta dos cinemas, deu um lucro razoável, ajudou a comprar camisas para os times. Rendia mais do que vender lata velha e garrafa vazia, mas no fim também não deu certo. Pelé conta com emoção que o negócio acabou no dia em que morreu um dos meninos do grupo, com a queda de uma barreira fechando a entrada da gruta onde eles se reuniam para torrar o amendoim. Uma tempestade das grandes, a tentativa de salvar o pequeno companheiro e enfim o drama. Nunca mais se falou em roubar amendoim.

★ ★ ★ ★ ★ ★

Jogar no Baquinho dava uma sensação de segurança total. Dona Celeste continuava sem grande simpatia pelo futebol, mas o pai incentivava o menino cada vez mais. O Baquinho teve uma carreira brilhante no campeonato infantojuvenil da cidade. Com Valdemar de Brito o time estava certinho, bem entrosado. Ganhar o título assim não foi difícil, nos jogos finais o time de Pelé já era o favorito absoluto. O pessoal na cidade dizia que muitos daqueles meninos seriam logo aproveitados entre os profissionais. O caminho era esse, depois de três títulos seguidos entre os infantojuvenis. O time começou a fazer mais sucesso do que o profissional. A torcida acompanhava com mais interesse os garotos do que o time principal.

Valdemar de Brito teve de se mudar para São Paulo depois do terceiro título consecutivo do Baquinho. Foi como se o time acabasse. Ninguém ia se acostumar sem Valdemar, que na verdade tinha sido o grande formador da equipe. Começou a debandada dos meninos do Baquinho. Valdemar de Brito, que gostava mesmo do futebol do filho de Dondinho, partiu com a promessa de voltar em pouco tempo e levá-lo para um time grande. Chegara para Pelé a hora da decisão. Para desespero da mãe, entre o futebol e os estudos, ele dedicava mais tempo àquele do que a estes. E agora numa nova equipe, um time meio bagunçado, um certo Radium.

Seu curso primário tinha sido todo transtornado justamente por causa do futebol. No primeiro ano ele foi bem, pois acabou aprovado, embora capengando. Mas, a partir do segundo, começou a fazer gazeta seguidamente: às vezes uma ida ao campo de aviação (Bauru não tinha aeroporto, apenas um humilde "campo de aviação"), às vezes uma fuga a um riachinho próximo, para nadar, uma delícia. Na maioria das vezes, entretanto, fugir da aula significava disputar uma pelada animada num terreno baldio. As coisas pioraram no terceiro ano, quando uma professora menos paciente apareceu no caminho de Pelé. Os castigos constantes criaram um verdadeiro desencontro entre ele e a escola, que agora raramente o pegava, era uma fuga constante das aulas daquela professora enjoada. Sua vida virou futebol e mais futebol. Sua mãe via com desespero — e com clareza — que ou seria o futebol ou seriam os estudos. O diabo do jogo de bola cada vez mais a martirizava. Pelé não passava de um menino, mas já tinha visão bem nítida: o futebol era o caminho para sua vida. No Radium, ele ia contemporizando, à espera de Valdemar de Brito, que prometera voltar a fim de levá-lo para um clube grande.

Mal imaginavam, Pelé e seu pai, que, antes de Valdemar de Brito, Tim, então técnico do Bangu, iria procurá-lo, não se sabe por informação de quem. Sabe-se é que os sonhos começaram a desfilar na cabeça do menino, os grandes jogadores, os grandes salários. Miudinho ainda, eram do Rio os ídolos longínquos de sua primeira infância, Domingos da Guia, Barbosa, o grande artilheiro Ademir, do Vasco. Pelé não escondia uma certa simpatia pelo Vasco: naquele tempo, em Bauru ouviam-se mais as estações de rádio do Rio do que as de São Paulo: ninguém perdia as novelas da Rádio Nacional nem o Repórter Esso, no vozeirão de Heron Domingues. Pelé ficava imaginando aqueles ídolos distantes, via-os diante das grandes multidões que enchiam os estádios para aplaudi-los. Ah, o Maracanã lotado, o imenso Maracanã a reverenciar os craques! Mas também o futebol dos grandes de São Paulo, pela proximidade, tinha grande repercussão lá em Bauru. O Corinthians era mesmo, ao lado do Flamengo, o time mais popular da cidade. Pelé ficava sonhando com os ídolos corintianos, Domingos da Guia, quando se transferiu do Flamengo para o Corinthians, um dinheirão (Pelé era muito pequeno, tinha só quatro anos, porém mais tarde ouvia contar aquelas coisas). O goleiro Bino e, depois, já nos anos 1950, Baltasar, o cabecinha de ouro. O cartaz de artilheiro de Baltasar deslumbrava a imaginação do menino do interior. Artilheiro era com ele mesmo...

Duraram pouco, porém, os sonhos nascidos com o convite do técnico Tim. Dondinho se entusiasmara, aquele mundo de sonhos que era o futebol profissional das grandes cidades, e o Dico, tão pequeno e já recebendo um convite! Mas Dona Celeste, com poucas mas firmes palavras, acabou com a brincadeira:

— Um menino de 15 anos, Dondinho! Morar sozinho no Rio! Não vai, não. Ele ainda está cheirando a cueiro, tem de continuar junto dos pais. Ainda tem muito que aprender, tem muito que se educar. E os estudos?

Tim voltou para o Rio de mãos abanando. Pelé continuaria por algum tempo no Radium, nada de Bangu. Até que Valdemar de Brito cumpriu a promessa, vaga promessa de voltar um dia que ninguém esperava ver cumprida. Mas um dia ele voltou mesmo. Tinha conversado sobre Pelé — "um crioulinho de Bauru que joga o fino, garoto ainda" — com os diretores do Santos. Ora, o pessoal do Santos andava vibrando com uma fecunda fase de renovação comandada pelo técnico Lula, renovação que valera, em 1955, o título de campeão paulista, perseguido sem maiores esperanças durante anos e anos. Que viesse o menino!

Afinal, o Santos teve todos os méritos pela ousadia de mandar buscar um menino de 15 anos em Bauru e botá-lo logo para treinar entre os cobras do time. Era um espanto! Em pouco tempo o menino se tornou titular do time de cima. Poucos clubes teriam essa ousadia, mas que ela estava certa ficou comprovado menos de um ano depois, quando o menino já era chamado para a Seleção brasileira.

É curta a história da ascensão mais rápida do futebol brasileiro. Pelé ambientou-se rapidamente em Vila Belmiro. Foi bem logo nos primeiros treinos. Com seu futebol de exceção, não poderia deixar de ir bem nunca. Estranhou um pouco no começo, é verdade, mas só no comecinho, aquele negócio de clube grande que uns dias antes, em Bauru, parecia apenas um sonho. Estava ao lado de craques que até então pareciam figuras de lenda, existentes só nos jornais e na voz dos locutores de rádio. Ao lado de gente que era figurinha de sua coleção de menino em busca do prêmio de uma bola de futebol: Jair Rosa Pinto, Vasconcelos, Pagão, Pepe, Zito, Del Vecchio e outros menos votados, mas eram nomes que rodavam em sua cabeça: Dorval, Formiga, Urubatão, que sei eu?

Não pode deixar de dizer nunca — e o diz — que foi muito bem tratado por todos aqueles cobras desde o início. Assim, habituou-se à nova vida com naturalidade. O mais difícil era a saudade da família. Adaptar-se ao mundo do futebol não tinha problema. Duro era adaptar-se a morar em pensão, à cidade desconhecida, cidade de praia, tudo tão diferente da vidinha pacata com sua família na longínqua cidade do interior. A praia dava-lhe a dimensão da coisa nova, da distância em que se encontrava. Praia, para ele, até então só em cartão-postal ou em figura de livro ou revista. No Santos, tudo corria bem: poucos dias depois do primeiro treino ofereceram um contrato de 6 mil cruzeiros (a moeda da ocasião) mensais, que teria de ser assinado por um responsável, pois ele era menor.

Na primeira oportunidade em que pôde dar uma fugidinha até Bauru, viajou alegre e satisfeito. Quando chegou em casa é que sentiu os problemas. Com o pai e os amigos, a reação foi a melhor possível, mas com a mãe e com Vovó Ambrosina foi um choro só. Tantas lágrimas que ele acabou chorando também. Naquele momento, sua decisão era ficar. Não valia a pena se afastar e deixar em casa a mãe e a avó chorando. Não, ele não podia criar um ambiente daqueles. Resolveu que ficaria.

Valdemar de Brito é que resolveu a parada. O menino tinha de aceitar aquele contrato do Santos. Era seu futuro que estava em jogo. Não haveria problema, ele poderia visitar Bauru muitas vezes. Em Santos, ser um garoto ajuizado dependeria dele, pois os jogadores de Vila Belmiro formavam um ambiente excelente. Pelé, com o pai a buzinar-lhe as vantagens no ouvido, sempre, resolveu voltar para o Santos. Foi — e dessa decisão nasceu o maior craque do futebol brasileiro em todos os tempos.

Assinou-se um contrato, com a devida autorização paterna. O técnico Lula gostou muito do seu jogo, mas resolveu lançá-lo no juvenil (naquele tempo não havia a denominação juniores), o menino precisava desenvolver-se um pouco mais, fisicamente. Era um tanto franzino, ainda, para medir-se com os jogadores de primeiro time dos clubes grandes de São Paulo. Habituou-se a um intenso treinamento físico quase diário. Em rigor, só não treinava em dia de jogo. Era o ano de 1956. O futebol de Pelé fez com que seu estágio no juvenil fosse rápido, o suficiente, porém, para conquistar o título de campeão amador. Campeão da cidade, bem entendido. Ninguém, mas ninguém mesmo podia imaginar que dois anos depois aquele menino seria titular absoluto da Seleção brasileira e campeão mundial, na Suécia, como um grande destaque.

Pelé, na verdade, tinha vida dupla naqueles primeiros tempos. Jogava no juvenil, mas continuava treinando sob as ordens de Lula na equipe principal. No juvenil, era jogador de meio-campo, mas um dia, num treino entre os profissionais, Lula resolveu lançá-lo na frente, ponta de lança. Surgiu então o grande atacante, posição que ele nunca mais iria abandonar. E seria o ponta de lança a fazer mais gols na história do futebol brasileiro (e certamente do futebol mundial), quer em números absolutos, quer em números relativos, no Santos, na Seleção brasileira, onde quer que jogasse.

Em pouco tempo Pelé se tornou titular absoluto do ataque do Santos. Foi quase sem sentir. Um joguinho aqui, um joguinho ali, até que foi escalado de início numa partida de importância, contra o AIK, da Suécia, num amistoso disputado em Santos mesmo. O time venceu apertado — 1 a 0 — e Pelé não fez gol, mas ficou-lhe a emoção de perfilar-se no gramado ao lado de jogadores estrangeiros. Mais algum tempo e o Maracanã e o Pacaembu iriam conhecer aquele que os transformaria em cenários dos mais belos gols do futebol mundial, os legendários gols de Pelé.

Embora fosse pouco mais que um estreante no futebol profissional, ficou como titular no combinado Vasco-Santos, formado ainda em 1956 para um torneio internacional. O Rio e São Paulo descobriram Pelé naquele torneio disputado no Maracanã e no Pacaembu. Foi espantoso o aproveitamento daquele molecote de 15 anos: seis dos nove gols do combinado — três contra o Belenenses, de Portugal (Vasco-Santos 6 a 1), um contra o São Paulo, um contra o Dínamo de Moscou e um contra o Flamengo, em três empates de 1 a 1 do combinado, dos quais Pelé saiu, assim, como artilheiro absoluto. Foi uma emoção para Pelé vestir a camisa do Vasco, time de sua grande simpatia desde Bauru.

Se logo depois (1957) Pelé estava na Seleção brasileira deveu isso não só ao seu futebol de exceção, mas à consciência profissional que o menino de 16 anos já tinha. Alguns jogadores poderiam tê-la como ele. Nenhum teria mais do que ele. Desde os primeiros tempos em que se viu sozinho, Pelé começou a autoeducar-se para a dura vida profissional. Garoto ainda, morando muito longe da família, conseguiu vencer sempre as tentações. E não são poucas as tentações que cercam um jogador que vai criando fama no mundo do futebol. Mas Pelé submeteu a sua vida a um método rígido: do treino para casa, de casa para a praia. Da praia para casa, de casa para os treinos. Se parava num bar para um bate-papo ligeiro com os poucos amigos que ia formando, nunca bebeu uma gota de álcool, sem deixar de ser uma companhia alegre e comunicativa, o bom companheiro de todos. Deitar cedo também era uma regra imutável na sua vida. Ganhava, com isso, condição física, o que lhe permitia aprimorar sua condição técnica, a cada dia mais surpreendente.

Numa de suas primeiras idas a Bauru (junho de 1957) depois de fixado em Santos, Pelé já tinha histórias para contar, e o futebol já o tinha como uma personagem. Era figura habitual nas páginas de esportes dos jornais, nome popular no Rio e em São Paulo. Mas ainda assim ninguém julgava que estivesse tão próximo o dia em que ele iria atingir o último degrau da carreira de um jogador: a Seleção brasileira. Nem ele mesmo. E foi nessa visita a Bauru que lhe veio a surpresa. Rádio ligado na programação esportiva, dia de sair a convocação para a Copa Roca (tradicional disputa entre Brasil e Argentina), Pelé estava atento para ouvir o nome de seus companheiros do Santos convocados. E já parecia um sonho mesmo que entre jogadores da Seleção brasileira estivessem alguns de "seus companheiros". Quase caiu da cadeira quando ouviu que não só alguns dos companheiros, mas ele próprio estava convocado para a Seleção brasileira que enfrentaria a Argentina.

Maior mesmo do que a dele deve ter sido a alegria de Dondinho. A consagração no futebol que acalentara durante toda a vida, e que não viera para ele, começava a chegar para o filho. Demorou um bocado para "cair a ficha", como se diria mais tarde. Precisou passar um primeiro instante de incredulidade para que começassem a festejar. Gritos e pulos de alegria, parecia que a sorte grande tinha saído para aquela família. Logo a casa começou a se encher. Vizinhos e amigos foram chegando para participar das comemorações. Pelé — o Dico — era agora um craque da Seleção brasileira.

★★★★★★

Sete de julho de 1957. Naquele dia, em que o Brasil ia enfrentar a Argentina no Maracanã, na primeira de duas partidas pela Copa Roca, embora no banco de reservas, havia um menino de 16 anos entre os jogadores da seleção. Um fato inédito. E tratava-se de uma Copa Roca importantíssima: valeria como primeiro ensaio para a Copa do Mundo do ano seguinte.

O jogo começou com os argentinos mostrando superioridade. Fizeram o primeiro gol e o time do Brasil não se encontrava. O técnico Pirilo, que já tirara Mazzola botando Moacir, resolveu mexer mais no ataque e chamou Pelé. Depois de massageado pelo pitoresco Mário Américo (que a imprensa também chamava de Pombo Correio, porque cada vez que dava um pique para socorrer um jogador levava um recado do técnico), Pelé cumprimentou Del Vecchio, seu companheiro do Santos que saía, e pôs-se inteiramente à vontade em campo. Não parecia jogar contra a Seleção argentina nem que estava no Maracanã. Parecia mais que jogava uma pelada em Bauru. E Bauru toda ia vibrar mais do que o Maracanã, pouco depois, quando ele — ele mesmo, o Dico — marcou o gol de empate para o Brasil. De toda forma, a Seleção brasileira não iria jogar bem naquele dia e os argentinos, fazendo mais um gol, saíram vitoriosos. Mas ficara uma certeza para todo mundo: aquele menino que entrara para fazer o gol, desinibido como se fosse um veterano de espetáculos internacionais, era um craque. Um craque como poucos.

Na partida seguinte, três dias depois, em São Paulo, Pelé já entraria como titular, por direito de conquista, para utilizar uma expressão cara aos franceses. Direito de conquista, sim, pelo que fizera no jogo anterior, no Maracanã. Maurinho, Pelé, Mazzola, Luisinho e Pepe — esse foi o primeiro ataque da Seleção brasileira em que ele entrou como titular. Não se podia prever ainda se titular absoluto, mas o fato é que o menino, com idade para ser juvenil, entrou mais uma vez para brilhar: e voltou a marcar presença com um gol, o primeiro do Brasil, que dessa vez jogou bem e venceu por 2 a 0, Mazzola fazendo o segundo.

Essa disputa da Copa Roca não teve decisão, pois o regulamento falava em prorrogação e uma nova partida, se continuasse a igualdade de condições. Prorrogação houve, quando Del Vecchio substituiu Mazzola no centro do ataque, mas não houve mais gols. E acabou não se chegando a um acordo para a realização de uma terceira partida, pois não havia datas. Mas o Brasil não tinha mais dúvida: nascera naquela disputa inacabada um novo ídolo de sua paixão maior, o futebol. Um ídolo que não deixaria mais a Seleção brasileira e que, alguns mais ousados já achavam, seria tão grande como Leônidas, Zizinho, Jair, Ademir, Tim, Heleno, uns poucos outros. Ninguém suspeitava, porém, que ele seria maior do que todos esses, figura única no futebol brasileiro e no futebol mundial. A ponto de transpor os limites do futebol para se transformar numa vedete internacional tão popular como os maiores ícones do cinema, da política, de todos os campos da atividade humana. Primeira página em todos os jornais do mundo em ocasiões que se repetiriam cada vez mais.

Um dado inacreditável: Pelé chegara à Seleção antes de se tornar titular absoluto no Santos. No campeonato paulista de 1957, que começaria pouco depois daquela Copa Roca, é que ele iria se firmar no seu time. Nesse campeonato, embora não tenha jogado todas as partidas, foi o artilheiro: pela primeira vez o campeonato paulista tinha um artilheiro que acabava de completar 17 anos. No início, houve um revezamento entre Pelé e Del Vecchio, no ataque. Mas no meio da briga — boa, saudável briga — Del Vecchio foi vendido para a Itália e Pelé se tornou o dono da posição.

Na Seleção, na disputa contra o Paraguai, Taça Osvaldo Cruz em maio de 1958, últimas apresentações antes da Copa da Suécia, Pelé ainda não entrou escalado de saída, no Maracanã. Mas entrou durante o jogo, uma fácil vitória do Brasil (5 a 1), fez um gol e voltou a jogar bem. Entrara no lugar de Dida, ídolo do Flamengo que a Comissão Técnica ainda tinha como titular. Ah, havia um novo técnico, o gordo Vicente Feola, do São Paulo. No jogo seguinte, no Pacaembu, a persistente Comissão Técnica manteve Pelé como reserva: 0 a 0, um medíocre comportamento do ataque, já se vê.

Dois amistosos contra a Bulgária marcariam a despedida da Seleção brasileira do país, antes da Copa. Mais uma vez, Maracanã e Pacaembu seriam o palco dos jogos. À época, dificilmente a Seleção saía do Rio e de São Paulo, a febre de construção de estádios pelo Brasil começaria com a ditadura militar de 1964, assim como a horrorosa mania do aumentativo, qualquer estadiozinho de província ganhando um sufixo "ão" (abra-se exceção ao Mineirão, de 1965, que não pode ser incluído numa lista de "qualquer estadiozinho"). No Rio, o Brasil venceu por 4 a 0, houve um revezamento entre Dida e Pelé numa das pontas-de-lança do ataque da Seleção, que funcionou muito bem. Em São Paulo, Pelé foi escalado como titular e fez dois gols no placar de 3 a 1 contra a Bulgária. Pelé teve uma grande atuação, a partir da qual sairia do Brasil praticamente como titular. Mas uma contusão o impediu de jogar na Itália, onde a Seleção fez dois jogos antes de completar o itinerário rumo à Suécia. Duas vezes 4 a 0, a Seleção jogando contra clubes: Fiorentina e Inter de Milão. Pelé curtindo a amargura de uma distensão na coxa.

Considerou-se o time perfeitamente entrosado, rendendo muito bem, Vicente Feola achou que não devia mexer mais na escalação. A estreia foi com uma boa vitória de 3 a 0 sobre a Áustria, mas no segundo jogo houve um empate sem gols com a Inglaterra. A partir desse empate em que jogou pessimamente, o Brasil começou a ganhar a Copa e nada há de estranho nisso.

O grande mérito de Feola foi ouvir. Ouvindo recomedações ele se convenceu de que a inclusão de Garrincha e Pelé era uma necessidade e, na partida contra a União Soviética (URSS na sigla em português, mas todos chamavam de Rússia), escalou o ataque com Garrincha, Vavá, Pelé e Zagalo. Foram barrados Joel e Dida. Pela primeira vez numa Copa do Mundo entrava um titular de 17 anos. Faça-se aqui uma pequenina digressão histórica: na Copa de 1958 é que os técnicos (e a imprensa) começaram a utilizar a nova forma de escalação, o 4-2-4 (quatro zagueiros, dois no meio-campo, quatro atacantes). Até então no Brasil só se usava o 2-3-5, e houve séria resistência à adesão à nova fórmula, porque já havia um ritmo estabelecido para se escalar os times — qualquer time —, com dois zagueiros (ou beques), três médios e cinco atacantes.

O resultado final foi 2 a 0 para o Brasil, os dois gols de Vavá. Garrincha deixou maluco o lado esquerdo da defesa russa e Pelé se entendeu às mil maravilhas com Vavá e com Zagalo (que jogava mais recuado). Não fez gol, mas teve uma brilhante atuação.

Ao brilho de Pelé se deve a vitória seguinte: 1 a 0 sobre o País de Gales. Pelé fez o gol, um gol espetacular que os brasileiros nunca se cansam de ver, pois as televisões passaram a repetir permanentemente a jogada, em que Pelé vence um zagueiro do País de Gales com um leve toque pelo alto, quase um lençol, e pega de primeira um sem-pulo que caracterizou o golaço. Foi um jogo em que o Brasil teve as maiores dificuldades com a retranca adversária. Só conseguiu rompê-la mesmo com aquele toque de gênio.

Faltavam então só dois jogos para o Brasil: a França e, no caso de vitória, a finalíssima. Contra a França, o ataque do Brasil fez grande exibição e chegou à goleada de 5 a 2. Vavá fez um, Didi fez um e os outros três foram de Pelé. Era a consagração do menino. Na decisão, o adversário seria o país-sede, a Suécia. O Brasil voltaria a marcar 5 a 2, um gol de Zagalo, dois de Vavá e mais dois de Pelé, que passou a ser o artilheiro da Seleção na Copa, com seis gols, embora só tivesse participado de quatro jogos.

Nunca mais haveria fenômeno igual numa Copa do Mundo. Um menino de 17 anos entra como titular, joga só quatro vezes e acaba artilheiro de seu time.

Na volta ao Brasil, os campeões mundiais foram recebidos com uma festa nunca antes vista no país e o mais festejado foi aquele campeão de 17 anos. No Rio a delegação foi recebida pelo presidente Juscelino Kubitschek. Depois houve grande festa em São Paulo. Em seguida, Pelé recebeu homenagens especiais em Bauru e em Três Corações.

A partida para a carreira incomparável estava dada. Daí para a frente foi uma coleção de títulos difícil de imaginar, entre campeonatos paulistas, brasileiros, mundiais. A história das campanhas do Santos com Pelé nos campeonatos paulistas nunca mais vai se repetir. Não é arriscado dizê-lo, porque fenômenos não acontecem todo dia. Pelé foi caso único no século XX. Não vai surgir outro no XXI. Se surgir um no século XXII, seja no Brasil, seja onde for, tudo bem, já estaremos todos mortos.

Para dar uma ideia sólida do que foi a presença de Pelé em campeonatos paulistas, basta dizer uma coisa: com ele, a hegemonia do futebol paulista mudou-se de São Paulo para Santos. Acabou-se a série interminável de títulos dos três grandes — Corinthians, Palmeiras e São Paulo. Só de longe em longe, muito longe, alterava-se a lista de campeões. A série interminável passou a ser do Santos.

Contada em ordem cronológica, a história é assim: naquele 1957 em que Pelé, aos 16 anos, firmou-se como titular do ataque do Santos, seu time foi vice-campeão, um ponto atrás do São Paulo — e Pelé iniciava sua inigualável série de artilheiro do campeonato paulista: 11 vezes, de 1957 a 1973. É bom lembrar, o São Paulo só ganhou o título de 1957 graças a um outro craque, Zizinho, que entretanto, ao contrário de Pelé, estava encerrando a carreira, cumprida até então no Rio. Em 1958, o Santos foi campeão e Pelé, de novo, o artilheiro, desta vez batendo o recorde de gols do campeonato paulista, nunca mais alcançado: 58. Em 1959 houve um empate entre Santos e Palmeiras, o Santos perdeu a melhor de três em disputa duríssima. Vice-campeão, Pelé voltou a ser o artilheiro.

Os três anos seguintes — 1960, 61 e 62 — são de domínio absoluto do Santos, tricampeão, Pelé sempre como artilheiro. Sessenta e três foi um ano ruim para o Santos, Pelé teve uma série de contusões, o time chegou em terceiro lugar. Mas mesmo assim Pelé obteve pela sétima vez seguida a condição de artilheiro. Em 1964, o Santos voltaria a ser campeão — e Pelé, artilheiro. Um novo recorde em 1965: artilheiro do campeonato paulista pela nona vez consecutiva. Por duas vezes ele ainda seria o artilheiro da competição, em 1968 e 1973. E nas duas vezes o Santos foi campeão (em 1973, num empate com a Portuguesa, os dois dividindo o título).

Em 1961, o Santos, para o qual ser campeão paulista ia virando rotina, conquistou também o então título mais importante do país, a Taça Brasil (o Campeonato Brasileiro só foi instituído em 1971), para a qual se classificavam os campeões estaduais. Dono desse título, ganhou o direito de disputar o título de campeão sul-americano. Nova conquista. A etapa seguinte foi a disputa do mundial de clubes com o Benfica, de Lisboa, em 1962. Depois de uma vitória apertada no Maracanã (o Santos de Pelé fazia questão de escolher sempre o Maracanã como seu grande palco), ganhou de 5 a 1 do Benfica em Lisboa, num jogo em que muitos viram a mais brilhante atuação do grande Santos de Pelé em todos os tempos. Os zagueiros portugueses não entenderam nada e estão procurando até hoje Pelé e seu excepcional companheiro na ponta de lança, Coutinho. Uma atuação assombrosa de ambos.

No ano seguinte, 1963, o Santos cumpriu novamente igual roteiro de vitórias até chegar novamente à final mundial de clubes, desta vez contra o Milan, que derrotara o Benfica na final europeia. Uma distensão muscular tirou Pelé das finais. O Santos, que tinha perdido a primeira partida em Milão, precisava da vitória no Maracanã para conquistar o direito a uma terceira partida, que, nesse caso, seria também no Maracanã. O carioca, que aprendera a amar as exibições do Santos, viu uma vitória sofrida do grande time por 4 a 2 na primeira partida, quando houve recorde de público para jogos dos santistas no Maracanã (certamente foi o maior público conseguido pelo time do Santos em sua história).

Ora, alguém há de dizer que 4 a 2 é uma goleada — e é — e que uma vitória por goleada não pode ser sofrida. Engano. Pode. O Milan fez 2 a 0 no primeiro tempo. No segundo tempo, uma tempestade encharcou o campo. Foi navegando nesse mar que o Santos conseguiu quatro gols, conduzido por Almir, o Pernambuquinho, que substituía Pelé. A quilômetros de distância do futebol de Pelé, Almir entretanto foi importantíssimo na vitória, à base da raça e da catimba, em que era mestre. Mas o público não viu o Santos do futebol-arte que estava acostumado a admirar. Foi um jogo com pouco futebol e muita brutalidade, como seria também o segundo e decisivo. Neste, o Santos ganhou por 1 a 0, gol de pênalti. Foi uma decisão de mundial sem brilho, é preciso dizer.

Desde a Copa de 1958 Pelé era um craque consumado. Mas a partir daí tornou-se um astro internacional, que poderia ser a personagem daquela velha piada sobre alguém fotografado ao lado do papa. O sujeito olha para a foto e pergunta: “Quem é esse ao lado de Pelé?” Sim, porque Pelé ninguém deixaria de identificar: ele se tornara uma das pessoas mais conhecidas do mundo.

Na Copa de 1962, no Chile, uma distensão tirou Pelé no segundo jogo (Brasil x Tchecoslováquia, 0 a 0) e ele não pôde mais participar da competição. A história é conhecida: o botafoguense Amarildo entrou em seu lugar e deu conta do recado. Garrincha chamou a si a responsabilidade e jogou por ele e por Pelé, levando o Brasil a um novo título mundial.

Em 1966, na Inglaterra, Morais, um dos zagueiros de Portugal, tirou-o da Copa à custa da brutalidade que usou para marcá-lo, provavelmente baseado no raciocínio segundo o qual se parasse Pelé — ainda que à base da violência brutal — teria seu nome lembrado para sempre. Conseguiu o que queria. Com duas faltas de uma estupidez rara, deixou Pelé mancando, imprestável em campo. Tirou da Copa não só Pelé, mas o Brasil, que, perdendo por 3 a 1, foi eliminado. Mas em 1970, quando, na Copa do México, o Brasil voltou a ser campeão, Pelé, aos 29 anos, estava no auge da forma técnica e atlética. Sem ter sido o artilheiro da Seleção (foi Jairzinho), Pelé foi o eixo em torno do qual brilhava um grupo de craques em um conjunto talvez nunca atingido antes, com Tostão, Rivelino, Gérson, Carlos Alberto e o já citado Jairzinho, entre outros.

Fica aí a controvérsia. Há quem considere essa a melhor Seleção brasileira de todos os tempos. Há quem considere melhor a Seleção campeã de 1958, na Suécia. E há quem defenda a opinião segundo a qual, embora não tenha sido campeã (a dramática derrota para o Uruguai na final, no Maracanã, depois de uma campanha impressionante), a Seleção de 1950 foi incomparável. A discussão não termina nunca, como todas aquelas em que entra a opinião pessoal.

A história de Pelé em seleções brasileiras termina aí, na Copa de 1970. No Santos, termina em 1974. De 1975 a 1977, ele jogou no Cosmos, de Nova Iorque, que teve a pretensão de transformar o futebol (que, diferentemente dos ingleses, eles chamam de *soccer*) em esporte de massa também nos Estados Unidos. Além de Pelé, o time nova-iorquino levou também Carlos Alberto, companheiro de Pelé no grande Santos, o alemão Beckenbauer e outros craques. Nos três anos em que o time durou, o futebol realmente teve uma popularidade até então desconhecida nos Estados Unidos. Mas, encerrado esse curto período do grande Cosmos, tudo voltou a ser como era: nenhuma esperança de que o futebol, lá, se torne tão popular como o beisebol ou o basquete.

Pelé se despediu da Seleção brasileira em 1971, no Maracanã, num Brasil 2 x 2 Iugoslávia, com um público de mais de 140 mil pessoas (138.575 pagantes). Um jogo sem maior importância, que só teve tanta gente porque era a despedida de Pelé. Restaram, em sua carreira no Brasil, mais três anos no Santos. Depois, foram os três anos de Cosmos.

Pelé fez 1.284 gols em 1.375 partidas (aí incluídos gols por times das Forças Armadas, quando ele foi soldado, em 1959), média de 0,93 por jogo. Nem em números absolutos, nem em números relativos foi igualado por nenhum outro jogador em relação a essas cifras. Jornalistas franceses deram-lhe o título de atleta do século (século XX). Em 1961 fez um gol contra o Fluminense, no Maracanã, em que correu com a bola a partir do meio do campo e driblou vários adversários. Um gol impressionante, os próprios torcedores do Fluminense o aplaudiram, certos de que estavam vendo uma obra de arte. Um dos locutores que transmitiam o jogo berrava, consumado o gol, que aquele gol merecia uma placa, teria sido o gol mais bonito já visto no futebol. Mais tarde, foi realmente afixada uma placa de bronze no Maracanã para comemorar o gol inesquecível. A partir daí, cunhou-se o termo "gol de placa" para os gols excepcionalmente bonitos.

Essa foi a carreira de Pelé, batendo recordes de gols, provocando a criação de expressões novas, consagrado como nenhum outro nem antes nem depois dele. Uma carreira de placa. Mas placa de ouro.

//Gérson

Foi dos maiores jogadores de meio-campo do Brasil, talvez o mais completo.

João Saldanha

De pé, tendo à sua volta os 11 juvenis do Vasco que daqui a pouco vão enfrentar os do Flamengo na abertura do Campeonato Carioca de 1959, Eduardo Pelegrino dá suas últimas instruções, todas aos responsáveis pelo meio-campo:

— Ângelo, é dia de sacrifício. Esqueça a bola, o jogo, tudo, e cole no número 10. Aonde ele for, cole nele. Não o largue, não o deixe, agarre-o se for preciso. Se ele for bater lateral, olho nele. Córner ou falta, a mesma coisa. Se ele sair pra mijar, vai atrás.

Virando-se para Maranhão, a mesma ênfase:

— Pelo amor de Deus, não deixe o Ângelo sozinho. Cubra-o, fique na sobra toda vez que ele for para o combate direto com o número 10. Só se lance à frente quando tiver certeza de que o número 10 não vai desarmá-lo e partir pro contra-ataque.

Para Villadonega, um lembrete:

— Atenção, muita atenção quando Ângelo e Maranhão estiverem cuidando do número 10. A segunda sobra é sua.

Ao lateral Edílson, outro:

— E a terceira, se houver, é sua.

Mais Pelegrino não diz, pois já durante a semana ele deixou claro que todos — os 11 e ele próprio — deveriam dar graças aos céus pelo fato de o número 10 do Flamengo só ter o pé esquerdo.

— Se tivesse os dois, eu poria todo o time em cima dele.

Pois é com o pé esquerdo e vestindo a camisa 10 rubro-negra que, nesta manhã de domingo, em São Januário, Gérson leva o Flamengo à vitória. E o técnico do Vasco ao mais profundo desânimo. Embora seja armador e irremediavelmente canhoto, o número 10 (que um dia ainda vai trocar o 10 pelo 8) atua bem no ataque, partindo de trás para chutar forte da entrada da área, e ainda se dá ao atrevimento de cair para a direita, surpreendendo o marcador que o acha incapaz de alguma coisa por aquele lado. Raciocínio rápido, olhos perscrutando cada canto do campo, é jogador pronto, feito, completo demais para seus 18 anos. Após o jogo, Pelegrino vaticina:

— Não dou dois anos pra esse garoto chegar à seleção.

É claro que o técnico se refere à Seleção Brasileira, a principal, na qual Gérson de fato estreará em menos de dois anos. Porque, da seleção de amadores (como os juvenis ainda são hipocritamente considerados), ele será o titular daqui a dois meses, em Chicago, medalha de prata do Brasil nos Jogos Pan-Americanos. Por enquanto, porém, Gérson é apenas a metade mais talentosa da ala esquerda que forma com Germano no juvenil do Flamengo. E uma infalível profecia de Pelegrino.

★★★★★★

Gérson de Oliveira Nunes ainda conheceria o mundo por conta do pé esquerdo, mas jamais deixaria de morar em Niterói, a antiga capital do Estado do Rio que o vira nascer em 11 de janeiro de 1941. Menino de Icaraí, não foi jogando na areia que se iniciou no futebol, mas em pelada de rua ou, já uniformizado, no amplo terreno do Campo de São Bento. Era o dono da bola e das camisas. Não com o sentido que a expressão geralmente carrega, querendo dizer que só por isso o perna de pau tem lugar no time. Gérson já nasceu craque. Se a opinião podia ser suspeita na voz do pai, Clóvis Nunes, meia-direita do América na heroica campanha pelo título de campeão carioca de 1935, valia mais do que atestado passado em cartório se defendida por Tomás Soares da Silva, o grande Zizinho, amigo de Clóvis que acompanhou a carreira de Gérson desde os primeiros chutes.

Muito da aproximação do menino com o futebol mais organizado, um passo à frente das peladas, deve-se ao pai. Com 12 anos, era titular no futebol de salão do Canto do Rio, campeão dos Jogos Infantis promovidos pelo *Jornal dos Sports*. No mesmo Canto do Rio, agora no futebol de campo, disputou o Campeonato Carioca de Juvenis em 1957 (de 1941 a 1964, o clube niteroiense participou como convidado das competições oficiais do futebol do Rio). No jogo do primeiro turno, o Canto do Rio foi goleado pelo Flamengo por 5 a 2. Gérson marcou os gols do seu time e causou forte impressão em Modesto Bria, paraguaio que servira ao Flamengo como centro-médio, tricampeão em 1944, e que agora cuidava de descobrir e preparar os juvenis. Bria pediu a Gérson para aparecer na Gávea assim que a temporada chegasse ao fim. Não tinha dúvida: aquele pé esquerdo seria muito útil ao Flamengo.

A transferência de Gérson do Caio Martins para a Gávea se fez sem problema, justamente por não ser o Canto do Rio filiado à Federação Carioca. Bicampeão da categoria, Lourival e Adílson no meio-campo das duas campanhas, o time teve de mudar com a chegada de Gérson. Lourival foi para a ponta-direita, Adílson virou volante e Gérson ganhou a camisa 10. O bastante para o juvenil do Flamengo ser tricampeão pela primeira vez. Em 1959, titular da Seleção brasileira nos Jogos Pan-Americanos, Gérson andou desfalcando o Flamengo e o tetra não aconteceu. O ano foi do Bangu, em cujo meio-campo surgia um moço de estilo clássico que ainda teria em Gérson seu maior obstáculo a uma vaga na Seleção brasileira: Ademir da Guia, filho do Divino Mestre Domingos.

Encerrando seu período de não profissional, condição na época exigida pelos regulamentos, Gérson foi o titular de Vicente Feola da seleção nos Jogos Olímpicos de 1960, quando o torneio de futebol se realizou em Roma e em mais seis cidades italianas. Gérson, compondo o meio-campo com o são-paulino Roberto Dias, foi o artilheiro do time com quatro gols em três jogos. A derrota para a Itália em Florença selava a segunda de muitas tentativas frustradas do Brasil pela medalha de ouro.

★★★★★★

Gérson assinou o primeiro contrato com o Flamengo assim que chegou de Roma. Moacir ainda era o titular do meio-campo, ao lado de Carlinhos, por isso ele foi escalado como ponta de lança no Fla-Flu. Não deu sorte: com apenas dez minutos de jogo, ao disputar uma bola alta com Castilho, o goleiro do Fluminense saltou com o joelho dobrado, atingiu-o na altura do rim e tirou-o de campo. Só voltaria duas semanas depois, então como meia-de-ligação, devido à contusão de Moacir. No torneio internacional de janeiro, no Rio-São Paulo e no Campeonato Carioca de 1961, embora Moacir reaparecesse em algumas partidas, faria com Carlinhos uma das mais técnicas e entrosadas duplas de apoiadores da história do clube: Gérson na esquerda, dinâmico, impetuoso, agressivo, falando o tempo todo, e Carlinhos na direita, calmo, elegante, com um estilo que diziam ter a mesma finura de um Jascha Heifetz tocando violino.

O Flamengo foi campeão tanto do torneio internacional como do Rio-São Paulo disputado nos primeiros meses de 1961. O técnico era Fleitas Solich. O meio-campo, Carlinhos e Gérson. Este — de agora em diante com a camisa número 8 — cumprindo atuações que justificaram sua convocação para a Seleção brasileira na Taça O'Higgins com o Chile, em Santiago, no começo de maio. Portanto, como Pelegrino previra, menos de dois anos depois daquele jogo de juvenis em São Januário.

Alguns pontos a considerar em relação à estreia de Gérson na seleção principal. O primeiro, a ascensão empreendida em tão pouco tempo. Não tão rápida quanto tinha sido a de Pelé, porém mais rápida do que a da maioria. O segundo é que até então ainda não se tinha certeza se ele era meia-armador que atacava ou atacante que voltava para buscar jogo. Estavam apenas insinuadas as duas características que fariam dele um jogador de exceção: a precisão do passe em profundidade, longo, a distâncias de 40, 50 metros, e a capacidade de organizar taticamente a equipe em que atuava. Por falar o tempo todo, dizendo para que este ou aquele companheiro fizesse isso ou aquilo, ganhou o apelido de Papagaio. Um líder natural. Não como capitão do time, e sim como um técnico dentro do campo. Mas os treinadores ainda não tinham certeza. Os passes eram de um armador, mas o ímpeto ao atacar, o pé esquerdo de chute forte, os gols que fazia, não seriam coisas de atacante?

Veio a estreia na O'Higgins, sua primeira partida ao lado de Garrincha e Didi. No vestiário, Aimoré Moreira deixou claro:

— Quero você na frente, sem voltar.

Pouco depois, falou-lhe o supervisor Carlos Nascimento:

— Jogue voltando, ajudando Didi e Zito na armação.

Como ponta de lança, como queria Aimoré, Gérson fez mau primeiro tempo, mesmo tendo em Coutinho um inteligente companheiro de ataque. Sentiu-se meio perdido, sem opções de jogada. No intervalo, Nascimento interpelou-o:

— Por que diabos você não voltou?

— Porque seu Aimoré me mandou não voltar.

— Pois você vai fazer como eu quero no segundo tempo.

Fez, deu certo, o Brasil venceu, mas o assunto não morreu ali. Quatro dias depois, na segunda partida com o Chile, Aimoré voltou a escalá-lo na frente. O gol de pênalti, único da vitória brasileira, foi o que fez de melhor enquanto esteve em campo, pois Aimoré não demorou em substituí-lo por um ponta de lança autêntico, o botafoguense Amarildo.

Aqui, um terceiro ponto, o que trata do Gérson que jamais se calaria diante de algo com o qual não concordasse. A fala franca a Aimoré, dizendo que não queria mais jogar naquela posição, audaciosa que era para um simples calouro em Seleção brasileira, seria a primeira das muitas que repetiria em seus próximos 13 anos de bola. Muito se diria deste Gérson, o dos protestos e da insubmissão. Como craque e como profissional, seria sempre o mesmo. Discordar dos treinadores, criticar dirigentes, reivindicar melhores salários e prêmios por vitória, lutar contra o fato de colegas de profissão e ele mesmo serem tratados como mercadorias por clubes pelos quais suavam a camisa, fazer corpo mole quando seus interesses estivessem em pauta, poucos jogadores, de qualquer época, terão ousado tanto. Ganharia por isso vários rótulos: passional, rebelde, falastrão, oportunista, eterno insatisfeito, cafajeste e até mau caráter. Sobre outros que seriam acrescentados — violento, covarde, indisciplinado — mais se falará adiante. Tudo isso, de acordo com os críticos, devia-se metade ao temperamento, metade à criação de menino mimado, filho único cercado de avós e tias que lhe faziam as vontades. Como se Gérson esperasse encontrar no futebol o mesmo tratamento, os mesmos privilégios que tinha em casa. Não o conseguindo, reagia. Mas tais ilações são, no mínimo, discutíveis. Porque, afinal, em quase cem por cento dos casos, Gérson tinha razão. Por ter razão, conseguia o que queria. Por exemplo, na próxima vez que o convocasse, Aimoré Moreira o faria para jogar mais recuado, no meio-campo. Exatamente como o "menino mimado" queria.

★★★★★★

A próxima vez bem que poderia ter sido a Copa do Mundo de 1962, para a qual Aimoré contava com Gérson como possível reserva de Didi. Sentar-se no banco para o *Mister Football*, como Didi fora chamado depois de eleito o melhor jogador da Copa anterior, era a única suplência que

Gérson aceitaria enquanto jogasse. Mas nem precisou pensar nisso. Uma operação de menisco, logo após o Torneio Rio-São Paulo ganho pelo Botafogo, cortou-o dos planos de Aimoré e deixou o santista Mengálvio como candidato mais forte a reserva de Didi. Recuperado, restava a Gérson torcer à distância e aguardar o Campeonato Carioca.

Durante um treino, excepcionalmente no campo do São Cristóvão, deu-se o primeiro fato que lhe custou a fama de violento: numa bola dividida, entrou de sola no zagueiro juvenil Mauro, fraturando-lhe a perna. Acidente, disseram alguns. Imprudência, opinaram outros. Maldade, acusaram terceiros. Mas o assunto foi saindo de pauta à medida que o time crescia no Campeonato Carioca, com Carlinhos e Gérson impondo-se no meio-campo. Campanha tão positiva que o Flamengo chegava à última rodada com um ponto de vantagem sobre o Botafogo e algum favoritismo na decisão entre os dois. Quem duvidasse desse favoritismo rubro-negro bastaria ver que o Botafogo já não tinha Didi, transferido para o futebol peruano. E que Garrincha, a acreditar no que confessara em entrevista de mês antes, já não jogava com a alegria do herói da última Copa.

Flávio Costa podia ter mil defeitos, mas era raposa velha, com quase 30 anos de boca de túnel. Mais importante: conhecia o herói da última Copa. O bastante para armar um esquema que reduzisse os espaços por onde Garrincha poderia demolir o flanco esquerdo de qualquer defesa. O esquema foi guardado em segredo até o meio da viagem de ônibus da concentração ao Maracanã. Numa esquina da Praia do Flamengo, Flávio parou o ônibus e mandou Joel descer. Surpreso, só então o ponta-esquerda titular soube que não seria escalado. Por alguma razão, o treinador só queria no ônibus os 11 que iriam jogar. E quem eram os 11? Na defesa, nenhuma novidade. No meio-campo, Carlinhos e Nelsinho. No ataque, com a recomendação de voltarem quando necessário, Espanhol, Henrique e Dida. E Gérson? Que missão Flávio Costa tinha para ele? Só uma: jogar aberto e recuado pela esquerda, dando o primeiro combate a Garrincha, de modo a tornar menos árdua a tarefa do lateral Jordan. Gérson não gostou. Na ponta-esquerda? E marcando Garrincha? Discutiu com Flávio, ameaçou pular fora, mas, vendo que só sobrariam dez à disposição do técnico, desistiu. Já que era final de campeonato e o empate bastava ao Flamengo, vestiu contrafeito a camisa número 11.

Ao mesmo tempo, no vestiário ao lado, os jogadores do Botafogo enfiavam-se nas camisas de mangas compridas que, em nome da superstição, o roupeiro Aloísio desengavetara sem dar a mínima para o calor de dezembro. Nílton Santos, do alto de seus 37 anos, soube por seu treinador do esquema de Flávio Costa:

— Não acredita nisso, Marinho, é jogada deles. Seria suicídio do Flávio tirar Gérson do meio pra marcar o Mané.

Pois foi o que aconteceu: Botafogo 3 a 0, dois gols de Garrincha e o outro em jogada dele. Dribles infernais, do herói que perdera a alegria, atiravam Gérson e Jordan pela linha de fundo, em cima dos fotógrafos, como se fossem dois estabanados joões. Outros, que por acaso viessem ajudar os dois "marcadores" do gênio de pernas tortas, Vanderlei ou Décio Crespo, também se emaranhavam na teia tecida por aqueles dribles. Final inesquecível. Sobretudo porque seria, diante de 146 mil pessoas, a última grande exibição da vida de Garrincha. Para Gérson, inesquecível como pesadelo. Pelo qual jamais perdoaria Flávio Costa.

O Flamengo foi o sétimo colocado no Torneio Rio-São Paulo de 1963, ganho pelo Santos. Mesmo assim, conseguiu programar 15 amistosos em oito países da Europa, na mesma época em que a Seleção brasileira fazia outra excursão. Esta, como a do Flamengo, caça-níqueis, clube e seleção conseguindo bons contratos por conta da Copa no Chile. Gérson foi novamente convocado por Aimoré. Em princípio, para revezar com Mengálvio como meia de ligação. Cada um faria o mesmo número de jogos, na Copa Roca e, em seguida, naquela que seria para sempre lembrada como "excursão vexame". Não tanto pelos resultados, em si já preocupantes (quatro vitórias, um empate e quatro derrotas em nove jogos), mas especialmente pela má qualidade do futebol que os bicampeões do mundo tinham levado na bagagem. O exemplo mais gritante foi dado em Bruxelas, na derrota de 5 a 1 para a Bélgica, terceira ou quarta força do futebol europeu. Os números, de uma das maiores goleadas sofridas pela Seleção brasileira em sua história, não diziam tudo. O que mais impressionava era a velocidade, o fôlego, a capacidade física de jogadores medíocres como Jacques Stockman (três gols em Gilmar), Paul Van Himst, Wilfrid Puis e outros dos quais nunca mais se ouviria falar. Os brasileiros pregando, eles correndo, chegou-se a suspeitar que aqueles belgas dirigidos pelo obscuro Artur Ceullers estavam dopados. Mas não. Seu segredo eram os modernos métodos de treinamento que outro belga, o nada obscuro Raoul Mollet, introduzira no futebol de seu país. Os quais já vinham sendo adotados por algumas das seleções que melhor se haveriam na próxima Copa do Mundo: Inglaterra, Alemanha Ocidental, União Soviética, Hungria. O que não se vira contra os belgas é que os bicampeões tinham lições a aprender.

Menos mal, para Gérson e Pelé, que eles não tivessem participado do fracasso em Bruxelas. Para Gérson, restou o consolo de encerrar a excursão com tranquilos 5 a 0 sobre Israel, em Tel Aviv, de onde ele viajou para Reims, França, a fim de integrar a delegação do Flamengo no primeiro de seus três últimos compromissos na excursão. O time carioca foi derrotado pelo Stade local, venceu depois o GAK (Grazer Athletiksport-Klub), na cidade austríaca de Graz, e por fim se despediu com derrota para o Jednota, em Trencin, hoje na Eslováquia. O reencontro com Flávio Costa foi complicado, Gérson queixando-se de que os prêmios por vitória eram modestos e Flávio, velho disciplinador de estilo caserna, reclamando de três notórios hábitos de Gérson: a barba por fazer, os cigarros e a camisa fora do calção que teimava em usar desde os juvenis.

De volta ao Brasil, já desceu no Galeão com barba de três dias, fumando e insistindo na questão dos bichos. Entrou em campo nas duas primeiras partidas pelo Campeonato Carioca, numa delas, 2 a 0 sobre o Canto do Rio, marcando os dois gols. Na sexta-feira que antecedia a terceira rodada, a do clássico com o Botafogo em 27 de julho, foi procurado por Dida:

— Gérson, o Flamengo está endurecendo nas conversas comigo sobre novo contrato. Como não jogo se não renovar, parece que seu Flávio quer botar você no meu lugar, no ataque, e o Nelsinho pra fazer o meio-campo com o Carlinhos.

Gérson foi a Flávio Costa. Confirmada a intenção do técnico, disse-lhe que no lugar de Dida não jogaria.

— Não sou tapa-buraco, seu Flávio.

Pediu para treinar entre os reservas. Depois, foi embora, entrou na barca, voltou para Niterói. Domingo, ouviu pelo rádio a vitória do Flamengo sobre o Botafogo, 3 a 1, com Nelsinho em seu lugar e Paulo Alves no de Dida. Convencido de que o time poderia ser campeão sem Gérson, como de fato seria, Flávio Costa decidiu que era hora de afastá-lo. Gérson só voltaria na oitava rodada, 0 a 0 com o Vasco. Provocação ou não, no lugar de Dida, que se machucara no jogo com o América. E, ao sair novamente do time, voltou a discutir com Flávio, que o encaminhou ao presidente Fadel Fadel, àquela altura já sem paciência quando o assunto era Gérson. Não foi uma conversa. Furioso, aos berros, Fadel quase quebrou com seus socos o tampo de vidro da mesa presidencial. Gérson ouviu tudo de punhos cerrados. Pior do que ser chamado de irresponsável, leviano, mau profissional, era o tom de voz do presidente, a quem por pouco ele não chama para um ajuste lá fora.

A cena chegou ao fim com Fadel Fadel mandando Gérson "procurar clube". No Flamengo, não jogaria mais. Preço do passe: 150 milhões de cruzeiros. Em encontro casual com o artilheiro botafoguense Quarentinha, que consertava seu carro numa oficina ali perto, falou-lhe das queixas recíprocas que o estavam separando do Flamengo. Quarentinha sugeriu procurarem Renato Estelita, diretor de futebol do Botafogo. No dia seguinte, tirando do baú parte do dinheiro da venda de Amarildo ao Milan, Estelita depositou a quantia que o já arrependido Fadel Fadel pedira para o Flamengo desfazer-se de seu melhor jogador.

★★★★★★

Surpreendente e agitado foi o seu primeiro dia em General Severiano. Dos jogadores, só Quarentinha sabia que ele estava vindo. Entre os repórteres que cobriam o clube, ninguém. O porteiro Doroteu, mulato forte, zangado, muito zeloso de suas obrigações, quando viu "um jogador do Flamengo" querendo entrar, barrou-o. Vai ver tinha ido espionar o treino dirigido pelo ex-craque Danilo Alvim. Torcedores e alguns diretores do Botafogo não entendiam nada. O que fazia ali aquele intruso?

Com o Campeonato Carioca ainda em curso, e já tendo jogado pelo Flamengo, o recém-contratado não poderia vestir a camisa alvinegra na mesma competição, razão pela qual só estrearia em 17 de outubro, contra o Bahia, pela Taça Brasil. A partir de então, e nos próximos seis anos, a imagem de um novo Gérson se projetaria nos gramados do Brasil e do mundo. Não que, fora do campo, ele se tornasse mais dócil, obediente, negando-se o direito de protestar. Não que parasse de fumar, o que fazia cada vez mais. Não que passasse a fazer a barba todos os dias (nesse item tão pouco futebolístico, incomodava menos os homens do clube do que os da Seleção brasileira). A mudança de imagem também não se referia a usar a camisa dentro do calção, o que ele passou a fazer por vontade própria. Nem à superação de antigos ressentimentos. No primeiro jogo contra o Flamengo, em 11 de abril de 1964, pelo Torneio Rio-São Paulo, ele e Garrincha fizeram os gols da vitória por 2 a 1. A comemoração de Gérson foi correr até Flávio Costa no túnel do Flamengo e ali passar a mão pelo queixo como se a dizer: "Não fiz a barba e o jogo foi uma barbada." Tiveram de conter Flávio para que não entrasse em campo atrás do provocador.

Mas tudo isso são detalhes menores em seus anos de Botafogo. O novo Gérson era o que amadurecia como jogador, na posição que seu estilo impunha, aperfeiçoando os passes longos e assumindo a condição de maior organizador de jogo da era pós-Didi. Suas qualidades, apenas insinuadas no Flamengo (é verdade que fortemente insinuadas), agora eram reconhecidas sem discussão. Sempre se discutiria o rebelde, o reivindicador, o moço sem meias palavras, mas não o craque. Levou para o Botafogo o apelido ganho ainda nos juvenis, o Papagaio falador dando ordens, sempre certas, ao time dentro do campo. Gérson, maduro, inteiro, firmou-se no Botafogo.

E na Seleção brasileira também. Titular na Taça das Nações em 1964, compreendeu, sem concordar, que Feola entregasse a Dudu e Ademir da Guia o meio-campo na maioria dos amistosos de 1965. Feola estava de volta ao posto que Aimoré ocupara nos últimos três anos e cedia às pressões dos que viam no excelente duo do Palmeiras — Ademir em especial — craques injustiçados. Um ano depois Gérson não seria tão compreensivo. Percorreria a lista de 45 convocados para a Copa do Mundo e não veria quem pudesse impedi-lo de ser o titular na Inglaterra. Zito, Dino, Dudu, Denílson, Oldair, Lima, Fefeu? Nenhum deles. Muito menos Ademir da Guia, que nem convocado foi. Por isso, caso se atrevessem a preteri-lo, não ficaria de boca fechada.

O brasileiro — o torcedor em geral ou o profissional de futebol em especial — também estava confiante, só que no sucesso da Seleção no próximo verão britânico. Como se o tricampeonato fosse favas contadas. Ninguém duvidava de que, com a formidável quantidade de craques que o Brasil produzia, o tricampeonato lhe escapasse em 1966. Os menos otimistas ainda podiam considerar os pouco animadores resultados, por exemplo, da "excursão vexame". Ao que os mais otimistas respondiam com um dado definitivo: Garrincha e Pelé, no mesmo time, jamais tinham sido derrotados. Ou melhor, juntos, os dois eram invencíveis.

Ninguém levava muito a sério o que se passava nos bastidores da CBD. João Havelange e Paulo Machado de Carvalho romperam. Aparentemente, porque Havelange queria Feola de volta e Paulo Machado de Carvalho preferia Aimoré, que estivera com ele na campanha do Chile. Mas era possível perceber que, no fundo, os dois dirigentes travavam um duelo de egos. Paulo Machado de Carvalho achava-se no direito de ser, mais do que o Marechal da Vitória de 1958 e 1962, o comandante em chefe dono do futebol brasileiro, deixando por conta de Havelange, homem do polo aquático, os demais 24 esportes filiados à CBD. Havelange, por sua vez, convencido de que nada dá mais prestígio do que o futebol, queria ser o comandante ele mesmo. Foi assim que se fez chefe da delegação à Inglaterra. Segundo Paulo Machado de Carvalho, já alimentando "o sonho impossível" de um dia ser não menos do que o presidente da Fifa. Como se vê, Paulo subestimava João.

E voltou Feola. E entrou Rudolf Hermanny, judoca que Havelange indicou para modernizar os métodos de preparação física de Paulo Amaral, mas que possivelmente nunca ouvira falar em Raoul Mollet. E se convocaram os 45. E se formaram quatro times, o vermelho, o amarelo, o verde e o branco. E foram todos para Serra Negra, Caxambu, Lambari, etapas iniciais dos treinamentos. E se fizeram dez amistosos, antes do embarque, e mais três na Europa, antes da estreia na Copa. O otimismo aumentou com os resultados: dez vitórias e três empates. Para o brasileiro, o fato de Feola ter quatro times, e ao mesmo tempo não ter algum, jamais repetindo uma formação de um jogo para outro, era menos relevante do que aquelas vitórias. Seria?

Gérson, recuperado da crise renal que o afastara dos treinos, ficou sem saber exatamente o que Feola esperava dele. Nada menos de nove duplas de meio-campo foram usadas pelo treinador nos 13 amistosos. E ele, Gérson, só jogara em quatro ocasiões, duas com Denílson, uma com Zito e outra com Lima. Protestou. Por que não definir logo os titulares em vez de experimentar tanto? O supervisor Carlos Nascimento fez cara feia. Para ele, Gérson não tinha "espírito de seleção". Em outras palavras, não tinha humildade o bastante para achar que outros podiam ser melhores do que ele e que a suplência numa Seleção brasileira não era vergonha para ninguém. Mas quem era ou não suplente na seleção de Feola, treinador inseguro, vulnerável, cuja incapacidade de armar um time a Copa de 1958 escondera? Só em Liverpool Feola chegaria aos 22 que seriam inscritos (por motivos que ninguém entendeu, cortando o excelente Servílio, o atacante que melhor se entendera com Pelé nos treinos). Para culminar, nas três partidas da Copa, a última em que não se permitiam substituições durante um jogo, escalaria 20 dos 22 (Zito e Edu, este com 16 anos, foram os únicos poupados).

De todos os argumentos otimistas que os bicampeões levaram para a Inglaterra, só um se confirmou: a invencibilidade de Garrincha e Pelé jogando no mesmo time. Infelizmente, só na estreia contra a Bulgária, 2 a 0, um gol de cada, Feola pôde escalar os dois. Seria a última de suas 40 partidas juntos e a penúltima de Garrincha na Seleção (ainda faria mais uma, três dias depois, contra a Hungria, a única de Gérson na Copa). Poucos jogaram bem contra os húngaros. E Gérson não foi um deles. As críticas foram duras: não teria se esforçado, fugira do jogo, não marcara, dera azar, não tinha espírito de seleção. Foi o único dos 11 que saiu de campo tachado de "covarde". Verdade é que a derrota deixava o tri muito longe. Só uma goleada sobre o Portugal de Eusébio e Coluna salvaria o Brasil em Liverpool. Mas quem quase goleou foi Portugal.

Na volta para casa, o casamento com Maria Helena, que entre as duas Copas do Mundo lhe daria duas filhas, Patrícia e Cristina. Na vida em família — primeiro com a que o criou e depois com a criada por ele — Gérson sempre encontraria grande parte da força necessária para enfrentar os muitos problemas e os poucos fracassos que o futebol poria em seu caminho.

★★★★★★

Cinco vezes ele foi campeão pelo Botafogo, duas no Torneio Rio-São Paulo (1964, empatado com o Santos, e 1966, empatado com Santos, Vasco e Corinthians); duas no Campeonato Carioca (1967 e 1968); e uma na Taça Brasil (1968). Velhos botafoguenses ainda discutem qual dos dois times do bi carioca era melhor, quando a principal diferença entre um e outro estava no meio-campo: Carlos Roberto foi o companheiro de Gérson em 1967 e só no segundo turno de 1968 recuperou o posto que Afonsinho ocupara no primeiro. Fora isso, nas duas campanhas o treinador era o mesmo: Mário Jorge Lobo Zagalo. E a linha de frente também, quatro atacantes em nível de Seleção brasileira: Rogério, Roberto, Jairzinho e Paulo César, este mais recuado, ponta-esquerda fundamental para o 4-3-3 de Zagalo.

Pelo tom dramático da partida decisiva, o título de 1967 talvez tenha ficado por mais tempo na lembrança do torcedor. Um ponto atrás do Bangu, precisando vencer para ser campeão, o Botafogo chegou ao Maracanã envolto em apreensões. Uma, que só anos mais tarde chegaria ao conhecimento do público, atingiu em cheio o coração alvinegro de João Saldanha, ex-diretor e ex-técnico do clube, agora colunista em jornal e comentarista de rádio. Mal pôs os pés no *hall* do elevadores, Saldanha foi abordado por um repórter que lhe deu a informação de que o bicheiro Castor de Andrade, espécie de dono do Bangu, admitira a um grupo de jornalistas ter subornado dois craques do Botafogo. Seria possível? Um dos jornalistas perguntara a Castor quem eram os dois que ele tinha "no bolso":

— Não digo — respondeu rindo. — Mas um deles usa uniforme diferente dos outros dez. E o segundo, menino falador, é metido a craque e só chuta com o pé esquerdo.

Teria o dirigente banguense — a quem, dois meses atrás, João Havelange confiara a chefia da delegação brasileira a um amistoso em Santiago do Chile — aproveitado a ocasião para abordar os dois? O jogo quase começando, Saldanha não pôde apurar se tinha fundamento ou se não passava de mais uma fanfarronice de Castor. Deixou para fazê-lo durante os 90 minutos. Manga teve de fato atuação estranha, suspeita o bastante para que Saldanha o acusasse durante a transmissão (por pouco Manga não manda para dentro do próprio gol uma bola alçada sobre a área). Tão suspeita que teria dois desdobramentos: à noite, a troca de insultos entre Saldanha e Castor, tirando do ar a mesa-redonda da TV Rio; e, no dia seguinte, os tiros para o alto com que Saldanha pôs Manga para correr, na sede do Mourisco, quando o goleiro lhe foi cobrar explicações.

Quanto a Gérson, há quem considere sua atuação a mais fulgurante de sua carreira. Corpo e alma concentrados no jogo, organização perfeita do seu time, liderança, técnica, nenhum descuido, nenhum senão. Em alguns momentos, superou-se. Depois de marcar o gol que deu ao Botafogo a vitória por 2 a 1, e sentindo a insegurança de Manga, mandou os quatro zagueiros — Moreira, Zé Carlos, Leônidas e Valtencir — avançarem para que ele se posicionasse mais atrás, líbero improvisado a impedir com carrinhos, chutões e o que mais fosse preciso que a bola chegasse ao gol.

Como sempre acontece, a cada derrota da Seleção brasileira em Copas do Mundo correspondem mudanças radicais, que os dirigentes do futebol acreditam salvadoras. A primeira, em 1967, não foi radical nem salvadora: Aimoré, que substituíra Feola, que substituíra Aimoré, voltava a substituir Feola, num entra-e-sai difícil de entender a não ser pela falta de imaginação do Departamento de Futebol da CBD. E os técnicos — os que entravam e os que saíam — só faziam repetir erros.

A segunda mudança, já em 1968, era radical apenas na aparência. Salvadora, nem isso. Criada pela CBD, a Comissão Selecionadora Nacional, Cosena, trazia de volta Paulo Machado de Carvalho e com ele a antiga medição de forças com Havelange, sempre temperada pela provinciana rivalidade entre cartolas do Rio e de São Paulo. A Cosena funcionaria como uma junta chefiada pelo próprio Paulo Machado de Carvalho, que exigia Aimoré como técnico e Osvaldo Brandão como supervisor. Em contrapartida, Havelange nomeava Antônio do Passo como diretor de futebol e os treinadores Zagalo e Evaristo de Macedo como "observadores táticos". A proposta da Cosena era dividir responsabilidades entre os que convocam e escalam a seleção e assim evitar o caos criado pela caitituagem política responsável pelo fiasco de 1966. Mas a simples volta de Aimoré como treinador de fato, dono da última palavra, era sinal de que as velhas ideias prevaleciam. Aimoré podia ser bom em clubes, mas, como Feola, formar uma seleção partindo do nada estava longe de ser uma de suas especialidades.

Com Aimoré e sem Pelé, nova excursão de estudos foi feita em junho e julho de 1968. A um ano das eliminatórias para a próxima Copa do Mundo, era preciso ver quanto os europeus, tão adiantados em 1966, tinham evoluído em dois anos. Pela estreia contra a Alemanha Ocidental, em Stuttgart, muito. O bastante para preocupar. O menos pior foi a derrota por 2 a 1, placar até modesto para o que se viu em campo. De tal forma a seleção do técnico Helmut Schön dominou a de Aimoré, com um futebol em alta velocidade, de toque de bola preciso e marcação cerrada, que os brasileiros deviam dar graças por perderem de tão pouco. Jogadores alemães que se tinham revelado na Copa do Mundo passada, como o elegante Franz Beckenbauer e o dinâmico Wolfgang Overath, envolveram o meio-campo brasileiro, Denílson e Gérson, ficando Tostão perdido entre os dois e o ataque, em que Paulo Borges, Jairzinho e Edu, muito marcados, pouco fizeram.

Um dia antes da partida com a Polônia, sabendo que Rivelino ia entrar no lugar de Denílson, Gérson convidou Tostão e Rivelino para uma conversa a três. Do jeito que tinham jogado em Stuttgart não ganhariam de alguém. Era um desperdício deixar Tostão lá na frente, onde já estavam três atacantes, quando, inteligente, ótimo armador, ele poderia revezar com Rivelino e o próprio Gérson num meio-campo de canhotos. E traçou seus planos para, ele no centro, Tostão na direita, Rivelino na esquerda, sempre trocando de posições, "arrumarem a casa" em Varsóvia. Tostão perguntou se não era melhor falarem com Aimoré.

— Negativo. Ele nem vai perceber. Se notar e o time estiver bem, vai fingir que não viu.

O Brasil goleou a Polônia e o meio-campo foi mantido na maior parte do restante da excursão. E no esquema que Gérson tinha pautado. Houve mais vitórias do que derrotas na viagem que tinha começado em Lisboa e acabado em Lima. De tudo, proveitosos ensinamentos poderiam ser tirados. Mesmo assim, poucos faziam fé no futuro de uma equipe amorfa, muito mexida, para cuja irregularidade nem a ausência de Pelé servia de desculpa. Pior ainda quando, no último dia de outubro, com o mesmo meio-campo da excursão — e agora com Pelé — ela sofreu humilhante derrota por 2 a 1 para a modesta seleção mexicana. Pela primeira vez desde que se tornara campeão mundial, dez anos antes, o Brasil perdia no Maracanã.

Quem ainda acreditava na Cosena? Ninguém. Nem Paulo Machado de Carvalho, que voltou a romper com João Havelange e saiu por onde entrara. Mais preocupada em recuperar a confiança do torcedor e o amém da opinião pública do que em acertar, a CBD desfez sua confusa junta selecionadora e tirou um coelho da cartola: no dia 4 de fevereiro de 1969, entregou a Seleção brasileira às mãos de João Saldanha.

★★★★★★

Não fosse outra a contribuição de Saldanha à seleção que se prepararia para a Copa do Mundo, bastaria a de ter-lhe devolvido — com seu carisma, seu charme, seu conhecimento de futebol — a credibilidade perdida nos últimos três anos. Treinadores vulneráveis a todo tipo de influência, regionalista ou clubística, não tinham conseguido definir um time, um esquema, um programa de preparação para as eliminatórias marcadas para começar no dia 6 de agosto. Saldanha começava fazendo justamente o oposto: sem dar tempo aos repórteres de perguntarem como, quando ou por que fora escolhido, tirou do bolso uma folha de papel e foi logo ditando sua equipe titular:

Félix, Carlos Alberto, Djalma Dias, Brito, Rildo, Wilson Piazza, Gérson, Jairzinho, Dirceu Lopes, Pelé e Tostão.

E a reserva:

Cláudio, Zé Maria, Scalla, Joel Camargo, Everaldo, Clodoaldo, Paulo César, Paulo Borges, Toninho, Rivelino e Edu.

Eram suas 22 "feras", como ele preferia que fossem vistos. Achava necessário "desafrescalhar essa história de canarinhos":

— Mais do que cobras, meus jogadores têm de ser feras. E a maior fera que existe é o homem.

À mesma conclusão quase chegam as 80 mil pessoas que foram ao Maracanã rever a Seleção brasileira no segundo amistoso com a peruana dirigida por Didi. Uma briga feia envolveu os dois lados depois que Gérson, motivado por entradas duras de Orlando Della Torre em Tostão e nele mesmo, pediu a Pelé para levantar uma bola na altura da perna do peruano. Isso feito, Gérson entrou de pé alto, as travas de sua chuteira rasgando de cima a baixo a canela do adversário. Foi expulso de campo e participou, como fera do João, de toda a pancadaria. É o segundo lance que lhe custou a fama de violento (o terceiro, em 1971, a perna quebrada do corintiano Vaguinho, foi mesmo acidental).

Titular absoluto, Gérson cumpriu impecavelmente seu papel nas seis partidas das eliminatórias (na penúltima, 6 a 2 sobre a Colômbia, saiu para Rivelino entrar no segundo tempo). Não fez gol, mas foi o organizador de que Saldanha precisava, projetando-se mais do que o outro armador, Wilson Piazza.

No fim do ano, na hora de renovar contrato com o Botafogo, os problemas de sempre, Gérson pedindo mais do que clube queria dar e o clube oferecendo menos do que ele merecia ganhar. Perto de comemorar seus 29 anos, pediu o que lhe parecia justo: uma casa, luvas e salários de acordo. Afinal, era titular da Seleção brasileira, fera das feras de Saldanha, líder do time que, além de reconquistar o torcedor, tinha tudo para ser tri no México. Djalma Nogueira, diretor do Botafogo a quem Gérson expôs seus motivos, não se comoveu. Depois de dizer "não", foi franco:

— Além disso, Gérson, eu nunca fui com a sua cara.

— Nem eu com a sua.

Chegavam ao fim seus dias em General Severiano. O São Paulo não perdeu tempo, abriu seus cofres e pagou o que o Botafogo e ele queriam. Mas Gérson não partiria sem uma última disputa verbal pelos seus direitos. Agora, para convencer o presidente Altemar Dutra de Castilho a lhe pagar os 15 por cento do que o Botafogo recebera com a venda do seu passe.

Antes mesmo de vestir a camisa tricolor, Gérson era reconvocado por Saldanha. Como os demais jogadores, acompanhou de longe a crise que redundou na troca de Saldanha por Zagalo. Nem podia ser de outra forma. Gérson admirava os dois. Saldanha, pela simplicidade, pelo modo como sabia tirar o melhor de cada jogador, apostando mais na técnica individual de cada um do que na adaptação de todos a um sistema rígido. O principal: não vivia fazendo experiências como Feola e Aimoré. Zagalo podia ser um obsessivo defensor do 4-3-3 com ponta-esquerda recuado, mas era excepcional formador de time, ao contrário dos mesmos Feola e Aimoré. Ele e Saldanha eram diferentes em muita coisa, mas ambos sabiam o que queriam. No mais, se havia um ponto em que pensavam exatamente da mesma forma, era ele, Gérson, mais do que o titular absoluto de qualquer time que dirigissem, o cérebro que representava suas ideias em campo.

Os treinos em Irapuato, cidade do estado de Guanajuato, região central do México, convenceram Gérson de que, taticamente, estavam no bom caminho. Adaptada à altitude e com um preparo físico que livrava o futebol brasileiro do atraso de quatro anos antes, a seleção evoluía. Os ensaios de ataque contra defesa (na realidade, dos quatro zagueiros e dos homens de meio-campo contra os reservas) apuravam cada vez mais o toque de bola com que o time, assim que desarmava o adversário, partia para ofensiva. Tudo obra de Zagalo. E de um ótimo ambiente entre os jogadores. O perfil militarizado que se dera ao comando da seleção nem de longe os afetava, protegidos que estavam na tranquilidade do Hotel La Stancia. O general Garrastazu Médici telefonava diariamente? Tudo bem. Os jogadores o viam menos como político do que como torcedor.

Para Gérson, só por dois momentos a Copa de 1970 não foi perfeita, ambos por fisgadas na coxa esquerda. O primeiro, nos treinos, obrigando-o a poupar-se e a passar dias entregue às aplicações de toalhas quentes. O segundo, já em plena batalha, um estiramento muscular na estreia contra a Tchecoslováquia, impedindo-o de enfrentar Inglaterra e Romênia (Paulo César recomporia competentemente o meio-campo). Voltou, porém, para as três partidas decisivas, ele e seus passes em profundidade, ele e seus toques de bola, ele e a falação do papagaio que sabe tudo de bola, para si e para os outros, preposto de Zagalo entre as quatro linhas. Para coroar a festa dos tricampeões, a grande final. Se conseguisse se desconcentrar da partida, no intervalo do primeiro para o segundo tempo, veria o quanto tudo mudara: acendera um cigarro sem que alguém o admoestasse (ao contrário, dirigentes, técnicos e companheiros até achavam que umas boas tragadas lhe fariam bem). Era respeitado, admirado, craque e líder, o próprio espírito da seleção. Minutos depois, marcou com o pé esquerdo, de fora da área, o segundo gol brasileiro nos 4 a 1 sobre a Itália. Gol decisivo, num momento difícil em que o placar de 1 a 1 ainda dava à *azzurra* o direito de também sonhar com seu terceiro título mundial. Com aquele gol, ao mesmo tempo em que frustrava o sonho dos adversários, Gérson começava a realizar o de brasileiros que, como ele, mereciam o tri mais do que todos.

★★★★★★

Nos últimos anos, novas conquistas, novos problemas. Bicampeão paulista pelo São Paulo em 1971 e 1972 e campeão carioca pelo Fluminense em 1973 foram seus melhores feitos. Houve também sua despedida da Seleção brasileira, nos três jogos pela Taça Independência em junho e julho de 1972. Mas a possibilidade de ser lembrado por Zagalo para a Copa do Mundo de 1974 desvaneceu-se quando ele mesmo concluiu que sua forma física nunca mais seria a mesma. A técnica, pelo contrário, estava cada vez melhor, mas Zagalo, cortando-o nos treinos para a excursão de 1973, não via da mesma forma. Sem falar que não era mesmo fácil armar uma seleção sem Pelé, sem Tostão, sem Carlos Alberto Torres. Talvez fosse a hora do amigo Rivelino, cinco anos mais moço. Talvez seu tempo de canarinho, ou de fera, realmente tivesse passado.

Concentrou-se então em sua atividade nos clubes. Primeiro, no São Paulo, do qual sairia sem queixas e até grato. Diálogo tranquilo com os dirigentes, exigências sempre atendidas, profissionalismo de primeiro mundo, teria no Morumbi o que buscara a vida toda: reconhecimento. Seus dois anos lá reafirmavam a sorte que o São Paulo tinha em contratar velhos craques do Rio: Leônidas, Zizinho, Jair Rosa Pinto. A gratidão devia-se ao gesto do presidente Henri Aidar, que, depois de lhe oferecer uma mansão para que renovasse contrato, liberou-o em nome de interesse maior: Patrícia, a filha mais velha, tinha problemas com o clima de São Paulo e, por recomendação médica, teria de voltar. Para manter a família unida, Gérson voltou junto, liberado pelo clube. Foi contratado pelo Fluminense, o clube do coração, mas não poderia dizer que partiria das Laranjeiras grato ou sem queixas. Embora fizesse jus à faixa de campeão carioca de 1973, só participou de nove partidas, da segunda à décima rodada do primeiro turno. Nunca foi tão vítima de contusões: dor ciática que o forçou a usar colete sob a camisa tricolor, entorse, distensão muscular. Não perdeu nenhuma das velhas manias: o fumo, a barba, o medo de avião, o protesto. O fumo só seria abandonado mais tarde, quando largasse o futebol. A barba já não era problema, desde que o ex-parceiro Afonsinho vencera Zagalo numa questão pelo direito de um jogador de futebol deixá-la crescer o quanto quisesse. O medo de avião, este era eterno e incurável. Carlos Alberto Parreira, então preparador físico do Fluminense, jurava que a pior distensão sofrida por Gérson deveu-se a ter dirigido seu carro, sete horas de ida, sete horas de volta, para um jogo em Belo Horizonte. Protestar era o seu jeito de ser. Discutiu com o treinador Davi Ferreira, o Duque, por insistir em substituí-lo no segundo tempo em jogos do Campeonato

Carioca. Criticou o médico Durval Valente e teve uma definitiva desavença com dirigentes do clube por terem repassado aos seus salários (aliás, atrasados) os ridículos 40 cruzeiros da multa com que a Federação Carioca o punira. Àquela altura, novembro de 1974, a ideia de abandonar o futebol já o perseguia. Desde um jogo com o Vasco em que, saltando para afastar de cabeça uma bola sobre sua área, girou fortemente o tronco, sentiu dor e acabou mandando a bola às próprias redes. Aquele não era o Gérson de quem o exigente Gérson cobrava perfeição.

Parou por ali. Rico, dinheiro bem investido com a ajuda do sogro, sócio e procurador, o zeloso Ilídio Gomes, nem deixou o Fluminense pôr seu passe à venda. Preferiu ir embora com o clube lhe devendo, e muito, do que ele devendo a quem quer que fosse. Francisco Horta, presidente a partir de janeiro de 1975, ainda lhe fez proposta para continuar, como jogador e como treinador. Recusou-a numa carta simpática. O jogador já se aposentara. E treinador era tudo que ele jamais seria. Preferiu iniciar carreira de comentarista de rádio e televisão, no que se deu muito bem.

No mesmo 1974 em que se despediu dos gramados, foi contratado pela J. Reynolds para fazer propaganda pela televisão dos cigarros Vila Rica, os mais baratos da praça. Um dos anúncios começava com Gérson dizendo: "É hora de levar vantagem em tudo, certo?" Em seguida ele convencia o telespectador a não pagar mais por um cigarro que tinha tudo que os outros tinham. Um segundo anúncio terminava com ele tocando a testa com o maço de Vila Rica e arrematando: "O brasileiro também gosta de levar vantagem em tudo, certo ou errado?" Certo. Associado ao jeitinho brasileiro, à esperteza brasileira, à malandragem brasileira, o anúncio sairia do ar sete anos depois tendo provocado efeito contrário ao que a publicidade propunha: uma defesa do mau-caratismo nacional, de nossa capacidade de tapear, enganar, ludibriar, tudo por uma vantagem. Tal pregação às avessas ficaria conhecida como Lei de Gérson, enquanto os redatores que a maquinaram, nos escritórios da Caio Domingues, foram protegidos pelo anonimato.

Apesar de ainda se falar em "Lei de Gérson", a propósito de fatos e pessoas que nem se lembram do Vila Rica, o homem subsistiu. Dando aos que o conhecem a impressão de ser uma rocha de encontro à qual as adversidades batem e voltam. Como explicar que o covarde de uma Copa tenha se transformado no bravo de outra, o indisciplinado em líder, o cafajeste em ídolo, o perdedor em tricampeão? Ao microfone, ele continuou sendo lembrado, agora como o Canhotinha de Ouro com quem os ouvintes se identificam. Sem saber que os protestos, as zangas, as críticas, as estocadas deixaram de ser em proveito próprio para soar como das poucas vozes em defesa da profissão e dos companheiros de menos sorte: "Onde está o plano de saúde que a CBF prometeu para os jogadores sem condição?", bradava ele, não há muito tempo, como se a deixar claro que continua falando, falando alto, falando sem parar, sempre apontando caminhos.

//Rivelino

Quando escrevo sobre o maior jogador do mundo, falo em Rivelino, que está no apogeu. Deu drible de calcanhar que só pode ser feito por um virtuose, *um estilista. Faz da bola o que quer. Suponho que seus dribles irritem profundamente o adversário. Mas isso é o chamado inevitável. Ninguém mais exasperante do que o gênio do futebol.*

Nélson Rodrigues

Quando Admildo Chirol o informou de que seria escalado contra a Áustria, no último amistoso da Seleção brasileira antes do embarque para o México, Rivelino teve certeza: era o jogo de sua vida. Já não importava entrar na ponta-esquerda, pois jamais se prenderia a tal posição. Nem pensar que o torcedor carioca pudesse ir à forra do que o paulista fizera três dias antes com Paulo César, massacrando-o com vaias por sua má atuação contra a Bulgária. No Maracanã ou no Morumbi, o torcedor tinha direito a preferir esse ou aquele, Paulo César ou ele, ou mesmo Edu, o do Santos, certamente o melhor ponta-esquerda avançado do Brasil naquele abril de 1970. Nada disso tinha importância. Era terça-feira, véspera da despedida, e a notícia que Chirol lhe trazia, um recado de Zagalo, abria a porta pela qual ele poderia sair da condição de "melhor reserva do mundo".

Por mais de um ano fora exatamente isto, um reserva. Menos mal que de Gérson, um dos pontos em que Zagalo pensava da mesma forma que Saldanha: o homem era o cérebro da Seleção, o piloto do avião, o timoneiro da nau. Só por isso Rivelino se conformara com o banco. Agora, uma oportunidade tão preciosa quanto inesperada: ia ser titular, não no lugar de Gérson, mas ao lado dele, a 35 dias da estreia do Brasil na Copa do Mundo. Era ou não era o jogo de uma vida?

Rivelino exibiu 90 minutos de primoroso futebol naquela noite. Driblou, deu passes, entendeu-se perfeitamente com Gérson e Tostão, que reaparecia depois de meses às voltas com o problema da vista. Foi o nome do jogo, autor de um belo gol: Brasil 1 a 0. No dia seguinte, manchetes de jornal afirmavam que Zagalo descobrira a "seleção do povo". E que, com ela, e com Rivelino como falso ponta-esquerda, a taça seria nossa.

★ ★ ★ ★ ★ ★

Em 1999, a família Rivellino comemorou cem anos de Brasil. Cem anos desde que Biaggio Rivellino chegou da Itália com 27 de vida, coragem no peito e ideias na cabeça. Não era apenas um emigrante em busca de novo lar, mas homem decidido a fazer grandes coisas no interior paulista e, se tudo desse certo, na capital, que parecia abrigar todos os sonhos de sucesso. Mas só dez anos depois, com o dinheiro ganho em negócios vários, mudou-se para São Paulo e construiu uma olaria no Sítio Barreira, em Pinheiros. Enriqueceu, comprou terras, adquiriu área à margem da Rodovia São Paulo-Santo André, o atual Brooklyn, e para ali transferiu, em 1921, a fábrica de tijolos da qual ele e os cinco filhos jamais se afastariam. Empreendedor, Biaggio fez melhoramentos no bairro, comprou telefone, construiu piscina pública (a primeira de São Paulo), um bar e um campo de futebol que primeiro arrendou ao time da Casa Kosmos e depois cedeu para a fundação do Clube Atlético Indiano. Generoso, o patriarca dividiu suas terras em vida com os filhos, o mais novo dos quais, Nicolino, viveria para ver seu caçula Roberto tornar o nome da família muito mais famoso do que *nono* Biaggio podia imaginar.

Roberto Rivelino (assim mesmo, com um L a menos no sobrenome, cortado pela grafia aportuguesada dos jornais) pertence à terceira das cinco gerações da família em terra brasileira. Nasceu em 1º de janeiro de 1946, no bairro da Cremação, e era pouco mais do que um bebê quando se mudou com os pais, Nicolino e Olanda, e os irmãos, Abílio e Vilma, para o mesmo Brooklyn da olaria do avô.

Vários fora de série do futebol brasileiro certamente deram seus primeiros chutes em peladas de rua, daquelas de esfolar dedão do pé, disputadas sobre paralelepípedo ou asfalto, com duas pedras demarcando o gol, mas poucos, muito poucos, com a compulsão de Rivelino. Desde pequeno vivia correndo atrás da bola. Com tal entrega que a mãe, preocupada, não parava de rogar: "Sai da rua, Roberto!" Rogo que acabaria servindo de título do livro que lhe dedicaria o jornalista Osvaldo Pascoal Pugliese. Em síntese, o fominha da rua.

Essa atração pela bola era incentivada pelo pai, de quem, entre tantas coisas, Roberto herdara o amor ao futebol e o encantamento pelos pássaros (da infância à velhice, o canto de curiós, canários da terra, coleirinhas, pixoxós, bigodinhos e sabiás será sua música favorita). Foi Nicolino quem o levou das peladas para jogar futebol de campo pelo Indiano e de campo e salão pelo Banespa. Desse último, com 16 anos, era titular do quinteto que foi decidir o título dos juvenis em melhor de três com o Palmeiras. No primeiro jogo, em casa, vitória do Banespa, show de Rivelino. Um olheiro do Palmeiras indagou a Nicolino:

— Esse menino sabe fazer tudo isso no futebol de campo?

Sim, sabia. Pelo menos era o que o pai coruja garantia ao olheiro, que lhe passou um cartão para Rivelino se apresentar, no dia seguinte, no treino em que o Palmeiras testava a garotada. Mas a alegria dos Rivellinos, pois toda a família era palmeirense, durou pouco. O caçula foi ao Parque Antártica, treinou na segunda e na terça, mas na quarta o treinador Mário Travaglini o dispensou. No domingo, na quadra do Palmeiras, a segunda partida da melhor de três. Nova vitória do Banespa, novo show de Rivelino. Travaglini reconheceu entre os campeões um dos meninos que dispensara na quarta-feira e tratou logo de convidá-lo para voltar ao Parque Antártica no começo do ano.

Não voltou. Preferiu aceitar o conselho de um diretor do Indiano e trocar de parque, o Antártica pelo São Jorge. E foi treinar no Corinthians. O técnico era José Castelli, o Rato, ex-jogador corintiano que encerrara carreira no Lazio de Roma. Não que o olho clínico de Rato fosse melhor do que o de Travaglini (ou de Caxambu, ex-goleiro que dirigia os juvenis do São Paulo quando Rivelino tentara a sorte por lá). Sorte é justamente a questão. Sorte do jogador, que precisa mostrar em alguns minutos tudo que sabe, e do técnico, de observá-lo em seus melhores momentos. Zizinho, Danilo, Garrincha, muitos são os casos de gigantes que, por algum motivo, pouco devem ao primeiro treino. E de técnicos que, por azar, os deixaram escapar. Rivelino, Rato e o Corinthians, não. Deram sorte os três.

Em 1963, entre os juvenis, foi reserva do meia-esquerda Serginho até este se machucar. No ano seguinte, Serginho passando da idade, Rivelino pensou que seria o titular, mas Paulo Amaral, preparador físico da Seleção Brasileira bicampeã mundial, agora dirigindo os times principais do Corinthians, preferiu-o entre os aspirantes. Quer dizer, treinando entre os profissionais. Pelos aspirantes, sagrou-se campeão paulista de 1964, ano em que o torcedor o descobriu, fazendo pressão para que fosse promovido ao time de cima. Roberto Belangero, outro ex-jogador, que acabara de substituir Paulo Amaral, preferiu não queimá-lo num ano em que ninguém impediria o Santos de ganhar seu sétimo campeonato em dez anos.

* * * * * *

O Santos e o Campeonato Paulista. Um clube e uma competição que não fariam parte das melhores lembranças de Rivelino no Corinthians. De 1954 a 1977, a maior e mais fiel torcida de São Paulo passou mais de 20 anos sem comemorar o título de campeão paulista. E, para aquela torcida, Rio-São Paulo, Taça Brasil, Campeonato Brasileiro, torneios internacionais ou mesmo um título mundial, nenhum desses tinha a importância do Campeonato Paulista, campo de batalha de onde se podia sair com a glória maior de derrotar rivais históricos. Histórico o Santos não era, mas rival passou a ser nos tempos de Pelé, quando, de 1957 a 1968, o Corinthians não soube o que era vencê-lo no Campeonato Paulista. É verdade que Rivelino não teve nada a ver com a história antes de 1965, quando estreou no time titular. E que ele estaria em campo na noite de 6 de março de 1968, no Pacaembu, quando a série de vitórias santistas fosse interrompida: Corinthians 2 a 0, com dribles, bola na trave e passe de Rivelino para Flávio marcar o segundo gol. Lembranças como essa, contudo, seriam poucas.

Osvaldo Brandão foi quem o lançou, numa das vezes em que o Corinthians recorreu ao treinador na esperança de repetir o título de 1954. Foi também o primeiro a perceber a posição em que Rivelino se afirmaria: meia-armador com liberdade para atacar ou atacante com a obrigação de voltar para ajudar o meio-campo. Duas características impressionaram Brandão: o drible curto, como se aplicado nos exíguos espaços do futebol de salão, e o chute de pé esquerdo, venenoso, forte.

Os dois fundamentos foram exaustivamente exercitados por Rivelino em seus anos de Corinthians, embora, muito religioso, ele os visse como graça divina. À habilidade para driblar em um metro quadrado, ele acrescentaria o enfeite aprendido com outro Sérgio, o Echigo, um nissei que jogara com ele nos aspirantes. Sérgio Echigo levava pé e bola para lá, o marcador ia atrás, ele puxava pé e bola para cá e o marcador não conseguia acompanhá-lo. Rivelino aperfeiçoou esse drible esticando pé e bola o máximo possível e imprimindo mais velocidade ao movimento. Batizado de "drible do elástico", ele o usaria toda vez que tivesse um marcador muito próximo, colado, desses que o técnico adversário designa para não deixar o outro jogar. A perna esticada e rapidamente encolhida, dando a impressão de que a bola estava colada no bico da chuteira, seria uma de suas especialidades. O chute de pé esquerdo, também, só que aprendido, treino após treino, sem ajuda de ninguém. Pela força e pelo jeito, chute respeitável. Nas cobranças de falta ou em lances à entrada da área, procurava bater na bola com a face externa da chuteira, mais exatamente com o ponto correspondente aos três dedos menores, criando com isso um efeito enganador. Com o tempo, tão curva se tornaria a trajetória da bola que Rivelino passaria a mirar dois ou três palmos fora do alvo para que, com o efeito, ela chegasse aonde ele queria. É claro que tanto o elástico como o chute dos três dedos continuariam tendo exímios praticantes no futebol brasileiro, mas nenhum tão bom nos dois como Rivelino. O chute ainda lhe traria muitas vitórias. Dos dribles, o mais lembrado só deu certo porque saiu errado. Explica-se: ao puxar a perna num elástico sobre o vascaíno Alcir, a bola bateu acidentalmente no pé direito e passou entre as pernas do adversário. Rivelino seguiu em frente, bateu mais dois marcadores e fez o gol no argentino Andrada.

Os dez anos no Corinthians foram fundamentais por isso, o nascimento, a evolução e a afirmação do craque, mas, nos duelos com o Santos, pouco sucesso. E no Campeonato Paulista, três segundos lugares, 1966, 1968 e 1974, como as melhores colocações.

★★★★★★

Rivelino aprendeu a gostar do Corinthians como um dia amara o Palmeiras. A única diferença é que o Palmeiras era coisa de berço, herdada do pai, e ao Corinthians ele devia sua projeção no futebol. Inclusive a estreia numa Seleção brasileira que, embora oficialmente reconhecida pela CBD, não era bem a Seleção brasileira, mas o time de Osvaldo Brandão vestindo a camisa amarela num amistoso com o Arsenal, perdido por 2 a 0 numa Londres abaixo de zero. Cinco dias depois, no Pacaembu, estreava numa Seleção para valer, embora formada por jogadores só de São Paulo: Brasil 5, Hungria 3. Aimoré Moreira também se impressionara com o jovem meia corintiano e o convocara. Entrou no segundo tempo no lugar de Nair.

Rivelino não estranhou a ausência de seu nome na lista de 45 jogadores que Vicente Feola chamou para a Copa do Mundo de 1966. Sorte a dele não ter sido lembrado. Com 20 anos, apenas um como profissional, ou teria sido cortado antes do embarque ou faria parte do fracasso que aguardava a Seleção na Inglaterra. Sua próxima oportunidade só se daria em 1968, novamente com Aimoré. Participou das duas vitórias sobre o Uruguai nos amistosos preparatórios para a excursão ao exterior. No segundo deles, jogando seus primeiros minutos ao lado de Gérson.

A excursão seria a tarefa inicial da Comissão Selecionadora Nacional (Cosena), criada pela CBD com a pretensão de corrigir os erros da Copa do Mundo de 1966 e já preparando terreno para a de 1970. Detalhes sobre a intenção, criação, duração e dissolução da Cosena vão contados nos capítulos sobre Gérson e Tostão. Por ora, tratemos da excursão, na qual Aimoré foi o treinador e Brandão, o supervisor. Depois de uma estreia infeliz contra a Alemanha Ocidental, em Stuttgart, vista por Rivelino do banco de reservas, Aimoré decidiu mexer no time. Mais uma vez, pois essa era, quando na Seleção, sua principal característica. Os alemães tinham dominado inteiramente os brasileiros. De tal forma que Aimoré e seus jogadores deviam agradecer por terem perdido só por 2 a 1.

Para o jogo seguinte, quando Rivelino deveria entrar no lugar de Denílson, Gérson armou um esquema para os três, ele, Rivelino e Tostão, formarem um meio-campo de canhotos, mas com inteligência e criatividade que poderiam mudar a cara da equipe em Varsóvia. Tinha razão. O Brasil venceu a Polônia por 6 a 3, Rivelino marcou dois gols (seus primeiros na Seleção), Jairzinho também dois, Natal e Tostão os outros dois. O que mais contava é que tantos gols deviam-se principalmente ao entendimento do meio-campo.

Rivelino chegava ao fim do ano convicto de que ele e Gérson eram mesmo os titulares da seleção de Aimoré. Seus pés esquerdos, como o de Tostão, outro titular absoluto, não eram incompatíveis. O técnico podia continuar fiel à sua mania de jamais repetir uma formação de uma partida para outra, mas os três canhotos estiveram juntos o ano todo, só saindo por contusão ou cansaço no meio do jogo. Rivelino só não esperava que uma derrota feia no Maracanã, onde uma medíocre seleção mexicana humilhara a brasileira perante 75 mil pessoas, selasse a sorte de Aimoré e da Cosena, que saíam de campo para João Saldanha entrar.

★★★★★★

Desde o primeiro momento, Saldanha escalando seus dois times, ficou claro que Rivelino seria o reserva de Gérson. Nenhuma improvisação, nenhuma experiência com jogador fora de posição, nada disso estava nas cogitações do novo treinador. Saldanha era diferente de Aimoré. E, quanto a não fazer concessões, diferente de praticamente todos os seus antecessores. Sabendo o quanto Rivelino jogava, Saldanha acarinhava-o com elogios do tipo "melhor reserva do mundo" ou "reserva de ouro", com os quais conquistava a resignação do craque, fã número um de Gérson, e sua simpatia por ele, gaúcho amigo, bom papo, contador de casos, sem a pose e o autoritarismo da maioria dos treinadores.

Foi mesmo como reserva de Gérson que Rivelino passou toda a fase eliminatória, nas três últimas semanas de agosto de 1969. Na quarta partida, contra a Colômbia no Maracanã, Saldanha decidiu poupar Gérson e, aos 23 minutos do segundo tempo, mandou Rivelino entrar. Entrou, fez muito, exibiu-se muito. Marcou gol, driblou, deu trabalho à defesa e saiu aclamado pelo público. Descobriu ali que o torcedor carioca gostava dele, do seu estilo, do seu jeito de jogar como quem brinca, moleque peladeiro a vibrar meio raivoso na comemoração de seus gols. O desapontamento da partida seguinte, Saldanha não o usando durante os 7 a 0 sobre a Venezuela, foi compensado no dia da decisão com o Paraguai, quando a turma da geral passou boa parte do tempo gritando "Rivelino! Rivelino! Rivelino!" para o reserva de ouro sentado no banco brasileiro.

A queda de Saldanha e a ascensão de Zagalo, promessa de mudanças na Seleção, nada acrescentavam às já poucas esperanças de Rivelino ser titular. Já pelos primeiros treinos e amistosos, sabia-se que Zagalo não alteraria o modelo que adotava no Botafogo, o 4-3-3 com um ponta-esquerda recuado e três atacantes rompedores (no caso da Seleção, tendo Pelé, a esse terceiro atacante seria dada a prerrogativa de ir, vir, como e quando achasse melhor). Com Gérson absoluto, Clodoaldo em forma, Paulo César sendo o terceiro homem de armação favorito de Zagalo, mais Rogério, Jairzinho, Roberto Miranda ou Dario na frente (Tostão ainda era uma dúvida, médica no problema da vista e técnica nos planos de Zagalo), onde ficava Rivelino? Nos próprios pensamentos, no banco.

E então, na terça-feira, a três dias do embarque, Chirol lhe apareceu com a informação de que seria o ponta-esquerda contra a Áustria. Estavam todos no Hotel das Paineiras, descansando, depois de um ligeiro individual. Rivelino nem teve tempo de estranhar sua entrada na ponta-esquerda, sem ter treinado sequer uma vez na posição. Talvez Zagalo precisasse poupar Paulo César, depois das vaias em São Paulo. Talvez quisesse dar uma oportunidade ao meio-campo que se saíra tão bem na excursão de 1968, agora que Tostão estava liberado para voltar ao time. Talvez o preferisse como titular de prata em vez de reserva de ouro. Mas Rivelino já tinha deixado de lado todas essas questões quando, com grande atuação, garantiu em 90 minutos de bola seu ingresso na "seleção do povo".

Os treinos e jogos-treinos no México confirmaram os 11 para a estreia na Copa do Mundo. O ponta-direita Rogério, cortado, seria muito útil a Zagalo, auxiliando Carlos Alberto Parreira na análise tática dos adversários. Tostão, recuperado, recompunha com Gérson e Rivelino a trinca de canhotos da excursão de 1968. Jairzinho ficaria como único rompedor, função que cumpriria graças a uma fase excepcional. Marcando gol em todas as partidas, seria o artilheiro da Seleção brasileira.

À exceção dos 90 minutos em que foi poupado contra a Romênia, Rivelino esteve em campo em todos os minutos da vitoriosa campanha do tri. Fez o papel de Gérson contra a Inglaterra, jogando mais recuado entre Clodoaldo e Paulo César, e na maioria das vezes valeu-se da autorização de Zagalo para que não fosse o ponta-esquerda, recuado ou não. Transformou-se em valiosa peça ofensiva adicional. Seus chutes de três dedos acabaram em três grandes gols: um, de falta, empatando o jogo de abertura com a Tchecoslováquia; outro, emendando bola que Tostão lhe rolou no primeiro contra o Peru; o terceiro, emendando outra bola, essa rolada por Pelé, no terceiro que liquidou o Uruguai. Com jeito e com força, o mesmo efeito. Os mexicanos, admirados, o apelidaram de Patada Atômica.

Tricampeão do mundo, mais feliz Rivelino não poderia estar. Em sua volta a São Paulo, aguardava-o inesperada recepção pela ruas da cidade e, uma semana depois, o casamento com Maísa.

* * * * * *

De mais duas Copas do Mundo Rivelino participou depois do tricampeonato no México. Seria o único da campanha de 1970 a servir à seleção em 1974 e 1978 (o goleiro Leão também jogou nas duas últimas, mas foi um dos reservas de Félix em 1970). Portanto, ninguém mais credenciado do que ele, como personagem e testemunha, para conhecer a história dos azares e desacertos que deram início aos 24 anos em que o futebol brasileiro não conseguiria chegar perto da nova taça de ouro que substituía a Jules Rimet. Para a Seleção e, em particular, para Rivelino, cada Copa é um capítulo da mesma história.

Na de 1974, entrou em moda a palavra "entressafra". Com ela, Zagalo e sua comissão técnica justificavam a dificuldade de levar para a Alemanha um time sem a maioria de seus tricampeões. Pelé não quis ir. Carlos Alberto, quem não quis foi Zagalo. Clodoaldo quis, Zagalo também, mas uma distensão muscular não deixou. Tostão, carreira encerrada, não pôde. Os demais convocados de 1970 já não eram os mesmos. Restavam Rivelino, Jairzinho e Paulo César. Este, reserva de 1970 com futebol de sobra para ser titular em qualquer tempo.

Entressafra ou não, o Brasil não passaria de um quarto lugar na Alemanha. Não merecia mais. Zagalo pretendia aproveitar como base a "academia palmeirense", principalmente com Leivinha e César como atacantes, mas Leivinha se machucou, César não funcionou e a equipe foi mudando de jogo para jogo. Sua melhor atuação seria justamente na semifinal que a eliminaria: 2 a 0 para a Holanda, a sensação da Copa. Neeskens e Cruyff marcaram no segundo tempo os gols que Paulo César e Jairzinho perderam no primeiro, o que levou os brasileiros a acreditar que, com um pouco mais de sorte, teriam vencido. Talvez. Mas o time holandês era mesmo superior, o que o próprio Rivelino reconhecia.

Ele foi o destaque da Seleção brasileira. De falta, o chute de três dedos atravessando a barreira, marcou dois gols: o do 1 a 0 sobre a Alemanha Oriental e o primeiro dos 2 a 1 sobre a Argentina. Atuou em todas as partidas, inclusive na da perda do terceiro lugar para a Polônia, quando, ao seu lado, na modesta chance que lhe deram, Ademir da Guia teve seus únicos 66 minutos de Copa do Mundo.

Durante aquela Copa, João Havelange foi eleito presidente da Fifa, o que deu a Brasília mais um motivo para fazer o que vinha pretendendo havia tempo: seu afastamento da CBD para que, em seu lugar, assumisse o almirante Heleno de Barros Nunes, o presidente da Arena fluminense, ou seja, o partido do governo no Estado do Rio de Janeiro. Com isso, a política do esporte, mais do que nunca, atrelava-se à grande política, as mãos fortes do regime postas sobre a entidade que regia a maior paixão do brasileiro ou, como preferem os cientistas sociais, a própria identidade nacional. A gestão do almirante seria um desastre. Seguindo o lema "Onde a Arena vai mal, um clube no Nacional", foram convidados tantos clubes sem expressão — mas de estados que politicamente interessavam ao governo — que o Campeonato Brasileiro, deformado, ou melhor, hipertrofiado, esteve muito perto da desmoralização.

O novo presidente era homem do futebol, muito ligado ao Vasco da

Gama, o que podia ser uma vantagem sobre o nadador Havelange. Mas justamente por isso, por se achar um *expert* com poderes para mandar e desmandar, o almirante saiu-se pior do que o soneto. Sua primeira medida surpreendeu: trazer de São Paulo, para substituir um Zagalo que ele achava ultrapassado, o veterano Osvaldo Brandão. Um feliz reencontro para Rivelino. Primeiro, na Taça do Atlântico, ganha em jogos de ida e volta com Argentina, Paraguai e Uruguai (contra este, no Maracanã, o lance mais bizarro da carreira de Rivelino, a corrida de Sérgio Ramirez atrás dele, obrigando-o a descer sentado os degraus que levam ao vestiário); e, depois, o Torneio do Bicentenário da Independência dos Estados Unidos, ganho sobre Inglaterra e Itália. Por coincidência, pelos mesmos placares da Copa de 1970: 1 a 0 e 4 a 1.

Mais surpreendente do que a contratação de Brandão foi sua demissão, decretada dentro do avião que trazia os brasileiros de Bogotá, após o 1 a 0 sobre a Colômbia pelas eliminatórias para a Copa de 1978. Surpreendente porque, naquela que seria a última experiência do treinador na seleção, ele acabara de cumprir sua 16ª partida sem derrota. Por que demitir um profissional que conseguira, em menos de dois anos, 13 vitórias e três empates, algumas diante de adversários difíceis? O almirante respondia: era hora de modernizar a Seleção brasileira pela cartilha do capitão Cláudio Pecego Coutinho.

Algo mais sobre Coutinho e sua fissuração pela Holanda de 1974 ainda será dito no capítulo sobre Tostão. Como coordenador técnico da equipe derrotada em Dortmund, dera-se ao cuidado de filmar, fotografar, estudar, medir cada passo da laranja mecânica holandesa, certo de que, no dia em que sucedesse Zagalo na seleção, seu projeto desde 1970, tudo aquilo seria adaptado ao futebol brasileiro. Coutinho acreditava que a técnica individual, a quem o Brasil devia três Copas do Mundo, valia menos do que a sistematização do europeu. Esquecia-se de que, para fazer a revolução tática que ele tanto admirava, a Holanda teve de contar com a técnica individual de Cruyff, Rosenbrink, Rep, Neeskens, Krol e outros. E que ele mesmo, para fazer seu time rodar como o carrossel holandês, não poderia prescindir da técnica de Rivelino, Zico, Reinaldo, Paulo César, Marinho Chagas e os jovens Falcão e Júnior. Quando se convencesse disso, depois das eliminatórias e dos amistosos que antecederam a ida para a Argentina, seria tarde. Não convocando nenhum dos quatro últimos citados e, por motivos diversos, não sabendo aproveitar os três primeiros, perdeu-se. Em resumo, sua seleção nada teria de Holanda e pouco teria de Brasil.

A Copa de 1978 está entre as mais polêmicas de todas. Como a de 1934, em que a Itália do *duce* Benito Mussolini foi muito favorecida por jogar em casa, contando ainda com a parcialidade de alguns árbitros, a que se realizou na Argentina do general Jorge Rafael Videla foi em vários sentidos moldada pela política. O que acabou cercando de dúvidas os títulos conquistados pelos respectivos países-sedes, cujas tradições no futebol dispensavam ajuda extracampo. Itália e Argentina seriam campeãs com mais méritos e menos contestações.

Até hoje se fala no que aconteceu no dia 21 de junho de 1978, quando se decidiu entre Brasil e Argentina quem enfrentaria Holanda ou Itália na final da Copa. O Brasil derrotou a Polônia por 3 a 1, em Mendoza, em partida iniciada três horas antes da que Argentina e Peru fariam em Rosário. Os argentinos, precisando vencer por diferença de quatro gols para superar o saldo brasileiro, chegaram facilmente aos 6 a 0. Do almirante ao roupeiro Ximbica, na delegação brasileira ninguém aceitou, todos se revoltaram. Os argumentos questionando a classificação argentina iam do simples fato de o goleiro Ramon Quiroga, naturalizado peruano, ter nascido na mesma Rosário em que levara os seis gols a um possível suborno de toda a equipe peruana com os dólares da ditadura. Iam da cínica reação de torcedores gritando pelas ruas "Gracias, Perú", agradecendo aos peruanos pelos 6 a 0, até os amistosos contatos pelo rádio entre Videla e o presidente peruano, general Francisco Morales Bermúdez. Tais suspeitas — que só muito depois seriam confirmadas, até pelo jornalista argentino Ricardo Gotta em seu livro *Fuimos campeones* — dariam a Cláudio Coutinho o direito de proclamar o Brasil, terceiro colocado com os 2 a 1 sobre a Itália, o "campeão moral" daquela Copa. Mas, de certo mesmo, na época, só o absurdo de as duas partidas, uma dependendo do resultado da outra, terem sido marcadas para horários diferentes, pecado que a Fifa jamais voltaria a cometer.

Na Seleção brasileira, a política teve tons diferentes. Depois do empate de 1 a 1 com a Suécia, na abertura do grupo de Mar del Plata, sobre placas de grama que se desprendiam de um campo encharcado, o almirante deu ordens para o capitão escalar Roberto Dinamite e Jorge Mendonça, em vez de atacantes "mais leves" como Reinaldo e Zico. Este e outros palpites deixaram Coutinho confuso: mexeu várias vezes na equipe, escalou dois laterais direitos (Nelinho e Toninho) para funcionarem como pontas, deslocou um central (Edinho) para a outra lateral, entregou a médios marcadores (Batista e Chicão) parte do trabalho criativo do setor de apoio e recorreu às lições de Zagalo ao fazer de um ponta-esquerda recuado (Dirceu) o seu homem-chave. Quanto a Rivelino, contundido no jogo de estreia, só voltaria para jogar 13 minutos contra a Polônia e 26 contra a Itália, sempre no lugar de Toninho Cerezo. Seus últimos instantes de Seleção.

★★★★★★

Entre uma Copa e outra, Rivelino fez o que nem mesmo ele acreditava ser possível: mudar de clube. Deixar de ser o Garoto do Parque, como a maior e mais fiel torcida paulista o elegera, para virar o Curió das Laranjeiras, como seria saudado no Rio de Janeiro. No capítulo que trata da inesperada mudança, um nome briga com o seu em matéria de presença no noticiário esportivo da época: Francisco Luís Cavalcanti da Cunha Horta.

Na história do futebol carioca, poucos dirigentes foram tão incensados e ao mesmo tempo tão controversos. Não se falasse bem dele perto da ala mais conservadora do Fluminense, clube do qual se elegeu presidente em janeiro de 1975. Debaixo de suas cartolas, saudosos dos tempos dos Coelho Neto e dos Carneiro de Mendonça, os velhos tricolores não lhe aceitavam o temperamento ousado, autoritário, individualista e nada conservador. Mas também não se falasse mal dele perto do torcedor que nos três anos de seu mandato acompanhou encantado e orgulhoso o time que ele montou, a Máquina Tricolor.

Horta tinha 40 anos quando foi eleito. Se virou de pernas para o ar a burocracia tradicionalista do clube, desconsiderando normas e rompendo costumes, seus admiradores ainda o veriam como autêntico visionário. De fato, prevendo ou não as estradas que o futebol profissional percorreria nas próximas duas décadas, aproveitou o que seria o último momento em que foi possível fazer o que fez: contratar para o mesmo clube brasileiro todo um elenco de jogadores em nível de seleção nacional. Depois dele, nunca mais. Os clubes brasileiros, sem exceção, entrariam pelo século XXI sem a menor condição de impedir que seus selecionáveis fossem fortalecer países de futebol mais endinheirado.

Tudo começou com Rivelino. No dia seguinte à sua eleição, lendo jornais de São Paulo em seu gabinete de juiz da Vara de Execuções Penais, Horta soube que o craque carregava nas costas o peso de implacável injustiça. A torcida corintiana, imensa, apaixonada e fiel, contava com o apoio da imprensa corintiana, não menos imensa, não menos apaixonada e não menos fiel, para crucificar Rivelino como responsável pela derrota para o Palmeiras na decisão do Campeonato Paulista de 1974, às vésperas do último Natal. Torcida e imprensa concentravam nos 90 minutos — nos quais Rivelino esteve mal, nervoso, nada dando certo — toda a frustração pelos 20 anos que o clube ficara sem ser campeão, dez deles tendo em Rivelino seu craque, seu ídolo, sua esperança.

Clubes movidos a paixão, como o Corinthians, aparentam sofrer mais quando passam tanto tempo em branco. O jovem torcedor ouve os mais velhos lembrarem os últimos campeões (no caso, o esplêndido Cláudio, o Pequeno Polegar Luisinho, o Cabecinha de Ouro Baltasar, atacantes no glorioso ano do quarto centenário de São Paulo) e pensam neles como peças de museu, lendas, nomes de um passado remoto. Como o insucesso gera inconformismo, e o inconformismo cega a razão, o torcedor sentia-se no direito de ver no técnico Osvaldo Brandão, que acabara de dar ao Palmeiras o título que dera ao Corinthians em 1954, um traidor. E nas “origens palmeirenses” de Rivelino a causa de sua má atuação e da própria derrota corintiana. Na boca do torcedor, vá lá, Rivelino até entendia. Mas, vinda de jornalistas, de quem esperava responsabilidade e isenção, a injustiça doía.

Com tudo aquilo na cabeça, Horta tomou o primeiro avião e foi a São Paulo buscar Rivelino. O que aconteceu nas três semanas seguintes daria um livro (na verdade, dois, um escrito por Nelson Mota e outro pelo próprio Horta). Foram várias viagens e horas de conversa para convencer o presidente do Corinthians, Vicente Mateus, bem como seu próximo sucessor, Wadi Helou, de que o lugar de Rivelino era nas Laranjeiras. A atitude, mais algumas intrincadas operações financeiras para levantar os três milhões de cruzeiros que Mateus queria pelo jogador, não era coisa de um presidente do aristocrático Fluminense, resmungava a oposição. Mas Horta não recuou. Banqueiros, beneméritos, políticos e até os governadores Laudo Natel e Chagas Freitas foram de alguma forma mobilizados por ele ao longo de sua empreitada. Com o futebol em recesso, os jornais falavam mais dele do que do próprio Rivelino, início de um namoro com a popularidade, com as luzes da ribalta, do qual, deliciado, Horta jamais abdicaria.

O que conta é que a maior estrela do futebol brasileiro, dos tempos pós-Pelé, Gérson e Tostão e pré-Zico e Falcão, estreou no Fluminense no sábado de carnaval, 6 de fevereiro, marcando três gols na vitória de 4 a 1 sobre o Corinthians. Não deu a isso um cunho de forra, de “vejam só o que vocês perderam”, ou algo assim. Não era do seu feitio. Sentiu, apenas, que ali começava nova etapa no futebol e na vida, a mais feliz, a mais vitoriosa, a de maior aprovação por parte da crônica, da torcida, dos treinadores. Pelo Fluminense, a alegria de lotar estádios, de ser bicampeão carioca em 1975 e 1976. Lamentaria não ter sido campeão brasileiro, o Fluminense estacando em duas semifinais. A de 1975 ainda dava para aceitar, mesmo sendo o ano do seu "melhor Fluminense" (a dupla que fizera com Manfrini jamais seria esquecida). Era preciso reconhecer que o Internacional também tinha sua máquina, Manga no gol, o chileno Figueroa na zaga, Falcão e Carpeggiani no meio-campo, Valdomiro, Flávio e Lula no ataque. Mas a de 1976, perdida nos pênaltis para um Corinthians cuja torcida invadira o Maracanã em dia de temporal, essa era difícil de engolir. Não por ser contra o antigo clube, mas porque, o Brasil inteiro sabia, o time do Fluminense era muito melhor.

O tricampeonato carioca que não aconteceu é outra história. A ala mais conservadora do clube começava a se render ao estilo de Horta, a torcida estava cada vez mais seduzida por ele, agora de olho no terceiro título carioca consecutivo que o Fluminense deveria conquistar em 1977, quando o irrequieto presidente, não vendo limites para suas ambições, acreditou ser possível engrandecer não só o seu clube, mas todo o futebol carioca. Se Flamengo, Botafogo, Vasco, os principais clubes do Rio, conseguissem armar times fortes como o seu, seria uma festa, domingos de Maracanã lotado, rendas fabulosas, dinheiro aos montes para que todos pudessem investir em craques como Rivelino. Do sonho, Horta passava ao delírio. Detonava uma operação logo conhecida como "troca-troca", por meio da qual os clubes do Rio trocariam seus craques como se fossem figurinhas carimbadas. O objetivo era movimentar o futebol, fortalecer e renovar todos os times para que, a cada começo de temporada, apresentassem "novas atrações" às suas torcidas. Não funcionou. Além de não montar outras máquinas, Horta destruiu para sempre a máquina que havia montado. Já no pontapé inicial do troca-troca, extrapolou. Cedeu Paulo César, Gil e Rodrigues Neto ao Botafogo em troca de Marinho Chagas, o "bruxo louro" por quem tinha confessada fixação. Para o Flamengo, foi Carlos Alberto Torres. Para o Vasco, já tinham ido Zé Mário e Marco Antônio, e agora ia Dirceu, os quais, por ironia, campeões naquele ano, frustrariam o tri tricolor.

★★★★★★

Finda a Copa de 1978, Rivelino tinha voltado ao Brasil revoltado e triste. Ser "campeão moral" não lhe servia, sobretudo por saber que não teria oportunidade de disputar outra. O que ele não sabia é que seu destino sofreria mais uma mudança, dessa vez para muito longe.

Kaled Al-Salud, príncipe saudita, tinha os baús entupidos de petrodólares e adorava futebol. Juntando uma coisa à outra, fez-se dono do Al-Helal, um dos clubes de Riad. Atraído pelo futebol brasileiro em geral e por Rivelino em particular, mandou um emissário ao Rio conversar com o Fluminense e o jogador. O novo presidente do clube, Sílvio Vasconcelos, não resistiu ao que o Al-Helal tinha a oferecer. Muito menos Rivelino, que via ali a oportunidade de uma aposentadoria tranquila. Antes, foi com Maísa conhecer a Arábia Saudita. Além de luvas e salários impensáveis em termos de clubes do Rio ou de São Paulo, o príncipe lhes oferecia uma mansão, uma Mercedes, anuidades para os três filhos em colégio americano. E a boa notícia de que seu treinador seria Paulo Amaral, seu primeiro no Corinthians.

Nos três anos de Al-Helal, Rivelino teve a sorte de só ser dirigido por brasileiros. Pela ordem, Paulo Amaral, Zagalo, Rubens Minelli e João Carlos, ex-preparador físico de Zagalo. Foi campeão nacional em 1979 e da Copa do Rei em 1980. Ídolo da torcida, que gritava seu nome toda vez que tinha a bola nos pés, "Rivu! Rivu! Rivu!", adaptou-se ao futebol e à vida do país. Por revidar a agressão de um adversário, foi suspenso por três meses, fato que sequer arranhou sua popularidade. Em 1981, concluída a terceira temporada, recusou nova proposta milionária para renovar contrato. Disse "não" ao dono do time e voltou para o Brasil. Segundo os jornais paulistas que noticiaram o fato, porque o príncipe exagerava em seu interesse por Maísa. Segundo o próprio Rivelino, nada disso. Simplesmente, não era mais hora de jogar para árabe ver.

Estava decidido a largar o futebol quando, morando perto do São Paulo, foi tratar-se de problemas musculares no moderno departamento médico do clube. Um dia, Mário Travaglini, o mesmo que o vetara no Palmeiras, convidou-o para treinar. Treinou, driblou, lançou, como se os 36 anos não lhe pesassem. O São Paulo quis contratá-lo, mas o Al-Helal não lhe liberava o passe. A convite de Sérgio Echigo, o do elástico, fez uma experiência de seis meses como treinador em Shizuoka, cidade a uma hora de trem de Tóquio. Estranhou o estágio ainda atrasado do futebol profissional japonês e veio embora. Sentiu-se, pela primeira vez, atraído por uma vida mais tranquila, a família, os passarinhos, os comentários para a televisão e o descompromissado futebol de *masters* que faria jovens torcedores recém-chegados perguntarem por que aquele craque não era titular de um time de primeira divisão. Tranquila até na agitada escolinha que fundou com Ado, goleiro reserva da seleção de 1970, depois transferida para projeto próprio, o Rivelino Sport Center, que um dia funcionaria no Brooklyn, onde tinha sido a olaria da família.

Há diferenças entre o Rivelino em campo, nervoso, agitado, irritadiço, embora lúcido na criação de suas jogadas, e o Rivelino longe da bola, calmo, sem pressa, extremamente educado. Este, olhando para aquele, sempre se viu como um craque abençoado, nascido para jogar bola. Jeito de peladeiro, alma de artista, mas craque. Com uma humildade difícil de encontrar em astro de sua grandeza. O *kaiser* Franz Beckenbauer, depois de um amistoso entre a Seleção brasileira e um combinado da Fifa, poderia dizer: "Vim para ver Pelé e acabei vendo Rivelino." Diego Maradona poderia confessar: "Meu futebol se inspirou no maravilhoso futebol de Roberto Rivelino." Outros poderiam chamá-lo de fenomenal, extraordinário, magnífico, genial. Mas ele nunca o entenderia como conquista pessoal, algo que tivesse trabalhado como atleta exemplar, dos que cuidam do físico e lapidam a técnica com o suor de um operário. Um predestinado que deve o que é... "ao Homem lá em cima".

Como prova documentada de que recebera esses dons, de que era um eleito, citava a propaganda feita em 1971 para as bolas Rivelino, fabricadas pela Trol: um gigantesco *outdoor* em que aparecia chutando uma bola no seu estilo inconfundível. Dias depois, visitando a mãe, folheou o álbum de fotos da família e estancou emocionado diante de uma delas: ele, aos dois anos, com uma bola no pé esquerdo, exatamente na mesma pose do *outdoor*. Em suma, já tinha nascido Rivelino.

A facilidade de fazer amigos deve-se justamente a essa humildade, a jamais ter sido rival do homem com quem disputava posição, a nunca fazer críticas a esse ou aquele. Sempre jogou seu futebol como fã que admira o futebol dos outros. Por exemplo, durante os jogos da Copa do Mundo de 1970, olhava para o banco, via Paulo César e Edu entre os reservas e pensava: "Deus do céu, com aqueles dois gênios do lado de fora, o que é que eu estou fazendo aqui?"

Muito de sua história, pelo menos em seu coração, está para sempre ligado à infância. Na foto, na escolinha plantada nas terras do avô, na presença do pai que se foi em 2003, nos passarinhos, nas peladas. Quando voltou do México, ele e os seis outros paulistas tricampeões que desembarcaram em Congonhas tiveram inesperada acolhida pelas ruas de São Paulo. Inesperada porque as recepções oficiais tinham sido em Brasília e no Rio. Não refeito do carinho com que foram saudados no topo do carro de bombeiros, encontrou a rua de casa coberta de pétalas de rosa, homenagem dos vizinhos. Pisou, agora floridas, as pedras da infância do fominha Roberto.

//Tostão

Por combinar o que há de melhor no craque europeu e sul-americano, e o que há de melhor nas velhas artes e nas novas ciências do jogo, ele bem poderia ser o símbolo perfeito de uma grande Copa do Mundo em 1974. Só de pensar nisso o coração bate mais forte.

HUGH MCILVANNEY

Quem foi o melhor jogador da Copa do Mundo de 1970, aquela em que o Brasil conquistou de vez a Taça Jules Rimet? A imprensa internacional, quase unanimemente, respondeu como já era esperado: Pelé. Não só por reconhecer o magnífico futebol que ele exibiu nas seis partidas, mas também como forma de premiar "o maior jogador do mundo" pelo significado pessoal daquela conquista. Era a primeira Copa, desde 1958, que Pelé cumpria até o fim, guerreiro tirado de combate por uma distensão muscular em 1962 e pelas rasteiras de um beque português em 1966. Era a primeira oportunidade de provar que suas limitações visuais, propaladas meses antes por João Saldanha, então técnico da Seleção brasileira, não o impediam de ser Pelé. E era, possivelmente, como acabaria sendo, a última vez em que as luzes de seu talento iluminariam a maior festa do futebol.

Mas este, o futebol, tem entre seus encantos — talvez o mais apaixonante — as várias faces que oferece aos olhos do observador, do analista, do técnico, do torcedor, todas verdadeiras. Essa pluralidade, ao mesmo tempo em que incendeia as discussões, dá a cada um a convicção de que foram os seus olhos que registraram a única verdade entre tantas verdades. Por exemplo, alguns dos que acompanharam de perto o que aconteceu no verão mexicano de 1970, mesmo reconhecendo a soberania de Pelé, ficaram em dúvida se não deveriam ter votado em Tostão. Não como o melhor, não como o que mais contribuiu para a vitória brasileira, muito menos como o mais popular, o ídolo, o herói. Em todos esses quesitos Pelé era imbatível. O que chamava a atenção em Tostão era a capacidade de unir a excelência técnica, dom de todo craque, à inteligência tática com que se colocava ou se movia em campo, dom de poucos. Seus eventuais eleitores, na maioria europeus, reconheciam nele o legítimo precursor de um futebol em que seria possível ter os dois, o técnico e o tático, no mesmo jogador. Não o centralizador, o organizador, o que comanda as ações da equipe, como já tinham sido os brasileiros Romeu, Zizinho e Didi, e ainda era Gérson, mas o craque capaz de descobrir sozinho os próprios espaços em campo, o próprio lugar no jogo, sua missão, suas táticas.

Duas verdades entre tantas: estava certa a imensa maioria que consagrou Pelé, como estavam certos os mais atentos ao papel de Tostão na Seleção brasileira e no próprio futebol. Pelé era a perfeição personificada. Não um craque, mas o craque. Ninguém melhor do que ele para representar o futebol tricampeão do mundo. Tostão era o amanhã, o futuro, o dia em que times formados por vários jogadores como ele, livres de sistemas e treinadores, pudessem ser para o futebol o mesmo que grupos formados por músicos geniais, livres de partituras e maestros, tinham sido para o velho jazz: milagres da improvisação coletiva.

A previsão dos teóricos de fato se confirmaria em 1974, quando a melhor seleção jogaria como se fosse um grupo de jazz. Se um capricho dos deuses impediria Tostão de ser na Copa da Alemanha o símbolo desse futebol de sonho, pior para o futebol.

★★★★★★

O apelido ninguém sabe quem deu. O mais provável é que tenha sido um dos adultos que gostavam de ver a garotada em ação no campo de grama ou numa das quadras de cimento do IAPI, conjunto de 900 apartamentos onde a família morava em Belo Horizonte. Eduardo Gonçalves Andrade (sem o “de” que costumam inserir entre os dois últimos nomes) tinha seis ou sete anos e era tão bom de bola quanto os de 12 ou 13 que atuavam com ou contra ele. No tamanho, não no valor, um níquel de tostão no meio de moedas de cruzeiro.

Um desses adultos, Osvaldo Andrade, pai do menino, nada teve a ver com o apelido. Aceitou-o, apenas. Bancário, ex-jogador e eterno torcedor do América, era louco por futebol. Transmitia aos quatro filhos, em especial ao caçula, a certeza de que nada era mais divertido, excitante, prazeroso, envolvente, contagiante: "Quando não tinha bola de couro", lembraria com saudade o menino já crescido, "jogava com a de plástico, borracha, meia e, se não tinha nenhuma, com a de gude." Jogava todo dia, nos locais apropriados ou no pátio proibido onde o rapa aparecia de surpresa (em algumas dessas batidas, o menino miúdo foi apanhado, levado pela mão do guarda e condenado à pena rigorosa demais para crime tão leve: lavar com água e sabão o chão do posto policial do bairro). O pai não se zangava. Melhor acompanhar o filho e ajudar o time de garotos, o Industriários Futebol Clube, com conselhos, instruções, reparos, incentivos e bananas para recuperação do potássio perdido na correria.

Nascido em 25 de janeiro de 1947, Tostão conheceu cedo as emoções do futebol. Como no amistoso do time do bairro contra o infantil do Atlético, campeão da categoria. O ponta-esquerda faltou, ele foi escalado em seu lugar, marcou o gol da vitória e experimentou pela primeira vez a sensação de ser carregado nos ombros da torcida. De noite, em seu quarto, chorou, cena que se repetiria, mais forte, duas décadas depois.

Aos 13 anos, passou a dividir o prazer de jogar bola entre o futebol de salão do Cruzeiro e o futebol de campo do América. Apesar da idade, já como juvenil. Como tantos excelentes jogadores cujos primeiros passos se deram entre os limites de uma quadra, muito de sua técnica, sobretudo a do drible curto, foi aprimorada ali. Já sua melhor característica, o raciocínio rápido para descobrir espaços, exigia as dimensões de um campo maior. Por isso, ele acabou levando o drible curto do salão para o time de campo do pai. Dirigindo esse time, um personagem inesquecível, o técnico Biju, rico de dinheiro e de espírito. Intuitivo conhecedor dos fundamentos do jogo, Biju passou a Tostão bons ensinamentos: jogar de cabeça erguida, com os olhos abertos, alertas, e fazer do passe longo uma arma tão eficaz quanto o drible curto. Além disso, Biju terá transmitido ao jovem pupilo, talvez sem o saber, o quanto valia treinar, repetir e repetir jogadas, corrigir eventuais deficiências, para atingir a destreza, o esmero técnico, não do bom jogador, não do jogador aplicado, mas do craque. Detalhe não menos considerável: exercitar cada vez mais o pé direito, até então, na boa gíria do futebol, "cego". Tostão descobria aos poucos que, enquanto jogasse, seu melhor treinador seria ele mesmo, o que explica a futura habilidade para inventar táticas sem pensar muito no que o treinador de verdade traçaria no quadro-negro.

Tostão vestiu a camisa listrada verde e branca do América até o dia em que o Cruzeiro decidiu requisitá-lo também para o futebol de campo. Ofereceu-lhe contrato, bom para o jovem estudante de 16 anos. Aceitou. Osvaldo, por menos que gostasse da ideia de vê-lo noutro clube, apoiou-o. Assinou como responsável autorização para o filho menor se profissionalizar. Até terminar o curso científico, em 1965, Tostão treinava de dia e estudava de noite. Naquele ponto, parou para se decidir entre o futebol e uma faculdade. Como se verá, escolheu certo.

★★★★★★

Minas sempre abasteceu o futebol brasileiro de excelentes jogadores. Nem é preciso citar Pelé, cujas sementes de craque estão plantadas muito mais em Bauru do que em Três Corações. O mineiro sempre amou a bola, fosse em sua bela capital, fosse nas cidades do interior, onde o futebol de pés descalços era o único e irresistível brinquedo de sua infância. Só que, por muito tempo, Minas só fez isto: abastecer. Criava talentos para depois vendê-los a clubes do Rio e de São Paulo, os dois centros que, por situação e tradição, eram as duas capitais do futebol brasileiro.

No Campeonato Mineiro, criado mais de uma década depois do Carioca e do Paulista, na maioria das vezes o que acontecia era um dos concorrentes superar os demais por anos seguidos, começando pelo América de Osvaldo Andrade, decacampeão de 1916 a 1925, proeza reconhecida pelo *Guinness Book of Records*. O mesmo América, o Palestra Itália (antes de a guerra mudar-lhe o nome para Cruzeiro), o Vila Nova e o Atlético, um após outro, reinaram por certos períodos, ganhando tris, tetras, pentas e até um hexa. Mas nenhum deles conseguiu ultrapassar os limites do estado e garantir presença na elite do futebol brasileiro. Não até 1965, quando nasceu o Cruzeiro de Tostão.

Corrigindo, o Cruzeiro não só de Tostão, mas de tantos, produto de um desses admiráveis acasos que fazem grandes times surgirem do nada, sem contratações bombásticas, sem investimentos milionários, formando seus craques a partir de meninos que chegam para treinar nas divisões de base ou de jogadores que não deram certo em outros clubes. Como tinha ocorrido, para citar exemplo então mais recente, com o Santos de Zito e

Mengálvio, Dorval e Pepe, Coutinho e Pelé, estrelas que foram parar em Vila Belmiro caídas do céu, ou quase isso.

Tostão foi o primeiro a chegar. Dezesseis anos, idade de juvenil mas já profissional, foi logo para o time de cima (apesar de um treinador recém-contratado, o ex-botafoguense Marinho Rodrigues, achá-lo lento demais). Outros craques foram aparecendo na Toca da Raposa para formar, sem qualquer planejamento, a "academia cruzeirense", para muitos a mais brilhante equipe de futebol da história de Minas, pentacampeã estadual de 1965 a 1969. Santos e Botafogo, o paulista e o carioca que reinavam desde 1957, não estavam mais sozinhos.

Mil novecentos e sessenta e cinco, ano de abertura do Estádio Minas Gerais, logo popularizado como Mineirão (Tostão com a camisa da seleção mineira na primeira partida), foi também o da criação da academia. Feliz coincidência: estádio e time inaugurando novos tempos. O técnico, Aírton Moreira, irmão de Zezé e Aimoré, não era muito de inventar táticas e sistemas, mas conhecia bem o estilo de cada jogador e obtinha deles, individualmente ou em conjunto, o melhor rendimento. Aírton dirigiria o Cruzeiro até 1967, saindo na metade do ano do tricampeonato.

O primeiro título — já com Tostão, Dirceu Lopes, Wilson Piazza, Hílton Oliveira e Natal como alicerces do que chegaria ao pentacampeonato — teve como segundo lugar o América, mas o mais significativo foi ter acendido entre Cruzeiro e Atlético a rivalidade que se estende até hoje. No primeiro confronto no novo estádio, o Cruzeiro vencia por 1 a 0, gol de Tostão, quando vários jogadores do Atlético foram expulsos. Incentivados pelos dirigentes, tinham agredido o árbitro Juan de la Pasión, que marcara um pênalti, segundo os atleticanos, inexistente. O jogo não acabou. Nem as discussões entre as duas torcidas.

Tostão foi o artilheiro dos quatro primeiros campeonatos do Cruzeiro (ainda hoje, com 242 gols, ele é o número um da história do clube, recorde do qual nenhum jogador em atividade em 2010 tem condições de se aproximar). Fundamental para a soma desses números foi a parceria com sua alma gêmea no futebol, o extraordinário Dirceu Lopes, mais veloz do que ele, de passadas mais rápidas e igual lucidez. As tabelas entre os dois eram medidas, sutis, sempre deixando na defesa contrária a dúvida sobre quem iria finalizar (com 223 gols, Dirceu ainda é o segundo lugar entre os maiores artilheiros do clube). O melhor time do Cruzeiro naqueles cinco anos, o do tri em 1967, realmente se apoiava no talento dos dois, mas o que o tornava excepcional era todo o elenco: o goleiro Raul com sua camisa amarela e sua classe; Piazza com sua eficiência; Zé Carlos, que chegara depois, com todas as qualidades que um meio-campista precisa ter; Evaldo, vindo do Fluminense, centroavante armador em quem Tostão ainda se espelharia; e os extremas avançados Natal e Hílton. Um supertime, agora sob o comando de Orlando Fantoni.

Mas foi ainda com Aírton Moreira que o Cruzeiro conseguiu, no final de 1966, os resultados que o legitimaram para além de Minas: as vitórias sobre o Santos, com Pelé e tudo mais, nas finais da Taça Brasil. A primeira, 6 a 2 no Mineirão, já seria o suficiente. Mas a segunda, no Pacaembu, causou impacto ainda maior. O primeiro tempo terminou em 2 a 0 para o Santos. Mendonça Falcão, presidente da Federação Paulista, e Athiê Jorge Curi, do Santos, nem esperaram os jogadores voltarem para o segundo tempo: foram ao vestiário para convencer Felício Brandi, presidente do Cruzeiro, de que a terceira partida, decisiva, deveria ser dali a duas noites, no Maracanã. Brandi expulsou-os de lá aos gritos. Chamou Fantoni, Piazza, Tostão, todo o time:

— Voltem ao campo e calem a boca desses idiotas.

Foi o que fizeram. Tostão perdeu um pênalti, mas fez o primeiro gol, deu passe para Dirceu Lopes marcar o segundo e participou da jogada com que Natal decidiu: Cruzeiro 3 a 2.

★★★★★★

Causas e consequências do injustificado otimismo que tomou conta do futebol brasileiro em relação à Copa do Mundo de 1966 já estão abordadas no capítulo sobre Gérson. Como se costuma dizer, Vicente Feola acertou no que não viu: convocando 45 jogadores de modo a agradar o maior número dos clubes e federações que o pressionavam, acabou levando para aquela seleção um mineiro destinado a ser dos maiores craques de sua geração e — ainda não se podia saber — um dos poucos entre os 45 em condições de dar o tricampeonato mundial ao Brasil. Pois foi como parte dos agrados políticos a que Feola e a comissão técnica estavam obrigados que se convocou um jogador de Pernambuco, Nado; outro do Rio Grande do Sul, Alcindo; e um terceiro de Minas, Tostão. Os três foram recebidos no Rio, pelos repórteres que cobriam os exames médicos e os primeiro treinos, com um misto de desconfiança e deboche. Um deles perguntou a Tostão.

— Você não se acha muito baixo pra jogar no ataque?

Tostão, apenas um centímetro menos do que Pelé, sugeriu fazerem a pergunta ao que tinha apenas um centímetro mais.

Outro repórter, irônico, disparou:

— A camisa da seleção não pesa demais num mineiro?

Tostão tirou a camisa, colocou-a na balança e respondeu:

— Pesa o mesmo que a do Cruzeiro.

Apesar de pouco acreditado, conseguiu ficar entre os 22 inscritos, cuja escolha final só se deu em Liverpool, onde o Brasil fez suas três partidas das oitavas de final. Tostão só entrou na segunda. Jogou bem, fez o gol brasileiro, mas saiu de campo com a sensação de que os 3 a 1 para a Hungria punham a pique o sonho do tri. Se se sentiu frustrado, envergonhado com tão pobre desempenho dos bicampeões, a volta a Belo Horizonte reanimou-o: uma multidão foi esperá-lo no aeroporto para levá-lo em carro aberto pela cidade e saudá-lo como único a se salvar do naufrágio, orgulho de Minas, campeão, herói. Como se o seu gol no húngaro Jozsef Gelei tivesse dado o tri ao Brasil.

Um ano depois, já não seria o único jogador de Minas na Seleção brasileira. Wílson Piazza, Dirceu Lopes e Hílton Oliveira também foram convocados para enfrentar o Uruguai em Montevidéu pela Copa Rio Branco. Os quatro participaram das três partidas (uma vitória brasileira e dois empates), mas já com o pensamento em outra taça, a Libertadores da América, em que o bicampeão mineiro, por desistência do Santos, era o único representante do Brasil. Os quatro do Cruzeiro, que antes tinham vencido o Nacional e o Peñarol em Belo Horizonte, permaneceram em Montevidéu à espera do restante do time para decidir o grupo com os uruguaios. O Nacional desclassificou o Cruzeiro, graças à espetacular atuação do goleiro brasileiro Manga, mas perderia o título para o Racing de Buenos Aires.

Em 1968, a CBD criou a Comissão Selecionadora Nacional (Cosena), outro ponto detalhado no capítulo sobre Gérson. Com ela, procurava-se distribuir entre Aimoré e outros treinadores, mais os palpiteiros habituais, as tarefas de convocar e escalar a seleção. O primeiro teste da Cosena foi outra excursão de estudos em junho e julho. Na estreia contra a Alemanha Ocidental, em Stuttgart, tal foi a superioridade da seleção de Helmut Schön que a derrota por apenas 2 a 1 foi quase um prêmio para os brasileiros. Tostão fez o gol de honra, levou uma pancada na canela esquerda e terminou o jogo com dor. Nos três dias até o segundo jogo, contra a Polônia em Varsóvia, submeteu-se a aplicações de infravermelho. Por distração, ou pela vontade de se recuperar depressa, exagerou no tempo de exposição e sofreu queimadura no local. O médico Lídio Toledo foi categórico:

— Você está fora do próximo jogo.

— Fora por quê?

— Não tem condições. Olhe só pra esta ferida.

Tostão olhou e não viu nada que o impedisse de jogar. Um curativo, caneleira, meia por cima e estava resolvido o problema.

— Não dá, Tostão — insistiu Lídio.

Uma discussão entre os dois punha em confronto um doutor desobedecido pelo jogador e um jogador que não confiava no doutor. Tostão ouvira histórias de como médicos de seleção podiam influenciar o técnico na hora de escalar o time. Ou de técnicos que, querendo barrar um jogador, pediam ajuda ao médico. Talvez não fosse o caso, mas Lídio era médico do Botafogo e, com Tostão de fora, quem entraria era o botafoguense Roberto Miranda. Isso depois de uma derrota. E numa partida para a qual Gérson tinha pensado num plano tático que podia fazer os três, ele, Rivelino e o próprio Gérson, funcionarem. Por isso Tostão bateu pé, ganhou a discussão com Lídio e jogou.

Não houve outros problemas entre ele e o médico no restante da excursão. Pelo contrário, dali e por todo tempo em que trabalhariam juntos Tostão receberia de Lídio Toledo a maior atenção, os melhores cuidados e, quando preciso, total apoio. Fora isso, com todos os seus percalços — cinco derrotas em 17 partidas — 1968 tinha sido um ano proveitoso, um laboratório que talvez permitisse ao indefinido Aimoré encontrar o rumo certo para as eliminatórias da Copa do Mundo.

Só que Aimoré já não seria o homem. No dia 4 de fevereiro de 1969, João Saldanha era apresentado a uma imprensa perplexa como novo técnico da Seleção brasileira.

★★★★★★

A primeira atitude de Saldanha, uma vez empossado, foi anunciar os 22 jogadores, titulares e reservas, para as eliminatórias da Copa do Mundo. Rechaçava com isso qualquer tentativa da cartolagem de trabalhar pela convocação desse ou daquele, do seu clube ou de seu estado, como sempre ocorrera. Seus 11 titulares: Félix, Carlos Alberto, Djalma Dias, Brito, Rildo, Wílson Piazza, Gérson, Jairzinho, Dirceu Lopes, Pelé e Tostão, ditados assim, nessa ordem e sem as habituais pausas entre defesa, meio-campo e ataque. À primeira vista, Saldanha optava por um 4-2-4. Mas não se deve levar ao pé da letra a escalação de Tostão na ponta esquerda. O que Saldanha tinha em mente eram quatro zagueiros, nunca lado a lado, naquilo que ele chamava de "linha burra"; Jairzinho e Pelé como atacantes livres de qualquer rigor tático; e quatro cérebros atuando, também livremente, entre estes e aqueles. Desse modo, visto mais atentamente, era quase um 4-4-2. Saldanha já via em Tostão um jogador capaz de armar, atacar, entrar pelo centro ou cair para a esquerda, fazer tabelas na corrida, passar ou concluir. Em síntese, craque completo. Se a palavra polivalente ainda não estivesse para ser inventada, ou para virar moda na década seguinte, serviria a Tostão como a nenhum outro.

Foram três amistosos antes da estreia nas eliminatórias, todos no Maracanã. O terceiro, contra a Inglaterra, teve sabor especial para Saldanha e para Tostão. Por ser uma vitória sobre os campeões do mundo, ainda dirigidos por Alf Ramsey (com quem Saldanha tivera aceso debate pela televisão inglesa) e por ter Tostão marcado o gol da vitória num jogada que o *manager* inglês definira como "de pura sorte", mas que já fazia parte de seu repertório: o drible curto e o raciocínio rápido para finalizar. No caso, perdendo o equilíbrio, caindo e tocando a bola para as redes de Gordon Banks. Ramsey não via senão sorte num jogador baixo superar seus corpulentos beques e vencer, ainda por cima deitado, um dos maiores goleiros do mundo.

Para o Brasil, as eliminatórias começariam em Bogotá, a 2.640 metros de altitude. Como sempre fizera em seus comentários em rádio e jornal, Saldanha defendia que o único modo de enfrentar o ar rarefeito, maior adversário de times brasileiros que atuavam em locais altos, era chegar lá pelo menos duas semanas antes da partida. O procedimento, hoje tão óbvio, na época foi combatido por alguns dirigentes, de clubes e da CBD, os desta por considerarem gasto desnecessário a demorada estada em Bogotá e os daqueles por terem de ceder seus jogadores por tanto tempo. Para sorte do Brasil, a opinião de Saldanha prevaleceria mesmo depois de sua queda: a ambientação à altitude do México, em 1970, seria feita com a antecedência sugerida por ele.

Tostão entendeu que as duas semanas sem fazer nada, senão treinar, poderiam ser entediantes, mas na certa contribuiriam para que a Seleção, respirando como se estivesse ao nível do mar, passasse pela Colômbia. A principal distração que encontrou no luxuoso hotel em que se hospedaram foi a televisão. A cobertura do antes, durante e depois da chegada do homem à Lua preencheu as horas livres antes da estreia. Fora isso, havia os demorados papos com Saldanha, nos quais pouco se falava de futebol. O Brasil, os problemas do Brasil e as histórias que tinha vivido em suas incríveis viagens pelo mundo eram os temas de Saldanha. Também falava de política, mas sem proselitismo, sem ditar regra, sem tentar fazer com que os jogadores pensassem como ele. Vivo demais para isso, sabia que aquele não era o tempo ou o lugar para pregações.

A seleção de fato se saiu bem na estreia: 2 a 0, dois gols de Tostão, ambos no primeiro tempo (no segundo, num choque de cabeça com um colombiano, ele sofreu um corte no supercílio, levou alguns pontos, mas continuou firme, o acidente não tendo consequências). Os 11 titulares que entraram em campo foram exatamente os que Saldanha anunciara no dia da posse. E mudariam muito pouco nos cinco jogos restantes. Um dos méritos de Saldanha foi este, dar uma cara a uma seleção que tradicionalmente vivia pagando caro pelas dúvidas dos treinadores. Os dias de Feola e Aimoré ficavam para trás. A isso se deve a campanha brasileira: seis vitórias em seis partidas, 23 gols marcados e apenas dois sofridos. Tostão, com seus dez, foi o artilheiro de toda a fase de classificação cumprida por seleções de 168 países. Seria também, pelo menos por mais 48 anos, o maior artilheiro do Brasil numa só eliminatória.

Mas não estava ali sua maior virtude. Não aos olhos de Saldanha. Quem tinha Pelé e Jairzinho como atacantes não precisava dar-se ao luxo de ter um Tostão só para fazer gols. Não sendo treinador apegado a teorias, esquemas ou equações, Saldanha limitava-se a optar por uma formação básica e deixar por conta de admiráveis improvisadores, como Gérson e Tostão, as táticas exigidas pelo momento. Com uma diferença: enquanto Gérson era o grande organizador da equipe, falando, correndo, passando ou finalizando, mas sempre apontando caminhos para os outros (tudo com uma consciência tática que dispensava ordens ou sugestões vindas de fora), Tostão era o organizador de si mesmo, descobrindo os atalhos que poderiam levá-lo à melhor posição em determinada jogada e assim ajudar o time. Sistema? Fosse o 4-2-4, o 4-3-3 ou outro qualquer, ele estaria onde bem entendesse, onde seu raciocínio e sua sensibilidade indicassem. Se Saldanha tinha consciência do quanto dependia dos dois, nunca disse. Mas, pela ilimitada confiança em Gérson e pela imensa admiração por Tostão, é provável que sim.

Dispensados após a última vitória — sobre o Paraguai, em dia de recorde de público no Maracanã — os cruzeirenses Tostão, Dirceu Lopes e

Wílson Piazza já voltavam ao Rio no domingo seguinte para enfrentar o Fluminense pela primeira rodada do Torneio Roberto Gomes Pedrosa, o Robertão, que dois anos depois, ampliado, viraria o Campeonato Brasileiro. Na noite de 24 de setembro, quarta-feira, o Pacaembu castigado pela forte chuva que desabou sobre São Paulo, o Cruzeiro fazia contra o Corinthians sua quinta partida. Do resultado (Corinthians 2 a 0) poucos se lembrariam. Na memória de quem viu — e até na de quem não viu — permaneceria um lance, aparentemente sem importância, que acabaria mudando o rumo de nossa história. Escorregando na grama encharcada, Tostão caiu de frente, com o rosto voltado para a bola entre ele e Ditão. Mais categoria tivesse, ao ver o adversário sem ação, o zagueiro teria dominado a bola ou a passado a um companheiro. Mas Ditão era Ditão. Como de seu feitio, preferiu encher o pé, com toda a força, sem olhar para onde. Pesada, coberta de lama, a bola atingiu em cheio o olho esquerdo de Tostão.

A suspeita de descolamento de retina foi confirmada em Belo Horizonte pelo médico Geraldo Queiroga. A parte nobre do olho comprometida, e de forma grave pela velocidade da bola, era caso de cirurgia. De repente, o jogador que conquistara o torcedor brasileiro, por sua simpatia, seu jeito simples e, principalmente, seu futebol e seus gols, deixava o país de coração apertado. Desfalcaria a seleção na Copa? Voltaria a jogar? Ou não seria mais do que um susto? Era cedo para saber. Contrariando os mineiros, que se orgulhavam da famosa clínica oftalmológica de Hílton Rocha e que não viam motivos para o tratamento ser feito em outro local, Queiroga sugeriu que Tostão recorresse a outro mineiro, Roberto Abdala Moura, há anos trabalhando no Hospital Metodista de Houston, Texas. O que foi feito.

★★★★★★

João Saldanha foi ao Aeroporto do Galeão desejar boa sorte ao artilheiro que, de olho esquerdo vendado, ia embarcar para Houston numa viagem a bordo de incertezas. Dezenas de repórteres o cercaram. Com seu jeitão franco, foi logo dizendo:

— Tostão já está convocado para a Copa. Espero por ele até a hora de assinar a súmula do primeiro jogo.

A operação foi um sucesso. Abdala Moura cuidou pessoalmente de tudo. Após quatro meses de expectativa, o Brasil inteiro querendo saber se Tostão ficaria bom em tempo, o médico o liberou. Naturalmente, com uma série de restrições. Reconvocado em fevereiro, Tostão apresentou-se para seguir a série de exercícios especiais recomendados pelo oftalmologista e, aos poucos, foi voltando à forma perdida longe da bola.

No dia 17 de março, Saldanha foi demitido. Para uns, por motivos políticos, como se só então os militares no poder descobrissem nele o comunista que sempre fora; para outros, por atitudes que deixavam João Havelange mal perante o ministro da Educação, Jarbas Passarinho, que pedia paz para a Seleção. Essas atitudes (ir de revólver atrás de Yustrich, barrar Pelé, não convocar Dario, acumular o cargo de técnico com o de comentarista de TV, rádio e jornal) eram de homem mais estressado do que lúcido, diferente do líder das eliminatórias.

Em seu lugar, Mário Jorge Lobo Zagalo. Que tinha as próprias ideias sobre como armar a seleção, entre elas a de seu indefectível 4-3-3 com ponta-esquerda recuado. A preferência de Zagalo por um centro-avante típico (Roberto Miranda ou Dario, que ele convocara para o lugar de Toninho Guerreiro, cortado por Lídio Toledo ainda ao tempo de Saldanha) e por um armador que de fato jogasse pela margem esquerda do campo (Paulo César), deixava claro que Tostão, mesmo recuperado, seria o reserva de Pelé. Zagalo não fazia segredo disso.

— Se você tiver dois grandes goleiros, o que faz? — perguntou a um grupo de amigos que o cercara para saber de Tostão e Pelé.

— Escalo o melhor — respondeu um deles.

— O mesmo acontece com dois atacantes de iguais características: escalo o melhor e deixo o outro na reserva.

No dia 30 de março, entre os amistosos com Chile e Paraguai, ambos no Maracanã, Tostão treinou com bola pela primeira vez. Um coletivo rápido, ele entre os reservas, mais interessado em recuperar o ritmo de jogo do que em brigar por um lugar no time. Não que tivesse se acomodado na condição de reserva de Pelé. Antes precisava convencer-se de que voltaria a ser o que era. Quem já estava convencido era Saldanha. Então e sempre. Por isso, o treino discreto, Tostão fazendo o trivial, foi transformado pelo ex-técnico, de volta ao jornalismo, na primeira e única crítica que faria a Zagalo.

"O treino de anteontem", escreveu Saldanha em sua coluna em *O Globo*, "evidenciou uma série de coisas importantíssimas para o futebol nacional. A primeira delas, e mais gritante de todas, é que Tostão não pode ficar de fora de time brasileiro algum. Jogue de que maneira jogar, em qualquer esquema. E vou mais longe: Tostão tem lugar em qualquer time do mundo."

Saldanha só errou no tempo do verbo: teria lugar em qualquer time do mundo, se recuperasse seu futebol. Com o que Zagalo acabaria concordando. Não por aquele coletivo, não pelo jogo em que a seleção se despediu antes de viajar para o México, vitória de 1 a 0 sobre a Áustria, Tostão voltando ao time, dando lugar a Dario no segundo tempo. O que fez Zagalo mudar de ideia, concluindo que o reserva de Pelé ficaria melhor ao lado de Pelé, foi o excepcional treino da seleção em Guanajuato, a duas semanas da estreia contra a Tchecoslováquia. A atuação de Tostão, seu perfeito entendimento com Pelé e Gérson, seus deslocamentos para não interferir na liberdade dada a Rivelino e Jairzinho tinham forçado o técnico a rever seus conceitos. Continuava preferindo um centroavante forte, entrão, além do mais em perfeitas condições físicas, como Roberto Miranda ou Dario. Mas Zagalo era inteligente o bastante para ver que, taticamente, Tostão oferecia mais opções ao time. E confirmou-o com a camisa 9 para a estreia. Pelé, Gérson, Rivelino, o capitão Carlos Alberto, todo o time foi cumprimentar o novo titular.

Quando tudo parecia bem, eis que Tostão acorda com uma hemorragia no olho. Chamado às pressas, Abdala Moura voou de Houston para a Cidade do México e de lá, de carro, por mais quatro horas, foi até Guanajuato, região central do país.

— Fique tranquilo — disse o médico. — É só a conjuntiva, o lado externo do olho. Lá dentro está tudo perfeito. Pode continuar jogando. Mais alguns dias essa vermelhidão some.

Tostão notou que o aspecto do olho, semelhante ao de uma conjuntivite grave, preocupava os companheiros. Perguntavam se enxergava direito, se poderia jogar, se o médico tinha certeza disso. Por conta própria, pediu uma reunião com Lídio Toledo, Antônio do Passo e sua comissão técnica. Falou-lhes da certeza de que poderia jogar, mas deixou-os à vontade:

— Se não tiverem confiança, se acharem que estão correndo algum risco, podem me cortar. Vou entender a decisão de vocês.

Ninguém quis cortar Tostão. Em vez disso, confiaram nele. E até lhe deram regalias: nos dias de folga, os pais, Osvaldo e Osvaldina, em viagem paga pelo filho, poderiam visitá-lo na fechadíssima concentração. E antes de cada jogo, a convite da CBD, Abdala Moura voaria de Houston para ver se estava tudo bem.

Tostão faria apenas dois gols na Copa, ambos contra o Peru. Ao contrário das eliminatórias, não foi como artilheiro que se destacou no México, já que Jairzinho, Pelé e Rivelino, nessa ordem, marcaram mais. Seus achados táticos é que fizeram dele um dos nomes da Seleção brasileira e da própria competição, verdade que os analistas europeus, mais atentos a esse aspecto do jogo, foram os primeiros a ressaltar.

São incontáveis os lances que exemplificam seu papel no México. Um deles, na oitava de final entre Brasil e Inglaterra, talvez a melhor e mais dramática das 24 partidas da Copa de 1970. Aos 13 minutos do segundo tempo, 0 a 0, Tostão viu Roberto Miranda se aquecendo para entrar. Pensou: "Não há de ser no lugar de Pelé que Zagalo vai pôr o Roberto." Inconscientemente, como ele mesmo admitiria, considerou: "Se o homem entra e o Brasil ganha o jogo, nunca mais vou ter outra chance." Então, recebeu de Paulo César na meia-esquerda, livrou-se da marcação de Allan Mullery, passou a bola entre as pernas de Bobby Moore e, em vez de partir para o congestionado meio da área, caiu para esquerda, aplicou em Thomas Wright um drible que o deixou no chão e, sempre muito rápido, Moore já na cobertura, girou o corpo e cruzou com o pé direito. A bola caiu nos pés de Pelé, que rolou para Jairzinho: 1 a 0. Mesmo assim, por já ter assinado a súmula, Roberto Miranda entrou no lugar de Tostão.

Outro lance ocorreu na semifinal entre Brasil e Uruguai, adversários com uma história que brasileiro nenhum esquece. Os deslocamentos de Tostão se multiplicavam: à esquerda, para lançar Clodoaldo atrás dos zagueiros no gol de empate: 1 a 1; à direita, lançando Jairzinho outra vez atrás dos zagueiros: 2 a 1; e no meio, lançando Pelé, sempre por trás de zagueiros, para o drible sem bola em Mazurkiewicz, no chorado gol que não foi e deveria ter sido.

Na final, Brasil e Itália enfrentaram-se como dois bicampeões lutando pela posse definitiva da Taça Jules Rimet. Orientados por Zagalo (a quem os observadores, Carlos Alberto Parreira e Rogério Hetmanek, informaram sobre a rigorosa marcação por homem dos italianos), os atacantes brasileiros, sobretudo Tostão e Jairzinho, deslocaram-se constantemente. Tostão, por toda a extensão da área, deixando zonzo o líbero Tacisio Burgnich, Jairzinho fazendo o mesmo com o lateral Giacinto Facchetti. A dois minutos do fim, 3 a 1 para o Brasil, a bola veio de pé em pé desde a defesa brasileira até Pelé. Na meia-lua, de costas para o gol, de frente para a bola, Tostão apontou para Pelé a direita deixada livre por Facchetti. Com a mesma serenidade do gol contra a Inglaterra, Pelé rolou a bola para Carlos Alberto emendar às redes de Enrico Albertosi: 4 a 1.

À noite, no quarto, Tostão chorou como o menino que duas décadas atrás fora carregado nos ombros de seus primeiros fãs.

* * * * * *

Futebol de sonho? Não haverá exagero no que se disse no início sobre a Holanda de 1974? Ou em se atribuir a Tostão traços que antecipassem Johan Cruyff e seus companheiros de laranja mecânica? Na ocasião, alguns analistas discordaram do entusiasmo com que a Seleção holandesa foi recebida por aqui. João Saldanha, sempre veemente, foi um deles. Ressaltando as excepcionais qualidades do futebol tricampeão, tachava de curibocas os brasileiros que, embasbacados, "... inventaram a Holanda e chamaram sua tática de pelada de futebol total".

Vendo com outros olhos — ou, pelo menos, de outro ângulo — tem-se que não foi a tática, ou o sistema, ou qualquer possível plano do treinador holandês Rinus Michels o que a Holanda apresentou de revolucionário na Copa de 1974. Nem foi a liderança em campo do extraordinário Cruyff, uma liderança que, se se fosse lembrar, Gérson estava habituado a exercer com maestria, em clubes e na Seleção brasileira. Revolucionária era a liberdade com que os holandeses (e não só Cruyff, mas Johan Neeskens, Rob Rosenbrink, Jonny Rep, Ruud Krol, quase todos) se movimentavam em campo, como se suas táticas fossem improvisadas ali, naquele momento, ditadas pelo imprevisto. Uma liberdade que, sob a aparência de pelada organizada, convertia cada jogador em tático dentro do campo — e o tático do lado de fora (no caso, Michels) em mero coadjuvante. O time era um carrossel em permanente rotação, os defensores atacando, os atacantes voltando, ninguém preso a posição fixa, todos autorizados a buscar ou criar seu melhor espaço, não no jogo, mas em cada lance. Como os primeiros jazzmen, gênios sem partitura e sem maestro.

Ou como Tostão na seleção tricampeã do mundo. Os já comentados gols de Jairzinho contra a Inglaterra e Clodoaldo contra o Uruguai são jogadas de Tostão que antecipavam Cruyff no fazer-se livre para estar sempre no lugar preciso. Não se entenda isso como algo sequer parecido com "jogar sem bola", que comentaristas seduzidos pelos clichês já citaram como principal atributo de Tostão. Era com a bola nos pés que ele concebia suas táticas, como era com seus instrumentos que os músicos do velho jazz improvisavam seus solos e contrapontos.

Num ponto Saldanha estava certo. O entusiasmo dos *curibocas* tinha suas brechas. Acreditando que poderiam adaptar ao futebol brasileiro sistemas e táticas dos holandeses, nossos teóricos não levaram em conta que não estava ali o segredo do carrossel, e sim na iniciativa de que os jogadores se valiam para substituir o sistema básico por táticas instantâneas, só pensadas em campo, na hora, e por essa razão surpreendentes. Cláudio Coutinho talvez seja o melhor exemplo de teórico que, deslumbrado, tentaria fazer a Seleção jogar como a holandesa. Só depois de desistir disso — de constatar que jogador como Tostão era caso raro, por combinar a fina técnica individual do jogador brasileiro com a liberdade tática do holandês de 1974 — teria êxito como treinador.

★★★★★★

As vitórias do Atlético no Campeonato Mineiro de 1970 e do América no ano seguinte pareciam pôr fim ao formidável reinado do Cruzeiro na década de 1960. Não bastassem esses dissabores locais, no segundo semestre de 1971, dirigido por Telê Santana, o Atlético entraria para a história como o primeiro campeão brasileiro, ficando o Cruzeiro com um pálido oitavo lugar.

Teria soçobrado a brilhante geração pentacampeã? O presidente Felício Brandi achava que não. Preferia acreditar que seus jogadores, ricos, famosos, dois deles titulares da seleção tricampeã mundial, colecionadores de títulos e talvez por isso acomodados, só precisavam de um empurrão. O treinador atual, Orlando Fantoni, já em sua segunda passagem pelo clube, era muito amigo dos jogadores, tratava-os como iguais e, por respeitá-los tanto quanto admirá-los, compreendia-os. Não era por culpa deles, defendia Fantoni, que o América ficara com o título mineiro depois de 14 anos, nem que o Atlético se tornara campeão brasileiro (honra que o Cruzeiro só conheceria dali a 32 anos).

Mais uma vez Brandi discordava. Inconformado, optou por uma medida extrema: contratar para o lugar de Fantoni o truculento Dorival Knippel, mato-grossense cujo apelido, Yustrich, soava como ordem de oficial prussiano aos ouvidos mais sensíveis de jogadores educados, de bom nível cultural, como os daquela geração cruzeirense. Mas era isso mesmo que Brandi queria: uma autoridade, um disciplinador, um comandante que não hesitasse em recorrer à violência para chamar às falas um time, segundo ele, desmotivado.

Esse time, na verdade bastante motivado, acabara de desembarcar em Teerã, em meio a uma excursão, quando chegou de Belo Horizonte a notícia da contratação do novo treinador. Mais por Fantoni do que por

Yustrich, os jogadores não gostaram. Tanto por Fantoni como por Yustrich, Tostão gostou ainda menos. Conhecia-lhe a fama, não lhe admirava o estilo. O homem já tivera tumultuadas idas e vindas por clubes mineiros, uma delas, em 1953, sendo demitido do Atlético por apelo dos próprios jogadores. Em setembro de 1969, dias antes do descolamento de retina, Tostão atuara pela Seleção brasileira derrotada pelo Atlético em inoportuno amistoso no Mineirão, após o qual Yustrich provocara João Saldanha, chamando-o de "despreparado, uma besta", origem de um episódio que terminaria com o técnico da seleção brasileira indo atrás dele de revólver em punho (Yustrich tinha pretensões a que, derrubado Saldanha, fosse ele o substituto). Com tudo isso, se o Cruzeiro precisava de um empurrão, a quem Felício Brandi recorria?

Eram mesmo educados, de nível cultural acima da média do jogador brasileiro, os que vestiam a camisa do Cruzeiro em 1972. Talvez os outros acabassem se adaptando aos métodos de Yustrich, mas não Tostão. Por isso, em 25 de março, de volta da excursão, ele procurou Brandi para dizer que queria ir embora.

— No Cruzeiro, não fico mais.

O presidente levou um susto. Tentou desconversar, mas Tostão insistiu. Era perda de tempo discutirem os termos do novo contrato, o atual tendo validade até 18 de abril. Tostão concordava em treinar sob as ordens do discutido treinador e até em participar dos primeiros jogos do Campeonato Mineiro, mas nada além disso. Do susto Brandi passou ao ressentimento e deste ao firme propósito de frustrar Tostão. Por isso, enquanto Yustrich e o vice-presidente Carmine Furletti insistiam para que reconversasse com o jogador, Brandi desistia dele, rompia com ele e fixava o preço do seu passe em 14 milhões de cruzeiros. Uma fortuna, que começava por desrespeitar o limite permitido por lei: o preço do passe de um jogador que ganhara em média 35 mil cruzeiros por mês, caso de Tostão, não podia passar de 5 milhões e 200 mil, correção que o Cruzeiro faria em nota oficial de 3 de abril.

O Fluminense apareceu primeiro. Depois, vários clubes se candidataram, Vasco, Flamengo, Botafogo, Palmeiras, São Paulo, um a um esbarrando no mesmo obstáculo: o preço do passe. Vasco e Fluminense — este o preferido de Tostão — perseveraram. As duas diretorias fizeram mais do que podiam para chegar perto do que o Cruzeiro pedia. Não o conseguindo, convenceram Brandi de que a solução era mesmo um leilão: em lugar dos 5 milhões e 200 mil, levaria Tostão quem fizesse a melhor oferta. Abertos os envelopes com as duas propostas, a do Vasco venceu: 3 milhões e 500 mil, a maior quantia até então paga por um jogador de futebol no Brasil.

Apesar de muito acima do que qualquer clube tinha em caixa ou podia conseguir no futuro com suas únicas receitas, a renda dos jogos e a mensalidade dos sócios, era um investimento seguro, na opinião do presidente do Vasco, Agatirno da Silva Gomes: com a vinda de Tostão, suas rendas seriam tão espetaculares que em seis meses o passe estaria pago. Confiando nos cálculos otimistas do presidente, vascaínos de dinheiro uniram-se na audaciosa campanha para comprar o supercraque. Embora o comerciante Artur Sendas, o banqueiro Afonso Pinto Guimarães e outros contribuíssem com seus cheques, a parte maior, exatos 3 milhões de cruzeiros, foi levantada pelo diretor de futebol Amadeu Rodrigues Sequeira, com o aval de sua empresa, o Café Moinho de Ouro. Sequeira fez mais: ofereceu a Tostão três contratos de publicidade do seu produto em jornais e televisões, o que nem de longe compensava o que o jogador perdera com uma última cartada de Brandi: só fecharia o negócio se ele desistisse dos 15 por cento do preço do passe, os 525 mil estabelecidos por lei. A atitude, interpretada pelo jogador como "desumana e revanchista", rompeu para sempre os laços que por nove anos o tinham ligado ao Cruzeiro.

Longos e detalhados foram os exames médicos nos últimos dias de março, a maioria na Clínica Sorocaba, todos supervisionados por Arnaldo Santiago. Atenção especial foi dada ao olho esquerdo, o oftalmologista Jonas Arruda atestando que não haveria de ser pela retina que Tostão deixaria de marcar muitos gols no Vasco. Tudo certo, contrato assinado.

Desde o primeiro dia em São Januário Tostão estranhou o ambiente. Quem dirigia o time era Zizinho, ex-gênio da bola, mas treinador que pouco ligava para disciplina. Fizessem os jogadores o que fizessem, os cartolas que cuidassem do assunto. Mesmo com Mário Travaglini assumindo em seu lugar, pouco mudou: os jogadores só iam à concentração para dormir, geralmente depois de festas, farras, fugas. Terceiro lugar no Campeonato Carioca e sétimo no Brasileiro não era o que se esperava do time no primeiro ano de Tostão. Para este — menos de 40 partidas e apenas seis gols pelo Vasco, três vitórias e nenhum gol pela Seleção brasileira que levantou a Taça Independência — 1972 não fora um ano melhor do que os dois últimos no Cruzeiro. E como o Vasco sequer andou perto das rendas previstas por Agatirno, o ano terminava sem o dinheiro com que Amadeu Sequeira contava para acertar as contas com o Moinho de Ouro.

Concluídos os compromissos pelo Campeonato Brasileiro, o casamento em Belo Horizonte com Vânia Lúcia e a lua de mel nos Estados Unidos, incluindo escala no Havaí. Na volta, o casal passou por Houston para uma visita a Abdala Moura. Percebendo ligeira irritação no olho esquerdo, o médico sugeriu que voltasse em um mês ou dois para procedimento já previsto em 1969: retirada e substituição da membrana siliconada que lhe cobria a retina. Tudo acertado, Tostão e Vânia Lúcia voltaram para o apartamento que tinham acabado de comprar no Jardim Botânico.

★★★★★★

Se tanto espaço se deu à ida de Tostão para o Vasco, o motivo não são as cifras recordes nem a campanha até certo ponto desapontadora do time em 1972. O episódio requer detalhamento pela forma como o dinheiro foi conseguido, pelo otimismo impensado do presidente, pela precipitação do diretor de futebol, pelo acidente que reduziu tudo a cinzas e pelas diferentes reações, umas legítimas, outras absurdas, dos envolvidos. Por fim, pelo desfecho dramático para Tostão e trágico para Amadeu Sequeira.

Na tarde de domingo, 4 de fevereiro de 1973, em São Januário, o Vasco de Tostão perdeu por 1 a 0 para o Fluminense de Gérson, na decisão do Torneio Internacional de Verão que os dois times cariocas disputaram com o Atlanta e o Argentinos Juniors, ambos de Buenos Aires. Seria o adeus de Tostão ao futebol.

Dias depois, ele embarcaria com a mulher para Houston. Segundo se divulgou, para exame de rotina (o verdadeiro motivo, a substituição da membrana, foi mantido em segredo para, segundo clube e jogador, evitar especulações). Mas o que se previa ser uma intervenção simples complicou-se: ao retirar a membrana sobre a retina, Abdala Moura constatou uma infecção virótica para cujo tratamento a permanência de Tostão em Houston tinha de se prolongar por mais ou menos um mês. Que não seria um, mas seis, de sucessivos adiamentos entremeados com notícias ora promissoras, ora menos, mas sempre imprecisas.

Enquanto isso, na manhã de sábado, 24 de março, o Vasco contando com Tostão para o Campeonato Brasileiro que se aproximava, Sequeira foi encontrado morto por afogamento na Avenida Niemeyer, próximo ao Hotel Nacional. Assalto, acidente, mal súbito, todas as primeiras hipóteses foram descartadas pelas investigações que confirmaram o suicídio. Motivo: a situação financeira em que o diretor do Vasco deixara o Moinho de Ouro.

Em agosto, finalmente Tostão voltou de Houston com a terrível sentença: estava proibido de jogar futebol sob o risco de ficar cego. Agatirno e seus diretores não se conformaram. Entraram na Justiça na tentativa de recuperar o máximo do dinheiro investido no jogador. Dizendo-se vítimas de um grande golpe (já sabendo que só jogaria mais um ano, Tostão teria contado com a cumplicidade de Felício Brandi para enganar o Vasco), exigiam que o Cruzeiro lhes devolvesse os 3 milhões e 500 mil. Pelo mesmo motivo, os salários devidos a Tostão pelos meses de fevereiro a agosto não deveriam ser pagos. Pensando melhor, por que não questionar o que ele ganhara no ano em que jogou? De todas essas tentativas, o Vasco só teve êxito numa: suspender o contrato de Tostão a partir de agosto.

O modo como os homens do Vasco reagiram, indo aos tribunais atrás de dinheiro, querendo fazer de Tostão o vilão da história, feriu-o tanto quanto despedir-se da bola aos 26 anos. Pior do que acusá-lo de um acordo inescrupuloso com o Cruzeiro, do qual até brigado saíra, foi ligarem o suicídio de Sequeira à aposentadoria forçada, quando esta só se consumou cinco meses depois daquele. Voltou a Belo Horizonte pensando em tudo aquilo, em quanto os últimos meses tinham sido o avesso dos melhores dias de Cruzeiro e de Seleção brasileira. Teria valido a pena? Não sabia. No coração, a mágoa. Na cabeça, a certeza de que era preciso recomeçar. De preferência, do zero. Tanto profissional como existencialmente, ser um outro Tostão. Longe do futebol. Financeiramente realizado (propriedades, posto de gasolina, loja de artigos esportivos, dinheiro no banco), matriculou-se num curso de vestibular, fez prova para medicina, passou, formou-se em 1981, dedicou-se à clínica geral, trabalhou em hospital, deu aulas de semiologia, interessou-se por medicina psicossomática e terapia psicanalítica, tudo com amor à nova profissão. Durante esse tempo, nasceram-lhe os filhos, Mariana e André, separou-se, foi morar em bairro longe do centro. Por 21 anos, esteve afastado dos estádios, desinteressado dos resultados e de tudo que se ligasse ao futebol. Era preciso. Um rompimento brusco, drástico. Até com os mais chegados evitava falar da antiga paixão. Provocou mal-entendidos com isso. A um repórter que pretendia entrevistá-lo, perguntou com quem queria falar, se com o médico ou com o ex-jogador. “Com o craque Tostão”, respondeu o repórter. Não, esse não dava entrevistas. O médico, dependendo do assunto, talvez. Ficou a impressão de que o homem antes tão simples, tão acessível, exigia ser tratado como “doutor Eduardo”, o que não era verdade. Até pelos alunos fazia questão de ser, simplesmente, Tostão.

Em 1994, convidado para comentar pela TV a Copa do Mundo nos Estados Unidos, fez as pazes com o futebol. Tinha se aposentado da medicina e, graças ao tempo, cicatrizado as velhas feridas. Gostou do novo ofício, estendeu-o às páginas de jornal, surpreendendo aqueles que o sabiam ótimo analista mas não tão bom escriba, articulado, claro, leve. Passou a assinar coluna publicada pela imprensa de oito estados. Um renascimento. Do homem e do apaixonado por seu esporte.

É com desculpável egoísmo que os fãs de futebol, tendo vivido a época em que a Taça Jules Rimet veio de vez para o Brasil, preferiam que o doutor não tivesse entrado em campo tão cedo no lugar do craque. Por mais que o médico tenha se encontrado, refeito sua vida, vencido e até se tornado mais feliz, ou por mais que o cronista esportivo brilhasse com seus textos cheios de sabedoria, é do outro Tostão que sentem saudade. Talvez, lá no íntimo, observador que é — dos sistemas, das táticas, das ciências do jogo, dos seus segredos e de suas sutilezas —, ele olhe para trás, compreenda o egoísmo dos fãs e concorde com eles.

CBF

/Falcão

Mas tu estás louco,
rapaz, com essa bola
que tu jogas, nem é bola,
é bola-bola.

ZOCA, PORTEIRO DO BEIRA-RIO
E EX-JOGADOR

Nos anos que vão de 1975 a 1979 o Internacional teve o maior time do Brasil. Foi bicampeão brasileiro em 1975 e 1976, ano em que desmanchou boa parte do time, depois do título. Vale a pena lembrar alguns exemplos. Para começar, o time de 1975 tinha Manga no gol. E não poucos observadores consideram até hoje Manga como o maior goleiro que já jogou no Brasil. É possível que tenha sido o melhor, sim, mas com rigorosa certeza foi no mínimo um dos melhores de todos os tempos. Outro exemplo: o Inter tinha Figueroa na zaga. É a mesma coisa com esse chileno: foi sem dúvida um dos melhores zagueiros que já jogaram no Brasil. Como fazer gol naquele time do Inter? Era difícil, uma tarefa ingrata.

De todo modo, o torcedor que não teve a sorte de ver aquele time jogar, se já conhece a defesa pela amostra que estamos dando, ainda não sabe da missa a metade. Isso mesmo, a defesa era inesquecível, mas o brilho do time estava no meio-campo. O fulcro irradiador de todas as jogadas de talento era um louro alto, magro, quem viu, viu, quem não viu, saiba que deixou de ver uma das melhores figuras que o futebol brasileiro já produziu. Falcão, o sobrenome transformado em nome de guerra seria a primeira coisa diferente nesse jogador singular. À época, jogador brasileiro basicamente era conhecido por um apelido. Numa outra hipótese, apenas o primeiro nome, temos conversado. Ainda não se iniciara a era de mau gosto (o início é ali pelos anos 1990) de usar nome e sobrenome, parece placa de escritório de advocacia.

Pois Falcão começava a ser diferente pelo nome adotado. E, sem querer fazer jogo de palavras, era bom que fosse diferente, porque ele era um jogador diferenciado. Cabeça erguida, porte de nobreza — que lhe caía muito bem, porque ele acabaria rei, já vai-se ver — deslizava em campo com uma elegância que talvez nenhum outro ídolo de nossos campos tenha tido. Ao seu lado, no meio-campo, um certo Paulo César (que no Flamengo viraria Carpeggiani para que não se criassem confusões com Paulo César Caju, pois ambos jogavam no Rio e o segundo ainda não era Caju*). Aos dois iria juntar-se, em 1976, um terceiro jogador que tornaria aquele meio-campo uma covardia: Batista, outro que passava a bola como um mestre e ainda chutava a gol com a maior categoria.

Desmanchando esse time em 1976, nem assim o Inter daqueles anos deixou de ser uma equipe temível. Por um motivo muito simples: ficou a base — e a base era Falcão. Seria injustiça não lembrar aqui que ficou também Valdomiro. Ah, Valdomiro, um ponta-direita veloz, driblador, finalizador perigosíssimo!

Estavam os dois no Internacional em 1979 quando, sob a batuta do maestro Falcão, o time chegou a um feito jamais igualado em nosso futebol: campeão brasileiro invicto. Depois do desmonte que se seguiu ao título de 1976, o Inter ficou dois anos sem ser campeão brasileiro, embora continuasse ganhando títulos gaúchos. Mas era pouco para quem se acostumara a uma grandeza nacional, e não apenas estadual. Em 1979 o time já não era tão brilhante como os de 1975 e 1976, segundo alguns velhos torcedores colorados.

Não era mesmo? Talvez, mas isso é tema para longas discussões em mesa de bar — e torcedor de futebol o que mais gosta é de discutir o passado. O certo é que não se pode deixar em segundo plano o único time que até hoje foi campeão brasileiro invicto, um feito que provavelmente jamais será igualado. Mas deixemos as discussões para o torcedor: a verdade é que o de 1979 era no mínimo um time tinhoso, com gana, nunca entregava a rapadura. Dava gosto vê-lo superar adversário após adversá-

---

*Tal apelido nasce de um equívoco, surgido quando ele pintou os cabelos com a tonalidade acaju, nome de uma madeira que tem esse tom castanho-avermelhado. De acaju para caju, foi um pulo.

rio, com uma escalação-base que até hoje o colorado de coração sabe de cor (mesmo os mais jovens, que não viram esse time jogar): Benítez, João Carlos, Mauro Pastor, Mauro Galvão e Cláudio Mineiro; Falcão e Batista; Valdomiro, Jair, Bira e Mário Sérgio.

Era um time competente, ponto final. Mostrava isso a cada jogada. E lá estava Falcão, como se viu aí no time-base, a dar um toque de classe a cada armação de jogada no meio-campo, a transformar cada jogada num caminho aberto rumo ao gol. Centro nervoso daquele time campeão brasileiro invicto, Falcão era um símbolo de eficiência. Nem sempre eficiência casa com elegância. Mas Falcão realizava esse milagre: era eficiente com um futebol tão elegante como nunca mais se viu.

★★★★★★

Por mais que pequenas fichas biográficas de Falcão divulgadas aqui e ali mostrem que ele é catarinense, sua condição de ter jogado desde menino no Inter sempre leva muita gente a acreditar que ele seja gaúcho. Gaúcho pode até ser, por formação, daqueles que falam "Bá, tchê!" Mas seu berço foi Santa Catarina — e já quase na divisa com o Paraná, na pequena cidade de Abelardo Luz, onde nasceu em 16 de outubro de 1953, ao pé da Serra da Fartura. Quem quiser dirigir-se dessa cidade rumo Sul, antes de chegar ao Rio Grande terá de enfrentar um festival de letra xis: Xanxerê, Xaxim, Xapecó. Mas como, para a viagem, o som chiado não chega a representar um obstáculo prático, Falcão chegou cedo à Grande Porto Alegre: com 2 anos de idade já estava na cidade de Canoas. Lá jogou as suas primeiras peladas. Mas não demorou muito e estaria em Porto Alegre mesmo.

Aos 11 anos era jogador do Internacional, na categoria dente de leite ou lá como a chamassem à época (1964). O fato é que a partir daí as duas histórias — a dele e a do clube nos anos seguintes — iriam se misturar, dando uma química perfeita. Falcão, entretanto, só acordou para o fato de que seria jogador profissional de futebol, isto é, de que poderia ganhar a vida jogando futebol, ao ser campeão em Cannes, na França, pela Seleção brasileira de juniores, em 1972, portanto com 18 anos (faria 19 em outubro). A própria convocação para ele foi uma surpresa. O ex-jogador Antoninho, que a então CBD (atual CBF) nomeara técnico das seleções de base, passou pela capital gaúcha antes da convocação oficial e avisou pessoalmente a Falcão, Manuel e Bolívar que eles seriam os convocados do Rio Grande do Sul. Da convocação inesperada ao título de campeão no balneário francês da Côte d´Azur foi como se Falcão estivesse vivendo um sonho. Mal sabia ele que a partir daí e durante um bom tempo passaria a ser peça quase que obrigatória na Seleção brasileira, mesmo depois de encerrada sua carreira de jogador (pois dela também seria técnico).

É verdade, Falcão chegou a ser técnico da Seleção brasileira, mas isso foi, digamos, um episódio fortuito, nos anos de 1990 e 1991. Tendo Falcão como técnico, a Seleção foi vice-campeã da Copa América em 1991. Em 1994 e 1995 foi técnico da Seleção japonesa. Mas o Falcão que nos interessa aqui é o jogador extraordinário, que atingiu o auge de sua carreira naquele Internacional dos anos 1975-79, um clube de fazer inveja em todo o país aos torcedores de outros grandes times. Nas seleções de base, depois do título do início de 1972, em Cannes, no mesmo ano Falcão ainda voltou a ser convocado, desta vez para a Seleção olímpica, a trágica Olimpíada de Munique, em agosto, marcada pelo ato terrorista contra a delegação israelense. O Brasil continuaria, como continua até hoje, a marcar passo em matéria de Olimpíada — um mistério do nosso futebol, campeão de tantos títulos internacionais, por mais que se tente justificar isso com as limitações de idade para a convocação olímpica.

No meado dos anos 1970 começa, já o vimos, a fase incomparável dos três títulos nacionais do Inter. No último deles está o jogo decisivo do Campeonato Brasileiro de 1979, Inter x Vasco. Impossível deixar de dar destaque a esse jogo, pois ele foi um dos três que mais emocionaram Falcão em sua vida de jogador, segundo palavras dele próprio:

— O título de 1979 foi muito emocionante porque nosso time só tinha dois remanescentes das duas outras grandes temporadas, eu e o Valdomiro.

É verdade: daquele timaço de 1975 e 1976 só restavam Falcão e Valdomiro. Essas duas únicas peças daquelas temporadas digamos brilhantes, à falta de adjetivo mais adequado, garantiriam o terceiro título — com seus novos companheiros, é claro, mas eram eles os que tinham ficado, eles que uniam as pontas de um período de glórias. E, meu Deus do Céu, um título brasileiro invicto! Como se diria exatamente por aquela época: é mole ou quer mais?

Além daquele Inter x Vasco de 1979, os outros jogos emocionantes citados foram Brasil x Itália, na Copa de 1982, na Espanha, jogo em que as esperanças do Brasil de conquistar mais um Mundial desmoronaram, e Genoa x Roma, que lhe valeu o título da temporada italiana de 1982-83, pelo Roma. No Brasil x Itália da Copa de 1982 (partida histórica, não importa se dolorosa para nós), Itália 3 x 2 Brasil, Falcão fez um dos gols, o segundo do Brasil, quando o time perdia por 2 a 1.

Não é de admirar que esse jogo tenha ficado como um dos mais emocionantes da vida de Falcão. Primeiro, porque ninguém mais acreditava em qualquer reação do Brasil, depois de Paolo Rossi ter feito 2 a 1 para a Itália no primeiro tempo. Depois porque, quando Falcão fez o gol de empate, no segundo tempo (Sócrates fizera o primeiro gol), as expectativas foram exatamente no sentido contrário: depois de tal reação, dramática num jogo decisivo como aquele, em uma Copa do Mundo, o país todo ficou esperando a virada diante das telas de TV, ninguém mais contava com a derrota do Brasil. Mas Paolo Rossi tratou de enterrar as esperanças brasileiras aos 30 minutos do segundo tempo.

Em tudo e por tudo, esse foi um jogo atípico, pois nessas horas quem está em pleno momento de reação costuma chegar à vitória. E tem sido coisa raríssima numa Copa um jogador fazer três gols num jogo, no caso de Paolo Rossi os três gols que deram a vitória à Itália. E, para dizer numa palavra tudo, os três gols que acabaram garantindo aos italianos o título.

Mas não se pode deixar de dar um passo atrás, uma vez que estamos falando da Copa de 1982. E esse passo será para lembrar o grande escândalo do futebol brasileiro de 1978, ano da Copa do Mundo na Argentina. Escândalo, sim, porque a ausência de Falcão na lista dos convocados para a Copa, com o futebol que ele estava jogando na ocasião, foi vista como um absurdo. Pois o técnico Cláudio Coutinho surpreendeu o país todo, por assim dizer, ao convocar Chicão, um meio-campo grosso do São Paulo, e preterir Falcão. Ruim para o próprio técnico Cláudio Coutinho, que era um profissional competente e afinal ficou marcado por essa falseta. Nenhum prejuízo para Falcão, que, ao contrário, livrou-se de uma Seleção que acabaria estigmatizada para sempre com a irônica expressão "campeã moral".

Depois daqueles três títulos brasileiros pelo Internacional, Falcão acabaria vendido para o Roma, em 1980. O preço de seu passe: 2 milhões e trezentos mil dólares. Parece inacreditável para a época — e até hoje: se se for comparar a venda do passe de Falcão com as negociações dos maiores jogadores brasileiros do início do século XXI com clubes europeus, as cifras da venda de Falcão continuarão sendo consideradas altíssimas. Cada centavo gasto com ele pelo Roma, entretanto, teve retorno compensador. O futebol na velha cidade andava em baixa, o Roma não conquistava um título nacional havia 38 anos (o último fora em 1942, em plena Segunda

Guerra Mundial). Será a mais cristalina verdade afirmar que Falcão revolucionou o futebol romano nos anos em que lá esteve, de 1980 a 1985.

Logo ao chegar, entrosou-se no time com tal perfeição que o Roma conquistou a Copa da Itália de 1981. Mas a grande glória dos anos em que Falcão lá jogou foi o título de 1982-83. É bom passar a palavra ao próprio Falcão, para tocar nesse ponto tão especial de sua carreira:

— Quando cheguei lá, o mercado italiano estava fechado para estrangeiros havia 12 anos. Tinha havido um escândalo, no fim dos anos 1970, uma tentativa de manipular resultados de jogos do campeonato. O episódio ficou conhecido como "o escândalo da loteria esportiva" e os dirigentes achavam que era preciso dar uma oxigenada no futebol, que andava cambaleando. Foi em cima dessa necessidade que novamente começaram a contratar jogadores estrangeiros.

Falcão foi bem um símbolo das novas contratações, feitas com o objetivo claro de dar uma sacudida num futebol que ia mal das pernas. Sua narrativa continua:

— Na minha chegada ao Roma havia mais de 6 mil pessoas no aeroporto de Fiumicino. Com tal multidão, logo no desembarque senti a grandeza de minha responsabilidade. Com certeza, aquela gente toda foi me esperar menos pelo nome de quem chegava, muito mais pelo fato de que minha contratação representava, naquele dia, uma esperança para os italianos no sentido de limpeza do futebol do país. De estalo, invadiu-me um sentimento de responsabilidade muito grande. Tinha de corresponder.

Felizmente, o que Falcão conta de seus primeiros anos de Roma mostra que houve essa correspondência — e houve plenamente:

— No primeiro ano, já chegamos perto do título. Ficamos em segundo, entre 16 equipes, e ganhamos a Copa da Itália. É fácil medir o progresso do time: no ano anterior, o Roma ficara em oitavo lugar. No segundo ano, ficamos em terceiro no campeonato. E no meu terceiro ano na equipe, já mais entrosado com os companheiros do Roma e com a cidade, pude participar da orientação da equipe em campo. Com o treinador Liedholm, fizemos uma campanha bem-sucedida.

"Bem-sucedida" aí significa "fomos campeões". Modestamente, ele foge da expressão já de si consagradora. Para usar o termo do futebol italiano no caso do time campeão: o Roma de Falcão conquistou o escudinho, *scudetto*. É assim que se designa, por lá, o vencedor de cada temporada, que, como se sabe, em todos os países da Europa se divide por dois anos, metade em cada um. Assim, diz-se que o Roma de Falcão conquistou o escudinho de 1982-83. Depois — e agora usaremos uma expressão bem brasileira — de 40 anos na fila.

Não foi só por isso, quer dizer, pelo título, que ele passou a ser chamado o Rei de Roma. É claro que o título veio coroar, em sua terceira temporada por lá, todo o trabalho do craque, a bem da verdade criador de um novo Roma, pois foi ele que deu condições ao clube de ser outra vez campeão italiano. É preciso notar que a presença de Falcão se tornou o fato mais importante do Roma: Falcão não se limitava a mostrar seu futebol elegante e objetivo, mas dirigia o time em campo. O aposto Rei de Roma dá bem uma ideia da alta conta em que ele passou a ser tido na cidade e no país.

Na verdade, aqui e ali ele já era chamado de Rei de Roma no fim de sua primeira temporada na cidade, disso ele se lembra bem. Foi um jornal que lançou a novidade, mas não ocorre a Falcão, hoje, qual dos jornais romanos lançou a expressão que tinha por objetivo, é fácil de ver, elevar ao máximo os elogios da torcida, que já não cabiam em termos comuns. Lá como aqui, um lança e os outros todos vão na onda. Não se deu, entretanto, logo de saída, muita ênfase ao apelido, que um dia um jornal usava, mais adiante um outro repetia, até que viesse o *scudetto*. Aí, não dava mais para segurar, Falcão se tornou definitivamente o novo Rei de Roma, a partir de 1983.

Mas ainda é essencial que se diga uma palavra sobre a Copa de 1982, citada no momento em que foram lembrados os jogos mais emocionantes da vida de Falcão, entre eles aquele ingrato Brasil x Itália. Falcão estava no Roma quando foi convocado por Telê Santana. O time do Brasil na Copa de 1982 era um timaço, isso ninguém discute. Muito superior, por exemplo — e isso quem diz são os analistas mais isentos do futebol — ao time campeão mundial de 1994, nos Estados Unidos, que pode ser chamado o time só de Romário e Bebeto. Em 1982 o Brasil tinha Leandro e Júnior nas laterais, dois craques. Tinha Toninho Cerezo, Sócrates, Falcão e Zico no meio-campo. Foi eliminado pela Itália, sim, mas passara pela União Soviética (atual Federação Russa) e, com folga, por Escócia, Nova Zelândia e Argentina.

Já se falou dessa Copa, sim. Falta que dela fale o próprio Falcão, que aqui lembrará não apenas a Copa, mas a figura inesquecível de Telê Santana, outro cuja competência merecia ser coroada com um título mundial:

— A Seleção de 1982 jogou um futebol tão marcante que até hoje as pessoas me perguntam: por que vocês não ganharam? Só posso responder que foi o destino. Não há uma explicação. Mesmo contra a Itália, quando fomos eliminados, jogamos bem, criamos situações para vencer. Mas acabamos levando três gols nas quatro vezes em que a Itália atacou. A participação de Telê foi decisiva para que aquele time jogasse bonito e rendesse bem. Telê era um técnico que cobrava muito, exigia que aqueles jogadores chamados por ele, todos habilidosos, não dessem mais do que dois toques na bola. Estávamos todos bem preparados fisicamente. Até o Sócrates fez sacrifício, parou de fumar e alcançou seu melhor rendimento físico. E técnica não faltava num time que tinha como laterais dois jogadores tão qualificados que podiam jogar também no meio-campo: Leandro e Júnior. Aliás, Júnior até se transformou em meio-campista.

O destino, resume Falcão, como se viu. E certamente resume as coisas dessa maneira por não conseguir compreender a eliminação do Brasil. Dir-se-ia que o destino no futebol, às vezes, é misterioso, como em tantas coisas na vida. A derrota na Copa de 1982 passou à história como um mistério. É isso, um mistério. Com aquele timaço! Tudo que não tem explicação só pode entrar nessa categoria.

A vida na Itália, entretanto, continuou a sorrir para Falcão, que em 1983 chegou ao *scudetto*, como já vimos. De tal maneira ele se tornara uma personalidade não só do futebol, mas da cidade, que até o papa João Paulo II ficou preocupado quando se disse que Falcão iria trocar o Roma pelo Internazionale de Milão. O papa era polonês, como se sabe, mas perfeitamente integrado na vida romana desde as visitas apostólicas à cidade nos seus tempos de bispo. Na condição de papa, qualquer sucessor de Pedro é também bispo de Roma — e João Paulo II queria tranquilidade em sua arquidiocese, pois constava que os romanos estavam alvoroçados com a transferência de Falcão de clube e de cidade naquela primeira metade dos anos 1980. Sem saber a quem se dirigir no mundo do futebol, o papa dirigiu-se a um ex-primeiro-ministro, Giulio Andreotti, um respeitado líder democrata-cristão.

Não se trata de lenda, é uma história real na vida de Falcão. Um dia o ex-primeiro-ministro teve um contato com o jogador brasileiro, ambos conversando ao vivo num programa de rádio. Falcão já sabia de tudo, é claro, mas Giulio Andreotti repetiu-lhe a história: o papa tinha, sim, solicitado a ele que fizesse alguma coisa pela permanência de Falcão no Roma, para acalmar os habitantes da cidade, torcedores do Roma em número muito superior, se se fizer uma comparação com os do Lázio. Inconformados com a notícia da mudança de Falcão para Milão, onde jogaria no Internazionale, os torcedores andavam indóceis. Como o fato, depois dessa conversa radiofônica, tivesse se tornado público, Giulio Andreotti fez questão de telefonar para a mãe de Falcão, Dona Azize, que era muito religiosa e ficou emocionada com o fato de o próprio papa ter se preocupado com a possibilidade de Falcão sair de Roma.

A história se deu um pouco depois do título nacional conquistado pelo time amarelo e vermelho, em 1983, quando o pessoal do Internazionale de Milão, impressionado com a eficiência de Falcão, realmente andou tentando comprar o seu passe. Falcão atingira o ponto mais alto de sua temporada italiana, mas ainda iria ficar mais dois anos no time.

Tanto amor por um lado, tanta incompreensão por outro. Em 1985, às vésperas de completar 32 anos, Falcão, que a Roma política, a Roma religiosa dois anos antes quiseram segurar no principal clube da cidade, acabou saindo por causa de um desentendimento com o presidente do clube, Dino Viola. A sabedoria indicava que era hora de deixar o Roma, por mais que os torcedores ainda desejassem a sua presença lá.

Falcão resolveu então, uma vez que tinha de sair da Itália, encerrar a carreira no Brasil. Seu passe foi comprado pelo São Paulo Futebol Clube, o segundo time brasileiro em que ele iria jogar.

Uma carreira marcada pela grandeza não poderia ser encerrada de maneira medíocre. O São Paulo estava montando um time forte naquele 1985, um time para se tornar no mínimo campeão paulista. A Cilinho, um técnico que conseguira prestígio treinando a Ponte Preta de Campinas, o São Paulo deu a responsabilidade de levar o time à condição de campeão estadual de 1985. Para isso, a contratação de Falcão seria um dos maiores trunfos, segundo considerou a diretoria da época. E lá se foi Falcão para o São Paulo, em sua volta ao Brasil.

No início ficou no banco, o que se justificava porque estava totalmente fora de forma e havia necessidade de recuperar sua condição física. Mas também é verdade que Cilinho o manteve por um bom tempo entre os reservas porque tinha montado uma equipe certinha e não queria mexer no time, ainda que a mexida fosse para a entrada de um craque como Falcão. Mais do que isso, craque de renome internacional. Mas o técnico Cilinho foi fiel à velha máxima segundo a qual em time que está ganhando não se mexe.

Não se discute se teve razão ou não — parece que teve, pois o time continuava ganhando. Mas é indiscutível que ao manter um jogador como Falcão no banco o técnico brigava com a própria torcida do clube, pois Falcão era reserva quando recebeu uma das manifestações da torcida que mais o emocionaram na sua vida de jogador. Conta ele que, num jogo contra o Santos, depois da entrada em campo, como sempre, o time escalado para jogar ficou batendo bola no gramado e os reservas foram se dirigindo para o banco.

— Foi nesse momento — conta Falcão — que recebi da torcida uma grande manifestação de apoio. Eu apenas me dirigia para o banco de reservas, mais nada. A torcida, gratuitamente, levantou-se para gritar o meu nome e me aplaudir de pé. Foi muito emocionante, sobretudo pelo inesperado.

O campeonato paulista tinha uma forma complicada de disputa, os que sobravam iam se reunindo em novos grupos, até que a luta pelo título ficasse restrita a quatro clubes. Aí, então, o título sairia numa disputa entre esses que sobraram.

— Para esse quadrangular — continua Falcão —, Cilinho me chamou e disse que precisava de mim. Acabei participando dos jogos decisivos.

Nunca é tarde, Cilinho, afinal, deixou de ser cabeça dura. E Falcão foi campeão, aos 32 anos, ao se despedir do futebol. O destino de Falcão continuou irretocável: ser campeão por onde passasse.

★★★★★★

Por algum tempo houve a discussão: quem seria o maior jogador do Internacional de todos os tempos? Mas não durou muito. Só uns velhinhos renitentes ficaram a defender Tesourinha, depois da passagem de Falcão pelo Inter. Para início de conversa, Falcão jogou no Inter durante 16 anos. Tesourinha só jogou por 10 anos com a camisa vermelha. Depois, no fim de carreira, foi do Grêmio (após uma temporada no Vasco), e esse fato é um tanto desgastante num julgamento final de acordo com a cabeça dos torcedores colorados. Além de tudo, Tesourinha, que durante algum tempo foi considerado o melhor ponta-direita do Brasil, teve o azar de que quando parou (segunda metade dos anos 1950) estava surgindo Garrincha. Isso, sem dúvida, ofuscou um bocado a sua posteridade, a não ser para aqueles conservadores mais teimosos. Não há, claro, como concorrer com Garrincha. Assim como não há como concorrer com Pelé em qualquer condição.

Mas, dentro do próprio Inter, Tesourinha, tendo sido um atacante extraordinário, acabou perdendo a condição de melhor jogador colorado de todos os tempos. E a perdeu para Falcão. A paixão divide as coisas de tal forma no Rio Grande do Sul que é importante para o torcedor o fato de Falcão ter ficado para sempre como jogador exclusivo do Internacional, no estado. Nunca ter jogado no Grêmio, ou seja, no “inimigo”, eis uma marca muito forte para um colorado.

Ao deixar de ser jogador do Inter, saiu do Brasil, foi jogar em Roma. Encerrou a carreira no São Paulo, como se viu. Ainda assim, deve-se lembrar, aquele ano de 1985 foi só um canto de cisne, e amargando um longo tempo no banco de reservas. Não quebra a imagem colorada de Falcão. Que pode desse modo acrescentar, a todos os seus títulos brilhantes, este, de nobreza singular: o maior jogador do Internacional de todos os tempos.

TOPPER
CBF

//Zico

Uma jogada de Zico: o descortino com que a concebia e a precisão com que a executava! Por isso, pode-se dizer que seu futebol era, simultaneamente, um futebol de reflexos e de reflexão.

FERNANDO CALAZANS

O ano, 1981. O dia, 23 de novembro. É desse jogo, no Estádio Centenário, em Montevidéu, que Zico guarda a sua melhor lembrança — e se trata da melhor lembrança de uma carreira não apenas vitoriosa, mas cheia de glórias. Melhor lembrança, sim. Melhor até mesmo do que o momento da grande vitória de poucos dias depois sobre o Liverpool, no Estádio Olímpico de Tóquio, quando o Flamengo conquistaria o título mundial interclubes. Mas aquele jogo em Montevidéu trazia em si a sensação de forra, que é uma das mais gratas sensações do esporte, ainda que possa ser também uma das piores. Não tinha muito sentido o termo “forra” naquele caso, pois o placar da decisão estava empatado: vitória do Flamengo no Maracanã (2 a 1), vitória do Cobreloa em Santiago (1 a 0). No Chile era o tempo da ditadura militar. No Brasil também, é verdade. Mas no Brasil as coisas iam melhorando, com a distensão “lenta, segura e gradual” de que falava o general Ernesto Geisel, o quarto dos cinco militares na presidência a partir de 1964 (Geisel governou de 1974 a 1979). No Chile os tempos ainda eram sanguinários, tempos de Pinochet. E essa dura atmosfera exterior teve reflexos no ambiente dentro de campo no Estádio Nacional, em Santiago, tristemente célebre pela dolorosa condição que viveu ao funcionar como cárcere da ditadura pinochetista. Santiago foi o palco do penúltimo capítulo da caminhada do Flamengo para o título da Libertadores daquele ano.

"Tínhamos a impressão de que estávamos dentro de um quartel", diria Zico mais tarde, "aqueles milicos todos em volta do campo, em volta da gente." (Está em Roberto Assaf e Roger Garcia, *Zico, 50 anos de futebol*, Rio de Janeiro, Record, 2003.) A derrota em Santiago, porém, naquele jogo com cheiro de ditadura, não tirou o ânimo do Flamengo. O time foi para a decisão, no campo neutro de Montevidéu, cheio de esperança. Havia mais do que esperança, porém, para esse jogo decisivo — a assim chamada finalíssima —, havia um sentimento de raiva diante do que tinham feito os jogadores chilenos em Santiago. Especialmente um que se tornou célebre muito mais pela estupidez em campo do que pelo futebol que jogava (ou não jogava): Mario Soto, um distribuidor de patadas. E patadas com pedra na mão, pois ele as dava com as patas dianteiras. Testemunharam os jogadores do Flamengo, na ocasião, que Mario Soto jogou em Santiago com uma pedra na mão fechada. Não há motivo para duvidar deles: Lico, ponta-esquerda titular no Chile, foi atingido por Mario Soto com tal violência que ficaria fora da terceira partida.

A revolta entre jogadores, comissão técnica e dirigentes era de tal ordem que em Montevidéu propiciou um fato inédito no futebol mundial: um jogador do Flamengo saiu do banco de reservas com a missão específica de dar um soco na cara de Mario Soto. Faltavam poucos minutos para o fim do jogo. Já estava 2 a 0 para o Flamengo (Zico fizera os dois gols), a vitória eram favas contadas — e portanto o título da Libertadores, que valia como um título de campeão sul-americano interclubes (hoje a Taça Libertadores da América é mais do que sul-americana, pois o México entrou na disputa).

Anselmo, um atacante, foi quem saiu do banco para cumprir a missão insólita. Ninguém, no Flamengo, jamais se dispôs a dizer de quem partiu a ideia para o soco na cara. É constrangedor para uma comissão técnica, especialmente para um técnico, reconhecer que determinou — ou, no mínimo, que compactuou com tal determinação — a um de seus jogadores que saísse do banco não para jogar futebol, mas para dar um soco na cara de um adversário, seja ele um brucutu como Mario Soto ou não. É constrangedor sobretudo para um homem discreto como Paulo César Carpeggiani, que numa entrevista confirmaria, mais tarde: a atitude foi, sim, intencional. Mas contou o milagre sem contar o santo, que foi, afinal, ele mesmo.

Bem, ninguém gosta de apontar o dedo para os outros quando o caso é de acusação, mas correu à boca pequena na ocasião que o autor intelectual da façanha fora o presidente do clube, Antônio Augusto Dunshee de Abranches. Acusação fácil de pegar, porque quem conhece Antônio Augusto sabe que ele não é homem de levar desaforo pra casa. Ninguém o imaginaria, na sua curta carreira de dirigente, a suportar quietinho a violência dos chilenos, que fora a marca maior em Santiago. Violência cujo protagonista principal fora o brutamontes Mario Soto. Alguém determinou a forra. Contra aquele ensandecido jogador do Cobreloa que jogara a primeira partida com uma pedra na mão, a resposta teria de ser na velha base do bateu, levou. Bateu na ida, levaria na volta. Mas hoje se sabe de certeza bem sabida que a ideia da forra não partiu de Antônio Augusto.

Para o bem do futebol, o episódio não chegou a estragar a festa que foi aquele jogo decisivo de Montevidéu, uma vitória de gala. De gala, sim, pois deu ao Flamengo o direito de disputar, 20 dias depois, em 13 de dezembro, o mundial de clubes, em Tóquio, com o inglês Liverpool. Disputar e conquistar o maior título com que pode sonhar um clube de futebol. Mas, voltando à capital uruguaia, mesmo depois da surpreendente atitude de Anselmo (surpreendente para quem estava de fora) correu tudo bem naquele jogo. Também, Anselmo tinha sido muito bem preparado. O repórter de televisão Raul Quadros — muito vivo, muito esperto — conseguiu ficar bem junto da comissão técnica do Flamengo para trabalhar durante o jogo. É a melhor testemunha ocular da história. Vale a pena ouvir de sua boca o que se passou junto de Paulo César Carpeggiani, naquele momento em que o técnico mandou Anselmo entrar em campo. Ouçamo-lo:

— Também eu não sei dizer se a ideia do soco na cara de Mario Soto nasceu na cabeça de Paulo César Carpeggiani. O que sei é que ouvi perfeitamente o técnico transmitir toda a ordem a Anselmo e a anunciei para o Brasil inteiro no momento em que Anselmo entrava em campo. De modo que os jogadores do Flamengo que participavam daquele jogo não sabiam de nada do que iria acontecer naquela hora, mas todo o Brasil já sabia. Sou testemunha de que Antônio Augusto Dunshee de Abranches não teve nada a ver com o soco desferido por Anselmo. É possível até que ele tenha gostado muito da atitude, depois de consumada, mas que não participou de nada quanto ao seu planejamento, isso não participou.

Raul Quadros continua:

— Anselmo deu o soco e imediatamente partiu num pique rapidíssimo rumo à lateral do campo. Quer dizer, sabia que ao dar um soco na cara de um adversário seria expulso. Assim, sua corrida era a certeza da expulsão que viria, como veio. Fora feito um trabalho pré-combinado, um trabalho que em nada enobrece o futebol, mas que saiu direitinho de acordo com o *script*: entrar, dar um soco na cara de um adversário brutal e correr, na certeza da inevitável expulsão.

Ao narrar o fato, Raul lembra que a corrida imediata evitou a formação de um tumulto que acabaria por prejudicar a continuação do jogo — e portanto a comprometer a vitória do Flamengo. Evitou-se, assim, a formação de uma pequena guerra que com rigorosa certeza explodiria logo depois do murro de Anselmo. O cartão vermelho veio, como não poderia deixar de ser, mas já o pegou na beirada do campo, porque a corrida de Anselmo foi mais rápida ainda. E assim o jogo fluiu, pois, com a saída de cena do autor da façanha, os chilenos não tinham um jogador contra o qual revidar a agressão. Anselmo chegara à lateral segundos depois de completada a ação. Foi como se um diretor de teatro tivesse comandado uma perfeita marcação de tempo para o soco, a fuga e o cartão vermelho. O protagonista tinha sido impecável no desempenho de seu papel. Com o agressor ausente, tudo que o juiz tinha a fazer era tocar o jogo. E assim foi feito.

Anselmo era um bom jogador. No mínimo, um jogador bastante razoável, fazia seus golzinhos até com uma certa categoria. Mas não chegou a fazer carreira correspondente à sua qualidade. Há quem diga que caiu sobre ele "a maldição do Estádio Centenário", ou especificamente da cena teatral do soco. Sempre aparece algum complemento de enredo que justifique um final feliz ou infeliz. É possível — e tomara tenha sido assim essa parte do enredo posterior ao soco — que, qualquer que tenha sido seu fim de carreira, tudo tenha dado certo para Anselmo fora do futebol.* No futebol, se ele não vingou, é certo, certíssimo, que, mesmo com uma carreira curta, deixou essa marca indelével.

Mas voltemos à vaca fria. Só porque a continuação do jogo de Montevidéu, apesar de tudo, fluiu como água clara de um riacho que corre montanha abaixo, só por isso é que esse jogo veio a ser, sim, o que mais gratas recordações traz a Zico. Afinal, foi a vitória sobre um adversário que por todos os motivos estava atravessado na garganta (sobretudo pela pedra na mão fechada do chileno Soto em Santiago). Os dois gols marcados ficaram entre os mais gratificantes de sua vida de jogador — e de grande goleador. Era a classificação para a disputa do mundial interclubes. Com a

---

*E deu: sabe-se que ele hoje é dono de um restaurante em Portugal.

deliciosa sensação de que tudo poderia ter sido uma frustração se Anselmo não fosse um ator tão bom. Mas afinal tudo deu certo. Tão certo como dois e dois são quatro.

★★★★★★

"No Maraca, na arquibancada, sempre atrás das balizas. E via a rede balançando. E ouvia. Era música para os meus ouvidos de menino." A frase está num depoimento de Zico. Pode haver amor maior pelo futebol? Ver só não adianta. É preciso ouvir o barulho suave da rede balançando para se ter a sensação exata do que seja um gol, beleza visual e auditiva. Mesmo quando o chute é forte, a bola batendo na rede faz aquele barulho suave. Qualquer coisa como um farfalhar, mas a palavra não é boa, não há palavra que defina com perfeição aquele encontro, seu tanto de vida, seu tanto de morte.

Quem tem essa sensibilidade para o ruído da bola tocando na rede, as malhas homenageando com discreto fundo musical o paciente trabalho do operário que as teceu, merece antes de tudo a recompensa maior de ouvir inúmeras vezes esse som mágico. E reconfortante para o autor do chute.

Bem, "na arquibancada do Maraca" aquela música que chegava aos seus ouvidos não nascia dos seus pés. E o menino que ouvia o barulho do encontro da bola com a rede sonhava em balançar aquelas redes ele também, algum dia. Seus irmãos já o faziam. Zico desde muito pequeno dormia com a bola ao lado da cama, quieta como um gatinho enrolado em si mesmo no seu sono. Contava os dias para que chegasse o fim de semana, a ida às arquibancadas do Maracanã. Imaginava um dia fazer gols naquele gramado. Não imaginava que, entre todos, seria o jogador que mais gols faria naquelas balizas, na história do estádio.

A história começa nas peladas de rua, como com tantos outros craques (quase todos). Neste caso, as ruas de Quintino Bocaiuva, simpático subúrbio da linha da Central. Mas o "Bocaiuva" ninguém fala. O pobre do líder republicano teve seu nome cortado pela metade. O bairro virou Quintino — e só. Pura e simplesmente Quintino. Fica muito mais fácil. E até mais simpático.

Pois lá em Quintino havia uma família que, todinha, jogava bola. Isto é, todos os filhos, bem entendido, que naquele tempo, meado do século passado, mulher não jogava futebol. Pelo menos no Brasil. Também, menina era uma só, Zezé. Os meninos eram cinco, três dos quais acabaram profissionais de futebol: Antunes (Zeca, segundo o apelido familiar, sempre usou o primeiro dos dois sobrenomes, Antunes Coimbra, como nome profissional), Edu e Zico. Já se vê, Zico é um tratamento carinhoso, que os gramáticos chamam de hipocorístico, para Artur*, seu nome de batismo, homenagem ao avô materno, pioneiro na indústria cerâmica no Brasil. Artur dá Arturzico, um diminutivo bem à portuguesa. Arturzico, cortado pelo meio, como seria fatal, dá Zico, ao fim desse pequeno percurso etimológico.

A bola ao lado da cama na hora de dormir deu resultado. Zico e ela iniciaram assim um caso de amor que não terminaria nunca mais. Como todo menino de subúrbio naquela época, terminado o horário da aula Zico passava na rua boa parte de seu tempo livre. Com as brincadeiras que são sempre as mesmas, mas nenhum garoto dispensa. E Zico jogava bola de gude, soltava pipa, exercitava suas pernas miúdas na correria de polícia-e-ladrão. Mas o amor mesmo era pela bola. Bolas de borracha dos mais diversos tamanhos, bolas de meia, tão comuns na infância de tantos jogadores.

Vale a pena, entretanto, recuar até o velho Antunes, pai de Zico, tipo curioso, um dos poucos portugueses do Rio que jamais torceu pelo Vasco. Sempre foi um rubro-negro apaixonado. Trata-se de uma história singular de paixão à primeira vista, de amor pelas cores da camisa, a forte combinação de vermelho e preto. Seu Antunes (José Antunes Coimbra sempre foi tratado pelo primeiro de seus sobrenomes) veio para o Brasil em 1911, aos 10 anos de idade. Nascido em Tondela (Portugal), veio diretamente para o Rio. Não tinha nenhuma queda especial por futebol, até que, aos 15 anos, acompanhou uns amigos despretensiosamente a um joguinho no campo do América, na Rua Campos Sales, na Tijuca. Era um América x Flamengo, o América venceu, mas ele gostou do Flamengo pelas cores do time, como se viu. Tornou-se um rubro-negro apaixonado, de vestir a camisa (aqui não se trata de um modo de dizer, mas de vestir de verdade, pois Seu Antunes gostava muito de usar a camisa do Flamengo).

---

*Nos documentos, há um *h* da ortografia antiga no meio do nome Artur. Assim, "Arthur" é como está na certidão de nascimento. Mas, de comum acordo com a editora, os autores resolveram que neste livro todos os nomes sairiam pela ortografia em vigor, como, parece óbvio, deveria ser em todas as publicações no Brasil (reza o Vocabulário Ortográfico, documento oficial sobre o assunto no país, aprovado em 1943 pela Academia Brasileira, que os nomes próprios têm de seguir todas as normas vigentes para os nomes comuns). Evita-se, com tal critério, encher o livro de grafias equivocadas ou arcaizantes, do tempo da balbúrdia ortográfica, como Luiz, Baptista, Antonio (sem o acento circunflexo), Manoel, Thiago, etc.

Depois desse jogo em Campos Sales, o futuro Seu Antunes foi trabalhar numa padaria. Sempre que o Flamengo jogava, ao vencer o seu horário na padaria o jovem Antunes ia ver o jogo. O dono da padaria, um vascaíno, como era de se esperar, soube desse destino habitual de seu caixeiro, como então se dizia, e se irritou. Que história era aquela de ter entre seus empregados um moço da terrinha que torcia pelo Flamengo? Deu-lhe um ultimato: ou você deixa de frequentar os jogos do Flamengo ou deixa de trabalhar aqui. O futuro pai de Zico não teve dúvida, deixou o emprego na hora. Mas essa atitude arbitrária do patrão não o levou apenas a apaixonar-se mais ainda pelo Flamengo, como é natural e qualquer psicólogo de botequim explicaria. Levou-o, também, a ter ódio do Vasco. E a ser um flamengo ostensivo. Pela vida toda, a camisa com que mais era visto, em qualquer circunstância, era a camisa do Flamengo.

O rapazito viria a ser alfaiate de profissão, mas depois da experiência no balcão de padaria foi ser motorista, uma carreira que mal começava a abrir portas, profissionalmente. Hoje o galicismo saiu de moda, mas naquele tempo o termo usado era chofer. Aos 25 anos ele choferava para uma família que tinha uma linda menininha de seis anos, Matilde, com a qual acabaria por se casar. Casou bem tarde, é verdade, aos 42 anos. Dezenove anos mais moça, Matilde tinha portanto 23 ao se casar. O casal teria seis filhos (cinco meninos e uma menina). Zico seria o caçula, nascido no dia 3 de março de 1953.

Depois da bola de meia e da bola de borracha, com as quais aquele menino, como os irmãos mais velhos, se exercitava em brincadeiras desde pequenino, veio o primeiro time organizado, o Juventude. Organizado, diga-se, por um rapaz que seria o grande responsável pelo início de carreira de Zico, Ximango, um amigo dos irmãos Antunes Coimbra, que cedo teve olho clínico suficiente para ver que o futebol de Zico não era um futebol qualquer. Esse fino observador é que foi buscar um dia o radialista Celso Garcia para ver Zico jogando. O entusiasmo de Celso Garcia foi tal que partiu dele a iniciativa de levar Zico para treinar no Flamengo. A partir daí, o nome de Celso Garcia começou a aparecer sempre como o homem que deu o pontapé inicial na carreira de Zico. Mas vamos por partes. Esse pontapé inicial virá a seu tempo.

Ximango, porém, Ximango, dono desse apelido de ave de rapina, é quem está na raiz de toda a carreira de Zico. Ximango levou o radialista ao subúrbio da Piedade num dia em que Zico jogava naquele bairro, pelo

River, uma partida de futebol de salão (à época não se criara ainda a forma sincopada futsal, representante em grau maior da ação vigorosa da lei do menor esforço na língua falada). Sujeito de bom gosto esse Ximango: antes de ser fã do futebol de Zico, já tinha uma admiração especial pelo bonito futebol, altamente eficiente, de Edu, o degrau imediatamente acima de Zico na escadinha dos Antunes Coimbra.

O clube de Zico mesmo era o Juventude, criado pelos irmãos Antunes Coimbra e mais um pequeno grupo de amigos, em Quintino. Mas às vezes ele jogava também pelo Maravilha (nesse, Antunes e Edu também já tinham jogado) e, mais raramente, pelo citado River e até por um certo Inharé. Em alguns casos, os irmãos tinham de atravessar a linha da Central na Avenida Suburbana, pois nem todos esses clubes eram de Quintino: ficavam mais para as bandas de Cascadura. Aqui vale a pena abrir um parêntese. A Avenida Suburbana hoje se chama Avenida Dom Hélder Câmara. É certo, certíssimo, que, onde quer que hoje se encontre, Dom Hélder deve ter ficado aborrecidíssimo com essa prosaica mudança de nome. Homem avesso a promoções pessoais (apesar de a ditadura militar ter espalhado exatamente o contrário), Dom Hélder, lá de longe, com toda a certeza tem saudade do nome simples e poético, Avenida Suburbana, a designar até mesmo um estado de espírito dos moradores (quem conhece bem o Rio sabe que no subúrbio é que verdadeiramente está o mais carioca dos estados de espírito que envolvem esse gentílico desde sempre).

Falou-se em Cascadura no parágrafo anterior, é tempo de contar a primeira consagração pública de Zico. Nesse conhecido bairro suburbano Zico foi jogar uma noite contra o Cascadura Tênis Clube, então campeão carioca de futebol de salão. Seu irmão Edu é quem conta. Seriam dois jogos naquela noite, Zico estaria no de abertura, Edu no jogo final. Os dois irmãos, como todo o grupo do Juventude que foi, caminharam cerca de três quilômetros a pé, vencendo a distância que separa Quintino de Cascadura. Chegados ao ginásio do Cascadura, a decepção: não queriam deixar Zico jogar. A idade mínima exigida, mesmo no jogo entre os menores, que fariam a preliminar (ou "jogo do segundo quadro", como os meninos diziam), era de 12 anos. Zico tinha exatamente essa idade, mas ninguém da diretoria do Cascadura queria acreditar, pois ele era muito pequeno, muito franzino. Nesse caso, ele só jogaria se uma autoridade responsável atestasse que o menino tinha a idade necessária. O pai ou a mãe, por exemplo. Mas Seu Antunes e Dona Matilde não estavam lá e nem havia alguém na "delegação" do Juventude para figurar como responsável pelo garoto e atestar-lhe a idade. O próprio irmão Edu também era um pirralho, sua palavra não era levada em consideração.

Discute daqui, discute de lá, Zico protagoniza uma cena digna de Nelson Rodrigues: sentado à porta do vestiário, chorou lágrimas de esguicho. Com pena, um dos jogadores do Cascadura, exatamente o maior ídolo da equipe principal, que faria o segundo jogo, interferiu e convenceu o pessoal da diretoria do clube a permitir que aquele pequeno jogasse. A partir daí, foi tanta jogada bonita do menino, foram tantas diabruras, que o público da arquibancada começou a comemorar a atuação do garotinho com gritos enlouquecidos. A tal ponto que gente da vizinhança correu para o ginásio no meio do jogo, a ver que gritaria, que festa era aquela. A torcida aprendeu o nome do craque miudinho na hora, e gritava, gritava muito: "Zico! Zico! Zico!"

Cansado de tanta correria (além do percurso a pé para chegar a Cascadura), Zico pediu para sair quando faltavam alguns minutos, mas os gritos da torcida — "Fica! Fica! Fica!" — impediram a substituição. O próprio diretor que tentara barrá-lo na entrada pediu a Zico que continuasse em quadra, não queria que a festa acabasse. Naquele dia, a preliminar foi melhor do que o jogo principal. E valeu como uma prévia do que seria a arquibancada do Maracanã em tempos do Flamengo de Zico.

Mas voltemos ao tal dia em que o radialista Celso Garcia foi dar uma conferida no futebol de Zico que Ximango elogiava tanto. O mais jovem dos Antunes Coimbra estava participando de um joguinho pelo River, clube da Piedade, subúrbio em que se dera a tragédia em que morreu Euclides da Cunha, em 1909. Zico não se lembra com precisão rigorosa, mas esse jogo que acabaria sendo a alavanca inicial para sua carreira deve ter sido em 1967. O cálculo se baseia no fato de que ele teria seus 14 anos, por aí. Passados cerca de 60 anos da morte do autor de *Os Sertões*, não se falava mais nela por lá. A essa altura, só os meios de comunicação uma vez ou outra citavam o fato doloroso, quando por algum motivo ele viesse a ser lembrado. A Piedade, desta vez, foi apenas o carimbo no passaporte que levou Zico para o Flamengo e para a glória. Celso Garcia ficou entusiasmado ao ver em ação o garoto que Ximango tanto elogiara. Levou-o para a Gávea alguns dias depois. Daí para a frente é que começa a história do casamento de Zico com o Flamengo, história que ainda não acabou: frequentemente ainda se fala em fazer de Zico o presidente do Flamengo.

Isso, porém, são outros quinhentos. Por ora estamos na chegada de Zico à Gávea. Em campo, jogando, ele começou a confirmar tudo que se esperava dele. Mas era franzino demais, não ia aguentar o tranco que o moderno futebol profissional exigia. Além de tudo, para ir regularmente ao Flamengo, Zico começou a levar uma vida terrivelmente desgastante para um menino frágil como ele era, um vaivém diário e desgastante para quem pretendia ser profissional de futebol, aquilo a que hoje chamam de "atleta" nos jornais e na TV, substituindo o velho e singelo termo "jogador", muito mais adequado quando não se trata de um praticante de atletismo.

Mais do que um vaivém, o dia de Zico era uma verdadeira maratona, tendo nas pontas o subúrbio de Quintino e o bairro da Gávea e, entre esses dois extremos, o Colégio Rivadávia Correia, onde o menino fazia o ginásio (era assim que se chamava, então, a primeira parte do curso secundário). Esse Rivadávia ficava no Centro, perto do Ministério da Guerra, que depois viria a se chamar Ministério do Exército e, mais tarde ainda, deixaria de ser autônomo para integrar-se ao Ministério da Defesa. Toda essa corrida diária entre subúrbio, Centro e Zona Sul desgastava fisicamente Zico, que, ao contrário, precisava evoluir muito do ponto de vista físico se quisesse realmente ser um jogador de futebol profissional.

Aquela maratona diária o estava consumindo mais e mais, exatamente quando era essencial que ele se submetesse a um tratamento sério. Esse ritmo de vida era o oposto das necessidades de alguém que pretendia viver de uma atividade física. George Helal, um capixaba, dirigente do Flamengo que chegaria a presidente do clube, viu isso com clareza e se dispôs a patrocinar um programa específico no sentido de obter para Zico as melhores condições físicas. Assim se iniciou, então, para o futuro ídolo maior da história do clube, um tratamento especial, sob os cuidados de uma junta que incluía o preparador físico José Roberto Fancalacci e três médicos, comandados pelo endocrinologista José de Paula Chaves, além do dentista Radamés Lattari. Zico mostrava enorme categoria, mas só se ganhasse corpo poderia ser um jogador com possibilidades de enfrentar os desgastantes campeonatos profissionais. George Helal apostava todas as fichas nele como futuro craque. Por isso mesmo acabou com aquele corre-corre na vida do garoto, pagando-lhe do próprio bolso um lanche diário e dando-lhe uma ajuda de custo mensal, "um pouquinho maior do que o salário mínimo da época", lembraria Zico, depois. Tudo deu certo, rigorosamente certo, como sabe hoje o Brasil todo. E, anos mais tarde, Helal acabaria padrinho de casamento de um reconhecido Zico, que pode ter vários defeitos, mas ingrato, já se vê, nunca foi.

Começou assim a carreira do rubro-negro Zico. Aceito na Escolinha da Gávea, ele ainda tinha 14 anos quando estreou pelo Flamengo, em outubro de 1967 (fez dois gols na vitória de 4 a 3 contra o Everest). O Maracanã de seus sonhos iria demorar um pouquinho: só aos 17 anos (portanto em 1970) ele iria pisar de chuteira naquela grama dos seus sonhos de menino. Juvenil, sim, mas jogador do Flamengo. Agora não estava mais na arquibancada, atrás do gol, a ouvir o barulho encantador da bola batendo na rede, "música para o ouvido". Agora pisava aquele gramado lendário, que completava 20 anos como palco de histórias dramáticas (a perda da Copa do Mundo de 1950 para o Uruguai, logo de saída) e de alegrias inesquecíveis (para um rubro-negro, o tricampeonato do Flamengo, por exemplo, em 1953-54-55, na era pré-Zico). Nesses 20 anos, o Maracanã se tornara o estádio mais importante do mundo, não apenas o maior. Falar em Maracanã era falar em futebol numa outra dimensão.

No gramado famoso, sim, Zico estava no gramado do Maracanã naquele 16 de junho de 1970. Era um dia de festa nostálgica, despedida de Carlinhos. Ora, Carlinhos era o representante mais típico da arte de jogar o fino do futebol. Formara, ao lado de Nelsinho, um meio-campo inesquecível na história do Flamengo. Esse artista do futebol era do tempo do 4-2-4 — e do meio-campo do Flamengo campeão em 1963 e 1965 o velho torcedor nunca se esquece: Carlinhos e Nelsinho, o raçudo Nelsinho. O toque de Carlinhos era tão refinado que ele ganhou o apelido de "Violino". Pois Carlinhos estava se despedindo. E sabe o leitor a quem ele entregou as chuteiras — que eram como que o arco do violino — nesse seu último dia de jogador? Isso mesmo, a Zico, que estava em transição da escolinha para o juvenil (denominação hoje alterada para júnior) e representava a nova geração rubro-negra.

Jogando mesmo, já no juvenil, jogando com a camisa 10, ele estreou dois meses depois, em agosto de 1970, em Cantagalo, no Estado do Rio. O adversário nessa cidade serrana, terra de Euclides da Cunha (o autor de *Os Sertões*, como se vê, de vez em quando atravessa a vida de Zico), chamava-se Flamenguinho, e o amistoso entre os meninos acabou 3 a 3. Não há registro de gol de Zico.

Mas a estreia oficial no Campeonato Carioca de juvenis foi em 6 de março de 1971. Zico tinha 18 anos completados três dias antes. Marcou dois gols num 5 a 1 contra o Madureira, em Conselheiro Galvão, isto é, no campo do adversário. Com essa idade, ainda podia jogar pelo juvenil. E nesse mesmo mês de março, dia 14, fez o seu primeiro gol no Maracanã num

Flamengo x Botafogo de juvenis (preliminar do mesmo jogo entre profissionais, visto por 143 mil torcedores, em números redondos). Foi 1 a 1. O Botafogo abriu a contagem e Zico empatou, de pênalti. Não se impressionou diante daquela multidão e bateu o pênalti com absoluta tranquilidade.

Jogando no "time de cima", como reza o jargão do futebol, seu primeiro gol seria na Fonte Nova, Salvador, contra o Bahia, dia 11 de agosto. Não foi num dia de vitória, o Flamengo não passou de um empate (1 a 1). Nesse ano de 1971, como se vê, Zico se dividia entre o time juvenil e o profissional, quer dizer, passava das mãos de Joubert (técnico do juvenil) para as do lendário paraguaio Fleitas Solich, que viria a se constituir num dos maiores treinadores da história do Flamengo. Talvez o maior, mesmo, se se levar em consideração sua característica básica, que era lançar entre os profissionais a garotada criada nos times de base da Gávea. Solich foi o lançador de Dida, o grande ídolo da infância de Zico. Quase 20 anos depois, em sua terceira passagem pelo clube, teve nas mãos o próprio Zico.

Logo em seu primeiro ano de Flamengo, 1953, Solich ganhou na imprensa o apelido de "Feiticeiro" — homenagem maior seria impossível. E muito adequada, a partir de sua arte de cedo revelar para os profissionais a meninada dos juvenis da Gávea. Mas o peso de uma união de estrelas é que levou o Flamengo a um período excepcional: quem mandou buscar Solich no Paraguai foi aquele que ficou na história do rubro-negro como o maior dos seus presidentes, Gilberto Cardoso. Levado por um de seus impulsos característicos, Gilberto Cardoso iria trazer Solich do Paraguai depois da conquista pelo treinador do Sul-Americano de Lima. Solich, na Gávea, chegou, viu e venceu: foi logo tricampeão carioca: 1953-54-55. O primeiro desses anos do segundo tri (já havia o de 1942-43-44) é, por uma coincidência singular, o ano do nascimento de Zico.

Logo em sua iniciação profissional (1971) acrescentaram ao nome de Zico o aposto que jamais se desligaria dele: "o Galinho de Quintino". Dizem que foi Valdir Amaral, locutor de futebol da Rádio Globo, o autor da ideia. É bem possível, Valdir gostava de botar apelido nos jogadores. Seja lá como for, esses penduricalhos acrescentados ao nome só ganha quem se destaca, nem é preciso dizer.

★★★★★★

O sentimento íntimo de família, de união familiar, é um dado fundamental na carreira de Zico. Poucas famílias serão tão amorosas como os

Antunes Coimbra. O amor ao futebol era comum a todos eles. O futebol, entre aqueles irmãos, era uma espécie de patrimônio da casa, embora no princípio o velho Antunes, superando sua paixão rubro-negra, lutasse muito contra a possibilidade de que os filhos, craques nos times da rapaziada de Quintino e adjacências, acabassem jogadores de futebol por profissão. Tinha medo de que, por culpa do futebol, os meninos não completassem os estudos. Bem, ele dizia que não os queria fazendo carreira no futebol, mas mantinha seu lado liberal, sem impedir, como se viu, que se formasse, de certa forma dentro de casa mesmo, um time como o Juventude.

Há um outro dado nessa relação dos irmãos Antunes Coimbra com o futebol. É que, com a experiência dos irmãos mais velhos, Zico aprendeu cedo que havia uma banda podre no futebol, no Brasil. Em 1964, por exemplo, aos 11 anos, Zico conseguiu entender direito a irritação de toda a família (pai e irmãos) com um dirigente do Fluminense e membro da Comissão Técnica do Departamento de Futebol, Ernesto Santos. Esse senhor era tido e havido nos meios de comunicação como uma pessoa exemplar. Não sei bem por que, para falar de gente com esse tipo de conduta, os jornais usam sempre o adjetivo "ilibado", quase transcrição direta de seu étimo latino, que significa "puro", íntegro", "que não foi tocado". Pois o Sr. Ernesto Santos era tratado sempre como exemplo de um desses homens de conduta ilibada. Com a família Antunes, entretanto, seu comportamento não foi tão imaculado assim.

Vejamos o que conta Zico de uma atitude do Sr. Ernesto Santos que ficou definitivamente marcada em casa da família Antunes Coimbra. O Fluminense tinha um timaço de juvenis. Mais da metade da garotada das Laranjeiras seria convocada para a Olimpíada de Tóquio, e Antunes, seguramente, estaria entre os chamados, pois era um dos melhores do Fluminense. Mas, antes da convocação, o Sr. Ernesto Santos deu um pulinho a Quintino, foi conversar com o Sr. Antunes e disse a ele que seu filho Antunes estava para ser convocado, sim, mas só o seria se assinasse um contrato de gaveta com o Fluminense. O pai de Antunes — e de Zico — que era um sujeito afável, mas não custava muito a mudar se lhe pisassem no calo, subiu nas tamancas (expressão que fica bem para um português, ainda que na prática o Sr. Antunes não as calçasse) e expulsou de sua casa na hora o Sr. Ernesto Santos. Isso pode ter prejudicado momentaneamente a carreira de Antunes, pois o Fluminense teve seis convocados para a Seleção olímpica que foi a Tóquio e ele ficou de fora. Mas foi uma, só uma das histórias que desde cedo deixaram Zico sempre com um pé atrás em relação aos dirigentes que o povo chama, com deliciosa ironia, de "cartolas".

Zico não teria, porém, coisa muito trabalhosa a discutir com dirigentes em sua vida de jogador pelo fato de, no Brasil, sua carreira ter se resumido ao Flamengo. E foi uma carreira tão brilhante, tão excepcional, ele de tal forma era um ídolo destacado no clube que não haveria como não lhe fazer justiça na hora de renovação dos contratos. De todo modo, fazer justiça em termos. Tudo que se desse a Zico quanto a um novo contrato não igualaria nunca o que ele dava ao Flamengo. Mas é verdade que há uma via de mão dupla nesse tipo de coisa. O Flamengo era, sim, grande demais, como clube de maior torcida do Brasil, e isso fazia com que a projeção de Zico alcançasse todo o público brasileiro com uma luz que não teria a mesma força se ele estivesse em qualquer outro clube.

Essa é, digamos, a mão de ida. Na mão de volta, jogadores como Zico é que fazem um clube como o Flamengo manter sua condição única de liderança absoluta entre as torcidas no país. Nunca é demais lembrar que o Flamengo se tornou o clube mais popular do Brasil a partir de Leônidas, que jogou lá de 1936 a 1942, criou a bicicleta e outras mumunhas e carregava consigo o encanto do menino pobre que conquistou as multidões. Os garotos que torcem pelo Flamengo hoje precisam saber que, até Leônidas, o Flamengo era um clube que tinha tanta torcida quanto o Fluminense, o Vasco, o Botafogo (à época, o Rio era a capital da República e seus clubes eram os únicos que tinham projeção nacional). A partir de Leônidas, sim, o Flamengo disparou na ponta de tal forma que até este século XXI se mantém nacionalmente à frente com uma facilidade tão flagrante que lhe permitiria, como diria um turfista, levar o chicote debaixo do braço. Isto é, se esse páreo da popularidade fosse uma corrida de cavalos, o jóquei do rubro-negro carioca não precisaria dar uma única chicotada para ganhar com autoridade total.

Em resumo, um novo Leônidas, isso é que Zico foi para o Flamengo nas temporadas dos anos 1970 e 1980, conquistando para o clube, já recordista nesse item, como se viu, um número incontável de novos torcedores. Nesses anos, consolidou-se no Flamengo um meio-campo extraordinário, que ficou na boca do povo soando como música: Andrade, Adílio e Zico (inicialmente Carpeggiani, Adílio e Zico).

Há uma curiosa referência a fazer quanto a Carpeggiani, senhor absoluto de seu setor no meio-campo: jogava de cabeça erguida e abria como ninguém caminhos para os companheiros lá na frente. Seu passe, comprou-o o Flamengo do Internacional de Porto Alegre. Pois Carpeggiani, se reivindicasse um lugar no *Guinness Book of Records* sem dúvida o conquistaria: como técnico, foi ele que conquistou com menos tempo de profissão (seis meses) o título mundial interclubes, ao levar o Flamengo a ser campeão em 1981. Um impressionante 3 a 0 sobre o Liverpool, em Tóquio, dia 13 de dezembro. Impressionante pela autoridade com que o Flamengo ganhou o jogo. Não pareciam dois times que tinham chegado a uma final de título mundial. Dava, muito mais, a impressão de que se tratava de dois times de divisões diferentes, um da primeira outro da segunda, por exemplo. Mas, isso, sem desmerecer o Liverpool. Tal impressão nascia exclusivamente da superioridade absoluta do time do Flamengo. Zico não fez gol nessa conquista, mas ainda assim foi eleito o melhor em campo, ganhando com isso um carrão japonês zerinho.

Desse time do Flamengo, porém, o meio-campo Andrade, Adílio e Zico era o expoente, sim, mas seria grave injustiça não lembrar os nomes de Leandro e Júnior, seus dois laterais. Ambos de altíssimo nível, sem dúvida em condições de serem lembrados entre os melhores laterais de todos os tempos no Brasil. E lá na frente havia um terrível fazedor de gols, sem ser jogador de grande técnica: Nunes. Nos momentos mais importantes, lá estava ele para marcar o seu golzinho. Tanto que passou à história rubro-negra como "o artilheiro das decisões".

No ano de 1982, as emoções de Zico no Flamengo continuariam explodindo uma atrás da outra (não falemos da Seleção, que fracassou nas quarta de final contra a Itália, na Copa da Espanha, perdendo de 3 a 2: não foi uma Copa de grandes alegrias para Zico). É claro que a torcida rubro-negra ia cobrar depois da conquista do mundial interclubes de 1981 — e com razão. Quando se chega a esse ponto, sempre se quer mais e mais. Mas o time do Flamengo responderia à cobrança com grande dignidade. Tanto que chegaria a campeão brasileiro de 1982 ganhando do Grêmio no Estádio Olímpico, campo do tricolor gaúcho. E historicamente se sabe que ganhar do Grêmio no Olímpico não é fácil, ainda mais em decisões. Mas as emoções desse título brasileiro começaram no primeiro jogo.

O início da campanha rubro-negra de 1982 já serviria como sinal altamente positivo das alegrias do novo ano (à época, o calendário do futebol brasileiro era inteiramente diferente: começava-se o ano pelo Campeonato Brasileiro). Foi um Flamengo x São Paulo de tirar o fôlego, no Maracanã, dia 20 de janeiro, festa de São Sebastião, o padroeiro da cidade. O São Paulo abriu 2 a 0, no intervalo o time do Flamengo desceu para o vestiário cabisbaixo, diante de 85 mil pessoas. No segundo tempo, porém, o Flamengo pôs o São Paulo na roda. Conseguiu uma virada espetacular: 3 a 2, dois gols de Zico e um de Andrade. Mostrou que era um digno campeão do mundo.

E continuou a mostrá-lo por todo o campeonato, até as finais com o Grêmio, em abril. O primeiro jogo foi no Maracanã (1 a 1), o segundo em Porto Alegre (0 a 0). O terceiro foi um desses jogos de matar cardíacos. O Estádio Olímpico botando gente pelo ladrão, o Grêmio tinha um timaço. Mas o Flamengo era o grande Flamengo de Zico no auge (no segundo jogo das semifinais, o Flamengo tinha derrotado o Guarani, em Campinas, por 3 a 2, três gols de Zico). O jogo estava lá e cá, mas a tendência natural era o Grêmio levar a melhor com a torcida toda empurrando. De repente, Zico vem correndo com a bola dominada da lateral para o centro, vê Nunes em boas condições e enfia a bola entre dois zagueiros do Grêmio. Nunes, mais uma vez o artilheiro das decisões, bateu na corrida o gremista que o estava marcando e mandou para as redes. Flamengo, campeão brasileiro de 1982, repetindo o feito de 1980.

Esse título também valeu como um cala-boca. Boa parte da imprensa paulista tinha um vezo estranho: parecia ter dificuldade de reconhecer que um craque é um craque, um timaço é um timaço. Essa parte da imprensa vivia a dizer que "Zico era jogador de Maracanã" e o "Flamengo era time de Maracanã". Nunca ficou muito claro o que haveria de mau num time, ou jogador, fazer grandes partidas no Maracanã. Ao contrário, há de ser sempre uma qualidade a destacar-se quando um time ou um jogador faz grandes exibições no estádio mais famoso do mundo. Ganhando aquele título de 1982 num jogo contra o Grêmio, em Porto Alegre, o Flamengo, que já tinha sido campeão mundial em Tóquio, mostrou que ganhava títulos no Maracanã, sim, mas também os ganhava na capital japonesa ou na capital gaúcha.

O título brasileiro de 1983 não foi menos brilhante. Carpeggiani ainda era o técnico, mas saiu no meio da campanha. Quem assumiu foi Carlos Alberto Torres, e começou com aquilo que o torcedor de arquibancada chama de vareio. Isso mesmo, um vareio no Corinthians, 5 a 1 (dois gols de Zico, sendo um de falta). A campanha foi toda espetacular e terminou numa disputa com o Santos. Naquele tempo Vila Belmiro não era aceito como estádio para decisões de Campeonato Brasileiro, de modo que o primeiro jogo foi no Morumbi, o estádio do São Paulo, e o Santos venceu por 2 a 1, no dia 22 de maio. Uma semana depois, no Maracanã, o Flamengo, que precisava de uma vitória por dois gols de diferença para ser campeão, ganhou por 3 a 0, gols de Zico, Leandro e Adílio, que foi o nome do jogo. Houve recorde brasileiro de público nesse jogo, 155 mil pessoas pagaram ingresso — esse recorde nunca mais será batido, porque hoje, depois das reformas exigidas pela Fifa (no caso do Maracanã, o fim das gerais, por exemplo, pois passou a ser proibida a existência de pontos em que o público assistia ao jogo de pé), a lotação máxima do grande estádio gira em torno de 85 mil pessoas.

Zico jogou essa decisão contra o Santos, aquela esplêndida vitória de 3 a 0, já vendido para o Udinese, da cidade de Udine (leia-se como proparoxítona), norte da Itália. Ninguém sabia disso, nem entre as 155 mil pessoas presentes ao Maracanã nem entre toda a torcida do Flamengo. Prova de que Zico, além das outras qualidades humanas de que já se tem falado aqui, também é homem de absoluta discrição. O presidente Antônio Augusto Dunshee de Abranches o negociou em silêncio com os italianos e em silêncio toda a transação se completou. Zico foi o único no Flamengo a saber. A negociação foi complicada. Ouçamos Zico:

— Eu não tinha o menor interesse em deixar o Flamengo, mas o presidente Antônio Augusto forçou a minha saída. Mostrou que na verdade não queria que eu continuasse no clube, porque existiu essa possibilidade, com a Adidas pagando as luvas da renovação de contrato, como se dispunha a pagar. Mas ele quis jogar para a torcida, invertendo as coisas e dizendo que eu é que estava forçando minha saída do clube. Esse tipo de procedimento infelizmente é comum entre os cartolas brasileiros.

Quanto ao sigilo das negociações, tudo se deveu ao medo. Medo de que a torcida se revoltasse, quebrasse a Gávea ou coisa semelhante, impedindo a conclusão do negócio. Por isso, quando tudo se tornou público, o fato estava consumado, totalmente consumado, não havia como voltar atrás quanto a um negócio concluído. Ainda assim houve uma onda de protestos dos torcedores que levou um grande medo à Gávea na ocasião. Só o fato de que não havia a menor condição de alterar a realidade das coisas impediu que o protesto se alastrasse. A torcida viu com clareza que protestar seria chover no molhado e teve que engolir em seco a sua mágoa — pois uma mágoa do torcedor ficou, sem dúvida. Por isso, como se costuma dizer quando tudo está consumado, vida que segue.

E seguiu com a estreia de Zico no campeonato italiano, mas é preciso acrescentar uma colher de sopa de fermento nessa mágoa da torcida. O torcedor não se conformava de modo algum com a saída de Zico, fosse lá em que circunstâncias fosse. As coisas, entretanto, não seriam tão ruins se ele tivesse ido para um grande clube italiano, um Milan, um Internazionale. Mas, que diabo, perder Zico, seu ídolo maior, e vê-lo baixar de *status* em sua carreira, sair do time de maior torcida do Brasil para um time pequeno na Itália, ah, isso, como se costuma dizer, era dose! E foi o que aconteceu: Zico foi para o Udinese, tornou-se mais um habitante da pequena cidade de Udine.

Teve um período feliz, é verdade, apesar da saudade permanente do Brasil e do Flamengo, que o levava a telefonar para o Rio a toda hora. Isso, reconheceu mais tarde, não foi bom, só fazia aumentar a saudade. Aprendeu rapidamente a falar italiano, mas gostava mesmo (como é comum quando se está longe do país) era de falar português, e a oportunidade não surgia apenas quando estava em casa, pois Edinho, ex-jogador do Fluminense, foi seu companheiro no Udinese.

Houve porém um caso desagradável. Zico foi acusado de sonegação fiscal em 1985. O juiz o condenou a oito meses de prisão e a pagar uma multa. Tudo porque o Udinese tinha contratado Zico através de uma empresa inglesa trapalhona, uma certa Grouping, por intermédio da qual o clube fizera o negócio. Mas felizmente Zico jamais foi preso e acabou absolvido no julgamento final, em dezembro de 1988. Nas três temporadas italianas que disputou, Zico jogou 79 vezes pelo Udinese, até 1985, ano em que voltou ao Flamengo.

Ainda haveria uma festa de Zico em Udine, na sua despedida da Seleção brasileira, em março de 1989 (também foi seu último ano pelo Flamengo). Zico fez questão que a festa homenageasse a cidade em que fora tão bem recebido, cidade que passou a ocupar um cantinho do seu coração. Foi um jogo em que a Seleção perdeu de 2 a 1 para um combinado de estrangeiros que jogavam na Itália. O resultado, porém, pouco importa numa festa dessas. Importa é o lado sentimental. E Zico se despedia como o segundo artilheiro da história da Seleção, 66 gols em 88 partidas, atrás apenas de Pelé (95 em 114). Do Flamengo ele se despediu duas vezes: com um Fla-Flu organizado para Juiz de Fora no fim daquele 1989 (2 de dezembro, Flamengo 5 a 0, Zico fez um golaço de falta), e no Maracanã contra um time formado por estrangeiros, em fevereiro de 1990. Foi 2 a 2, mais uma vez numa festa (com 90 mil pagantes e muita gente que entrou de graça) em que o resultado pouco importa. Importou foi o coração comovido de Zico na descida para o vestiário, depois, lá embaixo, sentir sem ver o vazio do grande estádio, seu palco pela última vez, 20 anos depois de sua estreia no mesmo cenário, como juvenil.

Jogador de futebol é uma profissão de fôlego curto, aos 37 anos, idade de Zico nessa despedida, a maioria já parou ou está parando. Zico, em estado físico privilegiado porque sempre se cuidara com a dedicação própria do profissional altamente responsável, ainda teria um capítulo final em sua carreira de jogador. E do outro lado do mundo, no Japão.

Antes há uma passagem de Zico pelo governo, como secretário de Esportes, com *status* de ministro, durante 13 meses (na administração Collor, de março de 1990 a abril de 1991). Pelé, mais tarde, também iria ocupar esse cargo (o sucessor imediato de Zico foi o jogador de vôlei Bernard Rajzman; Pelé seria o ocupante do cargo numa administração seguinte). Zico não esconde que considerou deselegante o comportamento de Pelé ao aprovar uma nova legislação para o esporte. E comenta que Pelé teoricamente acabou com o projeto inicial dele, Zico, mas só teoricamente, porque lançou um novo que tem mais de 80% tirados do que Zico deixara pronto. Assim, a chamada Lei Pelé, como ficaria conhecido o novo texto referente ao esporte, na verdade é uma Lei Zico recauchutada aqui e ali.

Mas passemos ao último capítulo da carreira de Zico como jogador. Um mês e alguns dias depois de largar o cargo de secretário de Esportes, Zico deu o pontapé inicial na última fase de sua carreira de jogador de futebol. Assinou contrato com o clube Sumitomo, do Japão, no dia 21 de maio de 1991. O futebol japonês começava a se organizar profissionalmente e a presença de alguém como Zico foi fundamental nesse momento. Em dezembro, Zico chegaria a completar dez partidas pelo Kashima Antlers — nome que o Sumitomo adotara pouco depois da chegada do ex-jogador do Flamengo — e tinha marcado dez gols. Seu clube foi vice-campeão nesse torneio, que funcionou como uma espécie de batismo do novo futebol japonês. A Liga Japonesa escolheu então dez clubes para uma disputa, em 1992, que seria a derradeira experiência antes da inauguração, em 1993, do autêntico campeonato de futebol profissional do país.

O último ano de Zico no campeonato japonês foi 1994, quando ele juntou a fome com a vontade de comer: em março, seu irmão Edu foi ser o técnico do Kashima. Era a sopa no mel. A carreira de Zico como jogador no Japão terminaria dois meses depois, ao fim dos seus três anos de contrato. Mas houve uma prorrogação até outubro, quando organizaram um festival de despedida para Zico. Como sempre que se pensa no Rio se pensa em Carnaval, esse festival se chamou Carnival 1994. Até porque a partir de agosto Zico deixara de jogar por algum tempo: tivera de ser submetido a uma nova artroscopia naquele joelho direito que tanto trabalho lhe deu.

De volta ao Rio, em 1995 Zico começa a se dedicar ao seu centro de futebol, no Recreio dos Bandeirantes. Pronto o centro, fundou o seu próprio clube, em 1996, o Rio de Janeiro. Já havia um clube com esse nome, em

Duque de Caxias, na Baixada Fluminense. O clube, digamos, mais antigo, exigiu a mudança do nome do time de Zico, que ainda tentou um acordo, mas não foi possível. Assim, a partir de 1998 o Rio de Janeiro passou a se chamar CFZ, isto é, Centro de Futebol Zico. Era a época, na federação carioca (assim chamada popularmente, de modo indevido, pois sua abrangência é o estado todo, não apenas a cidade do Rio), oficialmente Federação de Futebol do Rio de Janeiro, de um senhor que atendia pelo apelido de Caixa d'Água, falecido algum tempo depois. Campista, sua ação mais evidente na Federação era proteger o Americano, clube de sua cidade. O CFZ era perseguido em sua administração como judas em sábado de Aleluia.

Por essa época Zico conheceu o ano mais doloroso de sua vida, com a perda de seu irmão Antunes, de infarto, aos 51 anos, em 1997. Como última e sentida homenagem, deu o nome de Estádio Antunes às dependências do CFZ no Recreio dos Bandeirantes.

Com toda a razão, em 1999 Zico resolveu deixar de lado a luta inglória contra o poder na federação carioca e abriu uma filial do CFZ em Brasília, com grande sucesso: em 2002 o clube já foi campeão do Distrito Federal, derrotando o Gama, o clube mais popular daquelas bandas. Passado o tempo do Sr. Caixa d'Água na Federação, o CFZ do Rio voltou a funcionar e a dar alegrias a seu dono. Hoje em dia suas instalações são disputadas como centro de treinamento por outros clubes da cidade.

Zico não se desligou, porém, do futebol japonês. Cumpriu seu contrato com o Kashima até o meado de 2002. Seu prestígio era — e é — tão grande no Japão que logo depois os japoneses o contrataram como técnico, pensando na Copa de 2006. Iniciou-se assim a sua carreira de técnico, na qual seu sucesso foi tão grande como o que teve como jogador.

Bem, haverá quem discuta isso. O sucesso na carreira do jogador Zico é um caso extraordinário, só superado por Pelé e Garrincha, no Brasil, no mínimo igual ao de Maradona, se formos às comparações internacionais (ainda que essa afirmação possa irritar alguns argentinos, cujo fanatismo vai a ponto de terem fundado uma igreja cujo Deus é esse maior jogador de lá em todos os tempos). Mas nem se o parâmetro for o Zico jogador de futebol é possível desprezar a admirável carreira de Zico como técnico. O mais singelo retrospecto mostra no primeiro passo um Japão que, levado por ele, chegou à Copa de 2006 com um time superior a todos que o país tinha apresentado até então.

Vejamos, num correr de olhos, um resumo dessa carreira impressionante. Ao começar como técnico, Zico logo conquistou com a Seleção japonesa, em 2004, a Copa Kirin e a Copa da Ásia, vitória essa que levou o Japão à Copa de 2006. Isto é, como técnico, de saída Zico levou uma seleção à Copa do Mundo e dela participou. No mesmo ano de 2006, logo depois da Copa, foi contratado pelo Fenerbahce, da Turquia. E sua primeira temporada lá (2006-07) deu ao clube turco o título de campeão da Superliga, pois o Fenerbahce participa das disputas europeias. Em 2007, novamente deu um título ao Fenerbahce, o de campeão da Supercopa.

Passou em 2008 para o Bunyodkor do Uzbequistão, ganhando dois títulos nesse mesmo ano: o de campeão uzbeque e o de campeão da Copa do Uzbequistão. Em 2009, Zico assumiu o cargo de treinador do CSKA, de Moscou. Também neste caso os títulos foram dois logo no primeiro ano de trabalho: os de campeão da Copa da Rússia e campeão da Supercopa da Rússia. Depois dessas duas conquistas, no mês de setembro, Zico foi demitido pela primeira vez de um cargo de técnico. Não ficou desempregado mais do que cinco dias. Seu prestígio como técnico na Europa é tal que na semana seguinte ele foi contratado pelo Olympiakos, de Atenas, no qual trabalhou até janeiro de 2010. Em todos esses cargos, lá estava sempre o menino que batia uma bolinha de meia ou de borracha, descalço, nas ruas de Quintino. Porque ao seu lado está invariavelmente o irmão Edu, companheiro e amigo desde o tempo dessas peladas. Duas vidas, uma vida.

11
iQuE®

//Romário

Vindo sabe-se de que região do ar, o tigre aparece, dá seu bote e se esfuma. O goleiro, preso na sua jaula, não tem tempo nem de piscar. Num lampejo, Romário mete seus gols de meia volta, de bicicleta, de voleio, de trivela, de calcanhar, de frente ou de perfil.

EDUARDO GALEANO

Corria o mês de setembro, dia 19, Rio de Janeiro. O ano, 1993. Um momento que podia ser trágico para o Brasil. Sim, porque, se em nenhum país da Terra ficar fora de uma Copa do Mundo há de ser uma tragédia, no Brasil, ah, no Brasil seria, sim, pois por aqui nunca houve isso, o país participou de todas as Copas! E a Seleção brasileira estava ameaçada de ficar fora da 15ª Copa do Mundo, a de 1994, marcada para os Estados Unidos. Faltava um jogo só nas eliminatórias para a Copa do ano seguinte. A Seleção ainda dependia de um empate — e o jogo seria contra o Uruguai.

Imediatamente vinha à cabeça de todos os brasileiros outro Brasil x Uruguai, o da Copa de 1950. Supersticiosos, os torcedores pensavam logo nas coincidências a marcar aquele jogo decisivo das eliminatórias: como em 1950, o jogo seria no Maracanã; como em 1950, o adversário era o Uruguai; como em 1950, o Brasil jogava pelo empate.

Pouco importavam os 43 anos decorridos, as características a aproximar os dois jogos eram muito fortes. Reações de todo tipo começavam a aparecer. Entre elas, a mais comum era a condenação ao técnico, Carlos Alberto Parreira. Nenhuma novidade, sempre que as coisas não estão dando certo com um time, a primeira cabeça a receber as críticas mais pesadas é a do técnico. Um incompetente aquele Parreira! Convoca mal, escala mal, orienta mal o time em campo — era o mínimo que diziam dele. A primeira dessas críticas é que começou a pesar mais: convoca mal. Por que não convocava, por exemplo, Romário?

Romário já tinha sido convocado na Copa anterior, a de 1990, na Itália. Mas nesse ano, prejudicado por uma longa paralisação por causa de uma fratura sofrida no ano anterior, só jogou o primeiro tempo contra a Escócia (Brasil 1 a 0), ainda na fase de classificação. Nas oitavas de final, o Brasil caiu fora ao perder para a Argentina por 1 a 0, em Turim, num fracasso previsto pelo país inteiro. O time, treinado por Sebastião Lazaroni, era confuso, um retrato do próprio técnico, que era uma cabeça confusa. Gostava de palavras e frases sempre bem arranjadinhas, tudo constituindo um conjunto que a imprensa chamava de "lazaronês". Em resumo, era uma espécie de Coelho Neto dos treinadores de futebol. Mas Romário, com sua presença mínima de 45 minutos de futebol, saiu ileso do desastre.

A realidade era bem outra em 1993. Depois de fazer enorme sucesso no PSV, de Eindhoven, Holanda, nesse ano Romário se transferiu para o Barcelona, onde continuou a ser a maior atração, embora tivesse um começo difícil. Por essa época é que Cruyff, na ocasião técnico do time catalão, disse a frase que ficaria famosa e, repetida por várias outras bocas, viria a ser uma espécie de marca registrada do grande artilheiro: "Romário é o gênio da grande área." Até o fim da carreira de Romário, aos 41 anos (coisa rara no Brasil, principalmente para um atacante), em 2007, a frase foi sempre lembrada, cada vez que ele fazia um de seus inúmeros gols considerados verdadeiras obras de arte. Mas nem só Cruyff se referiu a Romário como jogador fora de série. Tostão, que depois de jogador de futebol viria a ser um dos colunistas esportivos mais importantes do país (ver o capítulo correspondente a ele), disse um dia em uma de suas colunas que Romário é um "fenomenal centroavante".

Mas voltemos a 1993. Sua convocação começou a virar uma espécie de clamor nacional diante da ameaça de tragédia iminente: perder para o Uruguai com aquele time em que ninguém mais confiava não seria nenhum absurdo. Romário surgia assim, na boca do povo (e, por extensão, nos jornais, no rádio e na TV), como a salvação da lavoura. Parreira, que é um técnico de primeira qualidade mas, como todo técnico, não costuma dar o braço a torcer facilmente, acabou por ceder diante da reivindicação generalizada. Romário afinal foi convocado.

A cabeça do torcedor melhorou com a convocação de Romário, mas ainda pairava uma certo medo no ar. Talvez aquele tenha sido o jogo — quer dizer, aquele de 19 de setembro de 1993 — mais dramático da Seleção brasileira até hoje, em matéria de eliminatórias de Copa do Mundo. Maracanã cheio, nem é preciso dizer. O país todo grudado na televisão, nem é preciso dizer. O cheiro de tragédia não se dissipara completamente e o Brasil todo estava de olho em Romário.

Já Romário, pelo menos aparentemente, não estava nem aí. Entrou em campo impávido, senhor de si. E mostrou isso durante todo o jogo. O primeiro tempo, porém, terminou 0 a 0 (Romário mandara uma bola na trave). Os nervos na arquibancada explodiam. Tudo contribuía para que se lembrasse do desastre da Copa de 1950, quando o primeiro tempo também ficara no 0 a 0.

Mas o fato de que Romário estava jogando bem mantinha acesa a esperança do torcedor. Até que aos 27 minutos do segundo tempo, Romário, que mede 1,68m, pulou mais do que os zagueiros uruguaios e do que o goleiro e fez 1 a 0. Delírio no Maracanã. Desesperados, os uruguaios, que não tinham alternativa, partiram com tudo para atacar, abrindo-se uma avenida para os contra-ataques do Brasil. Por essa avenida Romário penetrou aos 37 minutos, ganhando na corrida dos zagueiros uruguaios e, depois, driblando o goleiro para fazer 2 a 0. Tocou mansamente para as redes após ultrapassar o goleiro. O Maracanã caiu em delírio, nem é preciso dizer. O Brasil estava classificado para a Copa de 1994. Quanto a Romário, acabara de garantir sua convocação para essa Copa, a dos Estados Unidos.

Costuma-se dizer que Garrincha ganhou duas Copas do Mundo para o Brasil. E é verdade. A de 1958 e a de 1962. Na primeira, quem mais sofreu com ele foram os russos, na segunda foram os ingleses. Uns e outros sentados ou até deitados no chão depois dos dribles de Garrincha. De qualquer maneira, aparvalhados, impotentes para conter o ponta-direita que, na Suécia como no Chile, todos os observadores chamavam de endiabrado. Não há dúvida, Garrincha foi a peça principal na conquista dessas duas Copas, como aqui mesmo se diz no capítulo correspondente ao Mané.

Romário ganhou uma — o que não é pouco. É de inteira justiça dizer que, se ele não ganhou sozinho a Copa de 1994 (teve em Bebeto um colaborador de altíssimo nível), foi com toda a certeza a principal peça da conquista. Mas é preciso começar pela classificação acima referida, conquistada contra o Uruguai. Na classificação, os méritos totais foram dele. Na Copa, foram principalmente dele.

Se nada mais houvesse de notável em sua carreira, só isso já seria um marco que ninguém conseguirá apagar jamais. E um mérito que pouquíssimos jogadores terão: Romário — ganhou uma Copa do Mundo para o Brasil.

★★★★★★

A carreira de Romário, entretanto, é cheia de glória, há muito mais. A Copa de 1994 é seu capítulo mais expressivo, mas está longe de ser o único. Comecemos do começo, um ponto de partida singelo: o começo de tudo foi o Estrelinha, nome ingênuo, mas muito adequado, pois era um time de meninos. Romário era o menorzinho deles, muito miudinho. Teria uns 8 anos, se bem se lembra.

E na verdade se lembra, pois, nascido a 29 de janeiro de 1966, na favela do Jacarezinho, subúrbio do Rio, a infância está muito presente na sua memória.

Uma pequena observação antes de continuar: hoje em dia há o hábito, que vai se generalizando entre os favelados e, a partir daí, entre os próprios meios de comunicação, de chamar as favelas eufemisticamente de "comunidades". Romário vai logo cortando as asinhas desse tipo de procedimento que disfarça as coisas sem melhorar em nada a vida dos favelados:

— Comigo não tem essa história de "comunidade", não. Nasci foi mesmo numa favela, esse é o nome. Nasci e fui criado na favela até os 4 anos de idade.

Seu Edevair, o pai de Romário, falecido no ano de 2008, também não tinha esses luxos de chamar favela de "comunidade":

— Eu morava num barraco de tábua que comprei na favela. Quem passava na rua me via deitado no quarto.

Um barraco de tábuas pode não custar muito dinheiro, mas para Seu Edevair, um operário de salário mínimo, comprá-lo foi um sacrifício danado. A sorte foi o auxílio da mulher, Dona Lita (porque se chama Manuela e esse Lita é o apelido tirado do diminutivo Manuelita). Dona Lita lavava roupa pra fora. E não tinha descanso em seis dos sete dias da semana:

— Três dias eu lavava, três dias eu passava. Muitas vezes eu ficava até de noite adiantando alguma roupa.

Seu Edevair conta que o "primeiro filho foi a primeira alegria", alegria reforçada com a chegada do segundo, Ronaldo, dois anos depois. Romário se fosse mulher ia se chamar Zoraide (naquele tempo não se sabia do sexo do neném a não ser no nascimento). Porque Seu Edevair tinha as coisas muito acertadinhas na cabeça. Conhecera alguns Romários e Zoraides na vida. Eram todos gente boa, trabalhadores e honestos. Então escolheu esses nomes e lá veio Romário, que escapou de ser afilhado da cantora Ângela Maria.

"Artista", como ele dizia, mas especialmente cantor ou cantora e jogador de futebol eram as grandes admirações de Seu Edevair, que não poucas vezes saía de seu subúrbio para ir à antiga TV Rio, no Posto 6, em Copacabana. Era daqueles fãs que procuram o artista ou a artista depois do espetáculo. Disse a ela, Ângela Maria, ao fim de um programa, que tinha um meninozinho em casa e queria que ela fosse madrinha. Estava tudo acertado, mas um dia ela deixou a TV Rio e sumiu, contava anos depois Seu Edevair, ainda um tanto desapontado.

O menino não podia ficar pagão por muito tempo, arranjou-se logo o batizado com outros padrinhos. E Romário ia crescendo e mostrando desde cedo a sua paixão pela bola, para entusiasmo do pai, que o levava para jogar nos terrenos onde isso era possível, os mais planos ali na vizinhança do barraco do Jacarezinho. A bola virou um verdadeiro vício para Romário. Desde os três anos. Até de noite ele queria ir para um campinho perto da linha do trem e jogar. Mas aos domingos o pai o levava para a Praia de Ramos, "foi lá que ele aprendeu a nadar". Sem abandonar o futebol: de manhã era a praia, de tarde o futebol, na agradável rotina dominical .

Com a mudança para a Vila da Penha — Romário ia fazer 4 anos — ganharam-se mais espaços para as brincadeiras de futebol. E começou a se tornar visível que o garoto tinha jeito para a coisa. Seu Edevair sempre de olho aberto, sempre atento ao futebol do menino. Gostava de ver o filho correndo e driblando. "Esse garoto vai dar pra bola", dizia a si mesmo.

Uma coisa fica bem clara nesta história de um craque: Romário deve toda a sua carreira ao pai. Como visse que o garoto levava jeito, Seu Edevair pensou logo em fundar um clube que seria uma espécie de escolinha de futebol para aquela promessa. Pensou e foi à luta.

Nascia o Estrelinha, fundado por Seu Edevair para ver o filho jogar. E, com o Estrelinha, nascia uma estrela.

O próprio Seu Edevair arrumava a garotada para assumir suas posições em campo, defesa, meio-campo e ataque. Todos jogavam descalços, mas Seu Edevair era tinhoso, logo arrumou material para eles. Pode ser que seja um certo exagero, mas, segundo Seu Edevair, depois que ele arrumou o material "o Estrelinha nunca mais perdeu".

— Fui equilibrando a vida — contava Seu Edevair — e apareceram dois portugueses da vizinhança que ajudaram. Compramos chuteira, primeiro. Eram 30 chuteiras. Depois, compramos camisa e calção para o Estrelinha.

Agora é Romário que conta, lembrando o nascimento do time:

— O Estrelinha começou na Praça Soldado José dos Anjos.

Calha bem aqui abrir um parêntese. Não custa chamar a atenção para o fato singular de que, na raiz do futebol do rebelde Romário, está uma praça com nome de soldado, na cidade onde são tantos os nomes de generais e coronéis nas placas de rua (oficialmente, no catálogo dos Correios, a Praça Soldado José dos Anjos consta como sendo em Brás de Pina).

Mas o que vale lembrar como mais importante de tudo é que o Estrelinha era uma festa permanente. Muitos pais da criançada iam acompanhando os filhos nas excursões. Sim, porque o time também excursionava. Até para o Espírito Santo a turma foi, numa das viagens. É Dona Lita quem conta. E acrescenta que carregava panela de comida nessas excursões.

As viagens eram boas, mas para Romário bom mesmo era o clássico local, na Vila da Penha: Estrelinha x Brasileia*. Nesse dia iam mais de quinhentas pessoas ao "estádio", que tinha, sim, sua arquibancada. Pequena, mas tinha. E a maioria da torcida, sem dúvida, era para o time cujo escudo era uma estrelinha dentro da qual havia três iniciais: EFC, concretização do sonho de Seu Edevair. Essa maioria de torcedores se devia ao fato de que, no Estrelinha, havia um garoto miudinho doido pra fazer gol.

Seu Jerônimo era o técnico da garotada. O primeiro técnico de Romário. E a lembrança que lhe vem logo à cabeça é o trabalho que Romário dava para aparecer no treino do meio da semana. "Mas no domingo ele aparecia e decidia", emenda logo o técnico do Estrelinha.

Bem, Seu Jerônimo era o técnico, mas quem decidia onde Romário devia jogar era o pai dele. Seu Edevair tinha até um certo orgulho ao contar:

— Comecei com ele na ponta-direita. Como ele corria muito, achei que a ponta era uma boa posição. Mas quando vi o jogo de cintura dele pensei: "Que ponta que nada, é dentro da área que ele vai ficar."

Vai ficar e, para usar o curioso verbo usado por Seu Edevair, dentro da área é que ele "vai malandrear". Eram sempre dois a marcar Romário. Um marcava em cima, o outro um pouco mais de longe.

---

*Leia-se "Brasiléia, porque ficou difícil saber a pronúncia correta depois da recente reforma ortográfica, que veio para complicar — e impedir a gente de saber onde é "leia" e onde é "léia"...

Um dia, na linguagem pitoresca do pai, foi "um disparate": contra o Ceres, de Bangu, Romário fez 12 gols. Nessa ocasião Romário já era centroavante, mostrando como Seu Edevair estava certo ao deslocá-lo da ponta para o meio.

A vida começou a ser só futebol, ou quase isso. O próprio Romário diz, numa frase de efeito:

— Quando eu não estava jogando futebol, estava jogando futebol.

E, no futebolzinho de gente miúda — alguns nem tanto assim — do Estrelinha, Romário era um sucesso permanente. Já nas salas de aula não era a mesma coisa, mas não chegava a levar bomba. Seguia sua carreira de aluno pouco esforçado, mas que fazia o suficiente para não repetir o ano, na Escola Embaixador Ramos Hurtado. Um dia, porém, apareceu uma professora de Matemática que o perseguia. Tão visível era a perseguição que todo mundo percebia. Nem é preciso Romário contar. Carlos Pimentel, que foi seu colega de escola, é o primeiro a dizer:

— A professora de Matemática perseguia ele.

Claro, Romário confirma, acrescentando:

— Logo no começo a gente se estranhou.

"Estranhar-se" é um verbo pronominal típico da linguagem do futebol. Quando dois jogadores andam às turras em campo, dizem os narradores — e os torcedores — que eles estão "se estranhando". Em geral um dos dois acaba expulso. Ou os dois. No caso do choque da professora de Matemática com Romário, só ele é que foi expulso de campo, quer dizer, reprovado.

Anos depois, Romário já um jogador conhecido, os dois se encontraram na Barra da Tijuca e ela o parou:

— Lembra de mim?

Romário respondeu como quem tinha sofrido uma falta em campo:

— Claro. Como não ia lembrar, a senhora foi a primeira que me reprovou.

Dessa vez a professora ficou meio sem graça. Romário, no entanto, logo ajeitou as coisas:

— Mas não guardo mágoa, não.

E o reencontro acabou em sorrisos.

Como sorrisos eram os jogos de futebol, tanto no Estrelinha como no time da escola pública. O professor de Educação Física era metido a jogar bola, entrava na brincadeira que organizava para a criançada. Alguns meninos ficavam meio tímidos com o professor no joguinho. Romário, não. Ignorava solenemente a condição de professor daquele adulto que participava do jogo:

— Passava por ele executando aquele drible na corrida, que foi sua marca registrada em toda a carreira, e ainda dava aquela risadinha... — é o amigo Carlos de novo quem conta.

Na Praça Soldado José dos Anjos e nos campinhos da redondeza as façanhas de Romário foram ficando famosas. Chegavam a tal ponto a arte e a técnica daquele menino jogando bola que a fama começou a ir além da pracinha. O time que o pai tinha criado para que o filho desenvolvesse um evidente talento ia cumprindo seu papel. Desde os 8 ou 9 anos Romário chamava a atenção. Quando ele fez 10 anos, Seu Edevair começou a pensar em levá-lo a um clube de verdade, viu que ele tinha condições pra isso.

Vale a pena, para encerrar o capítulo do Estrelinha, ouvir Luís Cláudio, um amigo de Romário, da Vila da Penha, que jogava no mesmo time:

— Um dia o time que ia ser nosso adversário apareceu com um zagueiro grandalhão que andava treinando no Botafogo. Era uma covardia, mas a gente não desistiu do jogo, ainda que eles insistissem, como numa ameaça, que com aquele cara do Botafogo no time deles não ia ter pra ninguém. Romário riu aquele risinho maroto e disse, entre nós do Estrelinha: "Vou acabar com a carreira dele hoje." E passou a bola por baixo da perna do grandalhão, deu lençol, fez o diabo. O cara queria até briga. "Depois nós nos divertimos na resenha."

Resenha era o papo sobre a partida, quando a bola parava de rolar. Tinha pão com mortadela, refresco e tudo. No Estrelinha o pessoal era bem tratado, mas Seu Edevair, já o vimos, queria levar Romário para um time de verdade. Fez isso quando Romário completou 13 anos, em 1979.

Não foi pouco ambicioso, não. Levou o menino logo para um grande, para o Vasco. No clube, acharam Romário muito pequeno, nem o deixaram treinar. As ambições de Seu Edevair tornaram-se mais modestas e ele, então, levou Romário para o Olaria. No Olaria Romário já começou a despontar como artilheiro. Seu Geraldo, que cuidava das divisões de base do Vasco, sabendo disso (no meio do futebol, sabe-se tudo dos concorrentes, chamados de "coirmãos"), foi buscá-lo lá. O casamento com o Vasco deu certo, dessa vez, e Romário e Seu Geraldo nunca mais deixaram de ser grandes amigos.

Por exigências legais, os meninos, oficialmente, só podiam se inscrever num clube como juvenis (hoje chamados juniores), com 14 anos. Por isso Romário foi obrigado a fazer durante quase um ano, no Vasco (até 1980), o que chamaram de "estágio" (se ficasse no infantil, não ia ter pra ninguém, seria até covardia). Só aos 19 anos ele iria se tornar jogador dos profissionais, promovido pelo técnico Antônio Lopes, em 1985.

Sua estreia foi logo no dia 6 de fevereiro dessa temporada, no Campeonato Brasileiro, que naquele tempo era disputado no começo do ano. O Vasco jogava contra o Coritiba, e Antônio Lopes não o escalou como titular logo de saída. Romário só entraria no segundo tempo, no lugar de Mário Tilico.

Como essa história de entrar apenas no segundo tempo se repetiu durante algum tempo, Romário demorou a fazer seu primeiro gol, que só foi marcar seis meses depois da estreia. Saiu num amistoso no dia 18 de agosto de 1985, contra o time do Nova Venécia, da cidade do mesmo nome, no Espírito Santo. A partir daí os gols foram jorrando feito água, bastou abrir a bica e eles saíram generosamente. Já no Campeonato Carioca de 1985 Romário foi vice-artilheiro. Naquele tempo, os campeonatos estaduais (até hoje muito frequentemente chamados nos meios de comunicação de "campeonatos regionais", num evidente equívoco) eram disputados nos últimos meses do ano. Como todo mundo, no clube como nos meios de comunicação, viu nele uma grande revelação, logo no início do ano seguinte, 1986, o Vasco tratou de estabelecer um vínculo profissional com ele, fazendo-o assinar seu primeiro contrato.

Nesse mesmo ano de 1986, quando efetivamente se tornou titular no time de cima, acabou artilheiro do Campeonato Carioca, com um gol a mais do que Roberto Dinamite, o grande ídolo do clube. Ambos formaram uma dupla de ataque que levou o Vasco a dois títulos seguidos: campeão carioca de 1987 e 1988. Romário não tardou a ser tão ídolo como seu companheiro de ataque e em 1987 já seria convocado para a Seleção brasileira, estreando em um amistoso contra a Irlanda. Mas só iria fazer gol pela Seleção meses depois, numa vitória de 3 a 2 sobre a Finlândia (ao encerrar a carreira pela Seleção, tinha 71 gols em 85 jogos).

Naquele tempo não se vendia jogador todo dia para a Europa, mas a presença de Romário no futebol brasileiro rapidamente se tornou tão forte que ele não chegou a durar muito no Vasco. Em 1988, dois anos depois de ter assinado seu primeiro contrato de profissional com o clube de São Januário, foi vendido para o PSV de Eindhoven, cidade holandesa onde está a grande indústria de eletroeletrônicos Philips, à qual pertence o PSV. Além disso, convocado para a Seleção olímpica do Brasil, nesse ano conquistou a medalha de prata em Seul com o vice-campeonato, a melhor classificação do Brasil numa Olimpíada até hoje.

As temporadas europeias de futebol abrangem, como se sabe, o segundo semestre de um ano e o primeiro do ano seguinte, havendo umas férias de cerca de 20 dias que se estendem do fim de um ano ao princípio do outro, de modo a fugir da época mais rigorosa do inverno. Romário esteve presente em cinco temporadas holandesas pelo PSV e nunca decepcionou como artilheiro. Eis um resumo de sua passagem pela Holanda: fez 19 gols logo na primeira temporada (1988-1989), 23 na segunda (1989-1990), 25 na terceira (1990-1991), teve seguidos problemas de contusão na quarta (1991-1992), quando só fez nove gols, e fez 22 gols na última (1992-1993). Foram 98 gols em 109 jogos, marca excepcional de quase um gol por partida. No espaço menor da temporada de 1990-1991 essa média foi atingida, pois aqueles 25 gols foram marcados em 25 jogos.

Aquele inesquecível jogo de setembro de 1993 (2 a 0 sobre o Uruguai, no Maracanã), que classificou o Brasil para a Copa dos Estados Unidos, se realizou no momento em que Romário trocara a Holanda pela Espanha. Na verdade, em setembro ele já estava iniciando seu período no Barcelona, clube em que esteve nas temporadas de 1993-1994 e 1994-1995, ao fim das quais viveu um período de trocas incessantes de clube, envolvendo Flamengo e Valencia, período que iria até 1998. Foram assim esses anos de troca-troca: 1995 e 1996, Flamengo; temporada 1996-1997, Valencia; 1997, Flamengo; 1997-1998, Valencia; e, finalmente, 1998, Flamengo de novo. Até o ano seguinte, 1999, ele ficaria no Flamengo.

Aí foi a volta ao clube de origem, o Vasco, se não se levar em consideração seu breve e juvenil período de Olaria (tinha 13 anos). Essa nova passagem pelo Vasco duraria duas temporadas, as de 2000 e 2001. Registre-se, no último ano do século XX, o jogo que muitos consideram a maior exibição de Romário em todos os tempos, no mínimo rivalizando com aquele da Seleção em que Romário classificou — esse é o modo correto de dizer — o Brasil para a Copa de 1994. Na decisão da Copa Mercosul (a nomenclatura é castelhana, em português teria que ser Mercossul, já se vê), no Parque Antártica, o Palmeiras ganhava por 3 a 0. No segundo tempo houve uma reação do Vasco na qual os palmeirenses, que lotavam as arquibancadas, não acreditam até hoje: o Vasco virou o jogo para 4 a 3, três gols de Romário.

Na temporada seguinte, Romário fecharia no Fluminense seu ciclo pelos grandes clubes cariocas (dos quais só não jogou no Botafogo). Sua primeira passagem pelo tricolor duraria uma única temporada (2002), mas para lá ele voltaria em 2003, depois de uma curta passagem pelo Al Saad, da Arábia Saudita. Permaneceu no Fluminense em 2004.

O Vasco, porém, é o clube a que Romário mais liga seu nome. Para São Januário ele voltou em 2005 e lá permaneceu por um ano. Cumpriu, então, em 2006 e 2007, breves períodos no Miami, dos Estados Unidos, e no Adelaide United, da Austrália, nenhum dos dois clubes dignos de seu futebol, embora se deva levar em consideração que ele estava em fim de carreira. E é no próprio Vasco que ele vai encerrar sua carreira, no mesmo ano de 2007, lá jogando suas seis últimas partidas como profissional. Ainda dirigiu o time em um único jogo como técnico. O gaúcho Celso Roth deixara o cargo e Romário assumiu a função de treinador interinamente quando o Vasco enfrentou o América do México pela Copa Sul-Americana.

Por ocasião desse jogo, porém, Romário foi logo avisando que não queria seguir a carreira de técnico. E explicava que para ser técnico teria de continuar levantando cedo, como na vida de jogador — e levantar cedo foi a exigência profissional por ele considerada como sacrifício maior em toda a carreira. Romário é mesmo um caso raro de pessoa que frequenta a noite sem fumar e sem beber. Gosta da noite por gostar — e o boêmio desse tipo, dizem, é o boêmio autêntico, aquele que pratica o que já se tem chamado de "boemia saudável". O substantivo e o adjetivo parecem incompatíveis, mas pelo menos no caso de Romário há entre as duas palavras um casamento feliz.

★★★★★★

Ao voltar para o Brasil em 2007, Romário começou a divulgar o trabalho a que se entregava havia muito tempo: a contagem dos seus gols marcados desde as divisões de base, em 1980. Ou seja, quando começou no Vasco, com 14 anos. Eram 28 anos de gols, incluídos aí o ano inicial de 1980 e o ano então corrente de 2007. Para estabelecer esses números, Romário teve o auxílio do jornalista Gilmar Ferreira e a contagem foi feita com rigoroso critério, consultando-se os arquivos de clubes e da CBF. Romário atingiu o seu gol de número 1.000 em 20 de maio de 2007, na segunda rodada do Campeonato Brasileiro desse ano, num jogo do Vasco contra o Sport do Recife, em São Januário. Tal como o gol 1.000 de Pelé, o de Romário também foi de pênalti, e esse modo específico aumenta muito a sensação do feito, dado o nervosismo no momento de consumar-se, presumivelmente, na cobrança, o milheiro de gols.

É um estádio todo de respiração presa, respiração que, consumado o gol, vai explodir logo depois em gritos e comemoração incontida de toda a multidão. Quanto à explosão do autor da façanha, foi de choro e de lágrimas, no caso de Romário nos ombros da mãe, que invadira o gramado na interrupção que o jogo sofreu para a festa, com a qual o juiz humanamente foi conivente. De modo que o Vasco, que sofrera o gol 1.000 de Pelé no Maracanã (o goleiro era o argentino Andrada e o ano, 1969), via um jogador do clube ultrapassar a assim chamada "barreira dos mil" — denominação sem maior sentido, pois mil tanto pode ser uma barreira como 999 ou como 1.001. É uma questão apenas do sistema de números, pois, sendo decimal esse sistema secularmente adotado, os números terminados em zero têm sempre uma importância (ou um encanto) especial. Mas é claro que "barreira dos mil" é apenas um modo de dizer.

Num balanço desses anos todos, 1994 certamente foi o grande ano de Romário, pois, além da conquista da Copa do Mundo em que ele foi a peça-chave, na temporada do Barcelona de 1993-1994 ele marcou 30 gols (em 33 jogos). Só o excepcional craque africano Eto'o iria quebrar esse recorde, 15 anos depois, em 2009, ano em que era, sem dúvida, universalmente o jogador mais festejado.

Quando voltou ao Vasco pela última vez, em 2007, o menino do Jacarezinho estava virando estátua. Quem for a São Januário vai vê-lo imortalizado em bronze, obra do escultor Osório Correia. Se não for, dificilmente tomará conhecimento disso, porque Romário não comenta essas coisas, embora tenha fama de falastrão. Hoje ele já é até nome de estádio (o do Caxias, nessa cidade da Baixada Fluminense, se chama Estádio Romário de Sousa Faria). Não que ele seja um poço de modéstia, isso não ("Quando eu nasci, Papai do Céu apontou para mim e disse: Esse é o cara!"), mas também não é de estar arrotando grandeza. Língua ferina é o que ele realmente é — e essa condição o levou a se tornar um grande frasista, talvez o maior em toda a história dos jogadores de futebol brasileiros. Em 2005, por exemplo, teve um desentendimento verbal com Pelé, à distância, felizmente. Disse então que "Pelé quando não abre a boca é um poeta". Disse de improviso, quando, entrando em campo para mais um jogo, foi rodeado por aquele bolo de repórteres a perguntar sobre o assunto da discórdia com Pelé.

Mas Romário o que é mesmo é um grande sentimental. Chora quando fala no Tio Nei e na Tia Nelza (pronuncie-se a primeira vogal com timbre aberto, "é"). Esse casal ele trata como segundo pai e segunda mãe. O amor por Tio Nei e tia Nelza (tios na linguagem do coração) sempre o fez voltar à favela do Jacarezinho, em visita a esses seus segundos pais. O amor por eles acabou fazendo com que Romário comprasse uma casa para Tio Nei e Tia Nelza. Discretamente, para não fazer alarde de sua atitude, ele disse ao Tio Nei que considerasse a compra da casa um empréstimo a ser pago a longo prazo. Já instalado na nova moradia, bem diferente de um barraco de favela, Tio Nei começou a juntar um dinheirinho para as prestações da casa. Mas como o negócio fora todo feito através de Romário, ele não sabia a quem pagar a não ser para o afilhado (digamos assim, porque a relação é exatamente essa, de padrinho para afilhado, embora esses tios tortos não o tenham levado à pia batismal). No dia em que foi pagar a Romário a primeira parcela de suas mirradas economias, conta que ouviu o seguinte:

— Que nós não devíamos nada a ele, ele é que devia muito a nós.

Romário, que pode ter todos os defeitos, mas ingrato não é, dera de coração a casa a Tio Nei e Tia Nelza, homenagem aos tempos em que Dona Lita precisava deixar Romário — e não poucas vezes Romário e Ronaldo — com o casal, para entregar sua trouxa de roupa. Nessas ocasiões sempre se sentia em casa com esses "tios", que realmente cuidavam dele com muito amor.

Esse mesmo carinho Romário mantém no trato com todas as pessoas de que gosta. Seu Severino, por exemplo, que em 2010 completa 55 anos como roupeiro do Vasco e é um sujeito brincalhão, chama Romário de "meu pudim de batata doce" sempre que o reencontra. E só tem essa liberdade porque Romário nunca deixou de tratá-lo como um verdadeiro amigo.

E no entanto chamam Romário de marrento — gíria que, para quem não a conhece, vai aqui explicada: quer dizer alguma coisa como "criador de casos", "sujeito enjoado", "pessoa que está sempre querendo se impor". Ao estádio do Caxias (clube da Primeira Divisão do Estado do Rio e da Terceira nacional) que leva seu nome, os meios de comunicação chamam de Marrentão, seguindo a mania — empobrecedora, sob o ponto de vista do idioma, e de grosseiro mau gosto — de usar aumentativo para tudo que é nome de estádio, hoje espalhada por esse Brasil afora. Mas a imagem mais forte de Romário, a que vai ficar mesmo, é a do homem sensível que ele é. Seu Edevair, o pai, grande responsável por sua carreira desde o Estrelinha — vimos no início —, veio a falecer em 2008. Americano de fé, um dos sonhos de Seu Edevair era ver Romário jogando no América, sonho que não chegou a realizar. Em 2009, Romário comandou um movimento para reerguer o América, para ele, sempre, o América de Seu Edevair. O agora ex-jogador presidiu a mesa da cerimônia que se formou para iniciar esse movimento, na tradicional sede do clube, "em Campos Sales", como se costuma dizer (pois a sede fica na Rua Campos Sales, no início do bairro da Tijuca). Romário, o vermelho da camisa do América a destacar-se entre paletós e gravatas, debulhou-se em lágrimas durante quase todo o tempo. Vestia a camisa do América, ali, por puro sentimento de amor filial: ao fazê-lo, fez também com que a figura saudosa de Seu Edevair dominasse simbolicamente toda aquela reunião. Na esteira desse movimento comandado por Romário, o América já voltou à 1ª divisão carioca e disputou o campeonato de 2010.

******

Esse Romário que é puro sentimento a gente vê no seu derramamento amoroso com a menina Ivy, nascida de seu casamento com Isabela. Primeiro, uma palavra sobre essa moça Isabela, que tem tanto de bonita como de discreta. Houve aqui e ali mulheres de jogadores de futebol que gostavam de aparecer. Não vale a pena citar nomes, que não estamos aqui para isso. O leitor, pelo menos o que não nasceu ontem como torcedor de futebol, certamente guarda na lembrança alguns casos desse tipo. Mas o leitor, qualquer leitor, não terá na retina o perfil grego de Isabela, pois rarissimamente jornais e revistas terão publicado fotos dela, pouquíssimas vezes ela apareceu na televisão. Lembremos um exemplo significativo: o da noite do gol mil. Tal como Dona Lita, Isabela estava no estádio para acompanhar esse jogo tão importante, naquela noite de maio de 2007 que poderia ser um marco na carreira do marido — como de fato acabou sendo. Mas só a mãe de Romário foi, como era natural que fosse, rompendo a multidão que se formou num instante a ponto de interromper o jogo, beijá-lo em meio ao choro nervoso de emoção e alegria que se seguiu ao gol. Isabela não foi vista no bolo de gente que cercou Romário logo depois de consumado o gol de pênalti. Comemorou quietinha no seu canto, nenhum fotógrafo ou repórter conseguiu localizá-la.

Pois falávamos da menina Ivy, filha de Romário e Isabela. Não dissemos ainda que ela tem síndrome de Down. É uma menina muito bonitinha, sorridente sempre, corre para Romário cheia de alegria ao vê-lo, como algumas vezes a televisão já mostrou. Mas, embora uma criança seja sempre um criança, isto é, roube a cena ao aparecer, será comovedor olhar para Romário nessas horas. Veremos a alegria em estado puro, a emoção maior, nesse rosto acostumado a outras alegrias em outras situações. Isso mesmo, Ivy parece ser a sublimação do amor no coração de Romário.

//Ronaldo

Ronaldo imitou a trajetória clássica do herói mitológico que desce ao inferno e volta para refazer a história. É o primeiro mortal real a retornar no tempo para corrigir a própria biografia.

LUIS FERNANDO VERISSIMO

Vários são os fatores que tornam única a história de Ronaldo. O primeiro — não o mais importante — são os excepcionais dons de artilheiro que fizeram dele o número um da história das Copas do Mundo: 15 gols nas três que disputou (na de 1994, foi um reserva de luxo, jamais cogitado para entrar em campo, ainda que por minutos). O segundo é ser ele o mais perfeito símbolo do craque talhado por tudo que há de bom e de mau no chamado "futebol globalizado", fama e fortuna alternando-se com o tédio e o desencanto de quem já não tem pelo que lutar. Um terceiro fator decorre justamente do segundo: é ele um dos mais impressionantes exemplos de ser humano que, não tendo pelo que lutar, ressurgiu várias vezes vitorioso do que tinha tudo para ser uma derrota. Mais do que sobreviver, Ronaldo reergueu-se, refez-se, reconstruiu-se, renasceu quando menos se esperava, até que, citando as palavras com as quais resumiu seu tocante adeus ao futebol, "morreu pela primeira vez".

Sendo cada queda e cada reerguer-se uma surpresa, era com cuidados multiplicados que se devia contar a sua história. No momento em que este capítulo começou a ser escrito, Ronaldo ainda tentava novo recomeço, depois do que, para muitos, tinha sido o seu ocaso. Por mais que a maioria dos observadores, inclusive seus fãs, não acreditasse que ele pudesse voltar a ser o que era, não havia provas de que seria diferente. E não foi. Ele ainda ajudou o Corinthians a ser campeão. Portanto, se o termo "fenômeno" ainda se aplica a ele, deve ser precisamente por isto: ninguém deu tantos dribles na adversidade. Razão pela qual, tivesse o desfecho que tivesse, sua história merecia ser contada.

★★★★★★

Sendo uma história única, melhor seria evitar o começo comum a muitos craques do futebol brasileiro que, nascidos pobres, crescendo pobres, condenados a serem pobres a vida toda, fizeram da bola as asas com que voaram mais alto do que parecia ser o seu destino. Tratando-se de Ronaldo, porém, o começo não deve ser outro. Não que a pobreza da família beirasse a indigência a que se refere seu biógrafo inglês Wensley Clarkson ao descrevê-lo como nascido e criado numa favela do subúrbio carioca de Bento Ribeiro. Não era favela, mas uma casa de quarto e sala na Rua General César Obino, levantada pelos pais no terreno dos avós maternos.

A mãe, Sônia Barata — filha de baianos que tinham comprado o terreno em 1940, construído casas, plantado e criado os oito filhos quando a vida no bairro era menos dura —, não completaria o curso primário, logo se empregando na Telerj como telefonista. O pai, Nélio Nazário de Lima, descendente de índios, foi mais longe, tornando-se técnico em engenharia cartográfica da mesma empresa. Um ano depois de se conhecerem, nasceu Ione. Em 1974, Nélio. Assim, quando ficou grávida pela terceira vez, convencida de que já eram muitas as bocas a alimentar, Sônia recorreu a um médico amigo, Ronaldo Valente, para fazer o parto num hospital de Itaguaí, seguido de ligadura de trompas.

Ronaldo Luís Nazário de Lima, o primeiro nome em homenagem ao médico, nasceu num sábado, 18 de setembro de 1976, mas foi registrado como se no dia 22. Também não teria a infância miserável e oprimida descrita pelo biógrafo inglês. Pobre, sim, como a maioria das crianças da região. Ronaldo, ou Dadado, mais tarde Ronaldinho, teve casa para morar, quintal para brincar, espaço para o futebol, colégio pago para estudar. Ele e os irmãos. Não foi um menino comum. Só aprendeu a falar aos 4 anos, tinha medo de escuro, dizia coisas e até caminhava durante o sono. Não foi bom aluno, preferindo sair sorrateiramente das aulas no Colégio Nossa

Senhora Aparecida para a rua, ou o campinho de terra batida da Marques de Sá, ou onde quer que rolasse uma bola.

Muitas de suas qualidades de atacante já eram evidentes nesses jogos sem compromisso: a velocidade, o ímpeto, a coragem na disputa com adversários fisicamente mais fortes, a simplicidade no instante do gol. Esta característica, principalmente, o acompanharia sempre: o Ronaldo dos dribles complicados, dos enfeites, do malabarismo no tratar a bola, este só existiria longe da grande área ou a caminho dela. Diante da meta, seria o mais direto possível, rápido, sem adornos desnecessários. Nem mesmo para uma tabela com o companheiro ao lado mudaria o rumo de sua corrida. Não por egoísmo, mas por saber que o menor caminho entre ele e o gol era uma reta que não podia ser interrompida. Na hora de finalizar, o raciocínio rápido o levaria a optar sempre pelo melhor: desviar a bola ou driblar o goleiro, se frente a frente com ele, ou chutar de longe, colocado, forte, de surpresa. Em qualquer dos casos, gol de Ronaldo será quase sempre uma obra pessoal, sua, pensada e executada por ele, como já era possível notar no menino de Bento Ribeiro.

Os próximos passos na direção de um futebol mais organizado foram dados em Vila Valqueire, subúrbio vizinho, entre os mirins do futebol de salão do Valqueire Tênis Clube. Por um erro do qual o treinador Marquinhos logo se penitenciaria, Ronaldo começou como goleiro. Tinha 11 anos, tímido, sem jeito de dizer que nascera para marcar gols, e não para ficar debaixo dos paus. A má colocação do Valqueire no campeonato forçou Marquinhos a "improvisar" seu goleiro como atacante no jogo com o Vasco. Os quatro gols que Ronaldo marcou, na inesperada vitória por 5 a 4, falaram por ele, artilheiro por vocação e, agora, por missão.

Quando se transferiu para o Social Ramos Clube, ainda no futebol de salão, já era atacante. A mudança se passou num tempo mais difícil para a família. Os pais tinham se separado. Sônia, que deixara a Telerj quando do nascimento de Nelinho, voltou a trabalhar. Com o salário de uma chapelaria em Madureira e a venda de salgadinhos para a vizinhança, sustentou-se e aos filhos praticamente sozinha, principalmente depois que o ex-marido, com quase 30 anos de emprego, foi demitido. Em consequência, o colégio pago foi trocado pela escola pública. E os planos de morarem numa casa maior foram abandonados.

★★★★★★

Segundo os amigos mais antigos, Ronaldo não tinha muita sorte com as garotas na adolescência em Bento Ribeiro e Vila Valqueire. Encabulado, de poucas palavras, mesmo quando o problema da fala já estava superado, não se incluía entre os que, mais ousados e bem-apessoados, não ficavam um dia sem namorada. Ronaldo não se destacava em nada, a não ser no futebol. O prestígio que conseguira, no de salão e também no de campo, era que o tornava importante aos olhos dos outros e dele mesmo. Com 13 anos, foi treinar no Flamengo. No meio da centena de meninos que tinham ido à Gávea atrás do mesmo sonho, saiu-se bem, mandaram que voltasse para um segundo teste, mas tropeçou no azar. No ônibus que o levava de volta para casa foi assaltado, levaram-lhe o relógio, o pouco dinheiro e o cartão com que o Flamengo o autorizava a voltar para novo treino. Chegou a pensar em desistir de tudo. Pensou, apenas. Sem o futebol, não seria ninguém.

O São Cristóvão não era o Flamengo, mas era melhor do que nada. Em 1991, de volta à primeira divisão carioca, tinha um passado maior do que o futuro. As dificuldades eram tantas que até para armar um time contava com favores de amigos, como o diretor do Social Ramos Clube, que concordou em emprestar jogadores do seu futebol de salão ao abnegado técnico Roberto Gaglianone. Um deles, Ronaldo.

Daqui em diante, a história se passa numa velocidade com a qual nem a vertiginosa ascensão de Pelé se compara. Aos 13 anos, o São Cristóvão. Aos 16, profissional do Cruzeiro em Belo Horizonte. Aos 17, Seleção brasileira e título mundial, pouco importa se como reserva. Aos 18, o início de triunfal carreira internacional. Aos 20, o melhor do mundo no já tradicional concurso da Fifa. Em resumo, uma subida rápida, para ser entendida degrau por degrau.

O São Cristóvão foi só o começo. Pouco notado pelo grande público e pela imprensa, mas jogando o bastante para que gente do meio soubesse que um atacante extraordinário estava nascendo no estadinho da Rua Figueira de Melo, Ronaldinho, como passou a ser chamado, entrava em campo. Jairzinho, o Furacão da Copa do Mundo de 1970, era um misto de treinador e empresário trabalhando para o clube. Como treinador, cuidava dos profissionais e dos times de base. Como empresário, por meio de sua Furacão Empreendimentos, contratava jogadores e emprestava-os ao São Cristóvão. Nisso, teve nos ex-bancários Reinaldo Pitta e Alexandre Martins dois eficientes colaboradores. Entendiam de negócios, enquanto Jairzinho sabia mais de futebol. Foi dele a ideia, ou melhor, a veemente imposição para que Ronaldinho fosse imediatamente contratado. O que significava vender (naturalmente, com autorização de Nélio) seu passe a Pitta e Martins. E assinar com eles contrato de exclusividade por dez anos. Talvez nem mesmo eles soubessem que estavam comprando uma mina de ouro. Jairzinho não sabia. Do contrário, não teria permitido que os dois colaboradores passassem a ser os únicos a explorá-la.

Ronaldinho disputou dois campeonatos cariocas pelo São Cristóvão, que participou do segundo turno da primeira divisão em 1991, mas não conseguiu sair do turno de classificação em 1992. Apesar disso, seus empresários estavam convencidos de que era mercadoria valiosa. E passaram boa parte de 1992 oferecendo-o a grandes clubes brasileiros, um dos quais o Botafogo carioca. Mas quem se arriscaria a comprar juvenil desconhecido de um clube de segunda? Até que Humberto André Redes Filho, ex-atacante do Botafogo, então dirigindo a Seleção brasileira ao Campeonato Sul-Americano Sub-17, aceitou sugestão de Jairzinho e foi a Figueira de Melo ver Ronaldinho. Uma arrancada e uma bola na trave bastaram para convencê-lo de que o menino devia ser convocado.

O Sul-Americano realizou-se na Colômbia no início de 1993. O Brasil não conseguiu ficar entre os três primeiros colocados, mas Ronaldinho, artilheiro da competição, oferecia aos empresários melhores argumentos para negociá-lo. Um dos clubes procurados foi o São Paulo. Satisfeito com Raí e Müller, campeões paulistas no ano anterior e futuros campeões mundiais naquele mesmo ano, Telê Santana nem chegou a ver o "garoto do São Cristóvão". Mas os dirigentes do Cruzeiro de Belo Horizonte viram, eles e João Batista Carlos Pinheiro, treinador dos juvenis. Foi contratado em março de 1993. Pinheiro, como um dos melhores zagueiros centrais da história do Fluminense, titular da Seleção brasileira na Copa do Mundo de 1954, conhecia um bom atacante de longe, tantos e tão famosos ele marcara. Ficou impressionado com Ronaldinho. Em menos de três meses, promoveu-o do infantojuvenil para o júnior e deste para o time principal. De início, com a venda de Cleison para o Belenenses português, revezando com Toto. E, já no Campeonato Brasileiro, como titular. Artilheiro de torneios de júnior vencidos pelo Cruzeiro e do time principal no Brasileiro, já era uma sensação em Minas, sobretudo depois dos cinco gols contra o Bahia. No ano seguinte, campeão mineiro e artilheiro da temporada com 22 gols. Artilheiro, também, de todas as competições de que fez parte. Sua convocação para a Seleção brasileira que tentaria o tetra nos Estados Unidos foi o resultado lógico disso tudo.

Quando Carlos Alberto Parreira o chamou, Ronaldinho já era – ou pelo menos já se sentia – um profissional de verdade. O salto que dera de Figueira de Melo à Granja Comari, em Teresópolis, concentração oficial da Seleção brasileira, dava-lhe a certeza de que venceria na profissão. O que, para ele, significava alcançar fortuna e fama de pop star. Mal tivera seu primeiro aumento de salário no Cruzeiro e já pedia à mãe que deixasse de trabalhar. Dali em diante, ele cuidaria das despesas da família. E mal estreara na Seleção brasileira, em amistosos preparatórios para a Copa, e já aparecia em reportagens de página inteira como o novo menino de ouro do futebol brasileiro. Para uma dessas reportagens, foi levado ao apartamento de Tostão, que voltava à ativa como comentarista de televisão. Vinte e quatro anos depois, o antigo ídolo do Cruzeiro lembraria o encontro:

"Ronaldo me perguntou se eu comprara o apartamento com o dinheiro que ganhara no futebol. Ele já demonstrava ser um jovem sonhador e ambicioso, como são os grandes campeões (...) Nesse dia, tinha saído uma foto no jornal de Ronaldo deitado na cama. Disse a ele que deveria preservar sua intimidade. Não deve ter escutado. Os jovens, com razão, estão preocupados com coisas mais alegres e imediatas. Ronaldo nunca soube separar a vida privada da pública. Não estava também preparado para a fama. Ninguém está."

★★★★★★

Foi de fato um reserva de luxo na campanha que culminou com a Seleção brasileira pondo as mãos pela primeira vez na taça de ouro instituída pela Fifa para o lugar da Jules Rimet. Parreira jamais cogitou em escalá-lo. Nem mesmo nos minutos finais da prorrogação com a Itália, quando, numa tentativa de tornar o time mais ofensivo, substituiu Zinho por Viola. Ronaldinho permaneceu no banco, torcendo, sofrendo na decisão por pênaltis e, por fim, vibrando como campeão sem jogar.

Sem jogar, mas não sem trabalhar pela carreira internacional que balizaria seus passos nos próximos 13 anos. Porque lá estavam, em Los Gatos, pequena cidade da Califórnia onde os brasileiros se instalaram, os vigilantes empresários. Foram para fazer os negócios que levariam Ronaldinho para longe. Um deles, com a Nike, firma americana de material esportivo, rival da Adidas alemã. O jovem craque brasileiro era o primeiro nome do futebol a ser patrocinado pela Nike, que iniciara esse tipo de investimento no basquete, com o superastro Michael Jordan, e que ainda teria entre seus subsidiados a própria Seleção brasileira. O outro negócio foi com o Philips Sport Verening Eindhoven, clube holandês que Romário defendera de 1988 a 1993 e para o qual o próprio Romário fazia questão de indicar Ronaldinho para sucedê-lo.

O clube, mais conhecido pelas iniciais PSV, fora fundado em 1913 por operários da Philips, fábrica de produtos eletroeletrônicos com sede em Eindhoven, 126 quilômetros ao sul de Amsterdã. Nasceu como agremiação amadorista. Passados tantos anos, era agora um clube perfeitamente em dia com o profissionalismo europeu, ajudado pela fábrica e por outras empresas. Se é verdade, como se disse na ocasião, que havia propostas melhores de outros clubes europeus, a do PSV, 6 milhões de dólares pela transferência, permitiu a Ronaldinho realizar alguns sonhos: casa nova para a família, vida melhor para a mãe, ajuda valiosa ao pai e aos irmãos. Tudo em alta velocidade, como seu futebol. Montou casa também em Eindhoven, convidou os parentes para visitá-lo ou mesmo passar longas temporadas com ele. E, para ter o nome mais pronunciável no idioma local, voltou a ser Ronaldo.

Foram três temporadas pelo PSV. Artilheiro logo na primeira, campeão da Copa dos Países Baixos na segunda, eleito melhor do mundo na terceira. Nesta última, seu primeiro problema médico: raspagem de área calcificada da patela do joelho direito. O que não o impossibilitou de, convocado por Zagalo, integrar a Seleção brasileira nos Jogos Olímpicos de Atlanta. Embora contando com jogadores em nível de Copa do Mundo (ele, Bebeto, Rivaldo, Roberto Carlos, Juninho Paulista), o Brasil não foi além da medalha de bronze, derrotado pelo gol de ouro na semifinal com a Nigéria, virtual campeã. Com cinco gols cada, ele e Bebeto foram os artilheiros da Seleção brasileira.

Em agosto do ano seguinte, Ronaldo trocou o PSV pelo Barcelona, o grande clube que briga com o Real Madrid pelas maiores glórias do futebol espanhol. Ronaldo cumpria assim o mesmo percurso de Romário em 1993, de Eindhoven a Barcelona por um montão de dinheiro. Quanto? Vinte milhões de dólares. O garoto de Bento Ribeiro entrava definitivamente para a galeria dos jogadores mais bem pagos do mundo. E já não via limites para o que entendia como realização profissional: fama e fortuna acima de tudo.

Pelo dinheiro e pelo que fazia em campo – campeão espanhol, da Copa e da Supercopa da Espanha, da Recopa Europeia, artilheiro da temporada com 34 gols, um deles driblando meio time do Compostela, com inclusão obrigatória na antologia dos mais memoráveis da história do clube – Ronaldo fazia-se famoso. Muito mais do que famoso, cortejado, cultuado, endeusado. Mais uma vez, a Fifa conferiu-lhe as honras de melhor do mundo. Onde ia parar? A notoriedade o fascinava. Estar todo dia nas páginas de jornal, ter especial de TV dedicado a ele, correr o mundo em anúncios da Nike, ser convidado para festas de gente importante, não poder andar na rua sem ser assediado por uma multidão de fãs, tudo isso conferia-lhe importância infinitamente maior do que aquela que o futebol lhe dera, a única de sua adolescência pobre, anônima, sem garotas. Agora, eram elas que o perseguiam. Tinha motivos para não querer trocar por nada o que vinha junto com a celebridade. Expor-se, estar sempre em foco, ser falado, comentado, apontado, era muito bom. Mas nem sempre. O conselho de Tostão, se seguido, o teria poupado do outro lado da moeda da fama.

Susana Werner, a bela atriz e modelo, não foi a primeira das muitas mulheres na vida do Ronaldo rico e famoso. Foi a primeira, sim, a ser apresentada ao mundo como namorada oficial, garota de fé, um par constante, o que valeu a ambos a publicidade que talvez achassem conveniente às respectivas carreiras. Já disposta a desistir de desfilar em passarelas londrinas, projeto de seus 18 anos, Susana acompanhou Ronaldo até Barcelona e, depois, até Milão, próxima escala para onde 28 milhões de dólares levariam seu cada vez mais rico namorado.

Ronaldo começou a deixar o Barcelona quando, incentivados pela extinção do passe, instrumento que até então prendia um jogador ao clube (e que agora passava-o à guarda do empresário), clubes de outros países, principalmente da Itália, acenavam-lhe com novas propostas milionárias. Esse fato, somado a possível boicote dos companheiros de time que lhe invejavam o salário e certos privilégios (um deles a permissão para desfilar pela Beija-Flor no carnaval carioca), precipitou sua saída do clube catalão.

No Internazionale Milano, o Inter de Milão como nos habituamos a chamá-lo, fama e fortuna cresceram. Ronaldo marcou 25 gols no Campeonato Italiano e, no dia 6 de maio seguinte, na final da Copa da Uefa, levou ao delírio a torcida *nerazzurra*, ganhando da imprensa uma designação que pegaria como apelido bem posto: Il Fenomeno. Um dos gols da vitória de 3 a 0 sobre o Lazio de Roma foi marcado por ele em uma arrancada do meio do campo até a área e num drible seco no goleiro Luca Marchediani. Jogada tipicamente sua, goleador que sabe resolver tudo sozinho, driblando, finalizando, raramente tabelando ou mesmo olhando para o companheiro ao lado. Àquela altura, a dois meses da Copa do Mundo, quem duvidava de que Ronaldo viesse a ser o seu maior destaque e que, sustentado por seu talento, o Brasil percorreria sem sustos a estrada que o separava do pentacampeonato?

★★★★★★

Como favorito — ou com aquele favoritismo que os adversários costumam conceder aos brasileiros, na esperança de inflar-lhes o ego e fazê-los mais vulneráveis — a seleção, pela quarta vez sob o comando de Zagalo (em 1994 ele fora o braço direito de Parreira), chegou ao Château de Grande Romaine, em Lésigny, a menos de duas horas de Paris. Era mesmo um castelo, sombrio e fechado, o local escolhido para a concentração dos tetracampeões. Os treinamentos seriam num modesto estadinho de Osoir-la-Ferrière, não muito longe dali. Também perto, em Pontault Cambault, ficava a casa que Ronaldo alugara para a mãe e outros parentes que, por sua conta, tinham ido torcer por ele.

Assim que a delegação desembarcou em solo francês, um problema: o corte de Romário por uma contusão na panturrilha que ele jurava não ser séria. A decisão - que alguns interpretavam como retaliação, por antigos ressentimentos, de Zagalo e de seu assistente Zico - levou Romário às lágrimas e decepcionou Ronaldo, que já se via formando dupla de área com seu ídolo, de quem fora reserva quatro anos antes e ao lado de quem fizera, de fevereiro de 1997 até o último março, 18 partidas (20 gols de Romário e 15 de Ronaldo). Dupla mais eficaz e entrosada talvez não houvesse no mundo. Romário cortado, dupla desfeita, a Seleção partiu para o penta. Que desde o início parecia difícil demais para uma equipe tecnicamente tão desestabilizada, de ataque bom, mas meio-campo pouco criativo e defesa inconfiável. Com cinco vitórias — só duas convincentes (Marrocos e Chile), duas bem menos (Escócia e Dinamarca), a quinta em decisão por pênaltis (Holanda) e uma derrota que deveria servir de alerta (Noruega) — a Seleção brasileira foi à final no Stade de France, em Saint Denis, justamente contra uma anfitriã cheia de gás. Ronaldo, com quatro gols até ali, tinha esperanças de igualar ou mesmo superar os seis do croata Davor Sukee na luta pela artilharia. Dois ou três gols na final? Por que não? Futebol para isso tinha. Além do que, a tendinite que causava dores nos dois joelhos estava sendo superada com fisioterapia e comprimidos.

Os jogadores acordaram tarde na manhã de domingo, 12 de julho. Deveriam almoçar à uma da tarde, descansar até as 5 e seguir às 6 no ônibus que os levaria ao estádio. A decisão começaria às 9, na noite ainda clara do verão parisiense. Foi então que ocorreu um dos episódios mais dramáticos e controvertidos já vividos nos bastidores de uma Seleção brasileira. Controvertido porque muitos seriam os relatos que, ao menos num primeiro momento, tornariam quase impossível compreender o que de fato aconteceu. Dramático porque, vítima, Ronaldo sairia do episódio quase como o culpado pela derrota do Brasil em Paris. Se não "o culpado", no mínimo o principal culpado. Tentemos resumir os únicos relatos merecedores de crédito.

Depois do almoço, Ronaldo recolheu-se ao quarto que dividia com Roberto Carlos, o 209 do Château de Grande Romaine. Viram juntos um pouco de televisão, após o que, enquanto Roberto Carlos punha nos ouvidos os fones do walkman, Ronaldo dormiu. Menos de uma hora depois, Roberto Carlos ergueu-se impressionado com o que vira: Ronaldo agitando nervosamente braços e pernas, ofegante, pálido, língua enrolada, babando, como se estivesse sofrendo um ataque. Aos gritos de "Ronaldo está tendo uma convulsão!", Roberto Carlos saiu atrás de socorro. César Sampaio e Leonardo foram os primeiros a entrar no quarto 209. César Sampaio tentou com os dedos desenrolar a língua de Ronaldo. Logo, os demais jogadores, assustados, beirando o pânico, corriam pelos corredores: "Ronaldo está morrendo! Ronaldo está morrendo!", exageravam alguns. Joaquim da Mata e Lídio Toledo, o clínico e o ortopedista da seleção, chegaram. Trataram logo de descartar a hipótese de ataque epilético, levantada por alguns jogadores. Ao verem Ronaldo dormindo, o sono tranquilo, a respiração normalizada, os médicos pediram aos jogadores que se afastassem e que evitassem comentar o caso quando ele acordasse. Informado pelos médicos de que seu principal jogador poderia ter sofrido uma convulsão, e que nessas condições não poderia jogar, Zagalo decidiu escalar Edmundo em seu lugar.

Pouco antes das três, Ronaldo acordou. Não se lembrava de nada. Fora as leves dores musculares, que podiam ser creditadas à agitação de pernas e braços durante o sono, sentia-se bem. Concordou em ir com Joaquim da Mata até La Clinique des Lilas para uma série de exames. Assim, ao mesmo tempo em que a delegação (segundo depoimentos, calada, tensa, sem a alegria costumeira) seguia para o estádio, Ronaldo era submetido, pelos especialistas da clínica, a ultrassonografia, tomografia computadorizada, eletrocardiograma e eletroencefalograma, radiografia, tudo para se chegar à conclusão de que ele não tivera convulsão e que estava liberado para jogar. No máximo, sofrera um distúrbio de sono, nada raro em seu histórico. E mais: estava ansioso para entrar em campo.

Descartada a convulsão — palavra que entrara no episódio meio como intrusa, primeiro no "diagnóstico" de Roberto Carlos, depois na suspeita dos médicos, em seguida na decisão de Zagalo e por fim no muito que se falaria sobre a derrota brasileira –, Ronaldo chegou com o médico ao Stade de France. Uma vez que estava tudo bem, que os médicos franceses e o próprio Ronaldo garantiam não haver problema, Zagalo recorreu à Fifa para desescalar Edmundo e devolver o lugar a quem de direito.

Por fim, a decisão do título. A Seleção brasileira não jogou bem, enquanto a francesa fez o que tinha de fazer. Ronaldo esteve longe de ser o menos eficiente dos 13 que Zagalo mandou a campo. Pelo contrário, com uma atuação no mesmo nível das seis partidas anteriores, foi quem mais trabalho deu ao goleiro Fabien Barthez. Não há como medir até que ponto o susto causado pela falsa convulsão afetou psicologicamente os outros jogadores. Antes de pensar nisso, é preciso lembrar que, naquela Copa do Mundo, em nenhum momento a Seleção brasileira, como se diz na velha linguagem do futebol, pintou como campeã. Nem técnica nem psicologicamente. Não haveria de ser na grande final.

Já é tradição, já é história que se repete: a cada Copa do Mundo perdida pelo Brasil corresponde uma sucessão de desculpas que vão das que fazem algum sentido às que ultrapassam os limites do bom-senso. Como se a Seleção brasileira não pudesse perder Copa do Mundo somente por ter sido, naquele mês, naquele dia, naqueles 90 minutos, inferior à seleção que a vencesse. Um dos melhores exemplos disso é justamente 1998. Os franceses foram superiores, jogaram em casa, tiveram 80 mil bocas gritando por Zinedine Zidane e os demais *Les Bleus*, que entraram e saíram de campo ao som da Marselhesa. Resumo da festa: 3 a 0. O resultado explicava-se por si mesmo. Ou não? Para os tetracampeões mundiais, era preciso mais. Seria verdade que a CBF vendera a Copa aos franceses a pedido da Nike? Teria a poderosa patrocinadora obrigado Zagalo a escalar seu patrocinado Ronaldo mesmo sem condições? Haveria fundamento na suspeita de que alguns, só alguns dos brasileiros, tinham sido subornados? Quem acreditava que o presidente da Fifa, Joseph Blatter, tivesse prometido facilitar as coisas para o Brasil em 2002, desde que o Brasil facilitasse as coisas para os franceses em 1998? Com que interesse? Tais coisas seriam possíveis no impenetrável submundo do futebol globalizado? Mais se falou, mais se falaria, do mais insignificante choro de perdedor à mais inacreditável teoria conspiratória. Só não se queria admitir que os franceses tivessem merecido a Copa do Mundo que tão bem organizaram. E que, naquela noite, Zidane fizera tudo aquilo que o Brasil e o mundo esperavam de Ronaldo, um e outro seres humanos com direito a dias de céu e de inferno.

Ronaldo foi mesmo o nome do jogo. Ou melhor, o nome da Copa do Mundo de 1998. Não pelos motivos prometidos por seu futebol, mas por ter sido personagem de um drama que facilmente seria esquecido se o Brasil vencesse. Como o Brasil não venceu, o mínimo que se disse de Ronaldo é que tremera, se acovardara, não tivera nervos de campeão. Vai ver não se concentrara na luta da Seleção pelo penta, preocupado com a namorada, Susana Werner, contratada pela televisão para fazer reportagens que ele acompanhava de longe, pelo vídeo, enciumado. Também teria desviado sua atenção para problemas familiares, Sônia na casa próxima, Nélio e a nova mulher também na França. Exames posteriores, feitos pelos médicos do Inter de Milão, diriam que Ronaldo atravessava período de estresse, possível causa do acontecido em Lésigny, apenas isso. De qualquer forma, nada o livrou da injustiça de ser transformado de vítima em culpado. Se é justo poupar Zagalo e os médicos das críticas por terem mandado Ronaldo a campo, quando nada contraindicava que o fizessem, a eles deve ser imputada parte da responsabilidade por terem, em todas as suas desculpas (inclusive à Comissão Parlamentar de Inquérito que se instalaria em Brasília), associado a má atuação dos jogadores ao trauma emocional que o mal dormir de Ronaldo causara em todos eles. Injustiça? Sim, das maiores já cometidas a um ídolo do futebol. Como o tempo se encarregaria de provar.

★★★★★★

Houve quem dissesse que a carreira do maior jogador do mundo (e o melhor da Copa da França, já que a eleição foi feita antes da partida final) estava seriamente ameaçada. Pensavam assim os que acreditavam que o homem habituado a decisões de campeonato não tivesse suportado as pressões da mais importante decisão de sua vida, a de 12 de julho de 1998. Dezesseis meses depois, até os que acreditavam em Ronaldo foram forçados a admitir que, em vez de ameaçada, sua carreira talvez tivesse chegado ao fim.

De abril a setembro de 1999, ele voltou à Seleção. Marcou oito gols nos amistosos e na Copa América que a então vice-campeã do mundo, dirigida por Vanderlei Luxemburgo, conquistou em Assunção. Nesses jogos, ganhou em Ronaldinho Gaúcho, 19 anos, promessa das maiores, novo e talentoso parceiro que acabaria aposentando de vez o Ronaldinho de Ronaldo. Aqui como lá fora, desaparecia o diminutivo dos primeiros tempos.

Se tudo ia tão bem, o que aconteceu 16 meses depois do drama de Paris? Em 21 de novembro, deixando a Seleção brasileira sem ele em dois amistosos caça-níqueis em Sydney, Austrália, Ronaldo marcou de pênalti o quarto gol do Inter na goleada de 6 a 0 sobre o Lecce e, aos 13 minutos do segundo tempo, numa disputa de bola, pisou num buraco do gramado do Giuseppe Meazza, ex-San Siro, e foi ao chão. As primeiras impressões dos médicos se confirmaram: caso grave, provavelmente de cirurgia. O rompimento do tendão patelar, com a consequente operação feita em Paris por Gérard Saillant, especialista em joelho, afastaria Ronaldo da bola por cinco meses. Mas seriam apenas cinco meses?

Ronaldo passou esse tempo em tratamento intensivo, parte dele no Brasil, aos cuidados do fisioterapeuta Nilton Petrone, o Filé, e na companhia do novo amor, Milene Domingues, atriz e craque na embaixada, com um recorde impressionante de mais de 50 mil toques sem deixar a bola ir ao chão, mas loura como Susana Werner e também bonita. Pelo que o próprio Ronaldo deixou claro (ela esperava um filho seu), a relação seria mais séria do que a com Susana. E mais duradoura também: Ronaldo e Milene casaram-se na véspera do Natal de 1999 e ficaram juntos até meados de 2003. O casamento acabaria, mas a amizade, não.

Ronald, o primeiro filho, nasceu no 6 de abril seguinte, uma semana antes de o Inter enfrentar o Lazio pela Copa da Itália, no Estádio Olímpico de Roma, naquela que seria a volta de seu artilheiro. Até os 12 minutos do segundo tempo, sentou-se no banco ao lado de outros reservas. Quando o técnico Marcello Lippi mandou que se aquecesse para substituir o romeno Adrian Mutu, o público vibrou. Fãs e oponentes saudaram o que seria o reencontro do craque com a bola. No entanto, passados apenas seis minutos, num lance entre ele e o zagueiro português Fernando Couto, o joelho direito de Ronaldo, o mesmo de novembro, não suportou o peso do corpo e ele caiu. Impressionantes eram as imagens que a televisão mostraria, a perna direita dobrada como se partida ao meio, Ronaldo contorcendo-se entre lágrimas e gritos. Mais impressionante ainda foi a reação dos jogadores dos dois times, levando as mãos à cabeça como se diante de um desastre. Dois médicos, Piero Volpi, do Inter, e Andrea Campi, do Lazio, uniram-se para levar o jogador ao vestiário. Tinham a mesma opinião: nova ruptura do tendão patelar. Mais um caso para Gérard Saillant, em Paris. Agora, mais do que antes, era incerto se Ronaldo ainda voltaria a jogar futebol e se, voltando, ainda teria lugar na Seleção brasileira.

Voltou aos poucos, quase um ano depois, lento, cauteloso e acima do peso. Completaria pelo Inter 68 partidas, 49 gols, números modestos para os cinco anos de clube. Os brasileiros, à exceção do técnico Vanderlei Luxemburgo, nem contavam com ele para as eliminatórias para a Copa do Mundo de 2002, cumpridas de março de 2000 a novembro de 2001. Luxemburgo sempre teve um modo de pensar: "Ronaldo, fora de forma, é difícil de marcar. Em forma, é impossível." Por esse motivo, enquanto esteve à frente da Seleção, guardou um lugar para Ronaldo entre os convocados. Os três técnicos que o sucederam nas eliminatórias — Emerson Leão, José Cândido, o Candinho, e Luís Felipe Scolari, o Felipão — não chegaram a tanto, mas é possível que pensassem da mesma forma. Sobretudo Felipão, que assumiu no empate de 1 a 1 com o Uruguai, em Montevidéu, e seguiu com o barco até o fim.

A Copa do Mundo de 2002, a primeira realizada na Ásia, a primeira com dois países-sede (Japão e Coreia do Sul), deu ao Brasil o pentacampeonato perdido quatro anos antes em Paris. E a Ronaldo, a consagração que lhe fora negada por um dia de azar tão mal compreendido num primeiro momento. Falou-se muito em milagre. Como era possível um jogador sobreviver a um inoportuno *nervous breakdown* em hora de decisão? Ou a duas gravíssimas lesões no joelho, a mais complicada parte do corpo de um jogador de futebol? Como pôde desmentir tudo que os descrentes disseram dele, para fazer em Ulsan, Seogwipo, Suwon, Kobe, Shizuoka, Saitama e Yokohama tudo que se esperava dele? Não chegou a brilhar. Não teve, taticamente, a mesma performance de Rivaldo e Ronaldinho Gaúcho. Mas seus oito gols, inclusive os dois dos 2 a 0 na final com a Alemanha, dando-lhe o primeiro lugar na artilharia, eram mais do que se esperava e tudo de que se precisava. O milagre de 2002 haveria de ser uma constante na carreira de Ronaldo. E o lado mais fascinante de sua história.

Os críticos mais frios e exigentes podem ponderar que aquela não foi uma grande Copa. Duas fortes candidatas, Argentina e França, saíram cedo. E duas sem muita expressão, Turquia e Coreia do Sul, chegaram em terceiro e quarto lugares. Mas nada tira os méritos de Felipão (deu personalidade ao time e uma sólida união ao grupo), dos jogadores (mais concentrados do que em 1998 e muito mais do que estariam em 2006) e de Ronaldo, que devolveu sua arte ao futebol.

Logo depois, 55 milhões de dólares o transportaram de volta à Espanha, dessa feita para jogar ao lado de Roberto Carlos, Zinedine Zidane, David Beckham, Luis Figo e outras estrelas internacionais, no time com que o Real Madrid reconquistou em 2003 o título de campeão espanhol.

Um grande time, *el equipo galáctico*, como a imprensa madrilenha o batizou logo no primeiro ano de Ronaldo lá. Entre prós (o Campeonato, a Supercopa, o Intercontinental, a conquista pessoal de ser eleito o melhor do mundo pela terceira vez) e contras (duas temporadas muito negativas, o Barcelona do xará gaúcho forçando o grande time a descer de sua galáxia), Ronaldo passou no Real Madrid quase tanto tempo quanto no Inter: quatro anos e meio. Foram 83 gols em 127 partidas. Durante esse período, dois fatos, ruidosos por motivos diferentes, foram noticiados e comentados pela imprensa do mundo inteiro. O segundo, a Copa do Mundo de 2006. O primeiro, quatro meses antes, o casamento com a modelo Daniela Cicarelli.

O casamento em si mal mereceria nota de pé de página, Ronaldo já separado de Milene. A forma como se realizou — nos arredores de Paris, o Château de Chantilly alugado para uma festa de reis ao preço de 1 milhão de euros, incluindo trajes de grife para os noivos e seus parentes, aviões fretados, convidados ilustres, bufê nababesco para 250 pessoas — provou mais uma vez que Ronaldo gostava de fazer as coisas em grande estilo. Horas de televisão, páginas de jornal e revista, inserções de minuto em minuto em toda espécie de site, houve até quem o apontasse como "o casamento do século". Quer dizer, mais um. Menos noticiada foi a separação, três meses depois. Por isso ou não, o craque do Real Madrid seria mais discreto a partir dali, não tanto nos muitos namoros, mas pelo menos na próxima relação mais séria, com Maria Beatriz Anthony, a Bia, que lhe daria duas filhas, Maria Sophia e Maria Alice. Quando isso acontecesse, porém, o segundo dos dois fatos ruidosos já teria saído de pauta.

★★★★★★

Há vitórias que, por enganosas, são também perigosas. Dão ao vencedor a impressão de ser melhor do que realmente é, ocultando-lhe as limitações, as deficiências, os pontos fracos. Foi o caso da Copa das Confederações ganha pelo Brasil em 2005 na Alemanha. A euforia com que o título foi recebido por jogadores, dirigentes, comentaristas e torcedores era tanta que os pentacampeões já se viam como favoritos à Copa do Mundo que se realizaria no mesmo país, dali a um ano. Euforia que contagiou o sempre comedido Carlos Alberto Parreira, a quem se credita o desarquivamento de antiga expressão do futebol – "quadrado mágico" – agora aplicada não ao falecido WM, mas ao quarteto que a seleção teria como trunfo em 2006, quando Ronaldo pudesse se juntar a Adriano, Kaká e Ronaldinho Gaúcho, tidos como responsáveis pela formidável goleada de 4 a 1 sobre a Argentina no jogo decisivo.

A ausência do artilheiro – impedindo que o quadrado se formasse já na Copa das Confederações, em que coube a Robinho as funções de quarto homem – evidenciava nova realidade: vestir a camisa da Seleção já não era meta ou mesmo o principal interesse do jogador brasileiro atuando por clube estrangeiro. Sobretudo se já coberto de títulos e euros, desmotivado para novas conquistas, como parecia ser o caso de Ronaldo. Pois foi para "descansar" que ele pediu ao técnico para liberá-lo da partida com o Paraguai pelas eliminatórias para a Copa do Mundo de 2006. Parreira, mesmo contrariado, concordou, mas, em troca, como se para punir o craque, não o convocou para a Copa das Confederações.

Três dos mais notáveis "futuros hexacampeões" tinham recordes pessoais a bater na Alemanha. O veterano Cafu, o de ser o primeiro jogador da história a disputar quatro finais de Copa do Mundo e, mais relevante, ser também o primeiro capitão a erguer a taça duas vezes. O pretensioso Roberto Carlos mal podia esperar a hora de, em seu próprio julgamento, se converter no "maior lateral-esquerdo da História do Brasil" (campeão na Alemanha, teria tantos títulos mundiais quanto Nilton Santos e uma Copa América a mais). Por fim, Ronaldo — 12 gols marcados em 1998 e 2002, dois a menos do que os somados pelo alemão Gerd Müller em 1970 e 1974 — já se via como o maior artilheiro da história da competição. Por depender mais de si mesmo, e menos da improvável seleção da qual era a estrela maior, Ronaldo seria o único dos três a atingir o recorde que perseguia.

Mas seria mesmo improvável aquela Seleção? Mesmo os que não tinham se deixado empolgar pela Copa das Confederações, mas confiavam na capacidade do jogador brasileiro, eram forçados a admitir que os tempos eram outros. De um craque de seleção já não se sabia o que esperar. Técnica e financeiramente bem-sucedido, tudo em grandes proporções, suas prioridades concentravam-se em tudo que pudesse contribuir para torná-lo mais rico e mais famoso. De que modo artista assim disputaria uma Copa do Mundo? E a Seleção, não seria tão improvável quanto a soma das improbabilidades de seus craques? As dúvidas — que existirão sempre, na medida em que os "tempos outros" são caminhos sem volta — foram respondidas na Alemanha: Cafu e Roberto Carlos envelhecidos, Ronaldinho Gaúcho decepcionante, Ronaldo gordo, sem mobilidade, mesmo considerando os três gols que lhe garantiram o recorde em Copas do Mundo, a seleção de Parreira foi tão inexpressiva em 2006 que uma França pouco melhor a eliminou nas quartas de final.

Em janeiro de 2007, com o problema do peso a ser resolvido pelo tratamento da tireoide, Ronaldo assinou contrato com o Milan, o rival do Inter no clássico milanês. Nove gols e 20 partidas em um ano, segundo os dirigentes do clube, eram muito pouco para o muito investido nele (somando e dividindo, mais de 450 mil dólares por partida). Assim, em 13 de fevereiro de 2008, quando novo problema de patela, dessa feita no joelho esquerdo, tirou-o de ação num jogo com o Livorno (mais um drama, outra cirurgia em Paris, nova interrogação), o Milan limitou-se a esperar que o contrato expirasse para deixar que Ronaldo voltasse ao Brasil, após quase 14 anos de Europa.

★★★★★★

Futebol globalizado. Foi talvez Jorge Caldeira – em sua excelente biografia de Ronaldo – o primeiro a propor seu personagem como símbolo do esporte que virou o século afastando-se cada vez mais de seu caráter lúdico para ser, definitivamente, não mais do que um negócio. Como o cestinha da NBA, cujo *dream team* não representa mais do que uma máquina de fazer dinheiro, ou como o piloto de Fórmula 1, herói apátrida que defende as cores de uma escuderia em troca de fortunas, o jogador serve ao clube como uma das partes — é verdade que a mais atraente — das transações milionárias que movem o futebol profissional no novo século. Muitas vezes é ele próprio a empresa que vende seus serviços a quem der mais. Como a R9 de Ronaldo. Não cabe aqui crítica ou restrição a essa realidade que, afinal, o mundo inteiro parece aceitar. A imprensa internacional, as televisões, os clubes, a Fifa, os jogadores, todos veem no futebol o que ele de fato passou a ser: imenso e rendoso negócio. Vencer o jogo, ganhar o campeonato, levantar a Copa interessam mais aos que ainda não atingiram o *status* de um Ronaldo do que aos que já ganharam tudo e não se sentem motivados a tentar mais. Os idealistas podem protestar. O escritor uruguaio Eduardo Galeano acredita que o futebol jogado hoje "renuncia à alegria, atrofia a fantasia e proíbe a ousadia". O craque, segundo ele, empreendeu uma triste viagem do prazer ao dever. Os saudosistas, estes podem não se conformar ao ver a camisa do seu clube começando a imitar os uniformes do automobilismo, retalhos de publicidade vendidos a peso de ouro, sem ver que o que ele entendia por "amor à camisa", mesmo que a de uma seleção nacional, virou coisa tão antiga quanto as bolas de atacar, antecessoras das que Charles Miller trouxe para o Brasil em fins do século XIX.

Ronaldo é mesmo um símbolo. Alcançou tudo que o menino pobre sonhou em Bento Ribeiro, mansões, carros, inimaginável conta bancária. E belas mulheres também. Deu conforto e segurança aos pais e irmãos. Implantou e ampliou negócios, apoiou projetos culturais, estendeu seu campo de ação ao de pontas como ator de TV, garoto-propaganda de chuteiras e cervejas, embaixador da ONU, figura pública de projeção planetária, *displaced person* correndo sempre para onde a bola o levasse. A fama deu-lhe (se era o que queria) ou custou-lhe (se não pôde evitá-la) uma assombrosa exposição de tudo que faz, no futebol e na vida. Dos romances para valer a aventuras ocasionais (como a que o fez confundir com mulheres da noite dois travestis que tentaram chantageá-lo), tudo em Ronaldo é notícia. Tanto quanto ou às vezes mais do que suas excepcionais qualidades como jogador de futebol.

E que jogador! A volta ao Brasil, de contrato com o Milan já rescindido, reacendeu na memória das pessoas os únicos valores pelos quais deve ser medido. Depois de retomar o velho flerte com o Flamengo, treinando e tratando-se na Gávea, Ronaldo preferiu voltar aos campos com a camisa do Corinthians Paulista. Fez bem. A imensa e fiel torcida alvinegra recebeu-o com o carinho que merecia. Sobretudo porque, para surpresa de tantos, ao tédio, ao desânimo, à acomodação que já se constatara nele, ainda era possível rever o menino que chutava bola pelo simples prazer de chutar bola. O carinho não durou: maus desempenhos em jogos pela Libertadores da América custaram-lhe vaias que não merecia.

Foi mesmo um novo renascer o que se passou com ele no Parque São Jorge, ainda que existisse por trás toda uma estratégia de marketing, clube, empresários, patrocinadores e o próprio jogador obedientes às regras do futebol-negócio. Mas vê-lo em campo — driblando, rompendo defesas, marcando gols, valendo-se do velho estilo para nos fazer esquecer os quilos a mais (ou não pensar no quanto de desgastante já vivera fora dos gramados em apenas 33 anos) — é, como costumam ser os fenômenos, empolgante. Eis por que se abriu nestes perfis de grandes jogadores brasileiros uma exceção para o único ainda em atividade, profissional da bola cuja história futebolística era obra ainda em andamento. Era, não é mais. Na tarde de 14 de fevereiro de 2011, Ronaldo decidiu por conta própria sair de campo para sempre. A notícia, por mais que fosse esperada, repercutiu no mundo inteiro, foi lamentada em vários idiomas. As lágrimas que ele deixou cair talvez tenham acrescentado gotas de tristeza a este último capítulo. Mas não importa. Sua história continua merecendo ser contada. Com a bola nos pés ou já aposentado, Ronaldo será sempre um gigante.

Este livro foi composto com a tipografia Sun Sans
corpo 10,5pt e entrelinha 14,5pt.
Impresso na gráfica RR Donnelley.